U0646516

小学综合实践活动课程设计与实施

XIAOXUE ZONGHE SHIJIAN HUODONG
KECHENG SHEJI YU SHISHI

李臣之 ◉ 主　编
胡军苟 ◉ 副主编

北京师范大学出版集团
BEIJING NORMAL UNIVERSITY PUBLISHING GROUP
北京师范大学出版社

图书在版编目(CIP)数据

小学综合实践活动课程设计与实施 / 李臣之主编. —北

京：北京师范大学出版社，2022.10(2025.7 重印)

全国高等院校小学教育专业精品教材

ISBN 978-7-303-28171-8

Ⅰ. ①小… Ⅱ. ①李… Ⅲ. ①小学－活动课程－课程设计

－高等学校－教材 Ⅳ. ①G622.3

中国版本图书馆 CIP 数据核字(2022)第 177733 号

出版发行：北京师范大学出版社 https://www.bnupg.com

北京市西城区新街口外大街 12-3 号

邮政编码：100088

印　　刷：北京天泽润科贸有限公司

经　　销：全国新华书店

开　　本：787 mm×1092 mm　1/16

印　　张：21.5

字　　数：440 千字

版　　次：2022 年 10 月第 1 版

印　　次：2025 年 7 月第 3 次印刷

定　　价：58.00 元

策划编辑：王建虹　　　　　　　责任编辑：林山水

美术编辑：李向昕　　　　　　　装帧设计：焦　丽

责任校对：包冀萌　　　　　　　责任印制：马　洁

丛书编委会

主　　编　王本陆

副 主 编　张春莉

编 委 会（按照姓氏笔画排序）

王乃弋　　王工斌　　王本陆　　杜晓红

李臣之　　吴　婵　　张春莉　　张新颜

陈红兵　　易　进　　易连云　　和学新

周逸先　　姚　颖　　高潇怡　　郭声健

郭法奇　　曾　琦　　綦春霞　　阚　维

潘新民　　戴双翔

总　序

　　高等院校小学教育专业精品教材是教育部人文社会科学重点研究基地北京师范大学教师教育研究中心"教师教育课程研究团队"承担的教育部人文社会科学重点研究基地重大项目"中国教师教育课程质量研究"（项目编号：17JJD880002）的阶段性成果，是由北京师范大学教师教育研究中心、北京师范大学小学教育研究中心、北京师范大学课程与教学研究院、北京师范大学出版社联合策划，数十所高等师范院校的众多专家携手研发而成的教师教育教材。

　　20世纪初至今，我国已经走过了一百多年教师教育教材建设的探索历程，建立了包括中专、大专和本科三个不同层次，适应不同学科方向的教师教育教材体系，取得了很大的成就。当前，在党和国家大力加强教师教育建设的大好形势下，教师教育教材建设面临着前所未有的新机遇和新挑战。探索新时代教师教育教材建设的新机制，努力编写和出版适应时代要求的高质量的教师教育教材，是时代赋予我们的使命。

　　教材建设无小事。理论和实践表明，教材建设是教育改革发展的基础性工程，是提升人才培养质量的关键环节。教科书"是读者最多、最特殊，又最被读者信赖、最耗费读者精力和时间、对读者影响最为深远持久的文本。……在一定意义上，有什么样的教科书，就有什么样的年轻人，也就有什么样的国家的未来"[①]。因而，编写出版好教材，自觉选用好教材，是至关重要的大事。对于教师教育来说，把好教材质量关，更是意义重大。教师教育教材直接影响教师培养的质量，而教师质量又影响千千万万学生的学习和发展，可谓牵一发而动全身。当前，我国教师教育教材品种众多，但良莠不齐，优质教材还相对较少。进一步增加优质教材供给，可谓时不我待。

　　教材建设是一项与时俱进的工作。随着时代发展，教材的内涵、外延和质量标准也在不断地丰富和完善。通常来说，教材是依据课程标准编写的供师生使用的教学用书，还包括与教科书配套的辅助教学材料，如练习册（习题集）、参考读物、影像材料等。进入21世纪，我国教材发展呈现出数字化和优质化两大核心趋势。所谓教材数字化，主要是指信息技术与课程教材深度融合，不断改变、创新教材形态的过程。其中，又有两条路径：一是以纸媒教材为依托，集成相关数字化课程资源，如开发支持纸媒教材的网络化学科资源库、学科教学光盘，在纸媒教材上通过二维码链接微课和其他教学资源，或者提供相关专业网站的网址；二是独立开发数字教材，如集成在平板电脑中的课程内容和教学设计，在网络平台上运行的课程软件等。教材数字化扩大了教

---

①　石鸥：《弦诵之声——百年中国教科书的文化使命》，1页，长沙，湖南教育出版社，2019。

材的容量，丰富了教材内容的表现方式，极大地提高了教材使用的便捷性，意义十分深远。所谓教材优质化，是指严把教材研发、出版和选用的标准，力求不断提升教材品质的过程。国家级一流本科课程、全国优秀教材奖的评审，《新时代马工程重点教材建设规划》的推进，国家级规划教材的建设，都体现了党和国家狠抓教材质量的坚定意志。作为立德树人的基础资源，每一本教材均应是精品，这是新时代教材优质化的核心要义。

什么样的教材称得上是精品教材呢？我们认为，至少有三条共性的判断标准：教育性标准、科学性标准和教学性标准。首先，教材是为培养人服务的，体现人才培养的时代需要和政策要求，具有促进学生德智体美劳全面发展的功能，这是评判教材好坏的首要标准(教育性标准)。教材应体现人类真善美的价值追求，在引领学生追求人类进步、国家富强和个人成长的美好理想，促进学生形成正确的人生观、世界观和价值观等方面，发挥独特的教育作用。其次，教材是对人类文明成果进行精选和加工后的产物，必须具有科学性。一方面，教材内容应准确反映人类社会生活和生产实践的基本经验，体现科学技术发展的整体格局和时代水平；另一方面，又要基于教育逻辑，把人类经验、科学技术加以精简平衡和结构重组，使教材内容兼顾基础性和前沿性、稳定性和动态性、理论性与实用性，体现教书育人的内在品质。最后，教材是供师生使用的教学资源，还应具有教学性。所谓教材的教学性，是指教材所具有的遵循教学规律、合理规划教学、便于师生使用的品质或特性。教材不仅提供教育内容，而且规划教学活动，指引学习方法和路径，这是其区别于其他文化读物的功能定位。好的教材往往版式精致、语言规范、内容丰富、活动多样、方法具体、启发性强，既能很好地支持教师开展教学活动，又能为学生创造多种多样的学习空间。我国教材建设的历史实践表明，真正好的教材是教育性、科学性和教学性的有机统一。当然，关于精品教材内涵和标准的这种共识理解，是随着时代发展而逐步达成的。在相当长时间内，我国大学教材(包括教师教育教材)比较重视内容的科学性，对教育性和教学性标准则关注不够。进入 21 世纪，大学教材的教学性得以被关注，在教材体例创新和课程资源支持等方面出现了很多有意义的探索。党的十八大以来，我国强化了"教材建设是国家事权"的理念，更加突出了教材的立德树人的功能。于是，教材的教育性成为热议话题和评判教材好坏的核心标准。当前，人们已经普遍认识到，科学性、教育性和教学性是教材不可或缺的内在品质，三者兼具的教材才是好教材。

对于精品教材内涵和标准的理解，为我们建设精品教材指明了方向。但是，要真正地把这三条标准很好地贯彻实施，是一项非常艰巨的工作。我们编写的这套小学教育专业精品教材，在努力提高教材的教育性、科学性和教学性方面做了积极探索，但成效如何还有待实践的检验。真诚欢迎各位教师和同学把在教材使用过程中发现的问题和真实的体验，以及对教材改进的设想和建议，及时反馈给我们。您的反馈将激励我们不断前行，为探寻教师教育精品教材建设的中国道路而不懈努力！

王本陆

于北京师范大学英东楼

前　言

在 21 世纪，世界各国都倾注一腔热血，大刀阔斧地进行教育改革，把课程变革作为教育改革的重要事业来抓。我国自 2001 年以来，在全国范围内掀起了一场声势浩大的课程改革运动，综合实践活动课程就是这场运动的"主角"之一。

2017 年 9 月，教育部正式颁发《中小学综合实践活动课程指导纲要》（以下简称《指导纲要》），不再从"信息技术教育、研究性学习、社区服务与社会实践以及劳动与技术教育"的角度表述综合实践活动课程内容，而是从内容选择与组织原则、活动方式的视角进行表述，在一定程度上回归了项目学习、主题探究教学的基本思路。为此，《指导纲要》总结近 20 年综合实践活动课程实施的经验，借鉴国外的项目学习经验，提出考察探究、职业体验、社会服务、设计制作等活动方式，并推介 152 个活动主题，有利于引导教师在设计主题探究教学过程中注重不同学科内容的综合，引导学生从跨学科的视角解决现实问题，提高综合素质，发展实践能力。为顺利实施课程，《指导纲要》对课程的性质、目标、实施、评价等基本课程元素也作出了新的规定。

有效推进《指导纲要》精神落实，需要立足《指导纲要》，梳理综合实践活动课程发展演变过程，揭示综合实践活动课程内涵特征，解释其存在的立论基础，剖析新时代教育背景下综合实践活动课程承载的使命，以拓宽视野、明了方法、增进系统思考，进而帮助实践者获得综合实践活动课程有效实施的路径、方法与策略，最终为高质量整体推进课程改革贡献心力。这是本书的写作初衷。

相比同类著作，本书在整体框架设计上，注重整体关照综合实践活动课程的实施，从历史分析、立论基础、基本原理、操作策略几个层面予以系统剖析；在内容设计上，注重结合新时代教育高质量发展总体要求，注重考察综合实践活动课程的分布式领导、融合取向的综合实践活动方式、学习化活动化评价，以及四大活动方式实际"落地"的策略与方法。值得一提的是，特别选择与综合实践活动课程关联度较高的四种重要理论——交往实践理论、社会互动理论、具身认知理论、课程美学理论，详细阐释了四大理论与综合实践活动的内在关联和指导价值。应该说，已有相关研究很少从这四种理论出发系统剖析综合实践活动课程。在研究方法上，注重历史研究、比较研究、调查研究、案例研究等。在编写团队建设上，注重理论与实践结合，由高校课程学者、地方教育研究院教研员、中小学综合实践活动优秀教师构成编写团队。

本书在体例上，站在读者的角度，帮助读者更好地理解知识和运用策略，设置了本章概要、结构图、学习目标、读前反思、本章小结、关键术语、体验练习、拓展读物。本书按照历史与现实结合、理论与实践交融、读者与作者对话、国际国内比较、现实与未来结合的思路，设置九章内容。写作分工为：深圳大学李臣之教授（前言、第一章）；人民教育出版社博士后孟宪云（第二章）；广东省教研院副研究员胡军苟（第三章、第六章）；广州市教研院副教授邹立波（第四章）；广东省教研院副研究员庞春敏（第五章）；深圳市综合实践活动教研员余丽（第七章）；澳门城市大学博士郑玉平（第八章）；江苏省综合实践活动特级教师杨金珍（第九章）。全书框架设计、内容完善及统稿由李臣之完成。

本书在撰写过程中，参考了相关学者专家的研究成果，在此谨表谢忱！

目　录

第一章

综合实践活动课程的源流、实质与使命

　　本章尝试回答综合实践活动课程三个基本问题：从哪里来？是什么？为了什么？第一个问题从历史角度分析人类早期活动教育、课外活动"课程化"到"活动—经验课程"思想的演变过程，同时讨论活动课程到综合实践活动课程的发展逻辑与背景。第二个问题讨论综合实践活动课程的本质及特征变化。第三个问题分析综合实践活动课程的理念与使命。

结构图

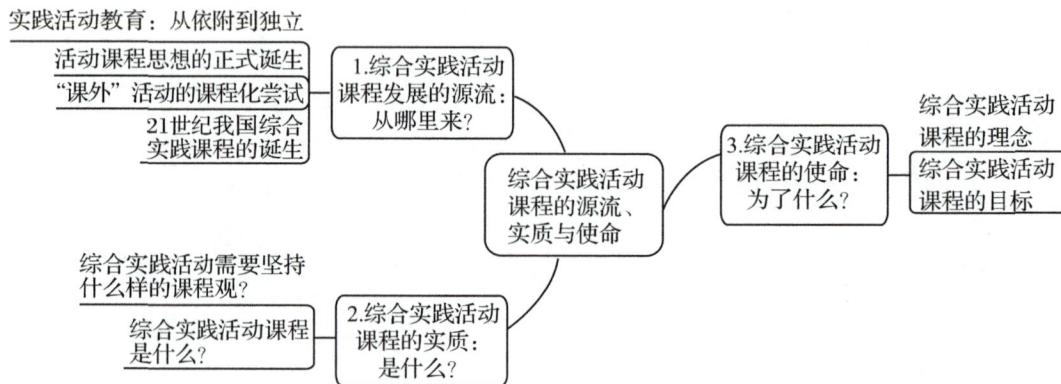

学习目标

　　1. 掌握综合实践活动课程演进之源流。

　　2. 理解综合实践活动课程的实质内涵。

　　3. 认识综合实践活动课程的理念与使命。

读前反思

　　综合实践活动课程的产生、发展是一个曲折的过程，不同历史阶段综合实践活动课程的地位与定位各有不同。读者可以根据自己的理解，思考以下几个问题。

　　1. 人类早期的活动教育对综合实践活动课程产生了哪些影响？

　　2. 课外活动课程化对综合实践活动课程发展的影响有哪些？

　　3. 活动课程与综合实践活动课程有哪些本质的区别？

欲理解事物的本质，必先了解事物的存在。梳理综合实践活动课程发展源流，是认识综合实践活动课程基本性质及实质内涵的必要前提。

第一节
综合实践活动课程发展的源流：从哪里来？

🎯 学习目标

1. 了解实践活动教育从依附到独立的过程。
2. 掌握"活动—经验课程"思想内涵。
3. 认识我国综合实践活动课程提出的背景。

综合实践活动课程是颇具中国特色的课程形态，是基于活动教育和活动课程的发生、发展而不断完善的。历史上的活动课程按来源分类有多种类型：有源于自然教育与实用主义的活动课程，有源于活动主义思潮的活动课程，也有源于杜威经验课程的活动课程，以及源于课外活动课程化的活动课程。我国综合实践活动课程主要源于杜威经验课程的改组与重构，并同课外活动课程化过程发生"化学反应"。而活动课程的产生与发展，则与人类历史上漫长的实践活动教育演变密切相关。

一、实践活动教育：从依附到独立

早期的活动教育依附于人类的劳动生活。专门教育的发生伴随着学校的产生、发展而发展。作为学校综合实践活动课程，其产生同学校教育发展的内在逻辑紧密关联。

(一)依附于劳动生活的人类早期实践活动教育

学校诞生之前，人类缺乏正式的教育活动，主要以"生活"为目的开展相应的生存性劳动，在生活中劳动，在劳动中生产，在生产中生活，"人们为了能够'创造历史'，必须能够生活。但是为了生活，首先就需要吃喝住穿以及其他一些东西。因此第一个历史活动就是生产满足这些需要的资料，即生产物质生活本身"①。因此，学校产生之

_____

① 《马克思恩格斯文集》第 1 卷，531 页，北京，人民出版社，2009。

前的教育活动，是在生产和劳动活动中进行的，依附于人们生存性生活指向的劳动实践活动。学习不是目的，生活本身才是目的，生活是人的第一需要。加之语言和文字没有产生，当时的教育即生活，即劳动，即实践活动。

1. 基于劳动模仿的活动学习

成人为生活而进行生存性劳动实践活动，儿童生活在成人的世界中，缺乏参加劳动实践活动的体能，缺乏进行户外劳作的能力，主要通过游戏性劳动实现学习。劳动目的是为求生存，儿童可以通过劳动比赛、劳动游戏等活动方式来模仿成人的"劳动过程"，由此获得相应的"教育"。从原始部落的教育可以发现远古社会在实践活动中进行教育的一般情况，幼儿生下来就处在游猎生活之中，成人外出打猎，把小孩放在摇篮中挂在树上，五六岁以后的儿童做一些传统的、具有狩猎意义的游戏。再大一些进行身体锻炼，学习跳高、滑雪技能并培养勇敢精神。学校产生以前的人类教育根源于人类的天性，教育起源于劳动实践。

教育与源于生活的生存性劳动实践相伴而生，人类教育通过劳动过程中的经验仿效和传习而进行，比赛、游戏、模仿、尝试性劳动等活动方式伴随着劳动过程，逐渐摆脱"劳动依附性"，发展为有效的教育途径。儿童的教育融入成人劳动实践活动之中，劳动实践活动与儿童的生活也融为一体，不存在单独的教育。

2. 成人指导下的劳动学习

劳动是在实做中学会的。"任何一个民族，如果停止劳动，不用说一年，就是几个星期，也要灭亡，这是每一个小孩子都知道的。"[①]十二岁以后，儿童开始跟老人从实际狩猎中练习打小动物，十五六岁开始学习打鹿等大兽，等到能完全打猎时就算完成了训练任务。[②] 这一时期，儿童在劳动以外的游戏中学习，在关于如何劳动的游戏中学习，在模仿成人的生活性劳动中学习，为劳动做准备，在成人的指导下尝试劳动。在自主的劳动学习和真实的劳动中获得生活资源。随孩子的成长，身体变得壮实后，他们开始按照成人的劳动方式尝试劳动。

学校诞生之前，儿童的学习依附成人的生存性劳动实践活动，成人通过一些劳动比赛，在交流劳动经验的过程中，给孩子观摩劳动的机会，让孩子在模仿成人的劳动中"间接"学习劳动，为劳动做准备，进而在成人的指导下尝试劳动实践，这与今天所讨论的综合实践活动有很大差别。

(二)学校实践活动教育从人类劳动生活中独立出来

原始社会末期，生产力得到发展，产生社会分工，"学校"诞生。在"学校"内开展

---

① 《马克思恩格斯文集》第 10 卷，289 页，北京，人民出版社，2009。
② 参见毛礼锐、瞿菊农、邵鹤亭：《中国古代教育史》，9 页，北京，人民教育出版社，1979。

实践活动向综合实践活动又接近了一步，但依然有很大差异。

1. 教育依附劳动走向教育与劳动分离

随着社会生产力水平的提高，出现体力与脑力劳动的分工，出现阶级和奴隶制度，相应地出现直接劳动者教育与间接管理劳动者的教育。剩余产品的出现为社会分工提供了基本条件，一部分人开始从生产劳动中分离出来，这部分人成为学校教师的来源；人类积累的大量生产劳动经验和社会生活经验，成为学校教育的基本内容；劳动剩余物质，为学校教育运行提供了物质保障。于是，诞生了专门的教育场所，即学校。学校最初由不需要劳动的贵族享有，学校教育从生产劳动中分离出来，成为独立的社会活动，成为统治阶级的特权。从词源学意义讲，英语的学校"school"一词的拉丁文"schola"与希腊语"skhole"同源，意为"休闲""休息"，这也说明了教育与劳动实践活动分离的特征，即专门从事文化、生活管理之类的工作。伴随文字的产生，文化传承有了重要的载体，劳动与学校教育分离有了更为充分的条件。

2. 遮蔽儿童致使实践活动教育丢失

随着历史的发展，古代欧洲的学校教育逐渐削弱古希腊时代的实践活动与训练，转而注重文法、修辞和雄辩术。在一些文法和修辞学校，教学脱离生活与实际。即使在古希腊和古罗马，学校教育中的学生活动也是"以被动的指令性和强迫性行为为主"[①]。这在总体上与不同时代对儿童的理解和认识有密切关联。有什么样的儿童观，就有什么样的教育观，就有什么样的实践活动教育观。

欧洲中世纪，教会实施文化专制，训诫就是真理，知识乃信仰的奴婢，儿童的活动学习空间也因此相当狭窄。学校教育奉行"原罪论"，采用严酷方法对待儿童，诚如劳伦斯·斯通所指出的，鞭打是16—17世纪西方社会规训儿童的主要方式，意在摧毁儿童的意志。[②] 14世纪中叶黑死病肆虐欧洲，高死亡率使得人们将儿童当作"消耗品"，自然更不会倾注精力与情感。因此，欧洲的宗教专制时代，是学校教育的黑暗的世纪，"静听"式教学，"但信勿问""听讲应以圣徒心"[③]。诚如菲利普·阿里耶斯（旧译菲力浦·阿利埃斯）所说："中世纪的西方社会完全不知道何谓童年，没有婴孩的情怀……儿童观念并不存在，直到16世纪才被发明。"[④]于是，鞭打、责罚成为教育儿童的基本方式，很难想象有儿童游戏，期许儿童的实践活动只能是一种幻想。

3. 发现儿童与学校实践活动教育

文艺复兴运动开启了发现"人"的旅程。觉醒中的人们开始反叛"压抑天性"的黑暗

① 高峡、康健、丛立新、高洪源：《活动课程的理论与实践》，2页，上海，上海科技教育出版社，1997。
② 参见［意］艾格勒·贝奇：《西方儿童史》，申华明译，1页，北京，商务印书馆，2016。
③ 高峡、康健、丛立新、高洪源：《活动课程的理论与实践》，2页，上海，上海科技教育出版社，1997。
④ ［法］菲力浦·阿利埃斯：《儿童的世纪：旧制度下的儿童和家庭生活》，朱晓罕译，1页，北京，北京大学出版社，2013。

世纪，打着"回到古代去"的旗帜，尝试从古文明的源泉中寻找人的价值，认识"人"，发现"儿童"。

大批人文主义思想家倡导以人性为核心的新的儿童观，改造陈旧的教育教学方式。维多里诺主张儿童应在"快乐之家"的学校学习；伊拉斯谟在《论童蒙的自由教育》中大声疾呼"对待儿童，首先应该有爱"①，反对用恐怖的手段进行教育，主张增加实际的活动；拉伯雷提出学生"爱做什么，就做什么"；蒙田撰写《论儿童教育》，主张在活动中了解活的事物；夸美纽斯要"把一切知识交给一切人"，主张教育适应自然，强调教育要适应儿童的身心发展规律，极大促进了教育民主化进程。

卢梭也提倡自然主义教育，主张儿童的教育应该"归于自然"，依照儿童的内在的自然的发展顺序，教育应适应儿童天性，使儿童的身心得以顺利地发展。显然，"活动课程的一些基本思想在卢梭那里已经提出来了。但这些思想对卢梭来讲只是教育理想，他本人并未付诸实施，而且其中不少论述仍带有主观臆断的色彩"②。不过，卢梭的确发现了"儿童"，讴歌和赞美儿童，影响了一大批教育人士的教育主张及其教育实践。裴斯泰洛齐提出了"教育心理学化"的主张，巴西多创办泛爱学校，福禄贝尔创办幼儿园注重儿童游戏……通过考察卢梭等人的教育思想可知，"尊重儿童的本性，重视感性经验学习，强调在活动中学等思想逐渐得到验证、补充和发展，形成了一条清晰的促进儿童发展的教育思路"③。强调儿童的主动活动，是这一教育思路的亮点。伴随欧美"新教育运动""进步主义教育运动"的产生和发展，逐渐沉淀了较为明确的教育主张，④诸如尽可能给学生更多的体验生活和锻炼能力的机会，为学生自由和完善发展创造条件；鼓励学生积极解决问题，从获得实际经验的过程中学习；学校的一切要适应社会的变化，以利于学生的自我管理。这些主张成为活动课程形成的重要铺垫。

二、活动课程思想的正式诞生

真正提出活动课程思想的是杜威，通过教育实验论证"活动—经验课程"的合理性的也是杜威。

(一)杜威是活动课程思想的集大成者⑤

杜威批判地继承了卢梭、裴斯泰洛齐、福禄贝尔等先贤的教育思想，及时总结、

---

① [荷]伊拉斯谟：《幼儿教育论》，25 页，上海，上海教育出版社，1986。
② 李臣之：《综合实践活动课程开发》，13 页，北京，人民教育出版社，2003。
③ 田慧生、李臣之、潘洪建：《活动教育引论》，22 页，北京，教育科学出版社，2000。
④ 参见李臣之：《综合实践活动课程开发》，17、18 页，北京，人民教育出版社，2003。
⑤ 同上书，18—20 页。

批判了欧美教育革新运动中的活动教育实践经验。杜威对以卢梭为代表的自然教育进行了认真分析，明确指出了其中的真理性要素，如教育不要从外面硬加到儿童身上，而应使儿童的固有能力得到发展；要注意儿童个性的自由发展；重视从直接经验中学习。当然，杜威也反对卢梭的教育与社会隔离的主张，进而强调教育与社会应密切联系。福禄贝尔主张"教育即生长""教育即生活"等，杜威与此一脉相承。杜威在芝加哥实验学校的一些具体做法与当时的进步学校也有着明显的相似之处。当杜威来到芝加哥时，帕克正在芝加哥从事教育活动，杜威的教育思想曾受益于帕克。此外，杜威也访问过一些进步教育运动的领导人，并做过评述和介绍。杜威正是在广泛地考察当时教育现实的基础上，借鉴卢梭等教育先贤的思想，立足于经验的自然主义哲学，阐释"活动—经验课程"思想，这成为学校综合实践活动课程思想的源头。

(二)"活动—经验课程"的主张

在杜威看来，经验对儿童发展的价值远甚于知识，"在利用环境以求适应的过程中引起的有机体与环境间的相互作用是首要的事实，是基本的范畴。知识反落于派生的地位，即使它一旦确立了，它的地位是很重要的，其来源是第二位的。知识不是孤立和自给自足的东西，而是包罗在用以维持和发展生活的过程中的"[1]。所以，经验对于儿童比知识更有意义，知识不便于直接传授给儿童，它很难作为儿童学习的起点。教育过程中应将知识"恢复"到原来的经验。

杜威指出当时课程最大的流弊是与儿童生活不相沟通，其主要原因是向儿童传授"儿童经验以外的东西"而不是经验本身。这些东西远离了儿童的生活，脱离了儿童的实际经验。杜威坚持一切学习都来自经验，反对儿童与课程互相对立，主张教育即生活，学校课程应与儿童生活密切联系。他说："学校科目相互联系的真正中心，不是科学，不是文学，不是历史，不是地理，而是儿童本身的社会活动。"[2]"关于'教材'，迫切的问题是要在儿童当前的直接经验中寻找一些东西。"[3]杜威再三强调，要注意教学必须从学习者已有的经验开始，这种经验和学习过程中发展起来的能力为进一步学习提供起点。所以，杜威所设计的课程就是各种形式的活动作业。所谓"作业"是指儿童的一种活动形式，涉及家务活动作业、为家庭服务的社会性作业、手工游戏作业、历史研究活动作业、自然研究活动作业以及自我指导能力等专门化活动。具体而言，包括烹调、缝纫、木工、金工、园艺、表演、游戏、自然观察、乡土历史探讨等课程。杜威在芝加哥实验学校里的全部课程就是由这些活动作业所构成的。

---

① ［美］杜威：《杜威教育论著选》，赵祥麟、王承绪编译，243页，上海，华东师范大学出版社，1981。
② 同上书，6页。
③ 同上书，323页。

三、"课外"活动的课程化尝试

"课外"可以指课程以外，也包括课堂以外，诸如"课外活动""校外活动"。课外活动、第二渠道、第二课堂等，都是从不同角度为传统的"课外"活动争取更高的教育地位。"课堂"在我国传统的教育文化情境中，直接关系到学生的考试与升学，始终占据教育过程中的核心地位。提出第二课堂，预示人们要向核心地位的第一课堂靠近，这对理解传统的"课外活动"对学生素质发展的重要作用有一定积极意义。我国综合实践活动课程的诞生总体上与对课外活动的课程功能的日益重视、经验课程传播与尝试密切相关。

(一)"课"外活动到"课"内活动的国外经验[①]

20世纪20年代，国外很多学者开始为课外活动更名，以便更准确地反映课外活动对学生发展的价值，这在《美国教育研究学会第二十五次年鉴》中有明确记载。年鉴指出："一些人不愿意使用课外活动（extra-curricular activities）这一名词……理由有二：其一，使用课外活动这一名词，便与正课不发生联系；其二，在字面上，这个名词不十分妥当……很有一些人怀疑这个名词，因为它将活动与正课分开了。"显然，当时人们就对课外活动这一提法感到不满，甚至有人提出直接用其他术语替换课外活动，如罗伯兹和德伯尔就喜欢使用"课堂外活动"以及"学校内活动"。值得注意的是，还有人提出课程化这一命题，这便是美国著名的课外活动专家库司。

20世纪30年代，不少学者开始从课程建设角度探讨课外活动与正式课程及正规计划之间的关系。美国课外活动之父弗雷特威尔认为："在可能的范围内，课外活动要列入正式功课之中，以为补充正式功课之用。"柏列格斯博士则更为明确地提出："功课表中应该排列举行课外活动的时间。如果课外活动在正课完毕之后再进行，从外表看似乎与正课有着同样的机会，实则不然。将课外活动的时间列入功课表中，可以使教师更能合作一些，并且使课外活动在学生、教师及社会人士心中的地位更高一些。"显然，在20世纪30年代，人们为课外活动进入正式功课表而努力，这也是课外活动课程化的重要组成部分。

20世纪50年代，在众多研究课外活动与课程的关系的学者中，弗雷德利克最引人注目，弗雷德利克不再探讨课外活动怎样"课程化"，而是干脆将其纳入课程结构，视之为"第三课程"。他的第三课程观在20世纪70、80年代得到了奥托、特鲁姆、米勒等学者的支持。

[①] 参见李臣之：《"课外活动'课程化'"问题探析》，载《教育科学》，1997(4)。

20 世纪 70、80 年代以来，美国其他学者如霍尔、霍德、拉瑟福德、赫林、博耶、莱弗蒂、贝尔等的课外活动研究成果均从不同角度对课外活动是否可以看作课程的一部分做出了回答。就美国目前的课外活动研究成果来看，大多倾向于从课程的意义上看待以前那些课程以外的活动，这恰如布鲁巴克所总结的那样："到了 20 世纪，人们对课程理论有了深入的了解，大多数教育权威才认识清楚不应当把课外活动看作正规课程的竞争对手，而应当视为正规课程增大的边疆。人们期望正规课程分支的产生。"布鲁巴克的话可谓是对美国课外活动课程化问题研究的阶段性总结。

国外学者在认可课外活动对学生发展的价值的过程中，提出了"课外活动课程化"的命题，并对"课程化"的可行性做了大量的研究，提出了课程化的形式，如"纳入正式功课表"等。这表明课外活动课程化在国外课外活动理论研究与实践中已客观存在，只不过作为一个过程，课外活动课程化的道路十分漫长。同样，我国在肯定课外活动对学生发展存在价值的过程中，不少学者也付出了艰辛的劳动。课外活动几易其名，最后定名为"活动课程"，同样经过了课外活动课程化这一漫长的过程。

(二)我国课外活动课程化道路

我国在课外活动课程化过程中，没有出现国外那些众多的代名词。20 世纪 80 年代以前，有关课外活动的论著大多采用古老的术语，即"课外活动"。20 世纪 80 年代以后，中国学者在研究教育科学技术发展史，研究学校教育方式演变、学校课程的嬗变、人才成长的规律，以及研究在各种教改实验中课外活动的"活动"对于培养现代社会所需人才的独特功能的时候，才纷纷对课外活动的命名提出质疑，认为不改变命名就不足以体现原本就客观存在的活动之课程价值。于是，几个主要的代名词相继产生，将它们予以排列，大致有这样一条线索："课外活动"—"第二课堂"—"第二渠道"—"活动课"—"活动类课程"—"活动课程"。

1. 课外活动相对独立地位的求证

在我国，两千年的封建君主专制政体，使受教育者的读书生活受到极大的限制，"十年寒窗""头悬梁""锥刺股"等术语就是莘莘学子的写照，即使有先哲力主"藏息相辅""知行合一""顺应儿童天性"，也无济于课外活动相对独立地位的确证。

及至民国之始，学制变革，中小学允许学生有课外活动，但多以训育为目的，且缺乏系统理论做指导。1919 年以后，杜威来华讲学，给予中国的民治教育、生活教育以更切实的根据。[①] 全国教育联合会于 1920 年议决《民治教育实施标准案》，确定四条标准，其中关于学生方面的有：注重自动自学；练习公民自治；发展生活知能；练习服务社会；注重体育；研究学术，扩充创造力。这些标准对中小学教育影响甚大。小

---

① 参见瞿葆奎主编：《教育学文集·课外校外活动》，457 页，北京，教育科学出版社，1991。

学有从事实际事务的各种组织，如慈善团、新闻社、学校商店、清洁会、学生会、公仆会、巡查团等。在20世纪30年代，大多数因循传统教学模式的学校，也开始利用扫墓、春游、秋游、运动会、夏令营等活动的机会，组织一些活动，同时也提倡学生自学，提倡课外活动，提倡参观、调查、实验，吸收了设计教学法的一些要素。

到20世纪30、40年代，课外活动成了加强训育的重要工具。中华人民共和国成立后，课外活动有过一段时间的蓬勃发展。20世纪50年代末60年代初，为了减轻学生的负担，学生的课外活动受到一定的限制。"文化大革命"期间，知识青年"上山下乡"，在生活中、社会中、劳动中学习，在广阔的天地间接受再教育，在生活的现场、社会的现场、劳动的过程中学习。"文化大革命"后教育领域拨乱反正，学校以教学为主，受片面追求升学率的影响，课外活动的时间常常被学科教学挤占，课外活动课程化难以提上议事日程。

2. 从"课外活动"到"第二课堂"

20世纪80年代始，在新技术革命的冲击下，人们开始重新思考和讨论课外活动的价值和意义。"第二课堂""第二渠道""课外活动"等称谓被人们提出和批判，但有一点是共同的，那就是强调课外活动在学校教育体系中的重要地位。这一时期，各地围绕"课内外结合"展开了教育教学实验研究，主要有华东师范大学附小开展的"学科活动"实验研究①和"七五"期间国家教委"课外活动在教学体制改革中的地位和作用"研究。此外，还有南京师范大学教育系与南京市琅琊路小学联合开展了"课内外教育教学一体化"实验研究②、成都市盐道街小学开展"小学课内外结合整体优化教育实验"。20世纪80年代以后有关课外活动的理论探讨和实验研究，为我国课外活动的课程化奠定了基础。如上述"七五"项目的研究者指出，"那种把课外活动看成是课堂教学的延续和补充，以及把课外活动称为'第二课堂'，是不正确的"③。"课外活动是一种活动课程。"④"所以课内外结合，从学习内容来说，是学科课程与活动课程的结合，是对学科课程的优化。"⑤其他研究也表达了类似的结论：课外活动不是课程以外的活动，应该与课内活动紧密结合。

我国最早公开提出"第二课堂"这一说法的是1983年11月《人民教育》杂志上的《努力开辟第二课堂》一文。徐洪涛在该文中首次对"第二课堂"进行界定。他认为第二课堂是那些在教学大纲、教学范围之外，有目的、有计划、有组织、有重点地开展的学生

---

① 参见卢寄萍：《学科活动——小学低年级第二渠道教学的好形式》，载《华东师范大学学报（教育科学版）》，1984(3)。

② 吴康宁、吴瑞霞：《关于"课内外教育教学一体化"的实验研究》，载《教育研究》，1994(8)。

③ 温寒江主编：《课外活动与教学体制改革》，42页，北京，中国工人出版社，1992。

④ 同上书，168页。

⑤ 同上书，169页。

课外活动，如科技活动、阅读活动、文体活动等。在以后出现的文章、著作中所表述的第二课堂含义与此相似。所不同的是有的人认为对这些活动的组织和引导，应纳入学校的年度计划中；有的人认为应给予课外活动应有的地位，把它作为一个重要方式和途径，作为培养人才所必需的另一课堂提出来；有的人从班级授课制与第二课堂有机结合的角度对第二课堂的提出、特点、功能、内容、形式和组织领导进行了理论上的论证和解释；还有更多的文章提出更为具体的措施，来开展各科教学的第二课堂活动。所有这些无疑为我们考察第二课堂的提出奠定了良好的基础。

"第二课堂"提出以后，许多学校把加强第二课堂作为教育教学改革的一项重要内容来抓，积累了丰富的经验。广东省教育厅创办的《第二课堂》杂志，山西人民出版社编辑出版的《课堂内外》周报，以及北京等地出版的类似刊物，在宣传各地开展第二课堂经验、探讨第二课堂基本理论方面起到了重要作用。

3. 第二渠道

"第二渠道"由吕型伟在《创建两个渠道并重的教学体系，培养现代化建设人才》一文中提出。作者针对旧教学体系的弊端，提出要让学生有充分的课外时间参加各种有益的活动，包括各种科技活动、参观、考察、实际操作等；不过这些活动不再被称作"课外活动"。在吕型伟看来，"如果把课堂教学称之为传播知识的第一渠道，那么上述种种活动就可以称为第二渠道[①]。为何要把"课堂"替换为"渠道"呢？这是因为课堂是一个特定的概念，所包含的内容并没有反映信息化时代的特点和要求。按照这种逻辑推断，吕型伟一再表示，"我把传统的渠道称为第一渠道，把原有课外活动和新发展的渠道概称为第二渠道，两个渠道并重，仅仅是承认已经客观存在并正在日益发展着的现实，不是凭空设想"[②]。第二渠道的概念提出之后，有关学者都发表了自己的看法，赞成者大多对吕型伟关于第二渠道概念的阐述及内容规定表示理解和支持，没有出现更高层次的理论概括。持异议者大多认为提第二渠道还不如称课外活动或第二课堂好，否则易导致性质上的模糊和认识上的混乱。

4. "活动课"和"活动类课程"的产生

从历史上看，我国教学计划和相关文件都比较重视课外活动。1955 年 9 月，为配合当时小学教学计划的执行，教育部颁布了《关于小学课外活动的规定》，明确规定了小学课外活动的内容、时间和实施细则。关于 1978 年教学计划的说明中还规定了学生在校活动的课时。到 20 世纪 80 年代以后，课外活动倍受重视。1981 年制订的《全日制小学教学计划（修订草案）》为了"全面贯彻党的教育方针，使学生在德育、智育、体育几方面都得到发展"，减轻学生过重的课业负担，第一次把活动纳入周课时总量，不过

---

①　吕型伟：《创建两个渠道并重的教学体系，培养现代化建设人才》，载《上海教育》，2007(2)。

②　吕型伟：《为了未来——我的教育观》，245 页，上海，上海教育出版社，1994。

当时仍称"课外活动"。1984 年的《全日制城市小学教学计划(草案)》则把"课外活动"改为"活动课"。1988 年制订的义务教育《教学计划》,第一次在中学教学计划中对课外活动作了规定,称之为"活动课"。到 1992 年的《九年制义务教育全日制小学、初级中学课程计划》则将活动与学科并列纳入课程设置中。1994 年国家教委在《贯彻执行国务院颁布的新工时制,全国普通中小学今秋将实行调整后的教学计划》中,规定课程由学科类课程和活动类课程组成。在由文件精神向实践行为的过渡中,很多实践者为方便之故,更常用"活动课程"去领会和践行文件中的活动类课程,而理论工作者大多直接在"活动课程"上面做文章。总体上看,20 世纪 80 年代以来课外活动这一术语在我国政府文件中的演变历程大致呈现出这样一条路径:课外活动→活动课→活动类课程→活动课程。

5. 从"活动类课程"到"活动课程"

"课外活动"之提法很难满足人们对其课程意义的期望。于是人们呼吁把课外活动作为课内活动去理解。相继提出第二课堂、第二渠道等概念,目的就是确证课外活动的价值,希望通过更容易为人们接受的方式表现课外活动的存在。但是,很明显,这种对待课外活动价值的方式,仍然停留在"教学""课堂"的视界,并没有将课外活动真正纳入课程的视域。提出活动类课程,总算是将课外之活动,归为课程类属了。

1994 年颁布的《实行新工时制对全日制小学、初级中学课程(教学)计划进行调整的意见》和《实行新工时制对高中教学计划进行调整的意见》(两文件简称 1994 年《调整意见》)中将"活动"表述为"活动类课程",包括晨会(夕会)、班团队活动和科技文体活动。"活动类课程"的称谓表明它在课程体系中是独立的一个"类",有了独属于自己的课程内容和组织方式,而不再像"第二课堂""第二渠道"一样,是学科课程体系的补充,缺乏组织性和系统性,由临时的、短期性的活动拼凑而成。[①] 它是一个与学科课程相对立的课程体系。

活动类课程政策出台后,一些学者对此展开讨论,也有学者通过"实验"探索综合活动。主要涉及:关于活动类课程的批判;揭示活动课程的本质、特征、功能、类型,探究其教学过程和评价;系统思考和建构活动课程。1995 年李臣博士的学位论文《活动课程研究》通过答辩,较为系统地论述了活动课程的历史性存在、本质特征、立论基点、价值、设计、实施与评价问题。1997 年高峡、康健、丛立新、高洪源出版《活动课程的理论与实践》,全面阐述了活动课程的渊源、理论基础、目标原则、内容形式,并探讨了活动课程的设计、实施、评价和保障问题。张华 2000 年出版其博士学位论文《经验课程论》(上海教育出版社),深入分析了浪漫自然主义经验课程范式、经验自然主义经验课程范式和当代人本主义经验课程范式,基于新主体教育观,在儿童、自然、

---

① 李臣之:《试论活动课程的本质》,载《课程·教材·教法》,1995(12)。

社会整体有机统一的视野中，构想了一种体现当今时代精神的新的经验课程，即体验课程。上述这些研究工作，为进一步认识、理解和推进活动课程奠定了一定的基础，也让活动课程逐渐成为我国课程研究的重要领域。

四、21世纪我国综合实践活动课程的诞生

有关活动课程的理论探讨，对21世纪综合实践活动课程的提出产生了一定的影响。除此之外，我国综合实践活动课程的产生，有着特殊的国际国内背景。

(一)国际社会背景

20世纪末，知识经济初现端倪，科学技术突飞猛进，信息技术特别是网络技术的发展，深刻地改变着社会生产与生活，影响各国的经济与文化，改变着人们的生活方式、学习方式和思维方式。信息技术的全方位应用，让人类生活环境发生了翻天覆地的变化。与此同时，经济全球化步伐加快，跨国合作与交往愈加频繁，对人们的语言能力、跨文化理解能力提出更高的要求，交流、协商、合作、沟通能力成为人们的核心能力，这些变化极大地挑战着学校教育。

因此，世界各国均十分重视学校教育变革，将综合素质、实践能力、创新精神作为学校课程改革的基本追求。日本中小学设置"综合学习时间"，法国开设"动手做"课程，美国注重"应用学习""项目学习"，诸如此类的"活动课程"为学校教育变革带来了新的希望和思路。进入21世纪，信息化、网络化、智能化更加明显地影响到人类社会生活、生产环境，"未来教育"成为世界各国教育探索的重点，核心素养成为重要的教育目标，活动课程自然成为学生发展核心素养培育的载体。

(二)国内社会背景

过去，我国基础教育课程结构单一，学习方式固化，忽视综合素养、实践能力、价值观的培养，学生双基训练扎扎实实，知识综合运用、动手操作、创新创意不足，影响到学生的创新创造及社会适应。

面对国际教育变革新形势，我国相继出台《关于当前积极推进中小学实施素质教育的若干意见》(1997年)、《面向21世纪教育振兴行动计划》(1998年)、《关于深化教育改革全面推进素质教育的决定》(1999年)、《关于基础教育改革与发展的决定》(2001年)等一系列政策文件。1996年的《全日制普通高级中学课程计划(试行)》和2000年的《全日制普通高级中学课程计划(试验修订稿)》中尝试实践了国家、地方和学校三级课程管理体制，这不仅为2001年《基础教育课程改革纲要(试行)》确立"三级课程管理"累积了实践经验，也为综合实践活动的生成与实践提供了组织保障。2000年我国《全日制

普通高级中学课程计划（试验修订稿）》首次提出了"综合实践活动"概念，并将研究性学习、劳动技术教育、社区服务、社会实践四个部分设定为主要内容。2001年《基础教育课程改革纲要（试行）》则指明了综合实践活动的国家课程性质以及地方课程、校本课程的开发、组织和评价方式，界定了综合课程的属性，明确了信息技术教育、研究性学习、社区服务与社会实践、劳动与技术教育作为其内容的四大领域。紧接着专家研制了《九年义务教育阶段综合实践活动指导纲要（试行）》[以下简称2001年《指导纲要（试行）》]，除在总则部分对课程性质、培养目标、活动领域、组织管理、评价方式等内容进行了指导外，还分3~6年级、7~9年级两个学段，以及对四个领域分别提出了具体的指南，构建起一套较为完备的综合实践活动课程结构。

我国2001年正式出台《基础教育课程改革纲要（试行）》，与综合素养和实践能力培养密切相关的综合实践活动课程受到高度重视。小学到高中均设置综合实践活动课程，系国家课程，必修，尤其是高中，高达23个学分。由此开启了我国综合实践活动课程的新篇章。由于当时的理论准备、实践基础均很薄弱，国家也没有正式出台综合实践活动课程指导纲要，学校依据《基础教育课程改革纲要（试行）》的课程设置，自觉大胆地探索综合实践活动课程，对此课程充满了期待，但同时也逐渐产生了迷茫、无助的情绪。

（三）综合实践活动课程提出的教育政策背景

专家研制的《综合实践活动指导纲要·总则》认为：综合实践活动是基于学生的直接经验、密切联系学生自身生活和社会生活、体现对知识的综合运用的实践性课程。不难发现综合实践活动课程与活动课程关系密切。在综合实践活动出现伊始，围绕综合实践活动性质归属的讨论成为热点之一。田慧生认为，它就是属于活动课程，"是活动课程在新的时代条件下的深化与发展"[①]，表明二者之间的历史脉络关系。

《国家中长期教育改革和发展规划纲要（2010—2020年）》（以下简称《规划纲要》）再一次倡导"活动课程"，为综合实践活动课程实施注入了一剂强心针。《规划纲要》指出："全面贯彻党的教育方针，坚持教育为社会主义现代化建设服务，为人民服务，与生产劳动和社会实践相结合，培养德智体美全面发展的社会主义建设者和接班人。""全面提高普通高中学生综合素质"，倡导"积极开展研究性学习、社区服务和社会实践"。"注重知行统一。坚持教育教学与生产劳动、社会实践相结合。开发实践课程和活动课程，增强学生科学实验、生产实习和技能实训的成效。充分利用社会教育资源，开展各种课外及校外活动。"在人才培养体制改革方面，提出创新人才培养模式，强调注重学思结合、注重知行统一、注重因材施教。

---

① 田慧生：《综合实践活动的性质、特点与课程定位》，载《人民教育》，2001(10)。

《规划纲要》非常清晰地指出了教育教学工作同劳动、实践的关系，更是直接要求开发实践课程与活动课程，这对消除综合实践活动课程实施以来出现的一些消极情绪很有指导意义。尽管当时综合实践活动课程实施已达 10 年，但仍然缺乏扎实的实践基础，如综合实践活动教师队伍、资源平台支撑、社会评价惯性等基础仍然薄弱，一些地区和学校根本没有开齐开足综合实践活动课程，更谈不上开好。可以说，《规划纲要》的相关规定和要求，为综合实践活动课程持续实施及时地打了一支强心针。

2014 年，教育部印发《完善中华优秀传统文化教育指导纲要》，将加强中华优秀传统文化教育，作为培育和践行社会主义核心价值观，落实立德树人根本任务的重要基础。把"坚持课堂教育与实践教育相结合"作为基本原则之一，要求"既要充分发挥课堂教学的主渠道作用，又要注重发挥课外活动和社会实践的重要作用"。在强调结合教学环节渗透中华优秀传统文化相关内容的同时，鼓励各地各学校"充分挖掘和利用本地中华优秀传统文化教育资源，开设专题的地方课程和校本课程"。一些学校也结合校本课程开发，将综合实践活动课程实施与优秀传统文化教育有机结合起来，取得了一定的成效。相关研究课题也注意到了优秀传统文化与综合实践活动课程的融合。

2017 年 9 月中共中央办公厅、国务院办公厅印发施行《关于深化教育体制机制改革的意见》（以下简称《意见》），统筹推进育人方式、办学模式、管理体制、保障机制改革。《意见》明确指出，要健全立德树人系统化落实机制，注重培养支撑终身发展、适应时代要求的关键能力，即认知能力、合作能力、创新能力和职业能力，要求"践行知行合一，积极动手实践和解决实际问题"。值得注意的是，《意见》要求深入开展劳动教育，对比中长期发展规划纲要的相关规定有了新的实质性变化，为后续劳动教育文件的出台埋下伏笔。

党的十九大报告指出，中国特色社会主义进入新时代，我国社会主要矛盾已经转化为人民日益增长的美好生活需要和不平衡不充分的发展之间的矛盾。我国社会主要矛盾的变化是关系全局的历史性变化，对党和国家工作提出了许多新要求。我们要在继续推动发展的基础上，着力解决好发展不平衡不充分问题，大力提升发展质量和效益，更好满足人民在经济、政治、文化、社会、生态等方面日益增长的需要，更好推动人的全面发展、社会全面进步。发展是解决我国一切问题的基础和关键，发展必须是科学发展，必须坚定不移贯彻创新、协调、绿色、开放、共享的发展理念。

2017 年 9 月，教育部正式印发《中小学综合实践活动课程指导纲要》，标志着综合实践活动课程实施正式有了法定的课程指引。

第二节
综合实践活动课程的实质：是什么？

学习目标

1. 理解综合实践活动所坚持的课程观。
2. 把握综合实践活动课程的实质内涵。
3. 明白综合实践活动课程的基本特征。

近 20 年来，人们对于综合实践活动课程理解依然存在差异。近些年来，研学旅行、项目学习、劳动教育、现象学习、在地教育、基地学习等大为流行，出现综合实践活动课程被疏离、被分化、被拒之门外的现象。一些乐于求新和创新的学校，不再把心思放在综合实践活动课程本身，而乐意寻找综合实践活动课程的替代品，似乎综合实践活动课程是老面孔，总不如新事物那么有吸引力。深究这些现象产生的缘由，大多是对综合实践活动课程的实质内涵、理念与使命认识不够，深层次则是对综合实践活动课程所秉持的课程观缺乏信心。只有真正把握好理解好综合实践活动的课程观及实质，弄清楚其与研学旅行（研学实践）、项目学习、STEM 等的区别与联系，才能真正有效地推动综合实践活动课程的落地实施。

一、综合实践活动需要坚持什么样的课程观？

观念制约行为，有什么样的课程观就有什么样的课程行动。综合实践活动坚持何种课程观，对于引导综合实践活动有效实施至关重要。

(一)几种代表性的课程观

人们对"课程"寄予厚望，却始终不太满意其定义。课程是一个用得最为普遍但却定义模糊的教育术语。[①] 施瓦布慎重地告诫人们说，过分注重与完善"课程"术语的精确

---

① R. D. V. Scottor and Others，*Foundations of Education：Social Perspective*，1979，pp. 272.

定义这样的问题，将会使课程研究变得毫无生气。① 的确，对课程的定义之多，让人眼花缭乱，滋生多种课程印象：

- 捉摸不定的课程（phantom curriculum）
- 伴随的课程（concomitant curriculum）
- 社会的课程（societal curriculum）
- 带修辞色彩的课程（rhetorical curriculum）
- 使用中的课程（curriculum-in-use）
- 实际接受了的课程（received curriculum）
- 内生的课程（the internal curriculum）
- 电子课程（the electronic curriculum）

……

不过，这些印象似乎也代表着人们对课程定义的偏爱和努力。《国际课程百科全书》曾列举 9 种有代表性的定义②，主要从目标、学科、活动、过程、文化几方面描述，表明课程定义的主要价值取向。此外，又增加了一些新的看法：

- 课程不只是分门别类的学校材料，而是需要被理解和建构意义的符号表征，课程被理解为多元文本。（Pinar，1994）
- 学习者在学校帮助支持下，获得知识和理解、发展技能和转换态度、形成审美观和价值观的所有正式和非正式的教育内容和过程。（Ronald Doll，1996）
- 在学校的指导下设计的，关于学习者需要的所有经验的计划和方案。（Peter Olivia，1997）
- 一种事先规定好的知识体系以及传播这一知识体系的方法。（Alan Block，1998）

类似这些定义很有代表性，进一步发展了《国际课程百科全书》所列举的课程定义，尤其值得注意的是，多元文本、过程、方法等取向。在我国，课，从言果声。"课，试也"（《说文解字》），检验、考核、考查之意。从言，和语言有关，指用言语检验、考核和考试。果声，标示考核的成果、功绩。课程，从词源学意义上讲，"课"作为动词，

---

① J. J. Schwab，"The Practice：A Language for Curriculum"，*School Review*，1969，（November）pp. 1-2.

② 课程是学校的生活与计划……一种有指导的生活事业；课程构成人类生活的生气勃勃的活动长流（Rugg，1947）；课程必须基本上由五大领域的学科学习组成：(a)掌握母语并系统学习语法、文学和写作；(b)数学；(c)科学；(d)历史；(e)外语（Bester，1955）；为达成训练儿童和青年在集体中思维和行动的目的而建立的一系列可能经验（Smith，1957）；为使学生取得毕业，获得证书或进入专门职业领域的资格，而由学校提供给他们的教学内容或者具体教材的总计划（Good，1959）；课程是一种学习计划（Taba，1962）；课程被看作有关人类经验的日益广泛的可能的思维方式——不是结论，而是结论产生的方式以及建立这些结论即所谓真理并使之发挥效用的背景（Belth，1965）；学生在学校指导下获得的全部经验（Foshay，1969）；课程是探索学科中的教师、学生、科目和环境等因素的方法论研究（Westbury and Steimer，1971）；为了在学校的指导下使学生的个人的和社会的能力获得不断的、有意识的发展，通过知识和经验的系统重建而形成的，有计划和有指导的学习经验以及预期的学习结果（Tanners，1975）；*The International Encyclopedia of Curriculum*，1991，p. 15。引述时按时间先后顺序排列。

其义为：按规定的内容和分量讲授或学习。程，从禾，呈声，本义称量谷物，并用作度量衡的总名，后一方面引申为事物或事情前后发展经过（如过程）或先后步骤（程序），另一方面引申为典范、法律章程以及更进一步的限度，期限，定额，路程，行程，学习，办事的进展，安排（日程、课程、进程）。可以看出，我国早期的课程定义，同西方国家的新近定义取向有些一致性，尤其是进程、过程取向。

从以上分析可知，课程定义范围甚广，角度多元。这固然有利于拓宽人们对课程概念的理解，但同时也让人摸不到边际。蔡斯也认为：课程的任何定义必然会根据要实现的目的而变化……在实现某种情境的目的时最有用的课程定义，在于它对于那种情境是最"正确的"。总体上看，无论人们如何想象、描述与规定对课程的定义，大致离不开视课程为计划（含目标）、知识（含学科）、活动（含经验、过程）、文化选择、社会建构、美好生活。这些概括也反映迄今为止人们对课程所秉持的基本看法和观点。这些定义也为综合实践活动选择适合自身的课程观提供了丰富的想象空间及具体的参照。

（二）综合实践活动的课程观

无论我们如何定义综合实践活动课程，最终都要归位到课程的理解上。不能将课程理解为学习、教学、教育等。不能用既是学习也是教学、教育之类的解读理解综合实践活动课程。要讲清楚课程，才能说明白综合实践活动课程。对课程持何种理解，就有何种取向的综合实践活动课程观。如果将课程理解为学科，那么综合实践活动课程理解也必然带有浓郁的学科意味。尽管我们承认综合实践活动课程与学科课程不可能完全分开，承认二者之间的互动关系，但只有分清楚二者到底是什么，才能真正明白二者之间到底如何互动。

其实，对综合实践活动课程的理解需要回到课程的本初意义上来。"课程"一词源自拉丁文动词 currere(to run)。本义为学习的进程或学习的路线（course of study），既指一门课或一个学科领域内所有学程，也可以指一所教育机构或整个教育机构提供的所有学程。综合实践活动课程需要重视 currere 的动词意义。作为名词 currere 有"跑道"之义，为不同学生设计不同轨道。作为动词指"奔跑"，与目前强调个体认识的独特性和经验的自我建构，强调课程的生成性、动态性、过程性及个体性相同。当代学者越来越重视 currere 的动词意义。跑道有起点和终点，课程可以被看成一条教育之路，它引领学生走向一种特别构想的美好生活。[①] 这条路是由无数次往返构成的旅程。对照综合实践活动课程的基本性质，古老的"跑道"课程观，仍然十分贴近综合实践活动课

---

① 参见［美］詹姆士·G. 亨德森、理查德·D. 霍索恩：《革新的课程领导》，志平等译，3 页，杭州，浙江教育出版社，2005。

程的"初心"。

当今世界已经进入"地球村"，世界变局比以往任何时候都要复杂，需要用多样性、理解观、共生论去重新认识。因此，也需要用更加开放的视角理解课程。综合实践活动课程也需要重视过程，在过程中考虑经验的连续性、跨学科性。体验本身就是过程，问题解决是一个过程，在过程中综合运用多种活动方式，综合利用所学学科知识，获得实践能力与综合素养。所以，体验论、过程观大致是综合实践活动需要坚守的基本的课程观。

二、综合实践活动课程是什么？

从前述可知，活动之课程地位的不断确证，活动最终有了自身的课程类属选择，活动课程与学科课程一样享有独立的课程地位，二者共同构成学校课程的整体结构。进入 21 世纪，教育政策文本中出现综合实践活动课程，与 20 世纪末我国课程理论与实践领域所使用的"活动课程"有哪些关系？综合实践活动课程到底如何理解？这些问题的答案直接影响综合实践活动课程功能的发挥，进而也会影响学校整体课程效能。

(一)定位：综合实践活动是活动课程发展到一定历史阶段的产物

迄今为止，人们对活动课程已经形成了一些较为成熟的看法。透过这些看法，可以大致发现其与综合实践活动课程的区别和联系。

第一，活动课程是一系列儿童自己组织的活动，儿童通过活动学习，获得经验，解决问题，锻炼能力。[1]

第二，活动课程是侧重学生的直接经验的课程，这种课程的主要特点在于动手"做"，在于手脑并用，在于脱离书本而亲身体验生活的现实，以获取直接经验。[2]

第三，活动课程，是为指导学生主要获得直接经验和即时信息而设计的一系列以教育性交往为中介的学生主体性活动项目及方式。[3]

第四，活动课程是打破学科逻辑组织的界限，以学生的兴趣、需要和能力为基础，通过学生自己组织的一系列活动而实施的课程。[4]

第五，活动课程是以学生自主学习和直接体验为基本方式，以学生个性养成为基本目标的一种课程。它不以系统知识传授为基础，而以实践活动为基础，属于非学科

---

[1]　参见王策三：《教学论稿》，179 页，北京，人民教育出版社，1985。

[2]　参见李秉德：《教学论》，178 页，北京，人民教育出版社，1991。

[3]　参见李臣之：《试论活动课程的本质》，载《课程·教材·教法》，1995(12)。

[4]　参见施良方：《课程理论：课程的基础、原理与问题》，275 页，北京，教育科学出版社，1996。

性课程。①

显然，活动课程是相对于学科课程而言的，是相对独立的课程领域。非学科性、活动学习、经验积累、体验探究等同综合实践课程是一脉相承的。综合实践活动课程可以理解为活动课程的进一步发展，本质上没有明显分野，名称上有所变化，提出的社会背景不同。活动课程承接研究性学习、社会服务，链接社区服务与社会实践，注重"内容"领域的规定；综合实践活动则注重项目、探究、体验，考察探究，设计制作，连通劳动与技术教育，倡导创意物化；职业体验，回应社会建构的要求，强化学校与社会的链接，为学生的美好的社会生活奠基。

此外，综合实践活动课程更加注重素养本位。进入 21 世纪，"核心素养"成为世界主要发达国家课程标准制定的重要依据。经济合作与发展组织强调素养为活用知识、技能、态度与价值的能力，同时能够反思学习历程，投入世界并在世界中行动。联合国教科文组织认为素养是知识、能力、技能、动机和情感倾向等交互作用的结果。经济合作与发展组织在 2030 框架中主张素养是人们为了参与世界，经过反思、期望与行动的历程，以活用知识、技能、态度与价值，而且，在这个过程中，人们必须发展不同素养之间的连接关系。核心素养的培育，不能寄托于单一的学科知识，更重要的是依靠实践的、综合的、探究的活动课程，通过跨学科性实践活动课程，才能培养学生带得走的能力、行走世界的能力、全球胜任力，以及本土情怀，帮助学生行走无疆，跨越边界，面对真实的世界。

所以，综合实践活动课程较之活动课程有了更新的社会背景，本质上仍然是注重体验探究、过程导向的课程。从表述上讲，综合性的追求更加突出，这也是核心素养导向的课程追求使然。活动课程在目标追求上致力于克服学科课程的弊端，综合实践活动课程注重发展学生的综合素养和实践能力；活动课程内容采用单一活动、学科活动，综合实践活动课程内容注重整合性活动，跨学科探究性学习；活动课程空间总体上以校内为主，而综合实践活动课程拓宽到校外"第三空间"。

(二)综合实践活动课程的实质内涵

学术界对综合实践活动课程进行了细致的探讨。从比较角度看，活动课程与学科课程、学科课程与综合实践活动课程，以及综合实践活动课程与校本课程、劳动、STEM 教育等有区别，也有联系。弄清楚这些区别与联系，有助于更加清晰地认识和理解综合实践活动课程。新时代教育需要面对人工智能教育应用，应对复杂性问题的解决等。从社会变革—人才培养要求—教育变革—课程变革的逻辑看，新时代核心素

---

① 参见高峡、康健、丛立新、高洪源：《活动课程的理论与实践》，1 页，上海，上海科技教育出版社，1997。

养对综合实践活动课程提出了更高的要求，这些要求对理解综合实践活动课程的实质内涵也有帮助。

1. 学科课程与综合实践活动课程

从课程性质、课程目的、课程内容、活动方式、课程评价、课程空间、课程资源看，学科课程与综合实践活动课程的区别更为明显，见表1-1。

表1-1　学科课程与综合实践活动课程的区别

	学科课程	综合实践活动课程
课程性质	分科课程为主	综合活动
课程目的	系统知识学习，掌握技能，发展学科能力	综合素养、实践能力
课程内容	间接经验、系统的学科知识	直接经验、跨学科知识、社会现实问题
活动方式	讲授为主、接受学习	主动探究、实践体验
课程评价	知识技能的掌握	经验与能力发展
课程空间	教室为主、课堂学习	大自然、大社会、大世界
课程资源	教材教参	大自然、大社会

2. 校本课程与综合实践活动课程

综合实践活动课程属于国家设置、地方督导、学校开发，因此，学校层面综合实践活动课程建构属于校本课程开发范畴。校本课程开发作为一种课程开发策略，完全可以用于综合实践活动课程开发。综合实践活动主题系列，也可以成为校本课程开发的对象。校本课程和综合实践活动课程在治理主体、实施主体、课程属性、内容规定和课程目标上的具体区别见表1-2。

表1-2　校本课程与综合实践活动课程的区别

	校本课程	综合实践活动课程
治理主体	学校	国家
实施主体	学校	学校
课程属性	选修或必修	必修
内容规定	学生生活、经验、地方文化	生活、经验、地方文化
课程目标	个性发展，培养兴趣	综合素养，实践能力

3. 劳动与综合实践活动

1981年国家教委颁发教学计划，高中阶段增设"劳动技术教育课"，包括"工农业生产、服务性劳动的一些基本技术和职业技术教育以及公益教育"。1992年《课程计划》把活动类课程正式纳入学校课程体系，使之成为中小学课程结构中不可或缺的组成部分。《中共中央国务院关于深化教育教学改革全面提高义务教育质量的意见》第二部分提出五育并举，把劳动教育专门作为条目，明确指出"制定劳动教育指导纲要，加强学生生活实践、劳动技术和职业体验教育。优化综合实践活动课程结构，确保劳动教育课时不少于一半"。这份文件明确把劳动规定为综合实践活动课程的组成部分，且课时不少于其总课时的一半。随后颁发的劳动教育文件，进一步把劳动教育作为必修课程。劳动与综合实践活动的区别见表 1-3。

表 1-3 劳动与综合实践活动的区别

	劳动	综合实践活动
治理主体	国家	国家
实施主体	学校	学校
课程属性	必修	必修
内容规定	学生生活、经验	源于生活、经验
课程目标	劳动能力、劳动情感与态度	综合素养、实践能力、创新精神

目前，劳动教育、劳动、综合实践活动往往被混淆。实际上，劳动教育属于"教育"，不可能纳入综合实践活动"课程"，但综合实践活动课程内容可以整合劳动教育内容。因此，整合实施的关键是作为课程形态如何处理劳动课程与综合实践活动课程的内在关系。在强化劳动教育地位的起始阶段，劳动教育课程可以纳入课程方案，同综合实践活动课程并列。考虑到劳动教育课程本质上属于综合性活动，长远看还是应该和综合实践活动课程一起归入活动课程范畴，以便与学科课程一道形成学校课程整体架构。

从逻辑上看，将"劳动教育"直接纳入课程计划仍然存在问题。劳动教育是"教育方针"层面的概念，其对应的概念是德育、智育、美育和体育。进入课程计划表中的体现劳动教育追求的课程，应该有具体的课程名称，而且最好考虑不同学段学生的身心发展特征。如过去小学家政课程、中学劳技课程等。所以，劳动教育课程进入课程计划，与综合实践活动课程并列，仍然只是一种暂时的强化措施。从课程类型上看，劳动属于活动课程，活动课程、学科课程共同构成学校课程结构。从教育目的上看，劳动教育与德智体美四育"并举"，劳动教育也可以理解为实现五育的重要路径。

因此，严格意义上讲，在课程计划中，劳动应该成为综合实践活动课程类型之一，通过设计制作、职业体验、社会服务等综合实践活动方式推进劳动教育。当代劳动教育应该开展"体脑"融合的劳动教育，重视劳动与精神生活的互动，引导学生树立全面的职业观，提升间接劳动教育的自觉性。[①] 劳动最好不作为一种独立课程形态出现，如果"劳动"必须表现为课程形态，则仍然需要通过活动课程。

---

① 参见章乐：《从割裂到融合：论当代劳动教育的时代转向》，载《教育发展研究》，2020(24)。

4. 研学旅行、STEM、PBL 与综合实践活动课程

考察探究、社会服务、设计制作、职业体验是综合实践活动课程的主要活动方式，考察探究活动方式下又包括野外考察、社会调查、研学旅行等。由此可见，研学旅行是综合实践活动的形式之一，是综合实践活动课程通过研究性学习形式进行的考察探究活动。在教育理念、本质特征上，研学旅行与综合实践活动有一定的相似性，都强调研究性学习，都注重体验与开放。研学旅行可以丰富综合实践活动的内容，拓宽综合实践活动课程空间，增加综合实践活动方式，但研学旅行不能取代综合实践活动。研学旅行无论在内涵还是外延上都与综合实践活动有显著差异，二者不是并列关系，既不能等同，也不能说没有关联。

此外，综合实践活动与 STEM（科学、技术、工程、数学）教育、在地教育（Place-Based Learning）、项目学习（Project-Based Learning）也有联系和区别。STEM 教育超越单一学科，由限定的数学、工程等四个学科构成限制性综合课程，因此，设计制作等综合实践活动方式可以通过 STEM 教育来体现，也可以基于 STEM 落实设计制作等综合实践活动方式。PBL 同综合实践活动一样不受学科数额的限制，以问题解决为主线，综合应用学科知识解决问题。在地教育更多地强调课程与"现场"亲密接触，拓展了活动课程教学的空间，注重教育发生现场的转换及现场的教育意义。

5. 综合实践活动课程实质内涵确证

通过上述比较分析，不难发现综合实践活动课程是国家课程方案中独立的课程形态，是国家规定的必修课程，这说明综合实践活动具有法定的国家课程地位。开齐开足综合实践活动是政府教育督导的基本要求。

就其实质内涵而言，综合实践活动课程近 20 年来一直处于发展中，与学科课程的区别也越来越明显，属于跨学科甚至超学科的课程。比较突出的变化是与生活、问题、探究的联系。聚焦问题，问题源于生活，问题探究过程围绕项目展开，项目活动方式贴近学生生活；立足学生经验，属于经验类课程；体现时代性，属于生活类课程；跨越单一学科，属于综合类课程；强调活动体验与问题探究，属于实践体验课程。在治理上综合实践活动课程是国家规定，学校自主设计、实施与管理的课程。

21 世纪初，国家出台基础教育课程改革指导纲要，明确提出综合实践活动课程。随后没有公开印制的《综合实践活动课程指导纲要》对综合实践活动课程做出了初步的规定：综合实践活动课程是基于学生的直接经验，密切联系当代社会生活实际，综合运用所学知识解决实际问题，强调实践能力、创新能力的培养以及提高学生综合素质的实践性课程。这一规定在很大程度上为课程实施者提供了借鉴和参考。2017 年，面临新的时代要求，教育部正式颁发了《中小学综合实践活动课程指导纲要》（以下简称《指导纲要》），重新规定了综合实践活动课程性质和内涵，指出综合实践活动"是从学生的真实生活和发展需要出发，从生活情境中发现问题，转化为活动主题，通过探究、

服务、制作、体验等方式，培养学生综合素质的跨学科实践性课程"。在这份纲要中，综合实践活动课程的跨学科、非学科属性得到明显强化，基本活动方式更加明确，课程内容来源也更为清晰，问题—主题—活动的推进方式再次得到巩固。

但是，综合实践活动课程内容，显然不仅仅停留于"方式"上的规定，课程属性也需要进一步超越"跨学科性"。由于活动课程基于生活、注重经验、强调探究、服务儿童，不能仅仅将其定义为跨学科性课程。将综合实践活动课程定义为跨学科性课程，依然没有离开学科，依然是就学科课程谈活动课程。作为课程，要考虑目标、内容、方式、评价、资源等基本要素，要考虑课程的经典和源头。课程就是跑马道，是道路，是过程，是蓝图，应该如何认识综合实践活动课程，依然需要不断发展。所以，寻找属于综合实践活动课程自身的独特的性质与关键特征，值得进一步深入探究。

(三)综合实践活动的特征

综合实践活动课程有哪些基本特征？已有相关研究给出了一些答案。张华概括为整体性、实践性、开放性、生成性、自主性五个特征[1]；郭元祥认为综合实践活动课程具有综合性、实践性、开放性、生成性[2]；李臣之认为实践性、跨学科性和生活性是综合实践活动课程的关键特征[3]；徐继存则提出开放性、主题性、研究性、过程性、协同性[4]。综合这些看法，我们可以重点关注以下特征。

1. 整合性

相对学科课程分门别类的特征而论，综合实践活动课程跨越学科界限，强化项目、主题、跨界学习，注重"学科知识"与"生活知识"的统整，将学生以往的生活经验和"学科教学"所习得的知识和经验，借助问题解决予以活化与应用，一方面增加了新的内容，另一方面"学习者所获得的朴素的活生生的经验又将提高其科学认识和艺术认识的水准"[5]。提倡整合性，并非舍弃学科知识，学生的学习伴随着学科知识的综合运用，同时也在运用知识的过程中，形成新的知识与能力。对于学生完整的认知过程而言，不存在单纯的体验活动，也不存在单一的知识学习，真正的学习，是将学生经验世界通过知识世界有机统整起来。学科课程只能对客观世界的某一侧面和某一属性进行专门研究，但世界本身是以客观综合为存在形态的，当各个学科分别从学科角度认识世界后，综合实践活动使学科之间相互渗透，实现学生知识与技能的整合。"学科源于生活并为了生活，生活具有整体性……真正的综合学习必然是建立起学科与生活的内在

① 参见张华等：《综合实践活动课程研究》，5、6页，上海，上海科技教育出版社，2009。
② 参见郭元祥：《综合实践活动课程的基本规定》，载《当代教育科学》，2003(4)。
③ 参见李臣之、潘洪建：《综合实践活动课程实施研究》，13—21页，北京，中国社会科学出版社，2019。
④ 参见徐继存：《综合实践活动的性质与特点》，载《当代教育科学》，2015(1)。
⑤ 钟启泉：《综合实践活动：涵义、价值及其误区》，载《教育研究》，2001(6)。

联系的学习。"①可见，没有整合性，综合实践活动课程的"综合"就无从体现。

2. 实践性

"实践"本身是"综合实践活动课程"的关键构成词汇，"实践性"是综合实践活动课程区别于学科课程最显著的特征，"实践性课程"是《指导纲要》对综合实践活动课程内涵界定的最后落脚点。不少学者很早就认识到实践对学生发展的重要价值，认为实践有助于培养学生的实践操作能力。从中国古代对"学习"的理解到注重"学—问—思—辨—行"的统一，从"知行合一"到"实践论"，从"课外活动"到"第二课堂""活动课"，再到"活动课程"，到德智体美劳"五育并举"对劳动地位的重视，一以贯之地强调了实践之于学生发展的重要价值，可以看出中国教育变革对"实践"精神的持续关照。综合实践活动课程以其特别的"实践"立场较好地尊重和传承了我国实践教育的传统。

传统分科课程实施场所主要在课堂，课堂以外的活动属于"课外"，学校以外的实践活动更是可有可无。综合实践活动课程重视体验与经历，有其基本的逻辑。很多事，经历过才懂得。记忆，不见得与自己的成长有关联。所以，学习需要记忆、理解与应用，但是只有整合性应用之后，书本知识才能转变为自己的认知，化为自己在世界中行动的动力。体验是通过亲身实践获得的感受。亲历是用自己的手、口、眼、耳、心去经历。综合实践活动课程的实践性体验就体现在对亲身经历的特别关注上，强调在"做""考察""调查""实验""探究""服务""劳动"等一系列活动中发现和解决问题。2019年6月发布的《中共中央国务院关于深化教育教学改革全面提高义务教育质量的意见》（以下简称《意见》）指出，将发展素质教育作为指导思想，要求"深化课程育人、文化育人、活动育人、实践育人、管理育人、协同育人"。综合实践活动课程是落实《意见》精神的最理想的载体。

3. 探究性

自我最为深刻的记忆，往往是在解决复杂问题的过程中获得的体验，有喜悦，有悲伤，也有酸甜苦辣。轻松、短暂而简单的经历，相对人生过程而言，难以留下深刻的记忆。学生在成长过程中，需要一次次痛快的经历，这些经历不单单是幸福的、快乐的，很多时候，是面对失败的痛苦，是经过艰难努力之后得到的快乐，是痛苦与快乐交织前行的过程。艰难努力的过程就是探究，探究是针对问题寻找办法的主动行动，行动尽管艰难，但学生感兴趣，会主动追寻。这种行动就可能是连续性的，不会因为暂时的艰难而停止，反而越战越勇，解决了问题还想继续探究新的问题，意义的诞生就在一次一次的问题解决过程中，使深度学习的发生成为可能。

4. 过程性

探究世界的过程，处理人与人、人与社会、人与自然的关系的过程，每一个过程

---

① 张华：《跨学科学习：真义辨析与实践路径》，载《中小学管理》，2017(11)。

都非一帆风顺，历经艰难险阻最终才会有成功的喜悦。毛泽东同志创作《卜算子·咏梅》，就塑造了梅花俊美而坚韧不拔的形象，"风雨送春归，飞雪迎春到。已是悬崖百丈冰，犹有花枝俏。俏也不争春，只把春来报。待到山花烂漫时，她在丛中笑"。鼓励人们在社会发展最为艰难的时候，要有威武不屈的精神和革命到底的乐观主义精神。对于个人发展而言，温室里长不了大树，需要在真实的社会生活中，运用知识解决所遇到的难题困惑，并在问题解决过程中建构知识、升华情感、提升能力。此外，综合实践活动目标、主题也是在过程中不断调整和生成的，已有文献论述，不再赘述。

5. 开放性

学生需要到学校学习，因为学校有专门的老师、专门的教材、专门的教室。这些"专门"在农耕时代、工业时代无可厚非。当人类步入信息技术时代，学校的边界已经不再由固定的实体空间所区隔，社会即学校。学习的场所不在传统的教室，世界即教室。学习的内容不再局限于教材，大自然大社会中的一切皆可成为学习内容。学习无处不在无时不有，处处可学，随时可学，人与人的交互跨越时空，教与学的对话随需要而生。教师可能成为学生，学生可以成为老师，师生之间互换角色，交互学习共同成长。即使有严密逻辑体系的学科课程，其学习也需要开放边界。活动课程以问题解决为主线，活动过程伴随着活动空间、活动参与者、活动方式、活动手段等转化，难以用确定的方式设计固化或线性的活动。因此，综合实践活动不仅课程目标开放，而且课程内容与活动方式也都是开放的。

第三节
综合实践活动课程的使命：为了什么？

🎯 学习目标

1. 认识综合实践活动课程的基本理念。
2. 把握综合实践活动课程的三大使命。

探讨综合实践活动课程的理念与使命，对于明确综合实践活动课程发展的方向，厘清综合实践活动课程实施思路，坚定课程实施者的课程信念至关重要，此为综合实践活动课程持续发展和实施的关键。

一、综合实践活动课程的理念

任何课程都有自己所秉持的理念，综合实践活动课程也不例外。

(一)儿童立场

教育的根本目的在于将自然人培养为社会人。教育者，不仅要做到目中有人，更重要的是心中有人。"自觉地站在人的立场上用人自身生成发展的价值尺度去衡量教育的过程和结果才能对教育作出正确的判断。"[1]人的立场，是教育的根本立场。作为教育的有机组成部分，综合实践活动课程首要的理念就是把儿童当人看，尊重儿童，将儿童主体的理念贯穿综合实践活动全过程。

源于儿童。综合实践活动课程的出发点是儿童。综合实践活动课程内容源于儿童的生活与社会经验，充分考虑儿童的兴趣和需要，甚至活动主题的命名也要注意儿童的接受性，尽可能让活动主题的表达方式富有吸引力，能够吸引儿童的注意。

通过儿童。综合实践活动过程通过儿童得以实现，儿童是实践活动的主体，教师充分发挥主导作用，《指导纲要》没有从"教学"角度对综合实践活动课程实施规定，突出的是教师发挥指导作用。在活动主题的生成过程中，儿童的参与至关重要，教师在引导儿童参与实践活动时，要善于倾听"儿童的声音"。可以说，相对学科课程实施，"儿童参与课程决定"在综合实践活动课程建构中表现更为充分，教学中学生的主体性也是课程美学理论所关注的重点。

为了儿童。应该说，教育本身就是为了儿童而存在的，或者因为儿童的存在才发生教育。开发与实施综合实践活动课程，不是为了考试获得好的分数，不是为了家长所希望的理想学校，根本上是为了儿童自身的兴趣延展、个性发展和经验生长，为了儿童发展核心素养。

(二)生活本位

生活世界和知识世界是学生需要面对的两大世界。生活世界需要有生活的气息、生活的方式和生活的体验。"教育不能把学生带离他生活于其中的世界，课程不能成为隔离学生的世界交往的屏障。综合实践活动为学生开辟了一条与他生活于其中的世界交互作用、持续发展的渠道。"[2]《指导纲要》指出我国综合实践活动课程内容的开发应面向学生完整的生活世界，引导学生从日常学习生活、社会生活或与大自然的接触中提

---

① 鲁洁：《教育的原点：育人》，载《华东师范大学学报(教育科学版)》，2008(12)。

② 张华等：《综合实践活动课程研究》，7页，上海，上海科技教育出版社，2009。

出具有教育意义的活动主题，使学生获得关于自我、社会、自然的真实体验，建立学习与生活的有机联系。不仅如此，综合实践活动课程实施也需要回到生活中，通过真实的生活体验，感受生活、热爱生活，学会创意而自主的负责的生活。

为此，《指导纲要》不再列举综合实践活动课程的内容的指定领域和非指定领域，而是代之以考察探究、社会服务、设计制作和职业体验等"活动方式"，使综合实践活动课程实施有了多元的贴近生活的机会。特别是"设计制作"活动方式，可以让学生体会设计、制作的乐趣，养成热爱生活的态度，并能在教师的指导下，学会综合运用各学科知识，认识、分析和解决设计制作中遇到的各种问题，然后运用各种工具、工艺进行设计，将自己的创意、方案化为现实。在这个过程中，学生会体验到生活中的问题及其解决过程，形成丰富的生活经验，并借助这些经验，有机地联通学科教学过程中的知识世界，从而形成对世界的整体看法。

(三)主动实践

"人类要想合理、有效地开展实践活动，就必须具备相关的知识……缺乏这些知识，任何一项实践活动都不可能得以展开，或不可能取得满意的效果。因此，可以说，人类的实践是以知识为基础的，实践就是知识参与下的实践，实践的程度和范围是受着人类知识状况制约的。"[①]但是，从人类产生与发展的历史过程来看，实践是知识产生的基础，从问题解决的阶段性环节而言，知识是实践活动得以延续的基础，尤其是有效延续的基础。实践是真理诞生的土壤。一切思想、观点和结论都需要实践的检验。"认识从实践始，经过实践得到了理论的认识，还须再回到实践去。认识的能动作用，不但表现于从感性的认识到理性的认识之能动的飞跃，更重要的还须表现于从理性的认识到革命的实践这一个飞跃。"[②]毛泽东揭示的认识论基本规律，对于理解学校教育很有指导价值。学生的学习不能唯书唯上，需要到广阔的大社会、大自然中主动实践，积极建构。那种"两耳不闻窗外事，一心只读圣贤书"的学习方式不可能培养学生适应不断变化的社会的能力。所以，实践与知识之间的关系具有循环递进性。

实践性是综合实践活动课程的基本属性。综合实践活动主要通过实践活动的形式展开，在学科知识体系建构中实现课程目的的探究性学习是综合实践活动的基本学习方式。综合实践活动课程实施需要基于探究式学习，设计多元活动方式，激发学生自主参与活动全过程。利用多样化活动基地、现场、资源，引导学生开展丰富多彩的实践体验，引导学生发现问题、解决问题、总结经验，发展人际交往能力。综合实践活动课程实施强调学生"亲力亲为"、主动参与，鼓励学生从自身成长需要出发，选择活

---

① 石中英：《知识转型与教育改革》，4、5页，北京，教育科学出版社，2001。

② 《毛泽东选集》第1卷，292页，北京，人民出版社，1991。

动主题，主动参与并亲身经历实践过程，体验并践行价值信念。当然，在学生的实践活动过程中，随着活动的不断展开，学生可在教师指导下根据实际需要，对活动的目标与内容、组织与方法、过程与步骤等做出动态调整，使活动不断深化，进而实现综合实践活动课程的持续发展。

二、综合实践活动课程的目标

"教育的存在根据和基本使命就是要使人生成为人。""教育所要回归的生活世界是自我与他人、个体与社会相统一的世界，在这个世界中，社会在人中，人也在社会中。"①综合实践活动课程对学生成长的价值在于：满足发展需要，促进学生的个性发展；转变学习方式，提高学生的综合素质；发展实践能力，培养学生的创新精神。综合实践活动课程目标指综合实践活动意欲取得的结果，学生在该课程学习中应达到的具体素质。它包括课程的改进、教师的专业成长、学生的素质发展，但主要指通过综合实践活动发展学生的实践能力、创新精神和综合素质。

(一)奠基综合素质

相比学科课程，综合实践活动课程将实践能力、动手能力、情感态度置于重要位置，它着眼于学科知识、技能的综合运用，注重知识、情感、能力、品质等多维发展。不同于以往活动课对某一活动方式的强调，综合实践活动课程着重于多种活动方式的综合运用。

综合素质培养需要赋予学生综合运用知识解决复杂问题的机会。传统的分科教学正在遭遇人工智能时代、网络时代、大数据时代的挑战，教育边界在消失，"学校"的边界在扩大。世界即学校，自然即教室。处处、人人、时时可以学习。教育发生在广袤的空间，学校被无限放大。因此，单一的分科教学，固定在教室狭小的空间发生教学的可能性越来越小。这也在客观上为综合性教学提供了条件。与此同时，实践教育活动也在发生巨大变化。现实实践活动、虚拟实践活动互相结合。信息技术的运用，并非消除学校实践活动教育，而是将学校的边界放大到学校以外的整个世界，放大到真实世界以外的虚拟世界。因此，未来的学校综合实践活动教育，将以更加开放、综合的姿态，更加突出的地位，出现在教育的大世界中。

综合实践活动课程之于综合素质培养有着重要作用。2017年教育部颁布的《中小学综合实践活动课程指导纲要》从课程目标、课程开发、课程实施和课程评价四个方面进行了详细的阐述，具体表现为：课程目标以培养学生综合素质为导向；课程开发面向

① 鲁洁：《教育的原点：育人》，载《华东师范大学学报(教育科学版)》，2008(12)。

学生的个体生活和社会生活；课程实施注重学生主动实践和开放生成；课程评价主张多元评价和综合考察。在课程目标设置方面，我国综合实践活动课程倡导鼓励、引导学生运用各学科知识，认识、分析和解决现实生活中的问题，提升综合素质，着力发展核心素养，特别是社会责任感、创新精神和实践能力，以适应快速变化的社会生活，强调学生综合、职业世界和个人自主发展的需要，迎接信息时代和知识社会的挑战。

并且，《指导纲要》明确指出我国综合实践活动课程在设置总目标的基础上，应该规定小学、初中、高中每个学段的阶段性目标，主要表现在价值体认、责任担当、问题解决、创意物化四个方面，并且三个学段的目标是层层递进、不断深化的。

表 1-4　小学与初中综合实践活动课程目标比较

	小学	初中
价值体认	通过亲历、参与少先队活动、场馆活动和主题教育活动，参观爱国主义教育基地等，获得有积极意义的价值体验。理解并遵守公共空间的基本行为规范，初步形成集体思想、组织观念，培养对中国共产党的朴素感情，为自己是中国人感到自豪	积极参加班团队活动、场馆体验、红色之旅等，亲历社会实践，加深有积极意义的价值体验。能主动分享体验和感受，与老师、同伴交流思想认识，形成国家认同，热爱中国共产党。通过职业体验活动，发展兴趣专长，形成积极的劳动观念和态度，具有初步的生涯规划意识和能力
责任担当	围绕日常生活开展服务活动，能处理生活中的基本事务，初步养成自理能力、自立精神、热爱生活的态度，具有积极参与学校和社区生活的意愿	观察周围的生活环境，围绕家庭、学校、社区的需要开展服务活动，增强服务意识，养成独立生活习惯；愿意参与学校服务活动，增强服务学校的行动能力；初步形成探究社区问题的意识，愿意参与社区服务，初步形成对自我、学校、社区负责任的态度和社会公德意识，初步具备法治观念
问题解决	能在教师的引导下，结合学校、家庭生活中的现象，发现并提出自己感兴趣的问题。能将问题转化为研究小课题，体验课题研究的过程与方法，提出自己的想法，形成对问题的初步解释	能关注自然、社会、生活中的现象，深入思考并提出有价值的问题，将问题转化为有价值的研究课题，学会运用科学方法开展研究。能主动运用所学知识理解与解决问题，并做出基于证据的解释，形成基本符合规范的研究报告或其他形式的研究成果
创意物化	通过动手操作实践，初步掌握手工设计与制作的基本技能；学会运用信息技术，设计并制作有一定创意的数字作品。运用常见、简单的信息技术解决实际问题，服务于学习和生活	运用一定的操作技能解决生活中的问题，将一定的想法或创意付诸实践，通过设计、制作或装配等，制作和不断改进较为复杂的制品或用品，发展实践创新意识和审美意识，提高创意实现能力。通过信息技术的学习实践，提高利用信息技术进行分析和解决问题的能力以及数字化产品的设计与制作能力

学生综合素质的养成依赖于学生"综合"地学习知识、"综合"地运用知识的途径和

方法。综合实践活动课程最主要的特征是"整合"，不是把学生局限在书本世界里、课堂里、学校里，而是强调学生在社会中、在生活中、在真实的科学世界里，通过问题探究和解决的方式，学习和运用知识。综合实践活动课程学习目标非常开放，在各种活动过程中，学生均可以在不同程度上获得认知、情感、动作技能等的发展。学科课程虽然也可以通过教师"统整的教学态度"和"统整的教学思维"让学生的综合素质得到培养和训练，但学科课程性质却在极大程度上限制了教师的统整思维与态度。

综合实践活动课程强调以问题、项目、主题整合学科知识，跨越学科界限，综合运用相关知识与经验，连通自然、社会、自我与文化，整合科学、社会、艺术，通过多元学习方式，鼓励学生探究发现、大胆质疑与合作交流，从而有助于培养学生的服务意识、社会参与、社会担当、体察社会、合作探究等素养，发展学生综合素质。

(二)发展个性

个性，是不同于他人的心理与行为特征，个性最本质的是人格的独立性、积极性和创造性。个性不是在他人的规训中形成的，也不是依靠成绩与结果累积起来的，它需要适宜的环境、条件，以及充满意义的过程，在这个过程中，学生可以广泛地交往，自主地实践，自主地反思与评价。因此，实践活动过程是个性养成的最好土壤，失去了活动过程，也就失去了个性养成的土壤、水分与营养。丰富多彩的综合实践活动"让学生在多维发展的同时充分展示自己的优势，释放发展潜能，最大限度地满足学生的发展需求，促进学生全面而有个性地发展"[1]。苏联教育家列昂节夫特别重视人的活动的社会性，在其《活动意识个性》中强调指出活动是人的意识发展与个性养成的基础，认为个性是现实社会关系的综合，个性养成依靠社会性活动。

综合实践活动有助于个性发展，最为显著的标志是非学科性，打破系统学科知识体系的限制，采用主题方式组织课程内容，重视活动过程，充分尊重学生的学习基础、经验和个性特点，给每一位学生提供选择、实践、参与社会活动的机会。这些特点与做法为学生展示个性和个性发展释放了巨大的潜能。

尤其是基础教育，更需要重视学生个性养成。基础教育的基础性在于养成学生的个性，让学生懂得尊重彼此、学会处理人际关系，形成社会责任感，这是教育的根本使命。综合实践活动课程把自然、社会当作大课堂，让学校与社会教育、家庭教育紧密结合起来，有助于学生认识自我、发展自我、自主自强。小学是基础教育的基础阶段，综合实践活动课程肩负着小学教育的重要使命。小学教育是基础教育的基础。多方面兴趣、好奇心、良好习惯、健康体魄、家国情怀等需要在小学阶段打下良好基础。

---

① 潘洪建、李庶泉等编著：《小学综合实践活动指导》，13页，镇江，江苏大学出版社，2010。

(三)培育实践能力

实践能力培养至关重要。综合素质和实践能力是素质教育的基本追求。学以致用，用以促学，学生学习的成功取决于自身以及同社会打交道的实践能力。教育部颁发文件强调的四大关键能力，其中就包括实践能力。善于读书不能实践之人，能说会道，不愿做事之人，不愿意依靠自己的双手劳动只享受生活之人，对社会、家庭有何用处？

实践能力培育的最好办法就是让学生参加实践活动。教育原本就是在现实社会中的活动，是与人类生活、生产和社会活动有机融合在一起的。只是学校诞生以后，分科教学昌盛，似乎演变为唯一的教育活动，这样的教学严重脱离社会实际。应该说，教育的实践性原本就是教育的基本属性，不应该被人们长期忽视。强调实践活动课程，实际上有助于教育复归其本质。活动教育强调实践育人、活动育人，应该成为实践能力培育的重要思想。列宁在《青年团的任务》一文中指出，"初看起来，总以为学习共产主义就是领会共产主义教科书、小册子和著作里所讲的一切知识。但是，给学习共产主义下这样的定义，就未免太草率、太不全面了。如果说，学习共产主义只限于领会共产主义著作、书本和小册子里的东西，那我们就很容易造就出一些共产主义的书呆子或吹牛家，而这往往会使我们受到损害，因为这种人虽然把共产主义书本和小册子上的东西读得烂熟，却不善于把这些知识融会贯通，也不会按共产主义的真正要求去行动"[1]。显然，列宁尖锐地指出了读死书的令人讨厌的后果，那就是陶行知先生所说的读书死。读书最终要靠实践来检验其成效，本本主义方式的读书，浪费了许多的教育成本，却对人的发展于事无补。

综合实践活动课程注重实践、强调体验，采用多元活动方式，充分展示、表现、应用，有助于获得丰富的体验。将学习拓展到学校以外的世界，到广阔的社会中去学习，促进实践能力的养成。

(四)培养创新精神

中国基础教育很扎实，但对于"头部人才"培养的作用并没有充分显现。究其原因，主要在于忽视了学生创新精神的培养，注重基础知识、基本技能的训练，结果高精尖人才难以脱颖而出。

探索性活动学习有助于培养学生的创新意识与创新精神。综合实践活动课程注重探索性活动学习，强调面对现实情境，关注实际问题，提出真实任务，超越学科视界，要求学生学会运用已有知识、经验去探索自然、生活、人生，解决实际问题，为学生创新精神的养成提供了很好的平台。同时，人工智能时代，"去学校化"挑战学校教育

---

[1] 《列宁选集》第 4 卷，282 页，北京，人民出版社，2012。

空间，信息技术广泛运用于学校教育，消解了学校边界，打通了学校教育、家庭教育、社会教育之间的壁垒，在整体教育中养成学生探究未知世界的创新精神。

从课程评价来看，综合实践活动课程主张采取多元的评价方式，突出评价对学生的创新精神培养的价值，充分肯定学生活动方式和问题解决策略的多样性，鼓励学生在创新活动过程中的自我评价与同伴间的合作交流和经验分享。此外，在课程评价过程中，教师应该将学生在综合实践活动中的各种创造性表现和创新性活动成果作为分析考察课程实施状况与学生发展状况的重要依据，对体现学生创新精神的创新活动过程和结果进行综合评价和及时反馈，从而有利于学生创新精神的培养。

本章小结

本章分析了综合实践活动课程孕育、产生和发展的历程，尤其剖析了课外活动课程化、活动课程到综合实践活动课程的发展过程。通过比较劳动、活动课程、STEM 教育等与综合实践活动课程的区别与联系，揭示了综合实践活动课程的内涵及特征，强调综合实践活动课程的整合性、实践性、探究性、过程性和开放性。综合分析了综合实践活动课程的理念与使命，注重儿童立场、生活本位和主动实践，致力于奠基综合素养、发展个性、培养实践能力和创新精神。对于本书整体结构而言，本章属于全书的基础工作。

关键术语

课外活动；活动课程；活动教育；劳动教育；综合实践活动课程。

体验练习

1. 访谈综合实践活动课程研究专家，认识综合实践活动课程存在的必要性，理解其课程价值和意义。

2. 观察综合实践活动过程，体会其课程的独特特征，感知其实施的难点。

3. 访谈综合实践活动优秀教师，总结综合实践活动课程实施的经验。

4. 做一个对照表，比较综合实践活动、劳动、STEM 教育的差异。

5. 访谈小学高年级学生，了解其参与综合实践活动的动机、收获和建议。

拓展读物

1.［苏］阿·尼列昂捷夫 . 活动意识个性 . 李沂，等，译 . 上海：上海译文出版社，1982.

2.［美］肯尼思·J. 格根 . 关系性存在：超越自我与共同体 . 杨莉萍，译 . 上海：上海教育出版社，2017.

3. 张华 . 综合实践活动课程的国际视野 . 石家庄：河北教育出版社，2019.

4. 李臣之，潘洪建 . 综合实践活动课程实施研究 . 北京：中国社会科学出版社，2019.

5. 田慧生，李臣之，潘洪建 . 活动教育引论 . 北京：教育科学出版社，2000.

综合实践活动课程的理论基础

本章主要介绍综合实践活动课程的理论基础。分别从实践交往理论与综合实践活动、具身认知理论与综合实践活动、社会互动理论与综合实践活动、课程美学理论与综合实践活动四个层面，详细阐释四大理论与综合实践活动的内在关联和指导价值。

结构图

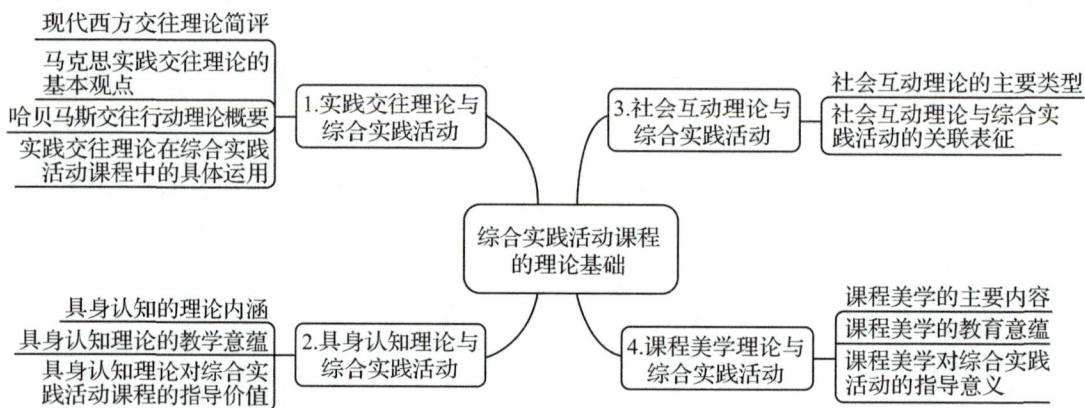

学习目标

1. 掌握综合实践活动课程四大理论基础的基本观点。
2. 理解四大理论与综合实践活动的内在联系及具体指导价值。
3. 认识相关理论对综合实践活动课程的作用层次及综合实践活动对理论的反推价值。

读前反思

作为中小学课程的有机组成，综合实践活动课程日益受到关注。读者可以根据自己的经验，思考以下几个问题。
1. 综合实践活动课程有哪些理论基础？
2. 综合实践活动课程理论基础的逻辑关系是什么？
3. 理论基础怎样影响与指引综合实践活动课程的实施？

第一节
实践交往理论与综合实践活动

◎ **学习目标**

了解实践交往理论的主要内容与基本观点及其对综合实践活动的指导意义。

实践交往理论所倡导的以人为本，凸显学生在接受教育时的主观能动性、个体差异性等，有助于激发学生为主体的学习动力源。从西方哲学中可知，费尔巴哈、胡塞尔、马克思、哈贝马斯等代表人物有关实践交往理论的论述，对我国开展综合实践活动课程提供了重要的指导。

一、现代西方交往理论简评

在西方哲学中，对交往的研究自古有之，以下重点介绍具有代表性的哲学家的部分重要观点。英国哲学家约翰·洛克在《人类理解论》中提出人类知识起源的"白板说"，在经验主义认识论中涉及了以互相理解为目的的交往。在交往理论中，伊曼努尔·康德的学说"第一个把交往过程看成是由对立走向统一的辩证运动过程"[①]。继承康德交往思想的是约翰·费希特。费希特以"相互承认"[②]为基础论述"我—他"对立统一的关系。费尔巴哈批判唯心主义中虚幻的人形象，将人还原为"灵与肉"的统一，强调人存在的现实性。他的人本主义思想围绕"我与你"的关系探究交往的存在和发展，但其忽略了人的社会性存在，忽略了人交往的实践价值和劳动意义。现象学创始人埃德蒙德·胡塞尔的交互主体论是交往理论的重要组成部分。他强调交往的"主体间性"和交往场域的"生活世界"，不仅是对交往理论的一种认识论革新，更是一种本体论意义的变革。胡塞尔的主体哲学倡导"从'自我'走向他人，从单数的'我'走向复数的'我们'，从'单个主体'的先验现象学走向'复数主体'的'交互主体性现象学'"[③]。胡塞尔的主体现象学

---

① 韩红：《交往的合理化与现代性的重建》，博士学位论文，黑龙江大学，2004。
② 同上。
③ 王冬云：《交往德育研究》，博士学位论文，吉林大学，2009。

对主体交往有着重要价值，是交往理论的进一步升华。

马丁·布伯在《我与你》中论述了"我与他""我与你"两种人的基本关系，他的这种"关系本体论"为交往理论提供了关系性交往思维、社会性交往模式。卡尔·雅斯贝斯(又译雅斯贝尔斯)的生存哲学赋予生存新的意义，是内在性的一种生存交往。"生存是自身存在，它跟自己发生关系并在其自身中与超越存在发生关系，它知道自己是由超越存在所给予，并且以超越存在为依据。"①交往的主体性注重主体的能动性，以超越本身单纯的存在而展开交往，是自我自由自觉的交往。"爱和友谊"是雅斯贝斯生存交往的动力源，这种"爱的斗争"是人交往主体的一种生存博弈和自由向往。交往是通向真理的道路，是实现追求真理的途径，交往并不是简单的交往，而是人渴求真理的表征。西方马克思主义创始人卢卡奇·格奥尔格的早期著作《历史与阶级意识》、晚期著作《社会存在本体论》在批判中继承了马克思主义思想，其中，通过对社会存在、劳动、再生产、异化、主体性等思想的阐述，批判"物化"的异化交往行为。赫伯特·马尔库塞通过其著作《单向度的人》批判发达工业社会中否定人的创造性、批判性、能动性等现象，在社会实践活动中将人异化为没有自由创新思想的单向度人，而不是一种社会互动型人。人类的存在就是个体生命的实践性存在，交往则成为其存在的关键，也是人类社会认识自然、认识社会、认识自我等的重要途径。

一言以蔽之，现代西方交往理论的论述远不止于以上所概述，其中以马克思实践交往理论与哈贝马斯交往行动理论最为典型、最为集中，这两个理论依据可视为综合实践活动课程开展的立论根基。

二、马克思实践交往理论的基本观点

卡尔·马克思作为实践交往理论的典型代表，因其思想囊括了西方哲学中有关"个体与社会""理想与现实""身与心""灵与肉"等的哲学思潮，对经院哲学、唯心主义等的批判与继承，成为现代西方交往理论发展不可或缺的重要思想。实践交往理论是马克思思想体系的重要组成部分，伴随着马克思主义理论体系的发展而不断完善。

(一)马克思实践交往理论的产生

马克思实践交往思想理论的产生与发展是不断演变的过程，而不是一蹴而就的，对其实践交往思想的追溯，有利于认清理论的本源。1841年，马克思的博士论文《德谟克利特的自然哲学和伊壁鸠鲁的自然哲学的差别》，对古希腊自然哲学家德谟克利特和伊壁鸠鲁传统意识进行了批判，并从人与其周围环境出发分析实现人的自由的可能。

---

① ［德］卡尔·雅斯贝斯：《生存哲学》，7页，王玖兴译，上海，上海译文出版社，2005。

马克思在《詹姆斯·穆勒〈政治经济原理〉一书摘要》中首次提出了"交往"的概念，此书也是马克思早期思想的发源地，其中通过对劳动异化的批判，阐述了人的社会性、交往性，成为马克思实践交往理论生成的原点。马克思在《〈黑格尔法哲学批判〉导言》中指出："**人不是抽象的蛰居于世界之外的存在物。人就是人的世界，就是国家，社会。**"①从中可以看出，马克思已经从社会视角来考察人的社会性，人不是孤立的存在，而是社会之中、国家之中的存在。

在《1844年经济学哲学手稿》中，劳动成为原点。马克思对资本主义的劳动进行了批判，分析了劳动与交往的关系，认为人的自由自觉的劳动是人成为人的根本。只有在改造世界的生产实践中，人与人通过劳动进行了交往，也体现了在实践中进行交往的重要思想。"人对自身的关系只有通过他对他人的关系，才成为对他来说是**对象性的、现实的关系。**"②对劳动异化的分析，延伸了交往的异化。在资本主义生产中，劳动被自有财产牵制，被资本家占有，这种异化的劳动成就了异化的交往，人与人的交往变成了非为己的实践活动。马克思倡导劳动应该是自由自在的劳动，交往也是自由自在的交往，而非异化的实践交往。

在《关于费尔巴哈的提纲》中，马克思认识到了人的历史主体性，揭示了人的社会性本质。《德意志意识形态》成为马克思实践交往理论成熟的标志，也是马克思唯物史观的重要成分，自此，对生产、劳动、实践、交往等关键概念及其思想的分析，已逐步完整。马克思认为"生产本身又是以个人彼此之间的**交往**为前提的。这种交往的形式又是由生产决定的"③。《1857—1858年经济学手稿》是对其实践交往理论运用的力作，分析了"资本对人与人之间交往关系的支配：资本家与雇佣工人的交换、资本与资本主义生产关系、资本与人的全面发展、资本历史性与交往形态的转变四个方面"④。可见，实践交往理论在马克思思想中地位非凡，成为贯穿马克思思想体系的核心。人的社会关系通过生产实践交往达成，而交往又成为社会历史发展、人的发展的前提。

(二)马克思实践交往理论的核心要点

1. 马克思实践交往理论以揭示人的本质为宗旨

对人的本质的探究，是哲学家、社会学家、人类学家、教育学家等人文社会学科研究的焦点和归宿，其中，马克思成为探究人本质的集大成者和杰出代表。马克思的实践交往理论蕴含着对人的本质的探讨，对人类的生产生活、劳动、实践、交往等基本概念进行深刻剖析，提出了人的本质"不是单个人所固有的抽象物，在其现实性上，

---

① 《马克思恩格斯选集》第1卷，1页，北京，人民出版社，1995。
② 《1844年经济学哲学手稿》，56页，北京，人民出版社，2018。
③ 《马克思恩格斯选集》第1卷，68页，北京，人民出版社，1995。
④ 商丽婧：《马克思交往实践理论研究》，硕士学位论文，黑龙江大学，2017。

它是一切社会关系的总和"①。生产实践活动是人类的基本实践行为，在社会生产实践中，人不得不与人进行实践性的交互，因为"人的本质是人的**真正的社会联系**"②。这种实践的交往是人类社会最基本、最本质的一种现实交往行为。交往作为人与自然、人与社会、人与自我的一种联系枢纽，在具体交往实践中，保持交往行为的多样化，社会关系的多元化，且这种关系是动态发展、联系统一的内在逻辑关联。马克思的实践交往理论是马克思唯物史观、社会历史观的核心，摆脱了传统的唯心主义历史观和机械唯物主义，凸显了人在历史发展长河中的重要作用和价值。对实践交往思想进行梳理可以得知，无论是"实践"还是"交往"概念的出现，都是以人为中心的社会活动，人自然而然成为实践交往理论阐述的源泉。

2. 以主客体为主的主体性交往实践

马克思的实践交往理论规避了唯心主义单纯主客二分的思想，强调在实践中的交往，在交往中的实践。实践交往具体在生产实践、生活实践、社会实践中，以人的存在为基础而展开，是对人类存在的一种实践性、交往性分析，将客观事物及人作为对象性存在，是主体与主体间的交往和互动。"隐藏在主—客关系背后的，实则是主—主关系。客体不过是连接主体的中间环节。只有在改造世界的物质生产活动中，人们才能建立相互间的社会联系，构成一定的社会关系。主—客关系不过是主—主关系的折射。"③人的个性发展，自由个体在社会实践中的深化，是主体与主体交往实践的个体化完善，是对马克思人的全面发展思想的表征，是独立主体的社会化存在。马克思批判旧唯物主义忽视对人的关注，无视人的思想；批判唯心主义忽视人的社会性；批判费尔巴哈只看重人的抽象性，而忽略具体的人、现实的人、实践的人、社会的人。人的实践活动是有目的的、有计划的能动行为，是人在认识对象世界、改造对象世界的一种主体实践。人的类存在本质，要求在具体社会生产实践、生活实践中，进行人与自然、他人的交往，彰显人的自在自由自觉的生命本真，"自由是全部精神存在的类的本质"④。也只有重视人在社会历史中的地位和价值，才可以实现人的主体性存在。

3. 以社会生产、社会历史为实践交往的基石

生产和交往是紧密相连的，生产中伴随着交往，交往就是一种实践。交往的实践是人的一种存在方式，只有在交往中，才会表征出人的实践性存在。社会生产和社会实践统一于人的实践性交往之中，社会生产的主体是人，社会交往的主体也是人，人在其中是连接社会历史发展和社会生产实践的纽带。实践是人类社会的主要活动，是主体和客体相互作用的历史和逻辑的统一过程，它既是社会生产实践和社会历史交织

① 《马克思恩格斯选集》第 1 卷，56 页，北京，人民出版社，1995。

② 《1844 年经济学哲学手稿》，170 页，北京，人民出版社，2000。

③ 高兆明：《存在与自由：伦理学引论》，196 页，南京，南京师范大学出版社，2004。

④ 《马克思恩格斯全集》第 1 卷，67 页，北京，人民出版社，1995。

的基础，也是人实践性交往的体现。社会物质生产、精神生产均是在一定历史背景之下发生，以人为实践主体开展的类本性活动。实践交往是以社会生产和社会历史为前提的，只有在具体的社会生产和社会历史活动中，这种实践的交往才具有存在的可能和基础，也才会凸显人在实践交往中的主体价值。社会生产包括物质生产和人口生产，其中，物质生产的各个环节都离不开人的实践行为，人口生产更无法脱离人与人的互动交往，也是实践交往的表现。从人的交往史看，实践交往经历了交往的产生—交往的异化—自由交往，各个阶段的交往都是随着人类社会的进步而深化。在资本主义社会中的交往，是以劳动的异化为主，而不是马克思追求的真正意义的实践交往。只有在社会主义社会中，人的自由自觉的交往才是真正实现人本质化的交往行为，这样才可以实现人的自由全面发展。"'解放'是一种历史活动，不是思想活动，'解放'是由历史的关系，是由工业状况、商业状况、农业状况、交往状况促成的。"①人在社会实践和社会历史中寻求人的自由和解放，在自由化的状态下，实现马克思所说的自由人的联合体的社会交往、实践交往的最终目标。

三、哈贝马斯交往行动理论概要

哈贝马斯的交往行动理论是对马克思实践交往理论的继承和发展，在吸收马克思社会劳动思想的基础之上，试图创建历史唯物主义。对哈贝马斯交往行动理论的理解是深化交往理论的后续。

(一)对马克思实践交往理论的继承

马克思的交往概念内涵更大，范围更广，泛指社会生产、社会历史中的一切"交往"行为。而哈贝马斯的"交往"内涵较为狭窄，是以符号为媒体，在互相理解、相互认同的基础上交往。哈贝马斯的"交往"理论批判马克思交往概念的泛化，是一种有目的、合目的的交往。哈贝马斯"把以符号为媒介的相互作用理解为交往活动。相互作用是按照必须遵守的规范进行的，而必须遵守的规范规定着相互的行为期待，并且必须得到至少两个行动的主体〔人〕的理解和承认"②。哈贝马斯的交往理论重在对交往行为的规范和调节。马克思的实践交往理论出发点在社会劳动，源于对劳动实践的审视，对人类社会生产的判别。而哈贝马斯的交往行动理论源于语用学，实际是对交往行为的一种理性规范界定。哈贝马斯"想用规范的交往行动代替马克思的冲突性的交往行动，并

---

① 《马克思恩格斯选集》第 1 卷，74、75 页，北京，人民出版社，1995。
② 〔德〕哈贝马斯：《作为"意识形态"的技术与科学》，李黎、郭官义译，49 页，上海，学林出版社，1999。

同时贬低工具性交往行动和策略性交往行动在社会进化中的作用"①。他重在对交往的道德性和伦理性的规约，遵循交往的理性主义的合理性和合目的性。

(二)哈贝马斯交往行动理论的主要观点

经胡塞尔对生活世界的界定后，哈贝马斯的生活世界理论又呈现出新的内涵，是基于对交往行为的一种内在依据的寻根，一种合理性的根据。哈贝马斯的交往行动理论主张，"生活世界是交往参与者通过以语言为中介的交往行动在经验场域上促进社会演化的场所，它必须在语言中建构并敞开自身"②。生活世界是社会系统，包括政治和经济大系统中的重要部分，生活世界的存在，使得交往的主体拥有了交往的场所，他们共同对客观世界、社会现实和内心世界开展某种言说和倾听。交往行为，"是一种主体之间通过符号协调的互动，它以语言为媒介，通过对话，达到人与人之间的相互理解和一致"③。交往理性是哈贝马斯交往行动理论的关键，他指出："传统中的三种理性(理论理性、实践理性和审美理性)融合为一种新型理性，即'交往理性'，一种并不沉迷于超越特殊和个体唯心主义普遍性的理性。"④交往的主体间通过对话能够协商，以道德机制和道德标准作为社会成员交往行为的规范，这种互为主体的交往是交往秩序建立的前提。

四、实践交往理论在综合实践活动课程中的具体运用

综合实践活动天然地与实践交往理论耦合，实践交往理论对综合实践活动有直接的现实价值和指导意义，为综合实践活动的开展提供充足的理论支撑和立论依据。

(一)实践交往理论与综合实践活动课程的内在联系

实践交往理论与综合实践活动课程有着紧密的联系，综合实践活动课程以实践交往为基础，实践交往理论以综合实践活动为展开场域，两者互相关联，彼此促进。综合实践活动课程是依据实践交往理论的核心思想而设计，以学生的存在、学生的成长发展为基石，以社会场域、生活世界为阵地，为促进学生自由全面发展而实施的课程。首先，综合实践活动课程拓宽了学生的学习化空间，凸显了学生主体的个体性成长需求。弥补原有学校课程设置的不足，综合实践活动课程均是以学生综合实践能力的培养为核心，扩展了学生学习的场域。在学校教育场域中，以应试为主的教学不足以满

① 刘钢：《哈贝马斯与现代哲学的基本问题》，80页，北京，人民出版社，2008。
② 刘中起：《理性主义的范式转换及其当代价值》，68页，上海，博士学位论文，华东理工大学，2011。
③ 艾四林：《哈贝马斯交往理论评析》，载《清华大学学报(哲学社会科学版)》，1995(3)。
④ [德]哈贝马斯：《后形而上学思想》，曹卫东、付德根译，104页，南京，译林出版社，2001。

足学生成长发展的需求，因而综合实践活动的设计自然突出了学生主体性，也证明了学生成长的社会性土壤的价值。其次，综合实践活动切合实践交往理论的核心要旨，也为实践交往理论的延伸提供了场所。理论的生产离不开对实践的关照，理论只有从实践中汲取营养，方可使得理论之树长青。综合实践活动在社会实践、生活实践中培养学生的探究学习能力素养、劳动修养、社会责任和社会担当，也正是这样，学生在实践中实现了主体的交往。这类交往包括学生与自然、与社会、与学生等的交往，达到了交往的自在自由自觉的理想化。

(二)实践交往理论对综合实践活动的指导价值

1. 彰显学生主体性，在综合实践活动中达到交往的自由自觉

综合实践活动是依据学生的阶段性成长规律和教育教学的培养目标而实施的课程计划，为规避现有学校课程设计的缺陷、弥补现实教育的不足而开展的社会实践类课程。综合实践活动是一门"统整性课程、自主体验性课程、生活性课程、动态生成性课程，有利于教学回归综合化教学、人本化教育、生活化教育、活态教育"[①]。这种以学生主体为主，为学生发展而开展的课程，是马克思主义对人本质的进一步实践，也是学校教育的最终追求。自由人的联合体是马克思主义对人的自由全面发展的理想诉求，无论是人的存在本体还是抽象的个体，均应该是占有人的全面本质，挖掘人的类本质和类特性。综合实践活动为学生的实践性交往提供了学校课程外的空间，是学生为了满足其内心世界发展需求和外部规定性要求的延展。以社会实践和生活世界为基地，开展实践活动，以实践为中心，进行主体间交往，促进目的性和合理性的教育目标达成。当然哈贝马斯所提及的交往理性和基点，也正是综合实践活动的一种实践理性的道德约束和伦理规定，必须是以主体间的互相理解和沟通为纽带而进行的交往行为，最终达成学生交往的自由自觉化状态。

2. 治理现有教育的传统型弊病，为学生全面自由发展搭建平台

综合实践活动是一种社会实践，具有社会实践的本质，也是人交往的重要场域。以社会实践和生活世界作为综合实践活动开展的场域，延伸了学生接受教育、释放个性的机会，也给予施教主体一种多样化的空间，实现教与学的学校外自由化发展。在实践场域展开活动，体现了学生互为主体的现实存在土壤，也为学生弥补学校教育不足提供了进步的实践场和生活场。综合实践活动"作为一种教育性实践，是一种以自身为对象的特殊实践，是一种人性自我建构的实践活动"[②]。在其中，学生主体地位得以彰显，激发个体内在兴趣，个体自适应的学习方式才能形成，为学生的全面自由发展

---

① 殷世东：《综合实践活动：课程抑或学习方式》，载《课程·教材·教法》，2019(4)。
② 郭元祥、舒丹：《论综合实践活动的育人功能及其条件》，载《教育发展研究》，2019(10)。

提供了个体绽放的空间场所。从学习目标和教育目的的视角来看，综合实践活动是实践交往理论的真正现实反映，为教育追求真理、追求科学搭建了良好的平台。交往对话空间的扩展，是学生与外界沟通的机遇，也是学生对自我与外部世界的一种内心需求和发展渴望。"对话便是真理的敞亮和思想本身的实现。对话以人及环境为内容，在对话中，可以发现所思之物的逻辑及存在的意义。"①实践交往理论对综合实践活动的关照，是学生成长发展的理论根须，作为社会实践存在和生活世界展开，学生个性得以全方位激发，在交往中提升了自我的社会性和主体性。延伸学校教育与自然、社会、生活的联系，同时也敞开了学生与外在的交往。在与各类场域主体的交往中，学生认识自己、发现自己、改变自己，实现自我全面自由的发展。

第二节
具身认知理论与综合实践活动

◎ 学习目标

把握具身认知的理论内涵与教学意蕴，理解具身认知理论对综合实践活动课程的指导意义，思考具身认知理论存在的现实价值及其与综合实践活动课程之间的时代联系。

作为认知研究领域中一股强劲的研究思潮，具身认知理论正以迅猛的态势挑战着传统认知科学，并在很短时间内引起学术界的强烈反响和广泛关注。具身认知理论的新发展，打破了传统认知科学根深蒂固的身心二元论传统，不仅实现了认知科学的范式转换，而且对教育学具有重要的理论价值和实践意义。具身认知强调身体、心理与环境的三元交互，此与综合实践活动的价值指向不谋而合。由此来看，以具身认知理论为心理学基础建构中小学综合实践活动课程体系，具有重要的现实意义。

一、具身认知的理论内涵

具身认知理论的兴起与发展，破解了身心二元分离的古老命题，身体逐渐从边缘

---

① ［德］雅斯贝尔斯：《什么是教育》，邹进译，12 页，北京，生活·读书·新知三联书店，1991。

的位置走向研究的中心，身体不仅是心智的生理基础，更成为人类心灵塑造的承载者。

(一)具身认知的思想渊源

具身认知理论的产生与发展，有其深刻的思想渊源。从海德格尔到梅洛-庞蒂，从皮亚杰到维果茨基，众多思想先驱重新审视了身体在认知过程中的作用，并就此展开了新的讨论。由此，我们可以从哲学和心理学两个向度出发，论述具身认知理论的思想渊源。

1. 具身认知的哲学渊源

具身认知理论的哲学基础源于欧洲大陆哲学中的现象学思想。作为经验研究的重要手段，现象学强烈批判离身认知所带来的弊端，并通过研究积极建构身体理论，其中胡塞尔、海德格尔和梅洛-庞蒂对具身认知理论的完善与发展扮演着关键性角色。胡塞尔的现象学研究以意义的相关性问题为逻辑出发点，强调世界与主观被给予方式之间的相关性。胡塞尔指出，我们所谈论的世界与主观被给予方式之间的相关性，将存在看作意识的相关项，即看作被感知、被回忆、被期待之物。[①] 由此可知，胡塞尔强调意义源于主体与外部世界的多元互动，并在此过程中对世界进行适应性建构。从某种意义上讲，人与世界的关系以意向性为中介，人的行为是在意向性指引之下进行的。海德格尔在具身认知理论发展过程中起着重要作用。海德格尔通过批判二元论的弊病和意向性、表征主义观点，提出了"在世存在"的概念。"在世存在"概念强调人的存在是在世界中的存在，同世界是一体的、相互关联的。[②] 他强调情境或背景在生活中的作用，认为人的所有行为均是在不容易被感知的情境中进行的。当进入某一特定情境，人们会表现出与情境相匹配的行为。梅洛-庞蒂的具身认知研究主要包括以下两个方面：首先，深刻批判经验主义和理智主义所秉持的身心二元论知觉观。他认为："知觉不是关于世界的科学，甚至不是一种行为，不是有意识采取的立场，知觉是一切行为得以展开的基础，是行为的前提。"[③]由此来看，知觉不是基于身心二元论的简单关系，而是人们通过将知觉存在化，并赋予其地位的过程。其次，将人的身体确定为知觉和行动的主体。梅洛-庞蒂认为，传统知觉分析仅仅将身体作为一种生理性实在，而忽视身体在知觉过程中的作用，即割裂了身与心，从而造成对身体的抑制。然而，身体是世界系统的核心，身体通过感知世界而赋予其养料和生命。由此，身体是知觉的主体，离开身体的世界是空虚的、迷惘的。

2. 具身认知的心理学渊源

具身认知理论在心理学上的发展，可追溯至 19 世纪末格式塔心理学派对"无意向

---

① 参见[德]胡塞尔：《哲学作为严格的科学》，倪梁康译，15、16 页，北京，商务印书馆，1999。
② 参见叶浩生：《身心二元论的困境与具身认知研究的兴起》，载《心理科学》，2011(4)。
③ [法]梅洛-庞蒂：《知觉现象学》，姜志辉译，5 页，北京，商务印书馆，2001。

思维"问题的研究。然而，直至皮亚杰和维果茨基通过对认知发展与身体动作之间的系统性多学科研究，并发展出"发生认识论"和"认知的动作内化理论"，才使得具身认知理论得到深入广泛的研究。作为20世纪最伟大的心理学家之一，皮亚杰将发生认识论研究作为其穷尽一生的终极追求。发生认识论以认识的历史、社会根源以及认识所依据的概念和"运算"的心理起源等先验范畴为根据，来解释认识个体发生过程。发生认识论的目的就在于研究各种不同类型的认识起源，从最低级形式的认识开始，并追踪这种认识向以后各个水平的发展情况，一直追踪到科学思维并包括科学思维。[①] 皮亚杰认为，传统哲学认识论研究只关注高水平的认知活动，而忽视认知发展、发生过程的研究，即造成认知心理学的离身心智观泛滥。由此，他强调身体动作在认知发展过程中的作用。皮亚杰指出，身体既是感知的来源，又是思维的前提，同时也是主客体相互作用的逻辑载体。从某种意义上讲，认知是源于身体的动作以及动作之间的一般性协调。维果茨基关于认知的动作内化理论的研究与具身认知具有密切的理论联系。维果茨基的认知动作内化理论非常强调人的活动在认知发展过程中的作用。他认为，人的心理以身体活动为逻辑根基，人的心理活动是身体感知运动内化的结果。有鉴于此，对人认知的研究必须建基于人的身体活动基础之上。

(二)具身认知的内涵与观点

作为当代认知科学和心理学的热门话题，具身认知备受关注。然而，具身认知的本质是什么？具身认知理论具有哪些核心观点？这些对具身认知的基本解读是我们认知具身认知理论的前提。

1. 具身认知的概念解析

"具身认知"又译为"涉身认知"，其是在批判"计算机隐喻""身心二分""联结主义"等传统认知理论基础之上而形成的。然而，囿于特定研究领域、学术立场及研究范式的桎梏，不同学者秉持着差异化的理论观点，学界尚未形成统一的概念。此种对"身体"的多元理解，使得我们对具身化本体化认知依旧不甚明了。但是，纵观既有研究，关于具身认知的基本主张已经达成广泛共识。神经科学的相关研究表明，大脑的高级认知功能依赖大脑通过身体与外部世界的互动。从本质上讲，人的心智是一种身体性实在，人的认知强调人的身体参与，而构成感知—行动循环回路。具身认知极其强调感知与行动构成的回路关系，认为在感知与行动构成的回路中，各种内部和外部过程都是错综复杂且循环往复地交缠在一起的。由此我们可以知道，具身认知理论一方面强调人的认知依赖于源于身体产生的各种类型经验，另一方面又认为个体的经验嵌于特定的文化情境之中。

---

① 参见［瑞士］皮亚杰：《发生认识论原理》，王宪钿等译，16页，北京，商务印书馆，1997。

2. 具身认知的基本观点

具身认知的具身性、情境性和生成性，构成了具身认知的基本要点。首先，具身认知的具身性。具身性是具身认知理论的核心观点和基本特征。具身认知理论认为，身体在认知发展过程中发挥着关键性作用。从某种意义上来讲，思维和认知在很大程度上是依赖和发端于身体的，身体的构造、神经结构、感官和运动系统的活动方式决定了我们怎样认识世界，决定了我们的思维风格，塑造了我们看世界的方式。[①] 其次，具身认知的情境性。认知的情境性强调认知总是发生于特定的情境之中，提倡"行动密合知觉""思维接地知觉"。质言之，认知是主体与情境交互的产物，任何认知都与情境相关。诚如维果茨基所言："认知是主体和环境相互作用基础上的进化的和历史的建构；高级水平的思维活动是人类最初的身体活动的内化。"[②]具身认知的情境性打破了传统认知心理学以内部逻辑符号表征外部环境信息的局限性，建立起内部认知与外部环境的密切联系。最后，具身认知的生成性。具身认知的生成性强调，认知是知觉者以此在的、具身的方式生成的，而不是一个预先给予的心智对独立于知觉者之外的世界的表征。[③] 因此，人是一种生成性存在，认知是由心智、身体与环境各因素动态耦合、互动生成的系统。

二、具身认知理论的教学意蕴

具身认知理论打破了传统身心二元论的认知范式，而强调身体、心理与环境的多元交互，为教育教学的发展注入了新的助推剂。

(一)促进教学范式的现代转型

囿于笛卡尔身心二元论的诱导，传统教学过分强调大脑在认知过程中的核心作用，而仅仅将身体作为物理性工具。此种将身体悬置于教育场域之外的认知谬误，此种脱离身体教学认知的异化衍生，忽视学生感知、情绪、环境等因素多样性的教学，造成了学生学习的机械反应与抽象认识，进而影响学习效果。具身认知理论认为，学生的认知过程不仅仅是大脑对抽象符号的运算过程，还受到身体、情境、心理等多重因素的影响。由此可知，学生的认知过程不仅与大脑有关，还与学生的身体状态、所处环境、身体体验等密切相关。具身认知理论将身体纳入认知过程之中，并强调身体、认知和环境的交互作用，对于提升学生的学习效能和提升教学质量具有重大价值效用。

---

① 参见叶浩生：《具身认知：认知心理学的新取向》，载《心理科学进展》，2010(5)。

② ［俄］维果茨基：《思维与语言》，李维译，47页，杭州，浙江教育出版社，1997。

③ 参见［智］F. 瓦雷拉、E. 汤普森、E. 罗施：《具身心智：认知科学和人类经验》，李恒威等译，139页，杭州，浙江大学出版社，2010。

此外，囿于传统认知理论强调教学线性控制的思维，传统教学被异化为表征主义、符号主义或联结主义的线性操作过程，严重影响了教学效果。具身认知理论认为，教学不是寻求确定性与控制的线性过程，而是"教师和学生共同合作探究学科知识以及生活问题、合作建构思想与意义的过程，彼此相互倾听与对话，共同创建自己的想法，从而实现自我体验与经验分享的过程"①。

(二)推动学习环境的生态建构

既有研究表明，学习环境对于学生的认知、情感、行为等均能产生较为显著的影响。基于此，我们应该为学生提供适当的学习环境，以提升学生的学习体验和学习效果。质言之，建构符合学生身心发展特质的学习环境对于学生认知发展至关重要。约翰·杜威曾经指出："教育即经验""教育即经验的改组与改造"。然而，传统学习环境强调身心分离的二元论趋向，使得学习沦为了离身的经验。学生的身体被遮蔽，经验被矮化。从本质上来讲，学习环境建构的根本目的在于学习者与学习环境双向建构帮助学习者获得具身性经验。具身认知理论的发展，为学习环境的生态建构提供了条件。基于具身认知理论建构的学习环境，能够顺应和促进学习与认知过程中身体与心理不可分割的亲密关系，让学习者的身心均投入其中，与之产生共鸣，并在与环境的交互中获得引人入胜的教育经验。② 由此来看，具身认知构建的学习生态环境能够有效支持身体、心理与环境三者之间的相互作用。正如努耐兹、爱德华兹、马托斯等人指出：学习与认知均是情境化的，依赖于境脉的，我们只有把焦点集中在各种社会、文化、境脉因素上，才能够真正充分地认识情境化的学习与认知的本质，在教育学的意义上，也只有在具备了这些社会、文化、脉络要素的环境中，学习与认知才能够得到有效的促进，而更进一步地看，这些要素自身又是植根于人类具有根本性的肉身体验之中，并被其以一种综合性的方式塑造出来的。③

三、具身认知理论对综合实践活动课程的指导价值

作为一种特殊发展形态的活动课程，综合实践活动课程在基础教育深化改革过程中备受关注，特别是在加快推进劳动教育的现今，综合实践活动课程更是成为理论与实践研究的焦点与热点。

---

① 参见张良：《论具身认知理论的课程与教学意蕴》，载《全球教育展望》，2013(4)。
② 参见 Rathunde K. "Nature and Embodied Education. "*The Journal of Developmental Processes*，2009(1).
③ Núñez R. E. , Edwards L. D. , Matos J. F. "Embodied Cognition as Grounding for Situatedness and Context in Mathematics Education. " *Educational Studies in Mathematics*，1999(01-03).

(一)基于具身认知理论的综合实践活动课程强调学习内容的情境性

具身认知理论认为身体具有情境性，强调身体的环境嵌入。认知不单是发生于大脑中的"信息加工过程"，其更是发生于真实世界情境之中。认知能力固然重要，但如果脱离具体的实践环境，一方面认知能力难以真正形成，另一方面即使形成，也毫无用武之地。① 然而，囿于传统身心二元分离认知观，综合实践活动课程内容被异化为经过精心设计的去情境化活动过程，学生获得的知识是固定的、封闭的、去情境的。从本质上来讲，知识的"意义不是客观的、普遍的，它具有智能体的生存或适应的意向性，它是在智能体——环境相互作用的整体中显示出来的"②。有鉴于此，学习者的知识习得，必须参与到真实生活情境中。此即要求，综合实践活动学习内容必须来源于现实生活，并转化为符合学生认知发展的多元案例。

(二)基于具身认知理论的综合实践活动课程强调学习活动的体验性

传统认知理论指引之下的课堂教学，被异化为精神智力游戏，身体被束缚、搁置。具身认知理论认为，心智的发展与知识的获得植根于身体结构与外部世界的交互联系。此即表明，认知依赖于经验，认知离不开身体的体验性。由此来看，具身认知理论与综合实践活动课程的内涵契合，基于具身认知理论的综合实践活动课程，可以为学生提供充足的活动空间，进而通过让学生充分融入环境，实现与真实世界的交往互动，并在此过程中实现活动知识、能力与意识的综合发展。从本质上讲，综合实践活动课程是基于学生的经验、兴趣和生活，透过学生的体验过程，建构学生对活动的意义，认识事物之间的联系和关系，促进素质综合性发展的主体性活动项目与方式。③ 具身认知理论强调身体、心理与情境的交互融合，此与综合实践活动的本质不谋而合。因此，基于具身认知理论探寻综合实践活动课程顽疾的诊治策略，成为综合实践活动课程新发展的突围路向。

(三)基于具身认知理论的综合实践活动课程强调教学过程的动态性

基于传统认知理论的课堂强调教学过程的确定性和可预见性，此种将教学视为线性过程的倾向，造成教学的表征主义、符号主义和联结主义横行，进而影响教学效果。具身认知理论引入了动力系统概念，强调认知过程的动力本质，认为认知的生成依赖于大脑、身体与环境耦合或交互。此即与综合实践活动课程的开放性、整合性、生成

---

① 参见姚梅林：《从认知到情境：学习范式的变革》，载《教育研究》，2003(2)。
② 张良：《具身认知理论视域中课程知识观的重建》，载《课程·教材·教法》，2016(3)。
③ 参见李臣之：《综合实践活动课程开发》，58 页，北京，人民教育出版社，2003。

性特质吻合。然而，综合实践活动课程虽然对课程改革具有诸多价值效用，但是受到传统价值理念、思维观念等多重因素的限制，综合实践活动课程开发与实施过程中仍然存在诸多顽疾亟待诊治，如课程悬缺现象频现，课程形式单调呆板，课程目标刻板僵硬。

第三节
社会互动理论与综合实践活动

◎ 学习目标

了解社会互动理论的具体内涵和基本观点，深入思考学习综合实践活动课程的社会学基础，重点把握社会互动理论与综合实践活动课程的内在联系。

一、社会互动理论的主要类型

有关社会互动理论的提法不一，主体理论也不定，主要包括符号互动理论、社会互依理论、拟剧论、角色理论等。下面简要介绍四种与综合实践活动紧密关联的理论。

(一)符号互动理论

社会互动是构成社会结构的基础，在社会发展中至关重要。符号是人类社会交往的重要媒介，通过符号互动，人们不仅可以达到交流交往的目的，而且可以实现对自身意识和行为的反馈和反思。德国哲学家、社会学家齐美尔较早使用了"社会互动"一词。美国社会学家、社会心理学家乔治·米德是符号互动论的杰出代表，他较为系统地提出了符号互动论的思想，主要代表作为《心灵、自我和社会》。米德认为："生理性冲动与反应性理智间的互动是心灵的本质；主我与客我的互动是自我的本质；自我与他人的互动是社会的本质，所有这些又通过作为符号性的行动外化于世。"[①]心灵、自我和社会是米德符号互动论的核心概念，也是符号互动论思想的重要承载体。心灵和自我的互动是人社会化的过程，在符号互动中，心灵与自我、自我与他人在不断地以社

---

① 王秀秀：《初中校本教研中教师合作的案例研究》，59页，上海，华东师范大学，2018。

会为情境而定义自我，实现社会化，设计自我的意识和行为。美国社会学家、米德的学生、符号互动论的重要代表布鲁默，最先提出了"符号互动论"，其主要代表作为《符号互动主义：观点和方法》。布鲁默认为："人的行为是无法预测的、非决定性的，互动是一个角色创造的过程。"①符号成为个体与自我、与社会连接的纽带，人在互动中，通过符号，比如语言，来认识自我、他人和社会，通过掌握符号来理解其意义，提升利用符号的价值和能力。

(二)社会互依理论

20世纪初，德国心理学家、格式塔学派创始人之一的库尔特·考夫卡，最先提出社会互依理论。考夫卡认为，社会成员的行为产生于一定的背景之中，而这种行为与其他成员的行为是互相依存的，他们彼此是一种互依关系。20世纪20—40年代，其同事库尔特·勒温在此基础上，进一步发展、提出了群体动力理论，此理论的宗旨是"寻找和揭示群体行为与群体中个体行为的动力源，从心理及社会环境两方面去寻找对群体以及个体行为的推动力量"②。勒温试图探究社会成员行为发生的动力，认为行为产生是社会个体和环境相互作用的结果。20世纪40—60年代，勒温的学生莫顿·多依奇扩展其老师的理论，进一步提出合作和竞争理论。他认为在社会现实中，合作和竞争是经常发生的，并且理想化的纯粹的合作和竞争是不存在的。20世纪70年代，多依奇的学生约翰逊兄弟二人发展了合作和竞争理论，二人也是合作学习的创立者，其代表作为《社会互依性：在理论、研究和实践间的联系》。他们认为，社会互依有积极的合作性互依和消极的竞争性互依，合作性互依可以促进彼此的进步，相反，竞争性互依却给双方造成对抗性阻碍，使双方奉行功利性的个人主义。约翰逊兄弟认为："在特定的社会情境中，人们所追求的目标结构决定自身的互动方式，而互动方式反过来又在很大程度上决定了该情境的结果。该理论将互依类型与其心理过程、互动方式和结果等联系起来，并解释了它们的因果联系。"③因此，互动的方式、彼此的互动心理、互动的具体情境等，最终与互动想要达到的结果有着极大关联。

(三)拟剧论

加拿大社会学家欧文·戈夫曼在其著作《日常生活中的自我呈现》中提出了"戏剧理论"，该理论也被称为"拟剧论""印象管理理论"。戈夫曼将"角色""前台""后台""剧情""剧本""表演""演员"等戏剧元素引进社会学研究，分析社会成员的互动行为。拟剧论

---

① ［美］乔纳森·特纳：《社会学理论的结构(下)》，邱泽奇等译，24页，北京，华夏出版社，2001。
② 王秀秀：《初中校本教研中教师合作的案例研究》，62页，博士学位论文，华东师范大学，2018。
③ 同上，63页。

也是由符号互动论发展而来的。拟剧论认为，社会是个大舞台，每个社会成员均是舞台上的演员。表演分为无意识的表演和有意识的表演，有时表演者不知自己在表演，是一种不自觉的表演行为，而有时表演者是自知的主动表演。戈夫曼将社会中成员的行为看作表演，每个人都会有不同的角色，通过表演和他人互动交流，并展示自我的情感，同时也吸收获取外界信息。根据"印象管理"，每个人都会很在意别人对自己行为的看法，因而会有意识地调控自己的情绪、语言、动作等行为，以获得别人对自己的合理性评价。戈夫曼戏剧理论的重要意义在于"通过对人们日常互动（角色扮演）的技巧及方式研究，可以揭示社会生活的基本事实，发掘人际日常互动的基本规律，调和社会中的人际关系，维护社会秩序，建立良好的生存环境"[1]。拟剧论为社会互动理论提供了一种崭新的研究视角，将社会个体视为表演者，对其进行深刻解读，是自我与他人、自我与自我等角色表演的一种新颖阐释，也为揭示个人的社会行为提供理论基石。

（四）角色理论

角色理论和互动理论紧密相连，是互动理论的深化发展。角色原指戏剧中所扮演的人物，通常也指生活中的某类个体。米德最早提出的"角色领会"，是角色互动中对他人角色行为的一种预设，以此来控制自我的角色变化。继米德之后，角色理论逐步完善，内涵和外延逐渐扩大。角色理论主要归属于社会理论，角色不是具体的个人，而是抽象的个体，是个体社会化过程必须经历的角色转变和抉择。罗伯特·帕克认为："个体的自我概念，除了有赖于他们的职业，一般还有赖于其在社会群体中所力图扮演的角色，同时还有赖于社会给予各种角色的认定和地位。"[2]默雷诺又提出"角色扮演"概念，其中对身心角色、心理角色和社会角色进行区别。角色理论后来经过发展，分为结构角色论和过程角色论。结构角色论以林顿为代表，将角色引入社会结构和社会组织中，强调社会角色在社会结构和社会的行动中的重要作用。过程角色论以拉尔夫·特纳为代表，注重社会互动中角色的扮演过程，对角色的选择、角色的期望、角色的冲突和角色建构等进行探讨。

二、社会互动理论与综合实践活动的关联表征

社会互动理论对综合实践活动的作用是理论发展的诉求和现实关照。深入分析两者的关联，是综合实践活动课程开展的有效指导，为学生综合素养的提升搭建理论

---

[1] 王晓滨：《符号互动理论视野下的犯罪原因研究》，博士学位论文，吉林大学，2015。
[2] 吴宏宇：《企业家前台化表演中的着装风格对其形象的影响》，博士学位论文，武汉大学，2013。

平台。

(一)社会互动理论何以实现综合实践活动的"综合"之义

1. 以社会互动论视角审视"综合"

从宏观上讲，以系统论为视角，以社会互动论为指针，对"综合实践活动"进行解读，是探究综合实践活动的重要前提。社会是一个母系统，而学校教育则是母系统中的一个子系统，对学校教育的审视，离不开站在学校教育的立场来观察教育反映的社会问题。社会互动理论作为一个融多种理论为一体的整合理论架构，从多个分理论分析"综合"的价值，也是社会互动理论的特殊之处。只有在社会互动中，学校教育才能以其独特的育人和社会服务功能，实现"综合"的教育价值。综合实践活动是以学校教育为主而开展的为学生成长发展提供多维整体的社会场域，拓宽了学生学习的生态化空间和学习时空。校外教育与校内教育是教育互动的两个侧面，两者都以符号互动为中介，通过教学语言、课程文化、教学计划等实现学校教育与外部环境的整体互动，进而达到"综合"的教育样态。社会和学校是互相依存、相互作用的，学校教育作为一种社会角色，在社会发展进程中，如何发挥其价值功能，如何以其应有的角色在社会舞台上表演，都是社会互动论对教育的一种理论询问，也是对教育本质职责的"综合"考量。只有以"综合"的视角来审查"综合实践活动"，才可以深刻理解此课程的综合性质和综合目的。

2. 从学生的发展看待"综合"

综合实践活动的目的就是为学生的全面发展搭建广阔舞台，让学生能在社会舞台上表演自己的特有角色。从微观层面看，以学生的全面、综合发展为核心，展开对综合实践活动的全方位审视。《中小学综合实践活动课程指导纲要》为综合实践活动的实施提供了纲领，其总目标就是从学生的生活环境、自然成长、社会生活等汲取"综合"营养，从社会"综合"系统中，形成对心灵、自我和社会的本质认知，以多种互动创造学生综合素养提升的时空场。综合实践活动课程之"'综合'是在综合性问题被分解为具体问题并解决具体问题中来完成的"①。以具体的现实问题为导引，提升综合性要素，以多学科综合视角解决，达到培养学生的"综合"能力。以社会实践场为阵地，让学生感知自我与他人、自我与自然、自我与社会的相互依存关系，也只有在其中保持积极合作的依存，实现学生与学生、学生与教师、学生与外界的和谐共存，才能使学生得到认知自我角色、自我表演在社会实践与生活世界中的价值。综合实践活动课程"以'综合'与'实践'作为核心概念，是对实证主义和工具主义视域下人的'片断化'解读祛

---

① 季苹、陈红：《综合实践活动课程如何实现"综合"》，载《中国教育学刊》，2019(10)。

魅，最终诉求于作为完整生命个体的建构，本身意涵着对人之为人的追寻"①。"综合"强调对学生多方面能力的培育，当然是以社会互动的诸多场域为前提，培养学生价值体认、责任担当、问题解决、创意物化等方面的意识和能力，实现对学生作为个体的全面发展诉求。

(二)社会互动理论何以实现综合实践活动的"实践"之义

1.多维"互动"的"实践"内涵

综合实践活动多维度的"互动"是社会互动理论的适当应用，也正是"互动"才得以明晰"实践"的题中之意。多维的互动包括学生与自然的互动、学生与社会的互动、学生与教师的互动、学生与学生的互动、学生与自我的互动等。符号互动论的重要代表布鲁默说："人类社会的最典型特征就是符号互动现象……人们之间的'反应'并不是相互行为的直接产物，而是根据他们附加在对方行为上的意义所做出的。因此，人际互动是以运用符号来解释或确定相互间行动的意义为媒介的。"②人生活在自然环境中，与自然进行互动，逐步认识自然、认知人与自然的内在联系，通过自然的教育，学生能够明晰人的自然生物性，人在自然中的地位和作用，学会与自然和谐共生共处。拟剧论认为社会是个大舞台，学生如何在这个大舞台上表演自己，以何种角色展示自我，都与特定的情景背景有关。综合实践活动正可以给予学生更为宽阔的舞台，学生通过"综合性"的主题活动，提升自我角色领会能力，学会"印象管理"。符号互动论认为，人生存于符号之中，并运用符号进行交往交流，彼此通过符号获得对方的信息。在综合实践活动课程中，让学生感受自己与老师通过"符号"进行的交往互动，以此来学习老师所要教授的知识技能。比如，信息技术课中，老师会以信息符号、信息语言表达信息技术对人类社会的作用，学生从以实践性为主的技术课中感受老师使用符号的价值。以教师的积极"刺激"为符号互动的输入，以学生主动"反应"为符号互动的输出，实现"有意义的符号"互动。社会互依理论认为，社会成员之间存在互相作用和相互依存的关系。在综合实践活动中，学生可以感受、领悟自己与别人的紧密依存关系，在积极性的合作关系中，培养合作学习的素养和能力，通过合理互动，知会自我角色在互依关系中的位置。以劳动教育为例，在课外劳动中，学生会主动参与其中，寻找自己的同伴，共同完成某项任务，从中感受劳动共同体的快乐。综合实践活动的亮点，就是彰显学生主体性，突出学生在社会实践中主动积极建构自我的可能。学生以学习者的角色参与社会实践的表演，以学生身份积极融入社会，让学生体验多重身份的切换选择意识，明白学生角色、孩子角色、社会角色等在社会舞台中的内涵和地位。比

---

① 刘志慧、罗生全：《综合实践活动课程评价的伦理考量》，载《教育发展研究》，2015(20)。
② 贾春增：《外国社会学史(第三版)》，270页，北京，中国人民大学出版社，2008。

如社会服务项目，通过让学生融入社区服务中感受自己社会角色的责任，体验自我与自我的心灵互动，也在反思"我与我"之间的互动效应。

2."互动"场域与"实践"的交汇

所谓互动，必然有互动的主体、互动的场域、互动的方式、互动的效果等，以社会互动理论为基础，探究综合实践活动的"实践"内涵，有着重要的现实需求。互动是人类社会生存的基本形式之一，只有互动才可实现人与人的有效交流，才可能使得个体走向社会化。首先，综合实践活动的互动场域由学校走向社会，扩大了互动的实践场域范围。综合实践活动强调以培养学生主体性、主动性为宗旨，开发学生成长的社会土壤，以此扩宽了学生在学校无法涉及的互动场域。以前只在学校范围内开展教学活动，学生学习空间狭小，教师教学空间窄化，没有多余空间为师生提供教与学发生的场域。以社会实践、社区服务为例，学生可将学校所学知识运用于社会实践服务之中。学校教育学生要做一个有社会责任感的好学生，学会尊老爱幼等，在具体社会服务中，学生便可亲身体会捡垃圾、扶老人等培养社会公民责任意识的价值。其次，互动的场域由课堂走向生活，综合实践活动将互动的场域下沉至学生生活实践。综合实践活动课程"作为一种教育哲学实践，它强调学习是主动活动，学习的载体不是传统意义上的教科书或教材，而是实践过程本身"①。以学生的生活实践为互动的场域，开发学生生活实践的教育意蕴，从死板教条的教科书走向生活课程，由死气沉沉的课堂氛围变为喜气洋洋的生活学习。兴趣是学生学习的老师，在生活实践中，以主题活动学习知识技能，体悟生活课程与学生自我互动的作用。再次，互动的场域由静态转向动态。综合实践活动课程重视"实践"的重要性，因此，关注学生活动的创造性、多样化而非静态的单一性。比如，以劳动教育为主题的课程设计，在劳动中培育学生的劳动素养，提高综合实践能力。由于劳动的多元化，学生可以使自己从不断变化的项目中，掌握诸如如何做家务、如何种植、如何与别人共同劳动等，在劳动互动中，实现了主体的自我教育。最后，互动的场域由单维转向多维。互动主体的多元化，催发互动场域的多维化。在综合实践活动中，互动的主体由教师和学生扩充为师生以及自然、社会等多主体，互动方式由简单的"教师讲解—学生听问"走向多样的以学生为主体的多元化互动。

---

① 李臣之、纪海吉、张利纯：《综合实践活动课程内容校本建构：地方文化融入视角》，载《课程·教材·教法》，2018(11)。

第四节
课程美学理论与综合实践活动

🎯 学习目标

了解课程美学的内涵和主要观点，对课程美学的教育意蕴进行分类学习，重点掌握课程美学理论对综合实践活动课程实施的指导作用以及二者的内部关系。

作为一种科学精神，美学以人的精神世界和价值观为关注焦点。随着交叉学科的盛行与发展，美学与课程的交叉，为课程发展提供了一个新的研究视域、新的理论支撑。课程美学的崛起，可以让我们在课程理论与实践中审视美的价值、追求美的真谛。从本质上来讲，自由精神与生命意义是人的终极追求，课程美学是引导人们走向自由的阶梯。综合实践活动课程通过审美，引导人们解放心灵，不断追求新的自由。

一、课程美学的主要内容

作为一种课程理解范式、一种新的课程研究视角，课程美学的方法论价值在于承载着可供实践的现实意义。课程美学犹如一道光芒，刺破了传统价值理念的思维束缚，为课程发展注入了新的希望。

(一)课程美学的缘起

概念重构运动的兴起，催发了课程研究的多元化趋向。在诸多课程范式理解之中，课程即美学文本的视点以其独特的魅力而备受关注。从某种意义上讲，美是人类追求的最高境界，采用美学的视角来研究课程，可以有效打破"工具主义""技术崇拜""实证主义"的思维束缚。美国课程专家富兰克林·博比特于1918年出版《课程》一书，此书被认为是第一部系统性的课程论著，由此课程成为一门独立的教育科学研究领域。随后，泰勒的《课程与教学的基本原理》一书对课程研究产生了深远的影响。然而，由于发展水平与思维局限的制约，此时的课程论研究普遍以工具理性思维与工作分析为价值指引，强调基于目标的精确学习，而忽视学生的经验与主体性。随着批判主义、建构主义、后现代主义等哲学思潮的盛行，课程研究者开始批判"工具主义""科学主义"

等课程范式，认为课程研究应该更加重视价值、意义等潜在性因素。[①] 而在此过程中，概念重构运动影响最大。"概念重构主义者对课程基本采用一种学术性的方法，因为他们更感兴趣的是抽象的课程研究，而不是将知识实际运用于课程创设，他们更专注于理解课程，而不是编制课程。"[②]在"概念重构运动"影响之下，课程研究实现了人文主义、多元主义的转向，人们开始关注意义建构在课程研究中的重要性，强调价值、情感和直觉所形成的美感经验。课程研究开启了多元范式的时代。在多元文本理解下的课程研究之中，"以课程为美学文本"的课程研究取向受到了广泛关注，课程美学由此正式兴起。

(二)课程美学的内涵

目前，学界关于课程美学的探讨逐步增多，然而，对于课程美学的概念尚未形成统一的认识。威廉·派纳认为，课程本身蕴含美学属性，就是美学性，课程就像艺术品一样是在实践中创造出来的。和艺术品一样，课程也是对学生已有经验的重新构建，因此，课程和所有艺术品一样，比如说绘画、诗歌、舞蹈、音乐、戏剧等，课程的思考模式和行为准则，都应当以增强实践经验为主。[③] 张俊列认为，课程的美学意蕴乃是将课程本身视为美的存在，是有待于师生完善的艺术作品，使课程摆脱剥离了感性经验的静态知识架构，还原课程本应具有的感性情境，以审美的方式审视知识、教学和学习，唤醒学生对世界的体验意识与洞察能力，使学生获得经验的完满与成长的愉悦。其作为一种理论取向，以生命美学、认知美学和经验美学等理论为基础，对课程理论进行新的阐释与建构；作为一种方法论取向，与科学取向形成互补；作为一种实践取向，关注课程如何展现艺术性，教师如何像艺术家一样地教，学生如何像艺术家一样地学。[④] 周淑卿认为："美学探究式对于课程情境中潜在的、深层的美感特质的系统探究，并试图确认课程情境的特色及影响我们反映的经验特质。"[⑤]纵观课程美学的概念，不同学者站在特定的立场进行了界定。综合来看，课程美学是研究什么是具有美感特质的课程，具有美感特质的课程为什么值得追求，具有美感特质的课程是如何形成的。笔者认为，作为交叉学科的课程美学，是以审美的人生为终极追求，从美学理论出发，应用美学方法和原则研究课程设计、课程实施、师生互动、课程文本等美感经验的类型及生成机制的学科。

---

① 参见王磊：《课程美学探究》，博士学位论文，东北师范大学，2014。

② ［美］艾伦·C. 奥恩斯坦、费朗西斯·P. 汉金斯：《课程：基础、原理和问题》，柯森译，231页，南京，江苏教育出版社，2002。

③ 参见［美］威廉·F. 派纳等：《理解课程》，张华等译，592—623页，北京：教育科学出版社，2003。

④ 参见张俊列："七 I"课程观：美学取向的探究》，载《陕西师范大学学报(哲学社会科学版)》，2016(1)。

⑤ 周淑卿：《课程美学研究在台湾》，载《台湾教育学报》，2012(1-2)。

(三)课程美学的主要观点

课程美学研究的异军突起，成就了一批课程美学研究专家，其中影响力较大的有梅恩、艾斯纳、派纳等人。梅恩于 1975 年发表了《课程批评》一文，被公认为课程美学观的鼻祖。梅恩认为，课程与文学作品有诸多相似之处，例如：它们都重现生活中的故事，它们都是在宇宙中的各种或然中选择而来的，它们都是从复杂的多样化的形态中挑战需要表达的内容和方式，从而形成意义。梅恩通过对文学作品与课程的多元比较，确证了课程美学存在的必要性与合理性，为课程美学的深入发展奠定了理论根基。[①]

关于美学课程理论的探讨，艾斯纳以艺术教育为切入点，从课程计划、教学解释、课堂互动、教学评价等方面研究了课程的艺术性，并将艺术的鉴赏概念引入教学评价和教育研究方法中，产生了很大的影响力，受到很多关注。艾斯纳认为，美学课程研究要强调艺术性对于一般的课程所具有的意义，重视知识习得过程中所蕴含的美学面向，在审美的生活与教育中重构经验世界。艾斯纳所倡导的课程美学理论，强调生命中的美感培养，认为美的需求是人内在的生命需求。企及美的生命境界就是一个全人对于艺术的真正追求，而现实世界中美的生命体验只能栖息在生活中，所以教育尤其是艺术教育的逻辑起点应该是审视生活中的美，即审美生活，才能通达审美的教育。[②]

1995 年，派纳出版了《理解课程》一书，对课程理论的发展产生了重要影响。派纳将课程解读为一种文本，通过对文本的不同解读，形成丰富的课程话语。他将课程视为美学文本来理解，试图探讨课程的美学本质与审美功能。派纳认为，课程即美学文本，关注课程的审美特质是课程的核心问题。把课程理解为美学文本，促使我们质疑日常的、传统的、理所当然的东西，此即要求我们在理解与看待教与学的过程中要秉持多元角度、多重视野，避免陷入单向度的感知之中。

二、课程美学的教育意蕴

美学经验的意义追求与真实价值，让我们摆脱传统僵化思维的桎梏与束缚，进而生成多元主义的视角，开启探究的新视野。课程美学的研究视域，使得课程重新"活化""弹性化""人化"，进而为教育的发展注入了新源泉。

(一)拓宽课程论的研究视域

自诞生以来，课程论长期受到工具主义与技术理性的宰治。传统课程范式，控制

---

① 参见王磊：《课程美学探究》，博士学位论文，东北师范大学，2014。
② 同上。

着课程的现代发展。在现实中，课程论研究者开始从多元视角出发寻找突围路径，以探寻实践理性与解放理性的复归。"对课程的本质进行重新反思，让更多的有觉悟的人来设想课程愿景，促使课程愿景更丰富，更能促进受教育者的身心健康、精神发展，更能促进人与人、人与自然、人与社会、人与宇宙和谐相处，更能启发人充满激情地投入生活，审慎明智地拓展自己的生活履历，欣喜地感知自我的成长，欣赏并促进他人的成长。"①因此，课程研究的美学路向成为突破传统课程范式的重要路径。将课程理解为美学，可以催发我们采用美学的视角对课程文本、课程内容、课程实施等进行多元化解读，可以在课程中引入多种艺术形式，以激发学生的想象力和体验感。美学视域下的课程不再是一个线性执行的简单学程，而是有生命力的复杂动态系统，通过提供无限可能性，为课程美学的研究提供充分的想象空间。

(二)彰显教学中学生的主体性

人是教育的价值主体，教育通过课程实现人的培养，课程的本质在于"成人之美"。由此来看，美学不能单单存在于艺术领域之中，而应该扩展到人类的所有教育活动中去。教育是一种"爱"的活动与志业，而"爱"之最简朴定义乃是"成人之美"。人能同时为"爱"之受用者（体验）及作用者（创造），又是天地间至为"美"妙之事！因此，若说"教育活动之本质乃彻头彻尾美学之范畴"②，岂有谬哉？由此可以推断出，个体的主体性是课程美学的重要内涵，课程美学可以推进学生主体性的发挥。具体来看，课程美学可以增加学生的美感经验，"美感经验使感受力与想象力更加敏锐、多样与深化；美感经验也可怡情养性并使人感到心灵的自由；美感经验能引发内在的能量，启动多元的思考，保持弹性与创新性，及增强人们洞察人与自然、人与社会互动的能力"③。正因为如此，课程美学培养出来的人是充满灵动性的主体人，而非冷冰冰的理性人。此外，课程的美学取向，能够激发学生内在的学习动机和主动探索的意愿。因为，每个学生都是独立性个体，有其自我的感觉、欲望、需求等。课程的艺术化设计，能够允许学生形塑符合自身的学习风格，从而有效激发学生的学习兴趣，提升学习效能。

(三)推进教师专业化的自觉性发展

教学是由教师的教和学生的学共同组成的双边互动活动，而教师的教则决定教学活动的成败，由此，为了学生主体性的发挥与完善，教师的教学必须提供符合学生发展的美感经验。"教学要能激发学生的学习动机，没有美的感受，没有新的创意，就难

---

① ［美］小威廉姆·E. 多尔、［澳］诺尔·高夫主编：《课程愿景》，张文军等译，译者前言，2 页，北京，教育科学出版社，2004。

② 冯朝霖：《教育哲学专论：主体、情性与创化》，3 页，台北，高等教育文化事业有限公司，2003。

③ 王淑芬：《寻找生活课程的美感经验——杜威美感经验的观点》，台北，台北教育大学出版社，2011。

以引发学生学习的自愿性。学生只有形成自主学习的动机，才能在学习历程中，学会知性的觉察，学习高层次的思考方法、培养解决问题的能力，养成自信与乐于学习的态度。"①有鉴于此，教师必须通过提升自身的专业能力，引导学生生成丰富的美感经验。具体来看，教师首先要通过学习美学理论和美学技能提升美学素养；其次，创新教学方式，将游戏和想象引入教学过程之中；最后，走进学生的精神世界，陶冶学生的灵魂。从某种意义上来讲，教育的本质使命在于促进学生生命的升华，然而"扶持精神与道德价值的教育风景并非简单意味着传授精神与道德价值；它所意味的是将灵性渗入学校教育的每一个方面，这样教育成为师生倾听与回应异乡人的呼唤从而不断超越自己的精神旅程"②。有鉴于此，教师需要通过实现自身专业的自觉性发展，推动教育育人价值的实现。

三、课程美学对综合实践活动的指导意义

课程美学的新发展，开启了综合实践活动课程的美学维度。囿于传统价值理念的思维，长期以来综合实践活动课程呈现出线性的发展模式，此种境况的异化发展，造成学生灵性的遮蔽、活性的缺失。课程的美学趋向，为我们探究综合实践活动课程的"活化""人化"发展打开了空间。

(一)注重学生美感经验的获得，达到课程美育的效果

美育是学校教育的缺失部分，加重对学生美的培育，是当前学校教育的重中之重。"五育并举""五育融合"是符合我国目前立德树人总体教育目标的具体表征。课程美学正好应国家教育之需，合人民对美好教育之求。美国教育家杜威主张课程应该以做中学的方式展开，透过实际的生活体验，产生美感的课程经验。福谢依也指出，课程领域要转变长期只重视智能发展，而忽略美感与心灵层面的异态，将美感经验所引发的生命力释放出来注入课程中，以美感特质的方式安排学习环境，才能带给学生不一样的感受，提炼每天的经验。③ 因此，基于课程美学的综合实践活动课程，强调以美学为本的教学，教师基于艺术性的意义创造，通过创设情境化与生活化的课程，在与学生的多元互动过程中，激发学生的美感经验。

---

① 王淑芬：《寻找生活课程的美感经验——杜威美感经验的观点》，台北，台北教育大学出版社，2011。

② ［美］小威廉姆·E. 多尔、［澳］诺尔·高夫主编：《课程愿景》，张文军等译，356 页，北京，教育科学出版社，2001。

③ Foshay, A. W. "Curriculum Matrix：Transcendence and Mathematics." *Journal of Curriculum and Supervision*，1991(6).

(二)促进学生主体的创作表现与想象性经验的生成

传统的综合实践活动课程设计注重基于标准化下的教学控制，课程犹如预先写好的剧本，剧中演员的台词、表情以及反应都是事先预设好的，这样的课程运作其实是欠缺美感的。[①] 在此境遇之中，学生成为被动接受课程的受体，而难以充分表现自我。而提升综合实践活动课程的美感经验，可以有效培养学生的想象力，从而提升学生的创意空间。杜威认为，想象力是创意的入口，透过想象力使旧经验产生新意，才能在现今找到新的方向。由此看来，想象力可以促使我们从惯常思维逻辑的束缚中脱离出来，进而促使我们采用多重视角去理解各种现象的产生与发展。想象性经验的生成，使课程更加富有美感与创意。课程是学生学习的具体规划，从美学的视角对学生课程学习进行总体设计，是培养学生主体性的学习动机和想象力的主要教育路径。

(三)唤醒学生主动探索未来世界的动机，形成自我个体性学习风格

教育就是让学生有机会、有能力探索未知世界，能够激发学生开发自身资源的潜力，挖掘学生本身潜质的活动。课程美学是从学生审美角度，鼓励学生激发多元化兴趣，塑造学生个体性学习品格。审美心理、审美情操、审美能力等的培育是学校教育实施课程美学的重要维度。学生均是独特差异性个体，然而在传统价值理念的束缚下，教学被异化为单向度的授受过程，学生只能被动地接收知识。从本质上来讲，学校教育的根本目的在于开启学生的心智，为学生的未来发展奠定基础与提供可能性，此即要求学校教育不能将学习控制在教科书范围内，而应将学习意愿延伸到校外的所有学习中。为此，为促进学生达到最佳的学习状态，教学过程应该允许学生生成自己的学习动机，形成符合自身的学习风格。从美学理论出发指导课程的设置，开展追求美的活动，让学生对未知世界充满真情、真心和真意。

本章小结

充分认识与理解综合实践活动的理论基础，是深刻把握综合实践活动的关键，同时也是有效推进综合实践活动实施的前提。

实践交往理论倡导的"以人为本"思想，与综合实践活动的价值意涵存在着天然的理论耦合。综合实践活动课程以实践交往为基础，实践交往理论以综合实践活动为展开场域，二者互相关联，对于凸显学生的学习主体性、激发学生兴趣、释放学生个性，具有重要意义。

---

① 参见李笛榛：《傅柯生存美学思想对课程美学的启示》，27 页，台北，台北教育大学出版社，2011。

具身认知理论的新发展，打破了传统认知科学根深蒂固的身心二元论传统，强调身体、心理与环境的多元交互，实现了认知科学的范式转换，并对教育学的发展产生了重要影响。在具身认知理论的影响之下，综合实践活动课程开始强调学习内容的情境性、学习活动的体验性和教学过程的动态性。

社会互动理论对综合实践活动的理论与实践发展均产生了重要影响，表现为指导综合实践活动有效展开，并为学生综合素养的提升搭建理论平台。

课程美学的崛起，为课程论的新发展注入了希望。与此同时，课程的美学趋向，为我们探究综合实践活动课程的"活化""人化"发展打开了空间。

关键术语

实践交往理论；具身认知理论；社会互动理论；课程美学理论。

体验练习

1. 查阅相关研究资料，运用思维导图对实践交往理论、社会互动理论的主要内容进行系统梳理。

2. 运用具身认知理论，设计一份综合实践活动课程实施方案。

3. 选择一位比较有代表性的课程美学理论专家，查阅资料，分析和总结其理论的观点和教学指导意义。

拓展读物

1. ［德］尤尔根·哈贝马斯. 交往行为理论. 曹卫东，译. 上海：上海人民出版社，2004.

2. ［法］梅洛-庞蒂. 知觉现象学. 姜志辉，译. 北京：商务印书馆，2001.

3. ［美］乔纳森·特纳. 社会学理论的结构. 邱泽奇，等，译. 北京：华夏出版社，2001.

4. ［美］威廉·F. 派纳，威廉·M. 雷诺兹，等. 理解课程. 张华，等，译，北京：教育科学出版社，2012.

小学考察探究活动设计与实施

本章主要阐述小学考察探究活动的内涵、特征和意义；基于内容视角所区分的小学考察探究活动的四种类型；学生立场、问题导向等小学考察探究活动教学设计应遵循的基本原则；小学考察探究活动一般模式、主要实施方式；小学考察探究活动教学目标编写、课程资源开发和条件保障等教学指导。

🔍 结构图

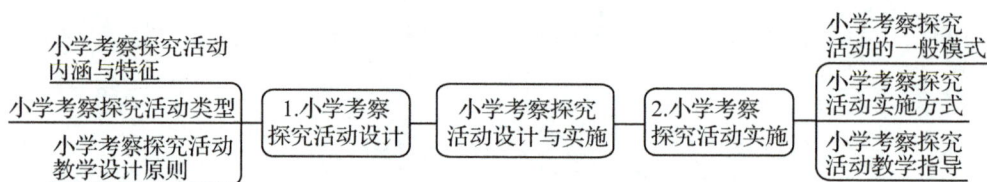

🎯 学习目标

1. 理解小学考察探究活动的内涵、特征和意义。
2. 了解小学考察探究活动的主要分类。
3. 理解小学考察探究活动教学设计应遵循的基本原则。
4. 掌握小学考察探究活动一般模式及主要实施方式。
5. 掌握小学考察探究活动教学目标编写和课程资源开发。

☕ 读前反思

小学考察探究活动对小学生综合素质发展而言，具有哪些独特的育人价值？为充分发挥其育人价值，教师在设计和实施考察探究活动时应遵循哪些基本原则？

《基础教育课程改革纲要（试行）》对综合实践活动课程内容的规定不再从"信息技术教育、研究性学习、社区服务与社会实践以及劳动与技术教育"①的角度进行表述，转而从内容选择与组织原则、活动方式的视角进行表述，在一定程度上回归了主题活动教学基本思路，有利于引导教师在设计主题活动教学的过程中注重不同学科内容的综

---

① 中华人民共和国教育部：关于印发《基础教育课程改革纲要（试行）》的通知（教基〔2001〕17号）。

合，引导学生从跨学科的视角解决现实问题，提高综合素质。《中小学综合实践活动课程指导纲要》（以下简称《指导纲要》）为更清晰地引导教师设计主题活动教学，创造性地归纳、提出四种活动方式，其中就包括考察探究。《指导纲要》还明确指出，"综合实践活动方式的划分是相对的。在活动设计时可以有所侧重，以某种方式为主，兼顾其他方式；也可以整合方式实施，使不同活动要素彼此渗透、融合贯通"[①]。在实际的综合实践活动课程教学中，一个主题活动教学往往会融汇多种活动方式。当然，也可以采用单一活动方式。为了阐述问题的方便，本章内容仅探讨考察探究活动设计与实施。

第一节
小学考察探究活动设计

◎ 学习目标

1. 理解小学考察探究活动的内涵与特征。
2. 理解小学考察探究活动的意义。
3. 了解小学考察探究活动的主要分类。
4. 掌握小学考察探究活动教学设计基本原则。

考察探究活动方式"既是一种学习方式，也是一种生活态度"[②]。作为一种学习方式，要求活动设计既要注重学生考察活动过程与体验，也要注重研究过程与体验；考察探究的过程既是学生发现问题的过程，也是学生探究和解决问题的过程。作为一种生活态度，要求教师注重引导学生保有好奇心，善于发现生活中的问题，并致力于解决问题。考察探究活动的设计要注重引导学生通过考察探究开展学习，并在活动过程中养成研究的兴趣、掌握研究方法，培养综合素质。

一、小学考察探究活动内涵与特征

由于学生认知发展和知识与技能储备的年龄阶段特征，小学考察探究活动具有其

---

① 《中小学综合实践活动课程指导纲要》，11 页，北京，北京师范大学出版社，2017。
② 柳夕浪：《〈中小学综合实践活动课程指导纲要〉解读——44 个问答》，74 页，石家庄，河北教育出版社，2019。

特殊的内涵，甚至在小学不同年龄段具有不同的要求。其特点也因小学生活动能力的相对不足而在学生主体性、教师指导等方面有所不同。

(一)小学考察探究活动内涵

《指导纲要》提出，"考察探究是学生基于自身兴趣，在教师的指导下，从自然、社会和学生自身生活中选择和确定研究主题，开展研究性学习，在观察、记录和思考中，主动获取知识，分析并解决问题的过程，如野外考察、社会调查、研学旅行等，它注重运用实地观察、访谈、实验等方法，获取材料，形成理性思维、批判质疑和勇于探究的精神"[①]。此定义强调学生兴趣、学生主体、教师指导、考察探究的过程以及研究方法的使用，是考察探究活动要关注的基本方面。但这些基本方面对不同的学龄儿童，所侧重和强调的要求是不同的。例如，虽然都需要教师的指导，但在小学低年级阶段，教师的指导是主要的，甚至是替代性的，而在小学高年级阶段，教师可以采取半放手型的指导。再如，学生兴趣在小学低年级阶段主要依赖于教师依据自身的教学经验和理性思考所做出的专业判断，此时，学生兴趣往往是输入性的，不完全是自发性的；对小学高年级阶段学生，则更强调学生兴趣的自发性，此时教师的引导是方向性的，而非具体的、替代性的。可以用以下表格来概括小学低年级段和高年级段在内涵上的不同侧重点。

表 3-1　小学低年级段和高年级段考察探究活动内涵要求比较

序号	内涵要求	小学低年级段(1~2年级)	小学高年级段(3~6年级)
1	学生兴趣	教师依据专业经验，启发和引导学生形成活动兴趣	教师激发学生兴趣，学生主动形成活动兴趣
2	学生主体	教师明确探究主题、过程与要求，学生完成具体活动任务	学生自主形成探究主题，自主调控和完成活动任务
3	教师指导	教师明确具体任务、方法和要求，提供活动条件和保障	教师提供活动脚手架和方法指导
4	活动方法	自然观察、体验等	观察、访谈、问卷调查、实验、实地考察等
5	活动成果	自然观察笔记、体验日记、活动绘本等	研究报告、事件志、改进建议和方案等
6	成果形式	照片、音视频、口述故事、绘本等	照片、音视频、多媒体材料、文献材料、成果报告、活动展览

(二)小学考察探究活动的特征

小学生无论是在身体活动范围、活动能力，还是在学科知识学习与学科能力的掌

---

① 《中小学综合实践活动课程指导纲要》，9页，北京，北京师范大学出版社，2017。

握，以及思维的逻辑性、整体性和综合性等方面都有其不足与有待发展的地方。这些因素决定了小学阶段的考察探究活动在学生的主体性发挥，教师的指导和家长的帮助，以及活动场域、活动评价等方面都有其特殊之处。

1. 学生有限主体性

学生主动实践是综合实践活动课程的基本理念。《指导纲要》中指出，要"鼓励学生从自身成长需要出发，选择活动主题，主动参与并亲身经历实践过程"①，强调学生的主动选择和亲历实践。此外，学校在选择综合实践活动课程内容时，也要遵循"自主性"原则，要"重视学生自身发展需求，尊重学生的自主选择"②。主动实践和自主选择都强调了学生的主体性。但这并不意味学生包办和完全依靠学生，即学生在考察探究活动中的主体性发挥是有限的，尤其是对于小学一、二年级学生而言，更是主要依靠教师的帮助。比如，在考察探究主题确定阶段，需要教师依靠自身的专业经验和判断，创设符合小学生认知发展特征的情境，甚至提出明确的考察探究活动主题；在主题实施阶段，需要教师提出明确而具体的任务，以及完成任务的要求。学生主体性的有限发挥，也不意味着学生是被动地实践和完全地依赖教师，而是强调学生要在教师的引导下，亲身完成具体任务，并获得活动过程的亲历体验。

2. 教师全面引导性

学生的成长是在与外界交互和生成中实现的。其中包括与学习材料等文本的交互、与自然和社会等环境的交互，更重要的是与教师的交互。教师一方面直接承担交互的责任，另一方面还需要承担教学环境、教学材料和教学活动设计与实施的重要职责。因此，教师的指导是学生学习与成长过程中不可或缺的重要存在。《指导纲要》指出，要"处理好学生自主实践与教师有效指导的关系"。强调学生的自主实践不意味着教师的指导缺位，教师的有效指导也不意味着学生自主实践的缺位，两者是相辅相成的。但对于小学生而言，教师的有效指导承担更重要的职责，起着更重要的作用，尤其对于小学一、二年级的学生而言，教师的有效指导是起着主导作用的。此时，低年级段小学生综合实践活动的开展主要依靠教师的扶持，甚至是教师手把手的教导。教师的全面指导意味着在活动任务的前期设计阶段，需要教师对考察探究的场域做充分的调查、沟通与协调，明确考察探究的具体任务内容和实施路径；在主题的确定阶段，需要教师的悉心引导；在活动方案的制订阶段，需要教师的充分沟通与协商；在活动实施阶段，需要教师的全程指导和提供保障；在活动总结阶段，需要教师全程协调与指导。

3. 主题的跨学科性

跨学科性是综合实践活动课程的基本理念、重要要求和本质特征。这也是综合实

①　《中小学综合实践活动课程指导纲要》，2 页，北京，北京师范大学出版社，2017。

②　同上书，7 页。

践活动同学科实践活动的重要区别。跨学科性要求综合实践活动内容要面向学生的学习和生活世界，关注真实问题，引导学生综合运用多学科、多领域知识与技能开展实践并解决问题。在考察探究活动中，跨学科性具有特殊的内涵。其一，考察探究主题内容的跨学科性，即主题内容的设计要注重多学科、多领域内容的融汇。如"野菜变奏曲"主题活动内容就可以设计成家乡野菜种类调查、野菜食用价值研究、我国野菜地理分布研究、野菜的红色文化故事研究等不同的考察探究视角。这些内容涉及语言文字、经济地理、营养学、历史等多学科领域，需要学生了解和学习相关学科知识。其二，考察探究活动过程方法的多学科性，主要体现为研究方法的多学科性。如在前述主题活动中，学生需要用到实地考察、实验研究、电子文献数据库检索、话语分析、内容分析等研究方法。这些研究方法都源于不同学科领域，但都集中于解决学生考察探究的实际问题。其三，考察探究活动结果的多学科性。在实践中，学生不仅需要形成研究报告、实验报告和考察报告等主要成果，还可以形成与具体学科密切联系的成果。如在前述主题活动中，学生还可以形成家乡野菜植物图谱、野菜开发利用与保护建议案、野菜种植方法手册、野菜食用菜谱等活动成果。

4. 活动场域的局限性

具身认知理论认为"从发生和起源的观点看，心智和认知必然以一个在环境中的具体的身体结构和身体活动为基础，因此，最初的心智和认知是基于身体和涉及身体的，心智始终是具（体）身（体）的心智，而最初的认知则始终与具（体）身（体）结构和活动图式内在关联"①。具身性决定了小学生开展考察探究活动场域的特殊性。同理，场域的特殊性反过来制约了小学生开展考察探究活动的可能性。这种特殊性和可能性反映为活动场域因学生具身认知而带来的局限性。在设计和实施小学生考察探究活动时，教师要充分注意这种场域的局限性，主要有：（1）场域尽可能是小学生日常活动范围内的场所。比如，小学一、二年级学生的活动场所主要是学校和家庭。（2）场域的安全系数高。小学生本身的活动能力决定了其考察探究的活动场所应该是安全的，或者教师要做足安全保障工作。比如，让一、二年级的学生在家长或者教师陪同下考察公园是合适的，但考察湖泊、河流则是不合适的。（3）场域内容的适合性。场域自身所具有的内容应该要能适合小学生开展考察探究。比如，博物馆具有丰富的馆藏物件，文物丰富多样，对小学生的认知而言是可以接受的，因而博物馆作为小学生的考察探究活动场域是适合的。相反，核电站并不适合小学生做深度的考察探究性活动。

（三）小学考察探究活动意义

实践育人是综合实践活动课程独特的育人价值所在。通过四种活动方式，实现实

① 李恒威、盛晓明：《认知的具身化》，载《科学学研究》，2006(2)。

践育人则是综合实践活动课程独特的育人路径，区别于学科课程的知识育人和课堂育人。小学考察探究活动以其研究性而区别于其他三种活动方式，具有独特价值和重要意义。

1. 经历完整研究过程，培养学生科学意识

科学精神和实践创新是中国学生发展两大核心素养。其中科学精神包括理性思维、批判质疑和勇于探究。实践创新包括劳动意识、问题解决和技术运用。考察探究活动要求学生基于主题背景，挖掘其中的研究内容，形成自己或小组的研究课题，并开展和实施课题研究，形成研究结论。学生经历考察探究活动的过程，也就基本经历了一个相对完整的科学研究过程。在其中，我们可以看到学生的理性思维、批判思维和探究兴趣，以及问题解决能力和运用技术开展研究等意识和能力的培养和发展。对于小学生而言，其心智尚处于萌芽阶段，小学生开展考察探究活动更多强调的是对过程的体验，并不强调探究过程的规范性、掌握探究方法以及探究结果的正确性和科学性。探究体验是小学生考察探究活动重要着力点，应着力于让小学生在考察探究的过程中体验科学家探究的过程，丰富其对科学研究的感性认识，促进小学生科学意识的培育和发展。

2. 探究真实情境问题，增进社会责任担当

"课程开发面向学生的个体生活和社会生活"①是综合实践活动课程的基本理念。考察探究活动要求教师基于学生生活，创设真实的问题情境，引导学生发现真实的问题，转化为可研究的真实课题，进而尝试解决真实问题。在考察探究活动中，学生可以超越学校教育的局限，反思和重新检视自己所认知和触摸的社会生活、学校生活以及学习生活，进而感受、重新建构、逐渐理解和解释自己的生活世界。这种对生活世界的理解是学科课程所不具备的。生活世界并不都是相同的。每个个体所体验到、感受到的生活世界都是个体基于自身经验和理解重新解释过的。在考察探究活动中让学生真正主动地去体验、理解、解释和建构自己的生活世界，这时候的生活世界就具有了更强的个人主动性和积极性，可以更好地促进小学生社会责任与担当精神的成长。在考察探究活动中，小学生直面社会与生活中的真实问题。尽管我们并不强调小学生真正解决问题，但在这一过程中，小学生一方面可以主动建构生活世界，另一方面也开始学会思考如何解决生活世界中的真实问题，提升社会生活的参与意识、共同体意识，并在同伴互助中看到更多不同的视角、不同的解释和不同的解决方案，可以更好地理解生活的丰富多样性、文化的多元性，增进对人与社会的包容和责任。

3. 实施研究学习活动，引领课程教学创新

一般认为，课程与教学是教育为学生提供的核心产品和核心服务。两者是学校育

---

① 《中小学综合实践活动课程指导纲要》，2 页，北京，北京师范大学出版社，2017。

人的根本要素和重要路径。综合实践活动课程将活动的隐性育人功能显性化，旗帜鲜明地强调精心设计的实践活动的育人功能和重要地位，提倡学校在开设学科课程的同时，进一步丰富和建构校本特色的综合课程、活动课程，在一定程度上弥补了学科课程知识化、脱离生活的不足，有助于进一步丰富和建构完整世界的课程。学科课程知识体系的逻辑性、严谨性和意识形态的重要性、严肃性，使得多数教师并不能有效地驾驭和掌控，更难于原创性地开发。考察探究活动不以学生的知识获得为主要目标，也不具备严谨的知识体系，重在学生的探究体验、探究兴趣和探究能力培养。相对而言，其开发的难度较之学科课程低很多，也非常便于教师的创造性开发。因而，可以不断激发教师的专业激情，引领教师以极大的热情投入到校本特色考察探究活动开发之中，进而促进其课程意识、课程开发能力的提升。知识是客观的，也是主观的。客观世界有其固有规律，不以人的意志为转移，因而客观世界的各种规律是客观的。但是，对于客观规律的理解，尤其是其实际运用则是因人而异的。不同的客观规律掌握在不同的人的手中，其运用的实效是非常不同的。因而，具体到个体层面，客观规律则存在主观性，是主观的。如何促进知识在个体层面的有效理解和转化与迁移，是学科教学的根本问题。近年来，考察探究活动中倡导的研究性学习给予学科教师和教育研究工作者以重要启发，在学科教学中开展实践性教学、项目学习的理念愈来愈受到重视和提倡。引导学生在研究中获得知识和完整理解，内化为个体的知识图谱，并学会灵活运用所学知识，是实践性教学理念的重要考量。研究学科知识教学中哪些内容适合学生，以及如何引导学生开展相关学科知识的研究性学习则是学科研究的重要课题，可以不断激发教师的教学创新热情，丰富教师的教学经验，促进其教学知识与能力的不断重构。

4. 指导学生考察探究，发展教师综合能力

教学的过程是一个教学相长的过程。教师在教授学生、帮助学生成长的同时，自身也获得成长。这种成长是弥散的、全方位的，不局限于知识和能力，也因具体的教学情境之不同而不同。在小学考察探究活动中，教师承担课题研究的设计、指导、协助、条件保障等工作任务，对教师而言，不仅要学习更多知识，还要与各种人进行沟通协调，处理学生考察探究过程中的各种事务，甚至要帮助学生做足准备工作，带领学生开展研究活动。这种考验对教师而言不是单纯的学科教学所能涵盖和包括的，对教师能力的要求也是复杂的和全面的。在小学考察探究活动的开展过程中，教师不仅要学会如何做科学研究，如何理解不同机构和个体的需求，如何进行沟通以达成共识，还需要学会理解学生如何开展科学研究，如何进行沟通，如何实施活动，可能会有哪些问题，如何准备预案等。对教师而言，指导小学生开展考察探究活动不仅是自身有"一桶水"的问题，而且是做个"蓄水池"，以及如何自主、有效获取"水"的问题。教师解决"水"的问题的过程中也促进了自身综合能力的发展。

二、小学考察探究活动类型

基于不同的分类标准，小学考察探究活动可分为不同的类型。从考察探究活动对象的角度，可分为面向自我的考察探究活动，如学习习惯的调查；面向自然的考察探究活动，如跟着节气去探究；面向社会的考察探究活动，如对生活垃圾的研究、我们的传统节日等。从小学生考察探究活动场域的视角可以分为基于家庭的考察探究活动，如家庭垃圾调查研究；基于学校的考察探究活动，如学校植物研究；基于社区的考察探究活动，如社区环境卫生治理问题研究等。从考察探究活动内容的视角，可以将小学考察探究活动分为如下四种类型。

(一)实地考察探究类

主要是围绕一个具体场域和事物，为深入了解该场域与事物的有关真相、发展、特色与问题等，而去实地进行直观的、详细的调查，以图把该场域和事物的本质规律与特征弄清，形成实地考察报告，并对该场域和事物作出价值判断，提出意见建议。如广东"属于东亚季风区，从北向南分别为中亚热带、南亚热带和热带气候，是全国光、热和水资源最丰富的地区之一。全省平均日照时数为 1745.8h，年平均气温 22.3℃"①，非常适合各种花的培植与生长。广州甚至被称为"花城"，每年春节期间都举办花展。广东顺德陈村镇是闻名中外的花卉之乡。有学生小组提出"陈村花卉世界的创业与经营研究"。该课题的实施就需要学生去到"陈村花卉世界"现场开展调查研究，对"花卉世界"中的花卉种植户、公司企业，市场管理人员等进行访谈调查，以获得真实的一手资料。

(二)科技考察探究类

主要是围绕一项或多项相关科学技术类问题，为深入了解该类问题在现实生活中的现状与存在的问题，开展科学调查与实验，形成科技考察报告，并对如何更好地利用该类科学技术、规避相关风险提出意见建议。如食品安全、绿色食品、饮食健康等是近年来受到人们特别关注的问题。其中，食品安全涉及我国的相关食品生产与贮存条件等标准，绿色食品涉及食品的生产种植和加工方法，饮食健康则涉及食物的营养成分及食物搭配等。有学生小组据此提出"食品安全与营养"的研究课题。在课题研究中，了解食品安全的相关标准及其在日常食品中的具体表现，绿色食品的内涵、分类、

---

① 赵志强、高江波、李双成、王仰麟：《基于能值改进生态足迹模型的广东省 1978—2006 年生态经济系统分析》，载《北京大学学报(自然科学版)》，2009(5)。

标准及种植方法，日常常见食物的营养成分与含量，合理膳食的搭配方法与标准等都是重要的研究内容，都需要学生进行科学调查与实验才能完成。

(三)人文考察探究类

主要是围绕某项或多项相关的文化现象和文化产品，为深入了解该文化现象和文化产品的现状、历史、问题与发展，更好地把握其本质特征，开展实地考察、文献研究等活动，形成考察报告，并对其中存在的突出问题提出意见建议。如疍家是我国沿海居民的一大特色，珠三角、粤西沿海，闽东沿海和闽江流域，闽南厦门鹭江和泉州晋江流域，及其他闽粤桂琼浙沿海地区，都曾经是他们的主要生活场所。随着我国经济社会的发展，疍家人也逐渐告别渔船，走上陆地生活。但是，疍家人所创造的文化现象和文化产品是独特的，也是值得保护的。有学生小组据此提出"肇庆疍家文化探源——水上居民生活现状调查与研究"的研究课题。了解肇庆疍家习俗、民歌、文化标志、历史与沿革、当前存在的问题以及如何解决这些问题等都是该课题研究的重要内容，也需要学生从人文的视角来探寻疍家文化的独特魅力，以及疍家后人的生存与发展。

(四)生活考察探究类

主要是围绕人们生活中的某项或多项相关现象与问题，为深入了解该生活现象与问题的表征、形成原因、存在的问题与改进办法等，开展调查研究，形成考察调研报告，并作出个人价值判断，提出意见建议。在城镇化的过程中，城中村改造是重要的一环。村民在城中村改造后的生活有哪些变化？存在哪些问题？有学生小组据此提出"猎德村改造后居民生活状况的调查研究"的研究课题。改造前猎德村民的生活如何，改造后猎德村民的生活发生了哪些变化，改造后财富的爆炸式增长对村民的思想观念带来哪些冲击，存在哪些危机，应采取哪些措施来规避这些危机等都是课题研究的重要内容。这些内容都与人们的生活与观念息息相关。

作出以上分类的主要目的是方便阐述问题，为教师引导小学生开展考察探究活动提供一个研究、设计和实施的视角，可以引导教师对学生活动方法和提炼活动成果进行有针对性的指导。当然，这些分类并不是严格的，每种分类间还存在一定的重叠。

三、小学考察探究活动教学设计原则

教学是在师生交互之中来完成学习活动的。课堂教学因其时空局限和学科内容要求而在情境的真实性、内容的趣味性、学习的自主性等方面有需要弥补和强化之处。

考察探究活动主要由学生自主实施完成。因此，活动设计更要凸显在学生自主实施的背景下如何充分关照学生情境、学科情境和条件情境。一般而言，小学考察探究活动教学设计除了应遵循"自主性、实践性、开放性、整合性和连续性"[①]等基本原则外，还应遵循如下原则。

(一)学生立场原则

一般认为，教育者、受教育者、教育内容和教育手段是教育的基本要素。其中受教育者的发展作为教学根本宗旨，其已有发展是教育教学活动的逻辑起点，其可能发展是教育教学活动的最终归宿。因此，教育教学活动要坚持学生立场原则，从学生发展出发，科学安排，优化要素与过程，并最终促进学生更好发展。考察探究活动的设计坚持学生立场原则，主要应关注如下几点。

1. 要从小学生的认知和身体发展出发

考察探究活动的安排不能超出认知可能及身体行动的可能。例如，小学低年级段学生的考察探究活动宜以自然观察和身体体验为主，其活动的场所宜以学校和家庭为主；对中高年级段学生则可以采用一定的探究方法，如简单的问卷和访谈、实验设计等。其活动的场所可以学校为主，辅之以社区环境。

2. 要充分关照小学生其他学科学习内容

综合性是综合实践活动课程的重要特质。考察探究活动的安排不能超越学生已学知识与技能，要能引导学生回顾和运用学科知识与技能，解决探究问题，以达到既发展综合素质，又能促进学科学习的目的。

3. 要尊重学生文化习俗

文化现象和文化产品是考察探究活动的重要内容来源。当前交通和网络技术的发达使人们之间的联系更加紧密，人员的跨区域流动更加频繁。很多学生成了城市的"新移民"。在设计人文类考察探究活动时，要预先充分了解学生的文化习俗背景，避免不必要的文化冲突。

(二)问题导向原则

问题是考察探究活动的起点。问题的好坏往往决定了考察探究活动的成功与否，也决定了学生在活动过程中体验质量的高低和学生能力发展的程度。因此，如何引导学生发现和提出一个好的问题，如何引导学生实施问题探究并解决问题是考察探究活动设计应着力的重要方面。

[①]　《中小学综合实践活动课程指导纲要》，7—9 页，北京，北京师范大学出版社，2017。

1. 问题要能回应综合实践活动课程育人价值

问题有多种理解和解释，可以是需要解决的矛盾和疑难，也可以是要求回答或解答的问题等。对于教育教学活动中的问题而言，其存在的场景是育人活动，因此，小学考察探究活动中的问题应有丰富的育人价值。离开了综合实践活动课程育人价值的、纯粹的或学科性的问题是不适宜的。例如，"温泉蛋资源开发研究"可以引导学生围绕本地温泉资源开发的大问题，引申温泉蛋资源开发这个问题，进而在实验探究和市场模拟开发的过程中培养学生的科学精神，体验市场与产品开发的方法和经验，体认家乡情怀，具有丰富的育人价值。相反，温泉水温与温泉蛋口感关系研究则是一个科学学科问题，是科学学科实践，不适用于综合实践活动课程的考察探究活动。

2. 问题真实且有趣

问题可能是有答案的，也可能是没有答案的；可以是一般的简单问题，也可以是科学家才可能解决的问题；可以是真实的问题，也可以是虚假的问题。对于小学考察探究活动中的问题而言，所探究的问题应是真实的，是现实生活中真实存在的问题。比如，饮食习惯与肥胖关系的研究是一个真实的问题。相反，饮食习惯是否决定人的肤色的研究则是一个假问题，因为人的肤色取决于人的基因。小学考察探究活动中问题的真实性还应是相对于小学生而言的真实性。有的问题对于小学生而言可能是问题，但对于中学生可能就不是问题。这种对中学生不是问题的问题还是可以用于小学考察探究活动的。比如，家庭生活垃圾分类实施现状是一个真实的问题。如果仅仅针对现状进行调查，对于小学生是适合的，对于中学生则不大适合。对于中学生而言，还需要在现状调查的基础上提出解决方案。因此，探究的问题应改为家庭生活垃圾分类实施现状与改进建议。在真实性之外，小学考察探究活动中的问题对于小学生而言，还应该是有趣的，要符合小学生的心理特征。比如，"奇妙的叶子世界"考察探究活动可以引导学生观察不同季节的树叶、不同树木的树叶、不同区域的树叶的差异，并探究其中的原因，把不同的树叶分类做成标本集，将自己喜欢的叶子画出来等。这些活动对于小学生而言是有趣的。相反，树叶的光合作用机制研究对小学生而言则太难、太学科化。

3. 教师充分有效的指导

学生，尤其是小学生对元认知和探究方法以及其他知识与技能掌握不多，也不熟练。因此，教师应对小学生开展问题考察探究提供充分的指导。这种指导体现为：(1)指导小学生遴选出可解决的问题。例如，新冠肺炎疫情影响了学生的返校就学。在这个背景下，有的学生可能会提出新冠肺炎病毒是怎么入侵人体的，有的学生可能会提出新冠肺炎疫情对人们的生活有哪些影响，还有的学生可能会提出学生返校后该怎么做好防疫安全措施等问题。对于小学生而言，第一个问题是无法解决的，第二个和第三个问题则是可以解决的。此时，教师应引导学生关注第二个和第三个问题，开展探究。(2)指导小学生掌握解决问题所需要的方法。比如，新冠肺炎疫情对人们的生活的影响会涉及问卷调查、访谈等探究方法。教师应指导学生学习这些探究方法及其基于探究问题的应用实施。(3)指导学生提炼、表达和分享成果。探究问题的解决是小学生考察探究活动的一个成果。如何将活动过程与成果进行提炼，并用小学生的方式方法表达出来也是考察探究活动的重要内容。此时，更离不开教师的指导。

(三)因地制宜原则

综合实践活动课程是国家设置，"由地方统筹管理和指导，具体内容以学校开发为主"[①]的课程。国家对综合实践活动课程理念、课程目标和课程开发提出规范性指导意见。地方对综合实践活动课程的教学实施与管理提出指导性意见。学校则是综合实践活动课程开发的主体，决定综合实践活动课程内容和实施方式与路径。学校在综合实践活动课程实施的主动性上较之于语文、数学等学科课程要高很多。这也决定了综合实践活动课程内容的区域特征，要求突出因地制宜原则。在这一点上，小学考察探究活动尤其要注重因地制宜原则，不能脱离本地实际来设计和开展，要广泛调查和精心选择本地的突出文化成就、自然环境特色、社会环境特色等充实考察探究活动内容。比如，如果要围绕北京故宫博物院开展考察探究活动，则更适宜于北京的学生，而不大适于其他地方的学生。遵循因地制宜原则，应关注以下几点。

1. 综合考量活动场所的时空与人力局限

小学生身体尚处于发育阶段，其具身认知能力尚不足以支撑其开展跨越较大时空范围的考察探究活动，小学生的考察探究活动也需要更多的人力资源支撑。第一，在空间上要统筹考虑校内场所、家庭场所和社区场所。例如，流动商贩是城市发展过程中必然存在的现象，有其合理性，更有需要规范和引导之处，以更好促进社会和谐。有学生据此提出"关注流动商贩，维护城市文明"的考察探究主题活动。这个主题对于初中生而言是合适的，对于小学生而言则不合适。如果换一个角度，修改为"关注流动商贩，维护城市文明——以学校周边流动商贩为例"则是合适的。第二，在时间上要充分注意合理拆分任务，确保任务能在相对较短的时间内完成。如上述案例中，小学生可能会采用问卷、访谈、考察等方法开展探究。教师要引导学生将任务细分，并恰当安排好每个任务的完成时间段，争取一个时间段仅完成一个任务，减轻小学生认知负担及教师指导的工作量，提高任务完成效率和质量。第三，在人力上要充分统筹协调各方合力。小学生无论是自身认知还是活动能力都存在一定的局限。考察探究活动的开展需要大量的人力资源支撑。仅仅依靠综合实践活动教师，甚至是学校教师都不足以支撑其安全有效完成。此时，更需要充分借助校外力量。比如，可以有计划地邀请

---

① 《中小学综合实践活动课程指导纲要》，1 页，北京，北京师范大学出版社，2017。

家长参与活动，促进家校共育；还可以有计划地邀请校外专家、校外机构参与活动，创新和补充考察探究活动资源。

2. 充分利用区域经济社会文化发展成就

考察探究活动需要利用丰富多样的资源。这些资源可以是有形的，也可以是无形的。其中，本校、本社区和本区域的经济社会文化发展成就是重要的内容来源。教师在设计考察探究活动时要充分考虑，加以利用。第一，充分利用学校发展历史过程中积累下来的文化成就资源。学校的建成与发展一般都有一番不平凡的经历。既有学校建设与初期发展过程中的筚路蓝缕，也有逐渐积淀和发展形成的办学理念、办学宗旨、校训、校风、学风，还有培育的杰出校友。这些都是可以充分利用的学校文化资源。比如，一般而言，每所城市都有一些名校、重点学校，这些都是广大学子向往的学校。这些名校各有什么特色，各有什么优势和不足之处，这是非常有意思的话题。广州就有小学生提出"广州名校调查研究"的课题。第二，恰当利用区域场馆资源。近年来，各地都加大了烈士纪念馆、博物馆、科学馆、图书馆等文化场馆的建设，在保护区域文化资源和成就的同时，也丰富了人们的精神文化生活，在一定程度上也丰富了中小学生的课程场所。小学考察探究活动的设计可以考虑如何恰当利用这些场馆资源。比如，"梅溪石牌坊"坐落在人才辈出的广东珠海市前山镇梅溪村，以其悠久的历史、中西合璧的建筑风格而闻名国内外，被誉为珠海"海派历史文化"的缩影、中国第一牌坊。有学生就选择"梅溪牌坊探秘"作为他们的考察探究活动主题。第三，充分利用区域优秀传统文化成就。中华文明，源远流长，上下 5000 年的历史，发展出了灿烂的中华优秀传统文化。近年来，国家以非物质文化遗产保护等多种方式加大了对优秀传统文化的保护和开发，取得了显著的成效。在中华大地上，每个地方都有其特殊的传统习俗和传统技艺。这些都是考察探究活动内容的重要来源。比如，广州荔湾素有"体味岭南文化到广州，不到荔湾就不算到过广州"的美誉。在明朝时，荔湾已是中国对外通商与文化交流的重要口岸；清代时曾有一百多年是中国唯一的对外贸易窗口。荔湾的商业文化充满地域特色，有着厚重的历史感。有学生基于荔湾商业文化特色，选择"透过荔湾商铺食肆楹联探究荔湾商业文化特色"为主题开展考察探究活动。

3. 充分注意考察探究活动场所的环境保护

小学生开展考察探究活动，往往要在实际的场所进行。在确保完成考察探究活动任务的同时，如何确保不污染、不破坏活动场所的环境是设计阶段应该要考量的内容。比如，"寻荔枝湾涌根源，探西关文化奥秘"主题考察探究活动需要学生去到荔枝湾涌景区开展。在活动的设计中应对如何确保景区的环境美观做好充分的考量。（1）对考察探究活动场所的结构、布局和主要功能区要有充分的了解，并能掌握或者画出场所地图。对活动场所充分细致的了解为活动的合理安排和顺利开展提供重要基础。（2）为小学生考察探究活动过程中产生的垃圾，设计必要的提醒和清理工具。小学生的良好行为习惯尚处于形成之中，此时需要教师对其进行良好的规范和引导。比如，每学年春游和秋游、研学旅行活动都是学生开展考察探究活动的重要形式，而且去到的场所一般都是风景名胜区，有些风景名胜区往往是保护性开放的。此时，教师就需要在活动前对此有充分的预案和准备，避免生活上的不便和对环境的破坏。

第二节
小学考察探究活动实施

🎯 学习目标

1. 掌握小学考察探究活动一般模式及各环节的实施要点。
2. 掌握个体自主实施、小组合作实施和跨域合作实施三种主要实施方式及其要点。
3. 掌握小学考察探究活动教学目标编写、课程资源开发和条件保障的一般要求。

考察探究活动对于培养学生科学意识和科学精神、增进社会责任担当意识、丰富家国体验、增强家国情怀具有重要意义，更要求在实施过程中注重引导小学生经历完整研究实践过程，在探究真实情境问题的过程中触摸真实的生活世界。

一、小学考察探究活动的一般模式

《指导纲要》指出，考察探究的关键要素包括"发现并提出问题；提出假设，选择方法，研制工具；获取证据；提出解释或观念；交流、评价探究成果；反思和改进"。这些要素基本概括了学生开展考察探究活动的基本过程。但还需要进一步明确要素的具体内涵以及师生的角色，即学生需要做什么，教师需要做什么。

小学考察探究活动一般模式可用图 3-1 进行概括。

其中"调研设计、活动准备"，主要是教师在考察探究活动前期，要对学校和社区中可以开展考察探究活动的场域进行调查和研究，并确定活动场域，进行相关物质、材料和活动前的家长知会与考察探究活动预告等准备工作，并撰写教学设计。"情境创设、形成课题"，主要是教师创设考察探究活动的情境，引导学生从中发现问题，并帮助学生归纳、整理、合并，形成可探究的课题。"合理分组、拟定方案"，主要是教师根据学生课题提炼情况和学生能力、兴趣与个性等综合进行考虑，对学生进行合理的

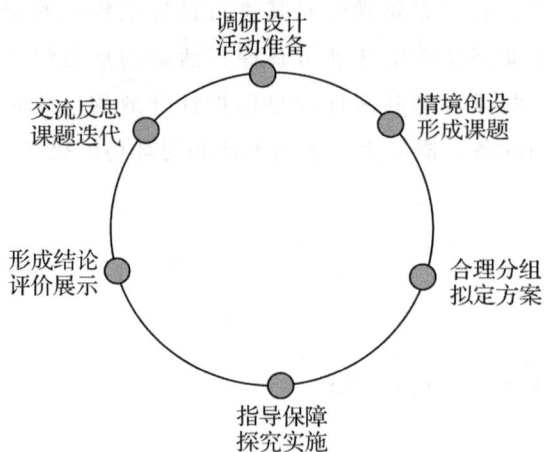

图 3-1 小学考察探究活动一般模式

分组，并指导学生组内合理分配小组角色与小组分工、拟定考察探究实施方案。"指导保障、探究实施"，主要是学生依据考察探究实施方案开展活动，教师对学生考察探究活动的方法进行指导，并对考察探究活动整个过程提供物质、条件等的保障，包括对活动涉及的场域、人进行提前联系与沟通等。"形成结论、评价展示"，主要是学生根据考察探究假设、探究过程中获取的数据和现象进行推理演绎，形成研究结论，并在班级或学校、社区等场域展示活动成果；教师则指导学生对研究结果进行提炼、概括、表达和展示，并对学生的考察探究结果与过程给予评价。"交流反思、课题迭代"，主要是学生在教师的指导和参与下，在考察探究活动的过程中，以及活动结束后相互交流考察探究活动过程中的行为、策略、心得、体验、感想等，并根据考察探究活动结果，在现有研究结论的基础上，提出和形成新的考察探究课题。新课题的提出会因已有课题研究结果而呈现出深度和广度的螺旋发展。在交流反思的过程中，教师起着重要的引导、发现和反馈作用，要引导学生进行反思、发现优点和不足，并改进之；要善于发现学生的亮点和挖掘学生行为背后的心理逻辑，及时给予学生反馈，帮助学生深化考察探究体验，不断改进、重组和优化自身经验结构。

在此，有必要强调两点：(1)交流反思既是学生考察探究活动结束阶段的重要环节，又是学生在考察探究活动的全过程中都需要的，教师对此要重视，并及时和有效组织学生在考察探究活动的每一个阶段、每一次"课堂"结束时开展交流反思，以更好地促进学生内生兴趣、内生动力及综合素质的发展。(2)整个流程用环形表达，并不意味着学生考察探究的过程是线性的。相反，我们认为可以是可逆的，即在当前步骤发现问题之后，可以退回到前一个步骤。

二、小学考察探究活动实施方式

综合实践活动的实施以小组合作方式为主，也可以个人单独进行，既可以个体自主实施，也可以小组合作实施。其中小组合作实施还可以拓展为跨域合作实施。无论采用哪种方式，都要强调学生独立思考、自主实践、创新创意，同时也要注重学生协同合作、沟通交流与反思改进能力的培养。

(一)个体自主实施

个体自主实施是指学生个体基于自身兴趣，在教师指导下，自主确定主题、实施探究、解决问题，并发展个人综合素质的一种考察探究活动实施方式。在该种方式中，小学生在教师的指导和帮助下，以个人兴趣为基础，通过对自身生活、学习，及所生活的社区和学校环境的观察与反思，从中发现自己感兴趣的考察探究课题，提出考察目的或研究假设，拟定实施方案，开展学习与考察探究活动，并最终解决问题。个体自主实施方式的框架结构可以用图 3-2 表示。

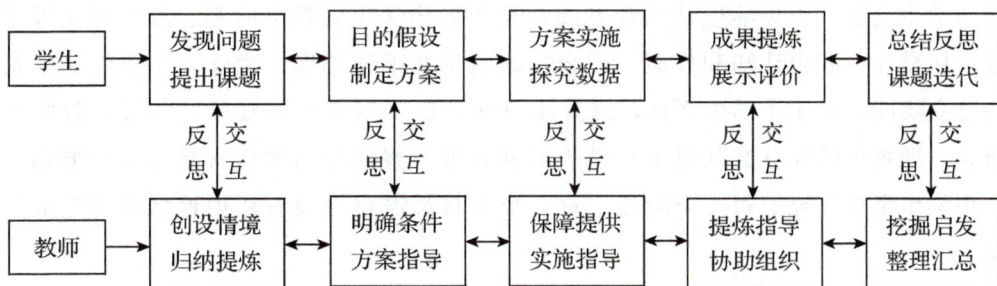

图 3-2　小学生个体自主实施考察探究活动框架

在该活动框架中，基于小学生的认知与身体特殊性，主要突出了以下几点。

1. 师生角色

该框架对师生在每一个考察探究活动的阶段中各自的角色和承担的任务都作了比较清晰的归纳和总结，为教师指导学生开展考察探究活动提供清晰的指引。比如在问题提出阶段，教师需要为学生创设问题情境，以引导学生产生认知冲突，发现问题。同时，学生所发现的问题有可能是真问题，也有可能是假问题；有可能是其可以解决的问题，也可能是其无法解决的问题。此时，需要教师帮助小学生对问题进行归纳和提炼，使问题更加集中，更具有考察探究的可行性。

2. 反思与启发

一般认为，在活动的结束阶段，学生需要对整个考察探究活动进行总结和反思，以肯定考察探究活动的成果、凝练和挖掘过程中的关键环节与突出表现、整理并形成综合素质评价的材料。此时，反思是刻意安排的，也是比较显性化的。我们认为，在活动的每个阶段甚至每个环节都需要反思，不仅是学生需要进行反思，教师也需要进行反思。这种反思之所以必要，一是因为人们对事物的认知是不断深化的。此前的活动计划与活动预案非常有可能因为实践的不断深入而更改与修正，甚至考察探究的方向和对象都会发生根本变化。这种变更和修改毫无疑问是以反思为前提的。二是因为人的发展以反思为前提。"未经审视的人生不值得度过"[①]，这句哲学名言所强调的是反思之于人的发展的重要性。教学活动不论是对于教师而言，还是对于学生而言，都是生活的重要组成部分和生命的重要历程，毫无疑问，也是师生发展的重要过程和手段，那么反思也应该是教学活动的重要内容，因而也必然是考察探究活动过程的重要内容。既然反思如此重要，那么教师的启发对于小学生的有效反思而言也是非常重要的。在教师的启发下，小学生的反思会更加聚焦、更加有效。教师的启发有助于学生聚焦活动过程，聚焦于自身，聚焦于发生的事情本身，进而实现良性发展。

3. 师生交互

我们都知道，师生交互是教学的基本过程和核心环节。在教学过程中，教师要么直接同学生交互，引导学生认知和发展；要么引导学生同教学内容、教学环境等进行交互，从交互中获得认知和发展。综合实践活动并不强调课堂教学，主要依靠的是学生的自主实践。对于小学生而言，这并不意味着教师对学生的放手，相反，教师的充分指导，即师生的充分交互对于小学生顺利开展考察探究活动而言是至关重要的。因此，小学生考察探究的每一个阶段、每一个步骤都需要教师有意识地增强师生的交互活动。

图 3-2 中的探究数据主要指学生在考察探究过程中，要注意及时收集、整理考察探究活动过程中的关键材料，如实验数据、考察照片、个人关键活动照片等。课题迭代指学生在完成考察探究活动后，可以也有必要基于现有考察探究结果和发现，提出新的课题或者更深入探究的课题。

个体自主实施方式比较适合于小班条件，如 25 人以下。如果是大班级，如 45 人以上，则不大适合，或者需要兼职指导教师的协助。

(二)小组合作实施

小组合作实施是指学生以小组模式，基于小组成员共同感兴趣的方向，在教师指导下，共同研究讨论，形成小组考察探究的主题、拟定实施方案、分工合作、实施方

---

① "未经审视的人生不值得度过"(An unexamined life is notworth living)源自柏拉图的《申辩篇》(*The Apology*)，该书由柏拉图根据苏格拉底受审判时的对话汇编而成。

案、解决问题，发展综合素质的一种考察探究活动实施方式。从基本流程上而言，小组合作实施与学生个体自主实施并没有差别，差别在于实施的主体是以小组成员为主，还是以个体为主。因而在实施过程中和具体环节的任务上会有不同，教师指导的内容不同，以及师生交互的模式不同，也给考察探究活动实施以不同的视角和全新的可能。小组合作实施方式的框架结构可以用图 3-3 表示。

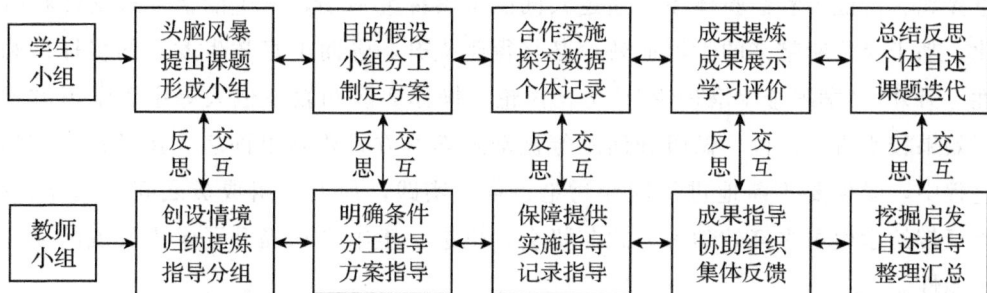

图 3-3　小学生小组合作实施考察探究活动框架

与学生自主探究实施方式相比，小组合作模式具有如下几点不同之处。

1. 师生以团队方式呈现

在小组合作实施方式中，小学生基于共同兴趣，组成考察探究小组开展活动。此时，教师也需要以团队方式对学生的考察探究活动进行指导和协助。一是因为单个的教师毕竟不能同时对小组的每个学生进行较好的关注和指导。二是因为小学生开展考察探究活动实践时需要更多教师进行协助，比如，小学生对博物馆等场所进行现场考察探究时，就需要更多教师参与指导和协助。

2. 小组与个体关系处理

在考察探究活动的各阶段，指导教师既要关注小学生小组的集体性需要，又要关注小组各成员的个性化需要。比如，在课题确立阶段，教师既要指导小学生发散思维、进行头脑风暴，形成小组考察探究的课题，又要根据自身对小学生的日常观察与认识，进行恰当的分组与分工指导。再如，在考察探究实施的过程中，教师既要指导小学生对探究的过程进行必要的数据收集，以确保考察探究结论的科学性及小组考察探究活动过程的可视性，又要指导小组各成员对自己的考察探究活动进行必要的数据收集，确保个体参与考察探究活动过程的可视性。尤其是在考察探究活动结束时，小学生小组需要对整个小组的考察探究活动进行总结和提炼，形成小组的成果。个体也需要对自身参与考察探究活动的过程、成果和认识进行系统的总结，形成个人自述性资料。

3. 学生发展多样可能性

我国著名教育家顾明远先生认为，"儿童进入学校不仅学知识，重要的是要学做人，学会与人沟通和交往"①。学校为学生的学习和发展营造了一个适合的人文环境，让学生在多样化的、丰富的人际沟通与交流中学习知识、学会成人、学会成事。其中师生的交互是重要的方面。学生的交往所带来的学习的发生也是学生发展的重要方面。学生从伙伴身上学习和借鉴个人观点、学习和做事的方式与方法。同时，也在同伙伴交流与交往的过程中印证自己的观点、学习和做事的方式与方法，以不断地重构自身的世界观、价值观和经验体系。通过共同的考察探究活动，学生的伙伴式交往将得到强化。基于交往所带来的学习成效也必将得到提升，进而丰富学生发展的多样性和可能性。另外，"学习金字塔理论"认为，讨论、操作实践和教授他人等主动学习方式的学习效果较听讲、阅读、试听和演示等被动式学习方式要高出许多。在考察探究的活动过程中，学生要不断地进行同伴讨论、真实实践，加上小组成员之间的相互教授，这无疑带给学生更多高效学习方式与机会，也进一步丰富和提升了学生发展的多样性与可能性。

(三)跨域合作实施

跨域合作实施是指不同学校、不同地域的学生，在双方教师的指导下，组建考察探究学习共同体，在信息技术环境下，基于共同体成员共同的兴趣、爱好和双方现实环境及条件，共同研讨确定考察探究活动的主题，拟定协同实施方案、合理分工、异地同步实施、解决问题，并实现共同体成员综合素质发展的一种考察探究活动实施方式。由于信息技术，尤其是无线宽带技术、人工智能技术、移动终端技术等的发展，跨域合作实施方式作为考察探究实施的一种方式成为可能。也因其对信息技术的充分融入，给小组合作的考察探究活动带来创新机遇，而有了其所不具备的特质。

1. 跨域合作实施与小组合作实施的异同

跨域合作实施与小组合作实施都是学生组成合作小组开展活动，在实施的主体和方式上并没有本质的不同。但相比较而言，因为时空的不同，跨域合作实施方式有了更多的变化与可能性。这些变化体现如下。

(1)考察探究实施主体更加密切和异质

首先，从实施主体构成上看，跨域合作实施不仅需要学生组成考察探究活动共同体，也需要教师形成指导教师共同体。相较于校内的教师小组而言，跨域构建的指导教师共同体成员间需要更加密切的合作与沟通，以确保共识的有效达成及合作的顺利实施。其次，从实施主体的背景上看，跨域合作实施主体构成的异质性更强。学生共同体成员的知识、能力、习惯，尤其是文化背景等因地域的不同而具有较大的不同。指导教师共同体成员间也在专业背景、教学经历、文化背景等方面具有较大的不同。

① 顾明远：《"人工智能＋"正引起一场教育革命》，载《中国教育报》，2019-08-12。

（2）考察探究活动主题窄化与拓展并存

考察探究共同体成员在时空、背景等方面的不同，一方面，会使得考察探究活动主题的选择变得更窄。比如，一些具有很强的地域特色的考察探究活动主题就不适合跨域合作实施。像"流溪河探秘——家乡的绿色资源"主题就仅适合于广州市从化区和白云区的学生共同实施，不适于从化区和其他区的学生共同实施。另一方面，也使得考察探究活动主题的选择更需要拓宽视野。如"透过荔湾商铺食肆楹联探究荔湾商业文化特色"主题仅适合于广州市荔湾区学生。如果我们把视野拓宽到"从城市文化步行商业街探究地方商业文化特色"主题，则可以适用于跨域合作实施。

（3）考察探究实施方式依赖于信息技术

从实施方式和环境看，跨域合作实施方式更需要共同体成员借助信息技术开展交流和沟通。此时，信息技术不仅是共同体成员需要运用的工具，而且是活动的手段。信息技术与社会生活的密切融汇使得信息技术同其他环境一道构成考察探究活动的具体环境，成为活动的对象；信息素养是数字时代个体必备的素养。因而，信息技术也成为考察探究活动的目的所在，共同体成员需要在活动过程中发展信息素养。我们可以用图 3-4 来表达跨域考察探究活动中相关要素的关系。

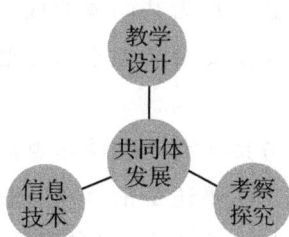

图 3-4　跨域考察探究活动中相关要素的关系

在图 3-4 中，共同体发展处于圆圈的中心，教学设计、考察探究、信息技术等要素都应该围绕共同体的发展而设计和开展。共同体既包括学生共同体，也包括教师共同体。两者的发展都需要在考察探究活动的过程中得到充分的体现和关注。

（4）考察探究过程体验更加丰富和多样

时空的差异性和成员的异质性决定了考察探究活动主题内容拓展性更强、问题的视角更为宽阔和多样，进而在很大程度上确保了跨域实施的考察探究活动过程的体验更为丰富和多样。考察探究的主题内容要求学生跨越既有环境和视野，从更为宽泛和多样的视角来开展活动。例如，以"春天"为主题开展的考察探究活动。对于北方的学生和南方的学生而言，他们所看到的春天是不一样的。他们认识春天的路径和方法是不一样的，对春天的体验也是不一样的。如果让北方的学生和南方的学生共同围绕春天开展考察探究活动，会让学生看到更为真实的春天，进而形成对春天的更为完整和科学的认识，对学生的人文认同有较好的促进作用。在共同体的合作和交流中，学生可以看到与自身不同的个体和群体，体验其语言和行为所承载的地域文化特质，以及思考问题和解决问题的不同站位、不同视角。这些无疑也有助于共同体成员在考察探究活动过程中体验的丰富和深刻。

2. 跨域合作实施方式的基本框架

跨域合作实施方式的基本框架可用图 3-5 来表示。

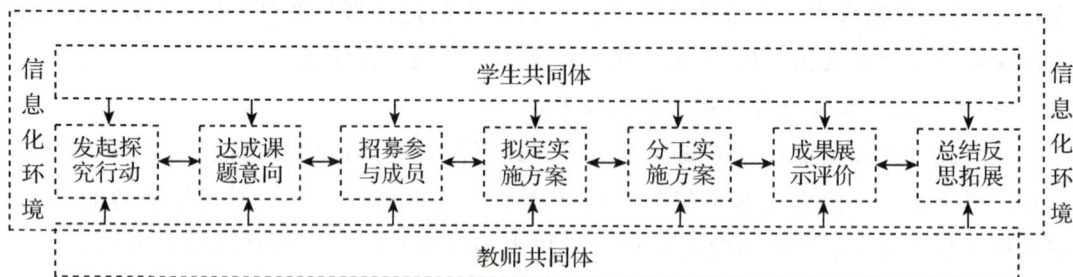

图 3-5　跨域合作实施方式的基本框架

第一，在图 3-5 中，我们可以看到学生和教师都是作为一个共同体来开展活动的。同时，两个共同体均用虚线来表达，意为共同体的成员组成并非一成不变。核心教师成员可以根据考察探究活动的开展需要及学生本人意愿，动态增加和减少学生成员及教师成员。

第二，从小学生的实际看，考察探究活动课题意向的达成并不能依靠学生之间的头脑风暴或者共同研究讨论确定，主要还是依靠双方教师团队或者部分学生核心成员研究讨论确定。因此，在课题意向达成之后，才能开始活动参与成员的招募与组织。

第三，信息技术环境是跨域合作实施的基本条件。无论是在实施前期的沟通和成员组织期间，还是在后期的实施与评价总结期间，都是通过基于信息技术所搭建的信息化沟通渠道与平台来实现的。在课题确定、实施和总结期间甚至还需要搭建或者借用专门的信息化系统来实现异地间师生的交流。

三、小学考察探究活动教学指导

综合实践活动课程的课堂是广义的，不仅教室是其课堂，校内的各种场地和场室，校外的各种场馆、基地和自然环境都是其可能的课堂所在地。这种广阔的课堂空间既是综合实践活动课程的独特魅力所在，是其独特育人价值所在，也使得综合实践活动课程的教学实施存在一定的难度，对其教学指导也不同于学科课程。本部分专门就小学考察探究活动中教学目标设计、资源开发和条件保障进行讨论。

(一)小学考察探究活动教学目标编写

教学目标是学生发展和课程育人价值的中介，是教学的主线和指引。清晰、可操作性强的教学目标是教学效果的前提和基本条件。《指导纲要》分学段描述了小学、初中和高中阶段的目标。我们认为《指导纲要》中所提出的小学阶段的目标都是小学考察探究活动教学需要贯彻和落实的目标，即"课程目标的四个维度具有整体性，彼此相互作用、密切联系、相互融合与促进，反对机械割裂的做法"①。在具体的考察探究活动中，要结合活动的实际，进一步明确和具体化这些目标，但也不能是面面俱到，应有所侧重。

1. 小学考察探究教学目标

第一，价值体认：通过亲历及参与各种场馆、基地和自然环境等的考察探究活动，感受学校和家乡经济社会发展和进步，获得有积极意义的价值体验；理解并遵守公共空间的基本行为规范，初步形成集体思想、组织观念，培养对中国共产党的朴素感情，为自己是中国人感到自豪。第二，责任担当：通过对家庭、学校、家乡生活、经济、文化等的考察探究活动，初步养成自立精神和热爱生活、家庭、学校与家乡的态度，具有积极参与学校和社区生活的意愿。第三，问题解决：能在教师的引导下，结合学校、家庭生活中的现象，发现并提出自己感兴趣的问题。能将问题转化为研究小课题，体验课题研究的过程与方法，提出自己的想法，形成对问题的初步解释。第四，创意物化：运用信息技术工具，采集、评估、加工、储存、交流和表达信息；运用常见、简单的信息技术解决实际问题，服务于学习和生活。

2. 小学考察探究教学目标编写

加涅将学习目标分为智慧技能、认知策略、言语信息、动作技能和态度。② 布卢姆等人将教育目标分为认知领域、情感领域和动作技能领域，并将认知领域的教学目标区分为知识、领会、运用、分析、综合和评价③，将动作技能领域的教育目标区分为知觉、定势、指导下的反应、机制、复杂的外显反应、适应和创作④，将情感领域的目标分为接受、反应、价值的评价、组织、由价值或价值复合体形成的性格化⑤。教育目标

---

① 柳夕浪：《〈中小学综合实践活动课程指导纲要〉解读——44 个问答》，55 页，石家庄，河北教育出版社，2019。

② 参见[美]R. M. 加涅：《教学设计原理》，皮连生、庞维国译，上海，华东师范大学出版社，1999。

③ 参见[美]布卢姆等：《教育目标分类学第一分册：认知领域》，罗黎辉等译，191—200 页，上海，华东师范大学出版社，1986。

④ 参见[美]哈罗、辛普森：《教育目标分类学第三分册：动作技能领域》，施良方、唐晓杰译，155—160 页，上海，华东师范大学出版社，1989。

⑤ 参见[美]克拉斯沃尔、布卢姆等：《教育目标分类学第二分册：情感领域》，施良方、张云高译，101—195 页，上海，华东师范大学出版社，1989。

的分类还有安德森的认知能力分类、豪恩斯坦的行为整合统筹分类、马扎诺的四大系统一致分类等。在编写教学目标时，我们可以综合借鉴和运用这些分类方法。

一般来说，教学目标的编写要关注两个基本要求：（1）从学生和学习的视角来阐述教学目标，即要表述学习者经过学习之后所需达到的学习结果。例如，掌握文献研究法，能通过搜索引擎、专题网站等途径查找文献，并对文献进行内容概括和简单标记。（2）教学目标的表述应力求明确、具体，可观察、可测量、可操作，避免用含糊的语言进行表述。例如，"掌握文献研究法"的表述就不够具体。对于小学生而言的文献研究法掌握的程度显然与中学生不同。

教学目标一般包括四个基本要素：（1）对象，应说明教学的对象。（2）行为，应说明通过学习以后，学习者能做什么。（3）条件，应说明上述行为在什么条件下产生。（4）标准，应规定评定上述行为是否合格的标准。在实际的运用中，不能也不应该机械地完全按这四个要素来编写教学目标。下面，我们用一个案例来说明小学考察探究活动教学目标的编写。

案例 3-1

袋子的探究①

主题背景：购物袋是人们日常生活中必不可少的物品。它方便了人们的生活，同时也给环境造成影响。购物袋对人们的生活有哪些影响？使用过程中存在哪些问题？如何变废为宝，充分利用购物袋？带着这些问题，同学们开展了"袋子的探究"活动。

主题活动目标：（1）激发学生对"袋子的探究"主题活动的兴趣，能发现问题、提出问题并对问题进行筛选、归类、整理，形成活动主题。（2）通过活动，了解购物袋的作用、种类、使用后的处理方法等，从小树立"保护环境、从我做好"的良好意识和行为习惯。（3）通过观察、访谈、动手制作等体验活动，培养搜集、整理信息的能力，掌握基本的研究方法。（4）培养集体观念和团队精神，学会如何与人交往。（5）在亲身体验活动的过程中渗透节约资源、保护生态环境的教育，培养创新精神和提高综合能力。

案例 3-1 中主题活动目标的陈述存在如下问题：第一，分类不清晰。同一个目标中既存在知识维度的目标，又存在情感维度的目标。如"通过活动，了解购物袋的作用、种类、使用后的处理方法等，从小树立'保护环境、从我做好'的良好意识和行为习惯"中既有知识性目标，又有情感和价值性目标，宜将两者单独表述。第二，学习不突出。

---

① 张丽娟：《"袋子的探究"主题活动案例》，2016-09-28。

一个目标中既包括教师行为，又包括学生行为。如"激发学生对'袋子的探究'主题活动的兴趣，能发现问题、提出问题并对问题进行筛选、归类、整理，形成活动主题"中既有教师行为，又有学生行为，宜删除"激发学生对'袋子的探究'主题活动的兴趣"的表述。第三，目标不聚焦。在目标的表述中，语言模糊，不够清晰明确。如"通过观察、访谈、动手制作等体验活动，培养搜集、整理信息的能力，掌握基本的研究方法"中，"基本的研究方法"的表述就比较模糊，应进一步明确是什么研究方法。

(二)小学考察探究活动课程资源开发

课程资源指课程要素来源以及实施课程的必要而直接的条件。由于综合实践活动课程是学校开发与实施的课程，因此，课程资源对于综合实践活动课程而言具有更为重要的意义。

1. 考察探究活动课程资源

依据不同的标准，课程资源可以分成不同的类别。"按照课程资源的功能特点，可以把课程资源划分为素材性课程资源和条件性课程资源。"[1]素材性课程资源指作用于课程，并且能够成为课程的素材或来源，比如，知识、技能、经验、活动方式与方法、情感和价值观等。条件性课程资源指作用于课程却不是形成课程本身的直接来源，但在很大程度上决定课程的实施范围和水平，如人力、物力、财力、时间、场地、媒介等。按照课程资源空间分布的不同，大致可以把课程资源分为校内课程资源、校外课程资源和数字化资源。这两种课程资源分类方法遵循不同的分类逻辑，提供了不同的看问题的视角。但总体还是比较宽泛，不利于教师抓住核心和根本。为此，我们需要从课程的概念开始来思考课程资源到底是什么。

廖哲勋等认为，"课程是由课程计划、课程标准和各类教材有机组成的一个集合体"，"是在一定学校的培养目标指引下，由具体的育人目标、学习内容及学习活动方式组成的，具有多层组织结构和育人计划性能、育人信息载体性能的，用以指导学校教育、教学活动的育人方案"[2]。此定义可简缩为，课程是育人方案，包括课程计划、课程标准和各类教材。既然是方案，课程就是一个静态的概念，不包括课程的实施。对于一个产品而言，产品的设计、生产与应用往往是一个统一的进程。设计和生产的理念和工艺需要在应用中验证，并运用应用中的反馈来改进和优化，并迭代升级。因此，课程方案、课程实施都应该是课程的有机构成部分。王策三认为，"课程是教学内容和进程的总和"[3]。该定义既考虑到课程的设计和开发，同时也考虑到了课程的实施，

---

① 吴刚平：《课程资源的理论构想》，载《教育研究》，2001(9)。
② 廖哲勋、田慧生：《课程新论》，42—43页，北京，教育科学出版社，2003。
③ 王策三：《教学论稿(第二版)》，196页，北京，人民教育出版社，2005。

是一个动态的课程概念。我们认为该定义更贴切，更符合综合实践活动课程的生成性特征。按照这个动态的概念，课程应该包括课程目标、课程内容、课程教学和课程评价、课程资源等五个部分的内容。相应地，课程资源可以区分为：课程内容资源、课程教学资源和课程评价资源等。其中课程内容资源包括课程标准、课程教材等。课程教学资源指用于教学实施的教学资源和学习资源。课程评价资源指用于学生学习成就评价、教师教学质量评估和课程质量评估的资源。这种分类方法在一定程度上扩展了传统的课程资源的内涵，相对更为完善，显得更清晰、操作性更强。但对于教师教学实施而言，重点需要关注的是课程内容资源、课程教学资源和课程评价资源中的学生学习成就评价资源。基于此，小学考察探究活动的课程资源建设可参考表 3-2 开展。

表 3-2　考察探究活动课程资源

序号	资源类别	资源内容
1	课程内容资源	综合实践活动课程指导纲要、学校综合实践活动课程实施方案(学年计划)、考察探究主题系列等
2	课程教学资源	告家长函、考察探究主题教学方案和教学设计、学生考察探究活动手册、考察和探究方法微课程、考察探究活动场馆和基地等场地资源清单、考察探究指导导师简介与指导协议、学生活动安全协议、往届考察探究活动教学案例和学生考察探究活动成果及宣传报道报刊资料等
3	课程评价资源	考察探究活动学生观察记录表、学生考察探究成果评价表、学生总结性评价表

上表中是教师有效开展考察探究活动所要准备的资源。

2. 小学考察探究活动课程资源开发原则

表 3-2 中的资源，有些是需要教师集体进行开发的，有些则需要教师个体进行开发。教师在实践中需要着力于小学生的实际和需要，以及课程的需要，进行有针对性的开发。一般要遵循以下一些原则。

(1)符合小学生身心发展规律

小学生的知识储备、认知能力和行动能力都处于发展阶段。因此，小学考察探究活动课程资源的开发要充分考量小学生其他学科知识学习的进度，避免不必要的认知负担；课程资源的语言表达与呈现方式等要平实、通俗易懂，要让小学生看得明白，同时要辅以丰富的图形、图像和动画，让小学生喜闻乐见；课程资源的内容要符合小学生的行动能力实际，比如小学低年级段学生就不适合安排做饭等家务劳动的内容。

(2)有效激发小学生探究兴趣

小学考察探究活动课程资源的开发要充分利用小学生生活和学习中的问题，让小学生产生认知冲突或者情感冲突，进而激发小学生考察探究的兴趣。比如，零用钱是小学生生活中常见的，也是比较容易触动小学生情感的问题。围绕零用钱的来源和使用，开发"我的零用钱我做主"的考察探究活动资源就容易激发小学生考察探究的兴趣。

再如，科学馆、公园和游乐场等都是小学生喜欢的场所，围绕这些场所，开发相应的课程资源，也容易激发小学生的探究兴趣。当然，强调激发小学生的探究兴趣并不意味着小学生的兴趣是唯一标尺。有些主题内容可能不一定是小学生感兴趣的，但也是小学生必须学习和探究的内容，此时，教师应该在课程资源开发的过程中贯彻兴趣性原则，努力采用符合小学生视听和行为习惯的方式来呈现和组织课程资源。

（3）充分关照小学生安全需要

安全的问题是学校第一位的事情。安全可靠是所有教学活动的底线、红线。小学考察探究活动课程资源的开发也需要高度重视安全，在资源内容上应尽可能避开危险系数大的内容或者场地，比如应该避开河流考察、高山探险等内容资源；在资源的组织上，对于可能会引起学生安全问题的内容要特别提醒、特别标注，并尽可能提醒学生什么才是安全可靠的行为；在课程资源的辅助性材料中要充分预估到危险的可能性，并提供详尽、细致的安全保障预案。

（4）确保资源推广使用需要

课程资源的开发是一个系统性工程，也是一项需要付出艰辛劳动的工作。开发出来的课程资源不仅要供开发者使用，也应该能够提供给其他教师使用。此时，开发者在开发时就需要考虑该课程资源的推广使用性。不仅要确保资源经过仔细推敲和精细打磨，还要确保课程资源的基本要素齐全。比如，课程资源适用的学生年级、课时安排、背景、目标、内容、实施安排、使用说明等都要加以明确说明与解释。

（三）小学考察探究活动条件保障

综合实践活动课程的综合性、实践性特征决定了其有效实施离不开坚强有力的条件保障。这些条件保障既包括宏观课程视野的课程资源、课程制度、课程经费、师资保障、场室配套与利用、安全保障等方面，也应该包括微观教学实施过程中的工具与方法保障、出行保障、人力保障等方面。在不同的活动方式中，条件保障的表现不同、侧重点也不同。小学考察探究活动中应着重考虑的条件保障包括以下几个方面。

1. 场室配套与利用

考察探究活动要经常开展各种科学实验，学校应配备足够的科学实验室。有条件的学校还可以在现有科学实验室的基础上配置专门的探究实验室，如太阳能探究实验室、电子实验室、航模探究实验室，以及基于数字技术和 VR/AR 技术的虚拟数字实验室等，并为实验室的有效运转配备足够的耗材。此外，校外的各种场馆也是考察探究活动的重要资源。教师应开展专门的实地考察与调研，建立小学考察探究活动的校外场馆清单，明确每个场馆的特色、功能、育人价值、可开展的活动内容与方式、安全提醒、交通及联系方式等。

2. 安全保障

小学考察探究活动虽然以家庭和校内空间为主，但也必然会利用到校外空间，另外，学生在开展具体的探究活动时也会涉及安全问题。教师在指导小学生开展活动前应充分考虑小学生可能遇到的安全问题，并提前做好安全预案。比如，尽可能选择安全系数较高的探究实验，或者在学生开展真实的实验之前，为学生提供虚拟数字实验演练；在考察探究的过程中教师要全程跟踪和陪伴等。在校外空间开展考察探究活动前，应提前通告家长，征询家长意见，获得家长的支持；尽可能为学生购买安全保险；为学生开设活动前的安全教育课，提醒注意事项、达成安全共识；活动过程中，让学生以小组方式开展活动，并指定专人负责小组安全事项；教师共同体做好活动分工，做到安全事项逐一落实到人等。

3. 方法和工具保障

文献调研、访谈等是学生开展考察探究活动会使用的方法。这些方法的实施也必然要借助图书馆、互联网等资源。教师应为学生提前准备相应的环境和条件，让学生能够方便地查阅文献、畅通地使用互联网、快速有效地使用电子数据库。此外，野外考察需要学生留存相应的多媒体材料，比如照片、录像和录音等，这些都需要提前准备好数码相机、录音笔、平板电脑等数码设备。此外，还有考察探究需要使用的传感器、分析仪等。

4. 出行保障

小学高年级段学生在校外开展考察探究活动不仅会涉及安全问题，还会涉及整个出行的安排问题。合理的出行安排一方面会节约时间、人力和物力，另一方面也可以更好地确保安全性。在出行安排上，教师应考虑的工作主要有：第一，出行物品准备。可用图文并茂的方式制定出行物品准备清单。每个学生人手一份或每个学生小组一份。在出发前需再次清点和确认物品是否带齐。第二，出行线路和交通工具。出行线路的安排要合理。要合理预估交通拥堵情况、每个考察探究活动场地的任务内容和时间安排，并据此规划出行线路。可以借助电子地图来规划出行路线。交通工具的选择要经济舒适安全，并提前做好相关准备。第三，出行饮食和住宿。对于时间持续一天以上的考察探究活动需要提前预约和规划好每天的饮用水、就餐和住宿，要做到清洁、卫生。尽可能准备面包等干粮，购买时要注意保质期，不要购买包装无厂家、无日期、无 QS 食品质量安全认证标志的食品。第四，出行纪律。要专门就出行过程中的文明道德行为对小学生开展教育活动，遵守统一安排、爱护公共卫生、注意保护环境、维护公共秩序等。

本章小结

　　小学考察探究活动因小学生认知发展特征的阶段不同，而在"学生兴趣、学生主体、教师指导、活动方法、活动成果和成果形式"等内涵上有不同的要求，总体上具有学生有限主体性、教师全面引导性、主题的跨学科性、活动场域的局限性等特征。小学考察探究活动具有独特价值和重要意义：经历完整研究过程，培养学生科学意识；探究真实情境问题，增进社会责任担当；实施研究学习活动，引领课程教学创新；指导学生考察探究，发展教师综合能力；等等。从内容的视角，可以将小学考察探究活动区分为实地考察探究类、科技考察探究类、人文考察探究类、生活考察探究类。小学考察探究活动教学设计除了应遵循"自主性、实践性、开放性、整合性和连续性"等基本原则外，还应遵循学生立场原则、问题导向原则、因地制宜原则。

　　小学考察探究活动实施一般包括调研设计、活动准备，情境创设、形成课题，合理分组、拟定方案，指导保障、探究实施，形成结论，评价展示等基本步骤。其实施方式包括个体自主实施、小组合作实施和跨域合作实施等。在具体实施中，要关注教学目标编写、课程资源开发和条件保障等方面。

关键术语

　　具身认知；文化习俗；问题；交流反思；跨域合作实施；共同体；教学目标；课程；课程资源。

体验练习

　　1. 阅读《中小学综合实践活动课程指导纲要》，并参考小学科学课程标准，谈谈综合实践活动中的考察探究活动与科学课中的探究活动之间的联系与区别。

　　2. 从学校教学实际出发，就实地考察探究、科技考察探究、人文考察探究和生活考察探究四种考察探究活动各提出一个活动主题，并依据《中小学综合实践活动课程指导纲要》编写教学目标。

　　3. 选择一个活动主题，参考小学考察探究活动一般模式和教学设计基本要求，设计一个主题活动方案。

　　4. 根据主题活动实施实际，撰写一份主题活动案例。

5．整理小学生考察探究活动所需要运用的研究方法和活动方法，并为其中一种方法设计一份考察探究活动。

拓展读物

1．中华人民共和国教育部．中小学综合实践活动课程指导纲要．北京：北京师范大学出版社，2017.

2．高振宇，包新中．综合实践活动课程的新时代建构——考察探究与设计制作．石家庄：河北教育出版社，2020.

3．柳夕浪.《中小学综合实践活动课程指导纲要》解读——44个问答．石家庄：河北教育出版社，2019.

4．张华．综合实践活动课程的新时代建构——综合实践活动课程的国际视野．石家庄：河北教育出版社，2020.

5．张紫屏．综合实践活动课程的新时代建构——综合实践活动课程的理论视野．石家庄：河北教育出版社，2020.

6．曲小毅．研学旅行活动课程开发与实施．北京：清华大学出版社，2020.

7．王嵩涛．中小学生研学旅行课程指引．北京：首都师范大学出版社，2019.

本章概要

本章主要介绍设计制作活动内涵、特征及实施策略。第一节：设计制作活动概述，内容包括设计制作活动的内涵、特征及价值；第二节：设计制作活动的框架，内容包括设计制作活动的目标、类型及流程；第三节：设计制作活动的实施，讨论分析了设计制作活动各阶段实施的指导策略；第四节：在 STEM 教育中开展设计制作活动；第五节：在劳动教育中开展设计制作活动。

结构图

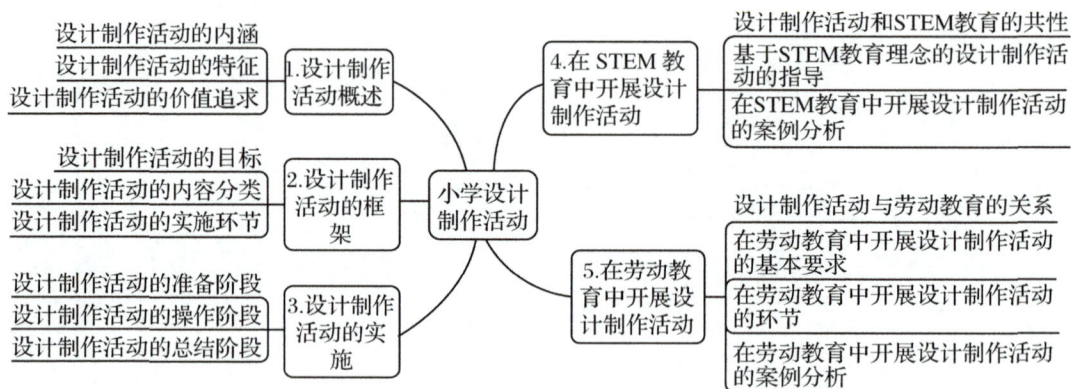

学习目标

1. 了解设计制作活动的概念，认识设计制作活动的特征及价值。
2. 掌握设计制作活动的分类。
3. 掌握设计制作活动的实施环节及各阶段的指导策略。
4. 理解 STEM 课程和劳动教育与设计制作活动的关系。

读前反思

设计制作活动是综合实践活动课程四大活动方式之一，是学生开展最为广泛的探究与实践活动，请联系教学实际思考如下问题。
1. 设计制作活动对学生的创新能力的发展有什么样的价值和意义？
2. 如何开发设计制作活动项目，体现创意物化的课程目标？

3. 在综合实践活动实施过程中，我们如何把握设计制作活动的指导要点，应注意哪些问题？

第一节
设计制作活动概述

🎯 **学习目标**

了解设计制作活动的内涵、特征及意义。

设计制作是教育部《中小学综合实践活动课程指导纲要》（以下简称《指导纲要》）中所规定的四大主要活动方式之一。它是对当前科学与技术迅猛发展所做出的教育回应，也是综合实践活动课程体现教育与生产劳动、社会实践相结合，落实立德树人根本任务的重要途径，它对培养学生实践能力和创新精神具有重要的意义和价值。

一、设计制作活动的内涵

《指导纲要》指出，设计制作指学生运用各种工具、工艺（包括信息技术）进行设计，并动手操作，将自己的创意、方案付诸实施，转化为物品或作品的过程，如动漫制作、编程、陶艺创作等，它注重提高学生的技术意识、工程思维、动手操作能力等。在活动过程中，鼓励学生手脑并用，灵活掌握、融会贯通各类知识和技巧，提高学生的技术操作水平、知识迁移水平，体验工匠精神等。由此可见，设计制作活动包括了设计和制作两部分内容，设计是按照任务的目的和要求，预先订出工作方案和计划，绘出图样，可以把任何造物活动的技术和过程理解为设计。综合实践活动课程中的"设计"是学生为了提升后续创新行为品质，而在解决某个问题之前订出工作方案和计划，绘出图样的过程。设计是制作的基础，强调发挥学生的想象力、创造力。"制作"简单地说是用原材料做成各种不同的作品。综合实践活动课程中的制作强调在真实世界中开展实践性操作、体验性学习，并基于已掌握的方法、原理，利用相关工具和材料将自己的创意、方案付诸实施。制作活动注重培养学生主动实践、动手操作能力，是学生发挥主观能动性的核心要义。因此，设计制作是在尊重学生主体性的基础上，培养学生创新思维、实践能力的学习活动。

二、设计制作活动的特征

综合实践活动的设计制作体现了操作性、创造性、跨学科性、迭代性的学习特征，强调学生的自主设计和实践操作，鼓励学生创新思维的发展，强调学生综合运用跨学科知识解决生活中的现实问题。

（一）操作性

操作性是设计制作活动的主要属性。设计制作是将"做中学"和"学中做"相结合的学习活动，强调在真实情境中开展学习和实践性操作，具有较强的实践操作性。设计制作活动过程要求学生将头脑中的想法和创意转化为实际的产品或作品，通过技术操作、劳动实践及工具与技术的应用，初步掌握设计与制作的基本技能，获得真实的操作体验和实践体验。在创意物化的过程中，学生需要使用各种材料、工具、器械开展制作活动，它不仅强调活动中学生的动手操作，同时注重引导学生全身心参与活动全过程，摆脱传统教学手脑分离的局限性。因此，设计制作以发展学生的动手实践能力、技术操作为出发点，鼓励学生手脑并用，把已学到的间接经验、理论知识应用于实际操作与问题解决的过程之中，最终实现理论与实际相结合，加深学生对知识的理解，促进学生的知识迁移与运用。

（二）创造性

创造性是设计制作活动的本质属性。设计制作的目标指向"创意物化"，要求学生将一定的想法或创意付诸实践，发展学生的实践创新意识，并增强其创意设计能力。设计制作以设计和制作为基本的活动方式，其学习产出一般包含设计方案、物化作品、研究报告等，在探究过程中，鼓励学生手脑并用，为学生的创造力发展提供途径和平台。与传统学科课程、活动方式不同，在设计制作活动中，特别是在设计过程中，学生的想法或创意是活动的灵魂与核心，活动始终围绕学生的"设计构思"进行，无论是基于信息技术的编程、数字加工、互动媒体设计，还是基于劳动技术的服装设计、模型制作、工具创新，都需要学生在掌握相关知识的基础上，结合生活实际，发挥自己的想象力和创造力，设计出属于自己的、独一无二的方案或作品。这是发散思维与聚合思维、科学思维与工程思维、质疑、批判与想象等共同作用的结果，也是学生获得成就感的重要方式，是激发和维持学习动机、保持好奇心的重要途径。设计制作本身没有标准的、固定的答案，它本身就是一个问题寻求多元解决的过程，也是学生创造力迸发的舞台。

(三)跨学科性

跨学科整合是设计制作活动的核心特征。设计制作活动的内容涉及信息技术与劳动技术两大方面，在其内容选择与组织过程中，不再将重点落在某个特定的学科或者过于关注学科界限，而是将重心放在问题上，鼓励学生综合运用多种知识和技能，将所学的知识运用于解决与自己生活息息相关的问题。学生在创意设计、动手操作的过程中，通过多门学科知识的综合运用，以及知识、技能与生活实际的联结，促使隔离的知识、技能在活动过程中互相融合，从而有助于学生融会贯通地运用各类知识和技巧，提高知识的迁移水平，促进学生的全面发展。如基于信息技术的"我的电子报刊"，要求学生在掌握简单设计软件技术的同时，还要有美术、音乐等方面的知识和技能。而基于劳动技术的手工制作，如"创意木艺坊"，需要学生了解一定的模型结构、材料特性，具备初步的识读图纸能力及审美能力，强调利用科学、技术、工程、艺术和数学等多学科知识整体发现、分析和解决问题。

(四)迭代性

在设计制作活动时，反思与改进既是其活动的重要环节与步骤，也是对学生高级思维能力和学习能力的一种培养。"反思"作为活动的重要环节之一，贯串活动的全过程。学生在整个设计制作活动中，需要及时进行反思，即通过作品展示，小组或集体的讨论，不断对现有方案进行思考与改进，吸取他人的优秀经验和结论，从而在实践中不断优化自己的方案与作品。设计制作活动与一般学习活动的最大区别，即在于"设计制作"具有"迭代性"。迭代，是对某一产品经过多次测试，最终达到目标的一种有效方法。[1] 一般的学习活动都以学习任务完成或评价为终点，而设计制作活动则是在第一次活动结束后，进行评价修改，学习者针对现有评价进行第二次活动过程循环，可以是全过程的循环，也可以是部分环节的循环。但这里的"循环"并非简单地重复活动步骤，而是在"循环"中实现上升和改进，实则是螺旋形的上升，最终实现方案和作品的代际更迭。

三、设计制作活动的价值追求

设计制作是一种立足实践、注重创造、高度综合的活动方式，也是培养学生创新思维和实践能力的重要途径，作为一种活动方式，它具有独特的育人价值。

---

[1]　参见李美凤、孙玉杰：《国外"设计型学习"研究与应用综述》，载《现代教育技术》，2015(7)。

(一)培养学生的实践能力

设计制作具有实践操作性，需要学生在动脑的基础上动手，亲历实践。与传统学科教学注重教材知识授受、理论学习不同，设计制作强调学生在学习活动中对所学知识、技能的切身运用，从单一的、抽象的理论学习转变为多元而具体的动手实践。在设计制作活动的具体实施环节，如设计、选择工具和材料、制作、交流展示、反思改进，都强调学生的亲身实践，特别是在制作环节，学生通过动手操作将学习到的知识、掌握的技能转化为实际的物品或作品，而不仅仅是纸上谈兵，这既有助于学生加深对知识的理解和掌握，也有助于学生增强自己的动手能力。好动是孩子的天性，但传统的课堂教学往往束缚了孩子的这一天性。而设计制作活动则能充分发挥孩子好动的天性，在活动中激发他们的探究欲，让他们在充满乐趣的实践活动中完成自己的作品，同时也完成知识和技能的学习。

(二)培养学生的创新精神

全国教育工作会议明确提出教育要"全面贯彻党的教育方针，以提高国民素质为根本宗旨，以培养学生的创新精神和实践能力为重点，造就'有理想、有道德、有文化、有纪律'的德、智、体、美、劳等全面发展的社会主义事业建设者和接班人"，培养当代青少年的创新精神成为教育的重要任务。在设计制作活动中，学生不受学科体系的限制，这就为培养学生的创新精神创造了契机。学生可以充分发挥创造力和想象力，不断地有所思考，有所创新，学生的独立思考能力、问题解决能力和敢于批判质疑的精神得以发展。设计制作活动不仅注重学生对劳动和技术的领悟与运用，更注重学生在设计制作活动的学习中的探究、试验与创造，注重学生情感、态度与价值观以及共通能力的发展，为学生应对未来挑战、实现终身发展奠定基础。设计制作活动与学生的实际学习生活密切相关，要求学生动手和动脑结合，手脑并用，通过创意设计、动手实践，理解和掌握相关的知识、技能，培养学生的创新精神和实践能力。学生的创新精神和实践能力不是一蹴而就的，需要长时间的创新积累和实践锻炼。

(三)培养学生的劳动素养和技术素养

劳动素养包括劳动观念、劳动能力、劳动品质、劳动精神等要素，是人们在劳动实践、劳动体验中逐步形成的。学生通过丰富多样的劳动活动，在了解劳动世界、理解劳动意义、获得积极劳动体验的基础上，培养对劳动人民的情感，形成较强的劳动意识，通过亲身体验，养成珍惜劳动成果的优良品质，尤其是尊重他人劳动、愿意参与劳动等积极的劳动观念和态度。而技术素养是指人的技术意识、技术实践能力、技术创新能力等多方面的相关能力，是"人的现代化"的重要标志。[①] 学生通过参与信息技术活动，了解技术带给人类的变革性发展，能够对技术与人类文明产生更深刻、全面的理解，产生对技术发展与用技术解决问题的兴趣和能力，在参与技术学习及技能训练的过程中，学会分析新技术影响自己和社会发展的能力，最终形成正确、合理使用技术的技术素养。而设计制作活动正是包含了劳动技术与信息技术两大方面的内容，学生通过多种多样的劳动实践及信息技术实践活动，从而获得劳动素养与技术素养。

(四)发展学生深度学习的能力

"学会学习"是时代发展对于当代学习者提出的要求，也是我国学生发展核心素养之一。"深度学习是促进学生核心素养发展的智慧之旅"，"深度学习强调高层次的认知目标，强调高级思维能力的培养，强调学习过程中的反思与元认知，注重学习行为方面的高情感投入和高行为投入"[②]。设计制作活动从活动主题的选择、创意设计、动手制作、作品改进、成果形成到最后的反思改进，都需要学生从传统教学中的"接受者"转变为活动中的"决策者""执行者"与"反思者"，高阶思维活动伴随全程，深度学习沉浸其中。设计制作活动鼓励学生从自己的兴趣和爱好出发，对发现的问题进行观察与思考，通过与同伴、教师的沟通自主完成设计方案，并创造性地运用各种活动材料和工具，按照自己的设计方案完成作品或物品的制作，特别是在最后的反思与改进阶段，实则是学生对自己活动全过程的审视与批判，这无疑在每个环节都对学生的自主学习和深度学习能力提出了一定的要求。与以往传统的劳技课最大的区别在于，学生在活动中不仅仅是简单地学习、获得一些知识和技巧。活动的重要目的之一是要学生能够深入思考、自主动脑，让每一个学生都能成为一名"小小设计师"和"小小工匠师"，具备一定的加工学习能力，超越浅层次意义上的获取，走向深度的学习。

第二节
设计制作活动的框架

🎯 **学习目标**

掌握设计制作活动的分类及开展设计制作活动的六个环节。

---

① 参见邱夏琦：《设计制作活动：性质、价值与实施》，见徐继存、潘洪建主编：《当代教育评论(第 7 辑)》，镇江，江苏大学出版社，2018。

② 郑葳、刘月霞：《深度学习：基于核心素养的教学改进》，载《教育研究》，2018(11)。

综合实践活动课程倡导以主题活动的形式开展，通过对学习者的特征、学校现实教育资源等进行分析，确定比较适合的活动主题与任务。《指导纲要》明确指出综合实践活动要从学生的真实生活和发展需要出发，从生活情境中发现问题，然后转化为活动主题，可以通过设计制作等方式，建立学生与真实世界的有机联系。

一、设计制作活动的目标

综合实践活动课程的"设计制作"活动目标主要是让学生体会设计、制作的乐趣，养成热爱生活的态度，并能在教师的指导下，学会综合运用各学科知识，认识、分析和解决设计制作中遇到的各种问题，然后运用各种工具、工艺进行设计，将自己的创意、方案化为现实。在这一过程中，学生的操作技术水平、知识迁移水平，以及综合解决问题的能力就会提高，从而促进学生创新思维能力的发展。

《指导纲要》明确指出综合实践活动课程目标要以培养学生综合素质为导向，具体表现在价值体认、责任担当、问题解决和创意物化四个方面，并根据不同的年级，设置了不同的学段目标。因此，教师在综合实践活动课程设计的过程中，要充分落实这四个模板，促进学生综合素质的提高。此外，需要明确的任务落实目标，每一项目标应设计具体的活动任务。例如，关于"价值体认"目标，教师可以通过让学生观看实物、视频，亲身体验制作过程，并分享自己的感受等方式来落实；关于"责任担当"目标，教师可以通过小组合作的形式，组员间明确分工，每个人承担起自己那一份任务，最后完成作品等。并且，教师在综合实践活动课程设计时要处理好预设与生成的关系，要多关注学生活动的生成性目标，强调作品生成的多样性。

二、设计制作活动的内容分类

设计制作活动应结合学生学习和生活实际，尽可能利用学生熟悉的资源。一要结合当地人文历史、科技、农业等资源；二要结合学生生活实际，挖掘学生可以接触到的家庭、学校、周边社区、周边农村的资源；三要充分利用学校已有的资源。

设计制作按内容可分为信息技术和劳动技术两大类，信息技术类的设计制作还可以分为科技创新类设计制作和电子工程类设计制作；劳动技术类的设计制作还可分为生活劳动类设计制作、工具模型类设计制作、创意艺术类设计制作（表4-1）。

表 4-1　设计制作活动的类型（按内容划分）

	一级分类	二级分类	活动主题列举
设计制作活动	信息技术	科技创新类设计制作	3D打印、开源机器人初体验、我的电子报刊等
		电子工程类设计制作	电子制作小创客、数字声音与生活、趣味编程入门、纸桥搭建 STEM 等
	劳动技术	生活劳动类设计制作	学做家常菜、巧手缝补我能行、安全使用与维护家用电器、家居美化巧装饰等
		工具模型类设计制作	生活中的工具、魅力陶艺世界、创意设计垃圾桶、科技小制作（制作不倒翁、降落伞、陀螺）等
		创意艺术类设计制作	创意木艺坊、编织艺术、纸模服装设计与制作、插花艺术等

　　选择合适的材料和工具是使创意设计的梦想变成现实的重要条件。问题解决或项目完成需要学生在大量信息的基础上进行自主学习和意义建构。因此，提供丰富的学习资源和工具材料是设计制作活动有效开展的前提，在这一过程中，需要注意为学习者对材料及自身能力的判断提供机会。材料的判断是指能够根据解决问题的需要、现实条件及材料本身的属性特征选择恰当的材料。为了发展学生"材料认知技能"，需要对设计制作活动进行分类，为学习者提供一个独立判断与选择的机会，哪怕是做出不恰当的甚至是错误的选择，也是反思性学习的契机。设计制作活动按材料划分，可分为无结构材料项目、低结构材料项目和高结构材料项目三大类（见表4-2）。

表 4-2　设计制作活动的类型（按材料划分）

	项目分类	项目名称
设计制作活动	无结构材料项目	制作不倒翁、巧手工艺坊、奇妙绳结、学做家常菜等
	低结构材料项目	设计制作个性化电子作品、生活中工具的变化和创新、摄影技术与电子相册制作、现代简单金木电的认识与使用等
	高结构材料项目	3D设计与打印技术、开源机器人、创客空间、无人机操控等

三、设计制作活动的实施环节

　　设计制作活动在综合实践活动中，有的作为一个独立的主题活动的形式出现，有的作为主题活动的一个部分或一个阶段存在。虽然不同类型的设计制作过程不尽相同，但总体来说，设计制作的流程一般包括项目确定、创意设计、选择材料或工具、动手制作、交流展示、反思与改进六个环节。

(一)项目确定

设计制作项目的选择与确定至关重要，不仅关系到项目的研究价值，还会影响学生后期的探究兴趣。项目选择既可以是基于学校办学需求、特色发展的需要，也可以是学生自己在真实生活中的发现；既可以是教师提供，也可以是学生自主选择。设计与制作的内容应来源于现实生活，以解决实际问题为目的，教师要通过情境创设、任务驱动等手段，激发学生参与兴趣，指导学生选择有价值、能操作、可实践的问题进行研究。如"电子同学录的制作"的思路由来，始发于六年级毕业班学生，同学互相撰写同学录留作纪念，但是同学们发现购买的纸质同学录千篇一律，要填写的信息基本一致，版面设计简单重复，如果每位同学都要写一张，那就要重复写 40 多份，不仅浪费时间而且不具个人特色。如何能设计一个独一无二的个人情况页？于是，教师让同学们想想有什么解决的办法，经过讨论，学生确定了"电子同学录的制作"主题。这个案例，指导教师很好地把握了学生身边的问题，将问题上升为一个有意义的活动主题。当然，随着活动的深入，学生自主意识的增强，教师就可让学生自主申报设计项目。如看见学校同学有乱丢纸屑、不节约用水、上下楼梯爱打闹等现象，产生出为学校设计警示语来提醒告诫同学，为校园文明出一份力的设想。此外，设计或制作并非是一蹴而就的过程，它常常伴随着再学习、反复打造、重新设计的艰辛而愉快的历程。有了解决问题的设想，指导教师要有效地开发学生的创造潜力，引导学生利用创造性思维去解决生活中遇到的问题，以免丧失设计与制作兴趣。

(二)创意设计

创意设计是设计制作活动的关键要素之一，它决定了接下来的活动能否顺利开展及作品的制作是否成功。首先，需明确设计要解决的实际问题，把学习中发现的需要解决的问题转化为主题。其次，考虑制作活动所需要的人力、物力、时间、技术条件、工具材料等。最后，厘清与该问题相关的背景知识、科学原理与技术，通过师生讨论，分析产生具有独创性的设计理念和解决方案。在这一环节，学生需搜集相关信息、进行设计分析、构思方案、设计表达，最终筛选出合适方案。方案构思是否具有创意是设计过程中最关键也是最具挑战性的环节，对培养学生的创造性思维具有重要意义。此外，设计的表达和方案的筛选对学生的表达能力及团队协作方面也提出了一定的要求。设计制作活动前，教师可以为学生提供活动方案记录表，一方面能够规范学生的记录，另一方面也有利于活动资料的保存和后续的方案改进。

(三)选择材料或工具

工欲善其事，必先利其器。选择活动材料或工具是设计制作活动在实施过程中的关键要素。学生依据确定的方案准备制作活动的材料以及使用的工具。首先，学生通过自己思考、上网查询相关信息、询问父母等方式对材料与工具进行学习与探究。其次，学生从问题出发，结合现实条件和材料的属性、工具的作用，做出恰当的选择。恰当的工具和材料是将设计方案有效转变为实际作品或产品的基础。设计制作的材料包括金属、塑料、陶土、布、纸、食材等各种生活中常见的材料；工具包括剪刀、扳手、起子等工具，编程软件、办公软件、可视化工具、数据库等计算机软件工具，记忆摄影摄像机、3D打印机等数字化、智能化工具等。本阶段，学生根据现实所需及材料本身的特点选择恰当的材料和工具。

（四）动手制作

动手制作是整个活动实施过程中的核心任务，设计方案、理论知识等都将通过学生的动手操作，将创意物化为产品/作品。制作活动的内容包括使用工具的方法，改变材料形态的技术，按照设计方案完成制作活动的过程。根据材料的不同，活动主题、内容表现也不同，动手制作活动可能包括：折叠、裁剪、切割、粘贴、拼接、打磨、测量、烧铸、制模、激光雕刻等手工制作方式，以及建模、编程、3D打印等数字制作方式。制作活动不仅限于"手"，而需要学生全身心的参与，通常还包括心灵、眼、耳、口、手、足等方面的相互适应和协调。在这个环节中，需要特别注意工具使用的安全性与规范性。在学生动手制作的过程中，根据出现的问题，教师应给予适当的辅导。例如，在"公益广告牌的设计与制作"活动中，学生需要进行现场制作，进行系列程序的"动手"操作，如何利用工具？如何处理材料？如何进行拼接实现设计？通过造型、切割、贴膜、喷漆、拼接等制作过程，学生在交流的过程中碰撞思维，在自主操作时思考解决困难的方式，真正调动起了多学科知识，综合运用了多种能力和多项技能完成公益广告牌的制作，将创意物化。

在本环节，根据主题的不同，学生可以单独完成整个活动的设计制作，也可以小组合作分工。但在实际社会生活中，无论何种工作、何种产品都不可能全由一人来完成，需要分工合作。同时设计制作活动具有"基于项目学习"的特征，需要学习者在活动过程中的合作交流。因此，以小组合作的形式进行设计与制作，一方面有利于活动的顺利进行，另一方面也能更好地促进学生合作能力的发展。

（五）交流展示

作品制作完成并不意味着活动的结束，交流展示是设计制作过程中不可或缺的一步，也是对学生开展活动的过程和结果进行评价的重要环节，学生通过交流设计制作活动的实践过程、展示实践成果、解释其工作原理，澄清并提升其思维过程。学生通过彼此的交流，促进对活动内容的理解，巩固在活动中所获得的知识；教师通过活动成果展示，检查学生的活动效果，从而对学生的活动进行评价。在交流展示过程中，要注重展示方式的多样化，学校和教师可以组织展览会、科技节、专题活动等为学生提供展示的平台；学生可以采用角色表演、绘画、数字故事等方式进行表现，也可以利用展板、橱窗、文化墙、多媒体等展示作品。此外，要鼓励学生在交流展示的过程中学会互相欣赏和互相学习，避免消极的批评与指责。这既有利于发展学生的审美能力，也有利于培养学生的团队意识和互助精神，为学生社会责任感的发展奠定重要基础。

(六)反思与改进

反思与改进是学生发展反省思维必不可少的环节，它是设计制作活动的最后环节，也是活动的新起点。反思是学生对活动全过程及活动成果的再审视，可以使行动及其结果更完善。通过上一环节的交流展示，从与他人的交流及对他人作品的欣赏中思考自己设计方案的合理性，分析作品存在的局限与不足。反思具体表现为：反思设计方案是否围绕主题和任务；反思设计方案是否新颖、美观、实用；反思制作活动是否与设计方案、图纸一致；反思制作活动是否熟练、准确、精细；反思作品是否达成创新性、美观性及功能完整性目标；反思他人的意见和建议的合理之处、可取之处等。改进则是建立在学生反思的基础之上，追寻更优方案，并将新方案再实施，以更好的方式来解决问题，以便获得更优成果的过程。

第三节
设计制作活动的实施

🎯 学习目标

掌握设计制作活动不同阶段的指导策略。

《指导纲要》指出，在综合实践活动实施过程中，要处理好学生自主实践与教师有效指导的关系。教师既不能"教"综合实践活动，也不能推卸指导的责任，而应成为学生活动的组织者、参与者和促进者。在设计制作过程中，教师应鼓励学生手脑并用、身心配合，灵活掌握手工设计与制作的基本技能，动手操作进行实践，将创意变为实物，培养学生实践与创新能力，教师的指导应贯串设计制作活动实施的全过程。根据设计制作活动的流程，可以将设计制作活动划分为准备阶段、操作阶段、总结阶段三个实施阶段。

一、设计制作活动的准备阶段

(一)从生活中选择可行而有价值的项目

在这一阶段，教师可以根据学校、学生的实际情况，合理选择设计制作活动的项目，项目来源于学生的家庭生活、社会生活和学习生活，项目的确定也是基于自我、需求、学校或社会需求。一个有价值的项目，应是解决学生现实生活中具有一定意义的问题，把解决生活中的问题作为设计与制作的任务驱动，通过引导学生观察生活中的现象，发现生活中需要改进的问题，继而获取设计项目。例如，"我是拖地小达人"来源于学生的家庭生活，"社区垃圾桶的设计制作"来源于社会生活，"演示文稿展成果"来源于学习生活。活动项目不仅关系到研究价值，而且会影响学生后期的探究兴趣。

(二)做好相关知识和技能的储备

项目主题确定之后，教师应和学生沟通交流，了解学生对所选项目的认识情况，适当为其补充项目背景知识、科学概念、操作技能等相关内容，使学生对项目主题有全面的认知，明确项目主题选择的原因、需要设计制作的物品、选择什么材料和工具、制作过程的注意事项等，为活动开展做好前期铺垫工作。当学生对以上内容有了详尽的了解时，基本的设计方案其实也已经在学生的头脑中形成。在此阶段主要的任务即创设情境、明确活动内容、形成初步活动方案。

设计制作活动与其他活动不同，它的内容广泛，从了解计算机技术到制作动漫视频，从手工纸艺到生活工具创新，教室和校园环境、资源已无法满足学生活动的需要。因此，在设计制作活动实施过程中，一方面应将校内活动和校外活动相结合，鼓励学生走出教室、走出校园，到社会生活中寻找设计的灵感、制作的工具，如到工厂参观操作工间，到博物馆参观了解民间传统工艺，到科技馆参观了解最新的科学技术；另一方面学校除了充分利用自有师资、资源，应聘请一些校外专业人士，为学生提供更专业的指导，弥补教师专业知识的不足。当然，在走出校园的过程中，学校必须为学生提供必要的安全保障，以确保活动安全、有效开展。

(三)注重方案的可行性设计

设计制作活动的准备阶段的重要任务是设计可行的项目方案。方案是学生对活动的整体构思，是设计制作的蓝图。往往学生制订的方案，有的未能紧扣主题；有的不够具体；有的无法操作等。因此，教师在制订前、制订中、制订后对学生进行必要的引导，帮助学生整体构思，科学制订方案，对后期制作做到心中有数。制订方案前引导学生围绕项目设计搜集相关信息；制订过程中引导学生拟订设计制作方案，尤其要细化构思步骤，包括设计分析、方案构思、设计表达（绘制草图）、交流汇报；制订后引导学生筛选出自己最满意的方案，并结合老师、同学的意见和建议再次修正方案。

二、设计制作活动的操作阶段

本阶段包括选择材料或工具，动手制作两个任务。设计制作活动体现了手脑并用的特点，为避免学生为制作而制作，为设计而设计，或者设想的思路不知如何转化成实际操作，指导教师就要对整个操作阶段做到心中有数，针对活动步骤、方法、要点，以及需要注意的问题等提出参考性意见，让学生在活动中真正落实主体地位、真正感悟，获得相关的设计制作知识技能和方法。

（一）选择合适的材料或工具

学生不是专业的设计制作者，受思维能力、动手能力、科技知识等限制，往往对制作过程中选用何种材料，怎样正确使用工具，存在着一定的困惑。对于活动中遇到的困惑，教师要合理地引导学生去解决，而不是简单"传授"，直接告诉学生答案；对于超出学生认知结构的问题，要从学科专业知识出发，寻找能力范围内可以解决的方法。如"校园平面图的设计与制作"活动，在选择材料时，可通过组织学生课堂讨论收集到的资料：KT板和木板哪个更好，吹塑纸用什么样的黏合剂更能贴在板子上？各类材料如何黏合？平面图要放置在哪儿，需要选择能够经受日晒雨淋的材料吗？如何注意材料安全性等？而涉及木板如何切割、木工工具的使用，可请教专业技术人员，必要时还可以请家长、老师或专业人员协助完成制作任务。如在社区垃圾桶的制作中，学生在不断尝试和请教老师和专业人员后知晓：在切割木头方面，钢丝锯是最好的选择，而纸板则更适合小刀；粗糙打磨需用木锉，而细致打磨砂纸才是好帮手；先分步完成再组装会更利于展示和使用……学生在分割—打磨—拼接的过程中，认识了各种工具使用的方法以及材料的应用。

选择合适的工具材料，以合作的形式开展学习是验证设计、完成项目的重要保障。一方面，通过传统与现代工具的使用，实现学习成果的可视化，提升学生创造性能力；另一方面，通过小组分工、同伴合作实现学习过程任务化，体验解决现实问题的过程。在制作中，要考虑作品制作成本，采用学生机床、激光雕刻机、3D打印机及传统工具等多种工具或材料，选择多样化、低成本、高效率且可靠的方法依照设计完成制作。如在"LED小夜灯"制作中，学生使用3D打印机打印小夜灯底座，以发光二极管作为光源，以运动检测传感器作为控制开关，用焊接及热熔胶粘合等方式进行组装。在整个项目实施过程中，学生需要选择不同的材料，了解不同工具的性能、用途和方法，结合软件与硬件设备，将习得的知识应用于项目中，在合作探究中实现作品创作。

(二)关注动手制作的技术要点

设计构想转化为现实作品，还需动手制作进行创意物化，这是培养学生操作能力的主要途径。制作不仅需要了解材料特性，更需要掌握制作技法，尤其是制作的技术点，也就是制作中关键性的技能技巧。教师应引导学生强化操作技术，首先放手让学生自主探究，通过搜集项目制作的信息，尝试制作，初步学习制作的方法。其次，组织学生进行信息分享，通过学生分享相关制作信息和尝试制作中遇到的问题，提炼制作和解决疑难问题的方法；在掌握正确的方法的基础上，指引学生以小组合作的形式将创意构思物化成作品，实现技术的锤炼和工匠精神的培养。最后，通过评估、测试对作品出现的问题进行修正，尤其是信息类作品，通过检测调试，不断优化作品。掌握作品制作的技术点，作品制作就化难为易了。如《指导纲要》推荐主题"创意木艺坊"，木工制作的技术点就是木块连接方法和锯割技术，学会插接、钉接和粘接连接方法，掌握木条直线和曲线锯割技术，制作创意木制品就成为可能。

(三)巧用微课做好教学示范

小学生年龄小，老师在讲解设计制作活动的步骤时，学生经常无法快速清晰记住内容，或者记得不全面，造成在动手实践的时候出现这样那样的问题。因此，老师可以将微课引入技能教学这一环节中，将那些需要学生重点掌握或者较难操作的内容提前录制成微课视频。学生如果有不懂的地方可以随时重复观看。如在进行"水果拼盘"的制作活动时，对于西瓜拼盘的制作就有切、削、铲、挖、雕、刮等不同的刀法和步骤，如果老师现场在课堂上示范，势必会影响教学时间，并且由于在讲台上老师示范，因受视角的限制，学生会观察得不够全面，即使是利用现代化技术进行现场直播，也存在拍摄角度的问题，学生看的时候跃跃欲试，动起手来却无从下手。因此，教师可提前做好相关微课，将一些重复的地方进行编辑处理，对制作的重点步骤边演示边讲解，再配上一些特写镜头，这样可以照顾学生学习的个别差异，便于学生根据自身需求针对性学习，直到熟悉掌握各种刀法，可以设计制作一份水果拼盘。

设计制作类课程相当一部分内容是需要学生实践操作，有时是在课堂上进行，有时是利用课余时间进行。在课堂上进行实践操作时，老师不可能兼顾每一个学生；当学生利用课余时间进行实践操作时，可能因为没有完全掌握操作方法或家长的专业性不够而导致操作不能有效进行，甚至有的学生干脆放弃不做，这就影响了实践操作的实效。如在指导学生进行"包粽子"这一活动时，同学们在日常生活中见过粽子的包装，都急切想动手包，但是在包完之后，同学们发现自己包的粽子，要么样子难看，要么绳子容易松动，有的还漏出了米粒……这是什么原因呢？同学们带着疑问再次看包粽子的微课，他们不再只看简单的制作步骤，而是细心对比和研究，不明白的地方反复播放，直到他们找到了自己包粽子时粽叶和米粒的摆放位置不对，绳子捆绑时绕线的方向错误，少用了粽叶等细节问题，学生在制作粽子的过程中，就学会了制作技术，明白了工匠精神的重要。

（四）重视小组合作方式的运用

综合实践活动课程的核心是强调合作探究，教师在组织活动过程中要创造一种师生、生生共同合作探究的灵活多样的活动环境，善用小组合作，可以提高设计制作活动效率。教师可以根据学生的具体情况，合理分配小组合作学习的任务，采用同桌合作、自由组合、四人小组合作、多人小组合作、按选题分组、按性格分组等形式多样的合作形式，保证设计制作活动组内有合作、组员有沟通、组际有交流，切实提高设计制作活动效率。在制作过程中，教师将课堂还给学生，做到真正的解放思想，放开手脚，让学生自主探究，自由创造。例如，如何利用工具？如何处理材料？如何进行拼接实现设计？学生在交流的过程中会发生思维碰撞，在自主操作时思考困难解决方式，有利于提高制作活动的效率，将创意有效地转变为成果，除思维和技能的学习外，小组合作的意识、学生的协调能力和人际关系处理能力都得到了有效增强，真正让学生参与活动，真正让成长发生。

小组合作对每位学生来说机会均等，有共同兴趣爱好的学生可以互相讨论，彼此学习和借鉴，有利于促进学生创造性思维的发展。如航天飞机模型制作课上，先征集学生的设计构想，将有相同构想的学生分成一组。组内大家充分展示自己的想法，发挥每个人的才智，最终形成共同的方案。对每位学生来说，自己是设计的主人，都参加了创造活动，收获了快乐。如在插花设计制作实践活动中采取男女生结对，使一些原本对插花兴趣不高的男生在结对女生的帮助下，明显提升了对插花艺术的兴趣。又如在电子类设计制作活动中，一些物理课程基础相对薄弱的学生遇到设计难题，能够及时得到结对同学的帮助，顺利完成设计制作任务。再如在建筑设计制作中，有些学生爱好广泛，对各类建筑兴趣浓厚，有些学生有丰富的旅游经历，对各种风格的建筑有感性认识，通过结对，大家在一起谈旅游、谈建筑、谈爱好，不知不觉，既完成了设计制作类活动，又获得了实践以外的收获，收到了事半功倍的效果。

（五）关注制作过程中的安全提示

设计制作活动的特点决定了学生在活动过程中需要操作各种工具，通过对工具的操作及材料的应用实现创意物化，活动过程中难免存在安全隐患，教师应具有安全意识，无论是活动器材的选用、材料的应用、活动过程中工具的操作等，都要考虑安全问题，防止学生受到伤害。

1. 培养学生的安全意识

小学生，尤其是低年级的小学生，自我控制能力差，设计制作过程中很容易分散注意力。所以教师要把培养学生的安全意识当作一项重要的任务来抓，要针对所学内容交代清楚或引导学生自己思考应注意哪些事项、哪些问题。有时可给学生介绍一些过去各个学校曾经发生的相关事故，借助事实使学生深刻体会安全的重要性。只有这样长期地强化学生的安全意识，才能尽可能避免事故的发生。

2. 精心组织设计制作活动全过程

教师或指导者可在学生动手制作之前再次强调制作要领，并进行必要的示范，指出可能产生的问题，提醒需要特别注意工具使用的安全性与规范性，避免发生意外。在学生制作过程中，教师要尽可能地关注学生的各种活动，发现问题要及时提醒。例如，在学生使用水果刀、美工刀等之前，教师先要提醒学生刀尖不能对人，避免刀刃伤到自己和别人。同时，要教育学生遵守规则，必须严格遵守纪律，注意安全。不能用湿手操作仪器或触摸各种电器，不准用手摸灯头、插座、开关的带电部分，不得任意拨弄仪器，严防各种意外事故发生。此外，还要注意做好安全防护工作，一些制作材料可能具有一定的危险，如在学习喷漆过程中，要戴上手套、口罩和防护眼镜等，做好个人的保护措施。

(六)借用家长资源提高活动效率

设计制作活动课程是动手实践的经验性课程，鼓励学生走向生活，走向社会开展活动。如果家长拥有丰富的设计和制作类活动资源，教师可以鼓励家长参与学校综合实践活动，解决教师资源短缺的问题。因此，教师积极向家长宣传综合实践活动课程理念，听取家长的意见，建立具备设计制作特长的家长资源库显得尤为重要。教师通过家访、致家长公开信、调查问卷、集中召开家长会等形式反映孩子在综合实践活动课程中的进步，使家长进一步了解综合实践活动课程的自主性、开放性、综合性、生成性、实践性。如教师根据学生学段和知识能力特点，利用家长资源库组织开展"包饺子""大蒜的种植""DIY 多肉种植""艺术根雕的制作""粿条的制作""多彩民间剪纸"等活动。

三、设计制作活动的总结阶段

设计制作活动十分强调学生的操作与设计，因此，在作品完成之后，学生需要进行充分的自我展示与分享，更需要点评与完善。通过成果的展示与分享，学生既可以锻炼自己的语言表达能力、沟通交流能力，又可以增强自信心。同时，教师还需要设置多元的评价方式，从各个方面给予学生客观的评价，从而促进学生作品的改进与完善，培养学生的反思能力、问题解决能力和创造力等。在活动的总结阶段，教师要指导学生选择合适的展示方式，对活动的过程和结果进行回顾和反思，促进同伴的交流与对话，审视作品存在的问题与不足，明确作品改进的思路和方向。

(一)开展多维成果交流展示

交流是思维的碰撞，展示是能力的展现。交流展示是学生分享成果、融通情感、促进互长的平台，教师应为学生搭好舞台，引导学生做好交流展示、活动答辩和成果推广。设计制作的交流展示既可以是静态的，如一份作品说明、模型等；也可以是动态的，如现场制作、作品试用等。既可以对内展示，如班级交流会，也可以对外展演，如年级展示会、学校展演会等。答辩互动重在引导学生熟悉汇报成果，精心准备答辩内容；引导学生认真倾听，虚心提出问题或建议。成果推广强调通过对外宣传、产品外销等方式，推广学生优秀成果，实现成果辐射。

1. 交流展示的维度

设计制作活动交流展示维度包括集成展示、原理展示、功能展示和创意展示。[①] 集成展示，是指具体展示活动的每一个环节，并将零碎的环节通过一条主线或者明线(如功能完善主线、参与人员活动主线等)串联整个活动项目。如"镜头下的美丽世界"集成展示，首先展示数码拍摄设备的功能，用图像管理软件浏览图像，同时展示参与人员如何设置图像管理软件的参数，学习批量操作图像文件，调整图像的明暗、色调，裁剪图像，为图像添加边框，生成电子相册；其次展示用视频编辑软件截取视频片段、合并视频、转换视频文件格式等。这样的集成展示既能展示数字化图像、视频，为人们生活、学习带来便利，同时也能让学生初步接触知识产权、肖像权等知识。原理展示，是指展示实践活动过程中需要用到的单一或者多个原理，通过画图和文字，表达出作品实现功能的原理。例如，在"3D设计与打印技术的初步应用"过程中，展示3D打印技术原理图，帮助学生学会三维建模的方法，认识与掌握先进技术，提高创新设计能力。在主题"基于激光切割与雕刻的创意设计"中，展示激光切割和雕刻的技术原理图，让学生了解与认识先进技术，激发创新意识，搭建创意设计的展现平台。功能展示，是指成果实现了哪些功能，这些功能包括项目预设的功能以及拓展和延伸的功能。如主题"奇妙的绳结"成果展示中，展示了绳结作为编制工具的功能，通过展示中国结等装饰绳结的设计与制作，进一步体现绳结具有的中国民间艺术魅力。又如，主题"稻香"不仅在手工活动中让学生展现出稻草制作出的各种艺术品，激发学生的兴趣，

---

① 参见林惠、郑卫中：《综合实践活动设计与实施》，150页，沈阳，沈阳出版社，2019。

而且进一步展示稻草的各种玩法，如"揪尾巴""赶小猪""跳格子"等，让学生在"跳""跑""赶"等环节中发展躲闪反应能力和促进大肌肉的发展。设计制作的核心在于创新，因此创意是整个成果展示中最核心和最重要的部分。如主题"创意木艺坊"在成果展示过程中，学生不但展示了如何使用手工锯、曲线锯、木板、KT 板、乳胶、砂纸等工具和材料，初步掌握了木工直线锯割和曲线锯割技术，还运用了插接、钉接、粘接等方法制作小木工创意作品。在学习木工基本技术的过程中，学习创意表达，提高动手实践能力，体验工匠精神。

2. 展示交流的方式

活动展示的方式可以根据项目作品的具体特点，采用声光电、多媒体、实物表达等方式进行展示。活动的交流展示既是对学生在综合实践活动中的各种表现和活动成果的总结，也是一种师生之间、学生之间共同学习和交流的机会，是学生发现自我、欣赏别人的过程。成果的有效表达是体现活动效率和价值的关键，如何选择适当的展示方式，有赖于老师的指导。

不同的设计制作活动有不同的特点，在展示的时候要根据情况做出判断，使展示的方式既符合活动的主题，又能反映学生的独特体验和收获，一般成果的类型有模型、小制作、小发明、设计图等。成果呈现的方式及展示注意事项见表 4-3。

表 4-3　成果呈现方式及展示注意事项列举

成果呈现方式	展示注意事项
实物模型	为作品找到合适的展示场所与时间
作品展示	需要说明设计的过程与应用中的注意事项
过程演示	在结果表达时要考虑其应用价值
效能讲解	通过演示让听众明白设计的目的、用法和效能

3. 展示交流的注意事项

展示交流的方式多种多样，但无论何种展示，都需注意以下几点。

一是展示交流方式要与学生情况相符合。项目成果的表达要尊重学生当前的认知水平，教师应教导学生在表达时，把自己所做的事情简明扼要地描述出来。

二是展示交流方式要与学校条件相符合。成果的表达受各种条件的限制，在选择项目成果的表达方式时，要充分考虑学校、学生的条件，有什么样的条件办什么样的事，不同条件下都可以找到合适的项目展示形式。如学校不具备电子投影设备，教师完全可以根据学校实际情况，让学生制作手抄报、张贴原理图，在学校的宣传栏、班级文化墙内展示。

三是展示交流方式与活动实际相符合。这意味着师生在项目成果表达时要正视缺点和不足，对成果存在的问题要直言不讳，通过交流引发更深层次的认识和思考，有利于作品的进一步改进和完善。

总之，成果展示交流应根据学生、学校、活动实际情况综合考虑呈现的形式，应该真实反映学生对项目的感受，教师切忌把成人化的言语强加给学生。教师在展示中做好组织者、引导者的角色，千万不要过多地干预。

(二)开展多样化的活动评价

设计制作活动的评价，既要重视活动的创意、态度，又要重视方案设计、活动过程参与度、目标达成度；在评价方式上，既要注重学生的自我评价，又要兼顾同伴和教师的评价；在评价结果运用上，既要呈现写实性的记录，又要尽量呈现可量化的指标，通过评价增加学生参加综合实践活动的内在动力。

1. 评价原则

参与性原则。综合实践活动注重学生的亲身参与，强调对课时活动量的参与情况和参与态度的考核，即学生是否参与了活动的某些环节，是否主动、积极参与。

主体性原则。综合实践活动课程强调学生的自我评价，突出学生在评价中的主体地位。充分调动每个学生的主动性、积极性、自觉性，使评价过程真正成为学生认识自我、分析自我、改进自我、完善自我的过程。

过程性原则。设计制作是一种注重实践操作性的活动方式，因此要重视对学生活动过程中的表现进行评价，评价的内容集中于学生在活动过程中的态度、参与程度、投入程度和能力养成，要注重学生在综合实践活动过程中的实际体验和发展程度。

多元性原则。设计制作活动的过程和成果具有专业性，因此更加强调评价标准和评价主体的多元化，教师要鼓励并尊重学生富有个性的自我表达方式，如实物展览、演讲、表演、绘画等。评价的主体可以是教师评价，还可以通过讨论、协商、交流等多种方式，将学生自我评价、同学互评及指导教师或者社会、家庭有关人士的评价结合起来。评价的形式有口头评价和量表评价。综合实践活动的评价强调多元价值取向和多元标准，允许学生对问题的解决有不同的方案，表现形式也可以丰富多样。

激励性原则。综合实践活动评价重在发现和肯定学生身上蕴藏的潜能，鼓励学生大胆想象、创造和实践，激发学生在活动过程中的积极性、主动性和创造性。坚持正面评价，运用表扬、鼓励、表彰等方法激励学生，并贯串整个课程实施过程。无论是在学生遇到困难，还是遭受失败时，都应该激励学生，使激励评价成为学生获取成功的动力。

2. 评价内容

评价内容包括学生参与设计制作活动过程中的参与态度、合作精神、探究能力与反思能力等方面。活动过程中学生表现出的情感、态度和价值观的发展状况。例如，学生参与活动的主动性、积极性和创造性；学生在活动中的合作精神；学生思想意识方面，如环境保护意识、社会责任感、服务意识、安全意识等。评价既关注学生的个性差异，又重视学生创新意识和实践能力的培养，体现以学生为主体，关注活动过程的思想。同时，关注学生在活动过程中提出问题、分析问题和解决问题的探究精神和实践能力。例如，在活动主题或活动项目的选择上，要评价学生选择的主题或活动项目的意义、学生在主题或项目选择和确定中的作用；在活动方案的制订方面，要评价学生制订活动方案的能力、活动方案本身的合理性程度、活动方案的具体化程度等；在活动的执行方面，要评价学生在活动过程中具体的操作方式、参与实际情境的深度、资料收集情况等；在活动的总结方面，要评价学生的活动报告、成果或产品等。

3. 评价方法

评价贯串活动的全过程，评价以定性为主，量化为辅，采取自评与他评相结合的多维评价方式。

表现性评价。作为质性评价的典范之一，行为表现评价在综合实践活动课程中被广泛运用。所谓表现展示评价，就是通过观察学生在生活和学习情境中的表现来评价学生的学习情况。评价是在从事社会调查专题研究、学生参与感兴趣作品的背景下经非测试工具进行，如观察评价、录音等。展示是全面展示学生的知识技能、批判性思维能力、解决问题的能力，为学生发展到更高层次而建立的一个"关卡"，学生借此向自己和身边的人证明他在学校受过的训练以及形成的技能和习惯。如主题活动"探究营养与烹饪"中，学生进行烹饪技能的展示表演、厨师角色表演以及专题汇报营养与烹饪方面的知识等，对学生参与活动的态度、情感以及技能掌握情况进行现场考察，对学生的具体实践行动进行评价。

主体参与评价。在评价过程中充分利用学生自评、小组互评、家长社区参与评价等多维评价。第一，学生自评。在综合实践活动课程的评价中，每一个环节都要把握好整体评价，从而让学生不断反思活动，自主探索，努力提高研究能力，获得情感体验，促成学生的自主发展，使评价成为学生自评、自我改进的过程。学生自评的作用是让学生感受自身的进步，但是要注意预先规定评价项目和评价标准，重视学生反思性评价。第二，小组评审。组织综合实践活动课程的主要途径是进行小组合作。以学习小组为核心、个人表现为辅助，对学习进行评判。通过积极参与学习小组，组织总结会、研讨会、座谈会、交流会等，使学生进行个人研究成果的自我评价和相互评价，给每位学生参考点，最后由班主任或评定组评出等级。小组评价的优点是发挥学生的集体智慧。小组评价的实施步骤：先向学生说明评价方法，鼓励学生积极表现，在活动过程中，充分发挥小组的作用，让他们互相学习、互相评价、互相监督、共同提高，初步掌握小组评价过程，活动结束后，组织小组成员进行小组讨论并记录讨论情况，同时给予一定的指导。但是要注意小组内允许提出不同意见并进行讨论，教师要抓住典型事例及时进行鼓励和教育。第三，家长或社区评价。学生家长或各小区团体也是一项重要的教育资源。搞好综合实践活动课程的首要条件就是对家长及社区进行宣传教育，力求他们赞同和帮助。因此，应采用学生自评与互评、家长或社区评价相对接，以学生自评为中心。

活动观察评价。综合实践活动课程评价致力于激发学生的情感态度与意志，使学生能够全面发展。而在整个实践过程中，学生的认知、能力都是在动态地变化和发展的，而教师就应该随着这种动态变化适时地进行评价，这种适时评价对整个活动过程的影响较大。在积极情感的带动下，学生能够愉快、积极、有创意地完成综合实践活动。教师要重视观察，注重学生的一举一动、一言一行，及时发现学生在原有基础上的进步，注重学生实践技能水平的成长，捕获学生的立异行为，察觉学生身上的闪光点，在学生存在不足的时候能够及时矫正，成为他们健康成长的辅助者，共同品味成长的愉悦。活动观察的方式有及时观察、连续观察、阶段性观察；观察结果的记录方法有事项记录法、行动目录法、阶段性观察等。使用观察评价时要注意观察应有全面性，要反映学生在不同场合下的行为表现。

4. 评价注意事项

注重项目实施的过程性。课题负责教师要重视对学生活动过程的评价。只要学生在活动过程中对自然、社会和自我形成了一定的认识，获得了实际的体验和经验，就应给予积极的评价。要重视学生在过程中获得的宝贵经验的发展价值，通过肯定其活动价值，营造体验成功的情境。

尊重项目实施的多元性。综合实践活动的评价要鼓励并尊重小学生极富个性的自我表达方式：演讲、绘画、写作、表演、制作等。教师在对活动做出评价的同时，通过讨论、协商、交流等方式引导小学生进行自我评价、相互评价。教师在评价中要肯定学生与世界交往的多元方式，不仅允许学生可以有不同的解决方案，而且应为学生表现自己所学提供丰富多样的平台。

关注学生的学习态度。主要为情感、态度、价值观方面，即学生的参与态度。它可以通过学生在活动过程中的许多外显行为表现出来，如是否认真参加课题组活动，努力完成自己所承担的任务，做好资料的积累和分析处理工作，主动提出活动设想、建议，在学习中不怕困难和辛苦；是否乐于帮助同学、主动和同学配合、认真倾听同学的观点和意见等。主要对学生在参与小组及班级活动中的合作态度和行为表现来进行评价。如学生是否能积极参与小组活动，主动帮助别人和寻求别人的帮助，认真倾听同学的意见，乐于和别人一起分享。

(三)发展持续反思改进的能力

反思改进是对自己的设计制作过程、制作结果进行再认识，对检验的问题进行再改进的过程。反思的目的不仅仅是回顾过去，更重要的是活动的改进，将设计制作延伸拓展，引向深入。教师应引导学生在活动中时时反思、处处反思，在反思中找问题，在问题中求改进。教师应引导学生要反思什么，怎么反思。首先，学生要对活动过程进行反思，包括设计制作流程、工具和材料的选择、自我成长等，力求反思内容的全面性；其次，学生要对活动的方法进行反思，可以是针对观察过程、观察作品的，也可以是针对自我提问或同伴质问的，还可以针对小组或集体讨论的形式，力求反思方法多样；最后，学生要对活动的形式进行反思，通过自我反思、小组合作反思、集体反思等，力求反思形式多维性。

发展反省思维是设计制作活动中必不可少的环节，重视引导学生反思改进，目的在于通过对自主实践行动的过程和结果进行思考，可以使其行动趋于完善，"行动—反思—再行动"模式的建立，有助于培养反思性实践者。改进的方向主要是改进设计制作的整体设计，改进设计制作的工具和材料，改进设计制作的方法，力求设计制作最优化。动手制作使设想在现实中着陆，这个过程技术思维含量大，要解决制作过程中的问题，要不断反思、调整、改进原设计，在"做中学""学中做"，完成作品。这个实践过程，不仅促进思维过程的明晰，检验了设计方案，也让学生感受到了技术的魅力，提高了学生的技术实践能力。例如，在对"桥梁搭建"模型进行检验的过程中，各组或多或少都出现一些问题，见图 4-1。

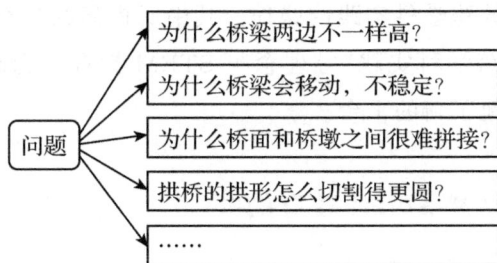

图 4-1　桥梁搭建中的问题

为何会出现这些问题呢？在老师、学生的协作交流中，对材料部分的优缺点进行了分析归纳。在检验桥梁模型时，学生遇到了许多不曾考虑到的问题，但老师在此时并不直接告诉学生答案，而是通过关键性的引导让学生参与讨论、协作交流，提高其处理复杂问题的能力。

第四节
在 STEM 教育中开展设计制作活动

🎯 学习目标

以典型案例为指引，掌握在 STEM 教育中开展设计制作活动的方法和策略。

STEM 是科学（Science）、技术（Technology）、工程（Engineering）、数学（Mathematics）的简称。近年来，社会各行各业对人才质量的要求不断提高，STEM 教育已被视为培养学生科技创新能力的有效方式，受到世界各地教育专家和学者们的广泛关注。[①] 2017 年颁布的《指导纲要》指出，综合实践活动是从学生的真实生活和发展需要出发，从生活情境中发现问题，转化为活动主题，通过探究、服务、制作、体验等方式，培养学生综合素质的跨学科实践性课程。其中所提倡的"设计制作""真实生活""发现问题""解决问题"和"跨学科实践"等理念与 STEM 教育理念高度一致。STEM 课程为开展设计制作活动创建了新的平台。

一、设计制作活动和 STEM 教育的共性

通过对设计制作活动与 STEM 教育的培养目标、课程设计的逻辑起点、载体、组织方式和课堂教学形式分析，可知两者有许多相通之处，两者的共性主要表现在以下几个方面。

(一)两者都以创新思维的培养为最终目的

STEM 教育关注对科学知识的解释、科学探究的实践以及与工程设计的结合，其目标是整合各领域知识与技能，将知识的学习与生活实际结合起来，解决真实世界中的实际问题，培养创新型人才。因此，在 STEM 项目学习过程中，学生不是被动地接收知识，而是根据教师创设的情境和布置的任务，引发出具体的问题。产生问题就是

---

① 参见李慧、王全喜、张民选：《美国 STEM 教育的探析及启示》，载《上海师范大学学报（哲学社会科学版）》，2016(5)。

确定疑难所在，对问题有正确的定位。在这一过程中，学生需要确定面临的问题，并给出实际的解决方案。[①] 同时，学生自己主动分析、思考问题，在头脑中产生问题，从而锻炼了他们的创新思维能力。

《指导纲要》明确指出综合实践活动课程的"设计制作"活动目标主要是让学生体会设计、制作的乐趣，养成热爱生活的态度，并能在教师的指导下，学会综合运用各学科知识，认识、分析和解决设计制作中遇到的各种问题，然后运用各种工具、工艺进行设计，将自己的创意、方案化为现实。在这一过程中，学生的操作技术水平、知识迁移水平，以及综合解决问题的能力会得以提高，从而促进学生创新思维能力的发展。

由此可知，无论是 STEM 教育，还是综合实践活动课程都十分注重问题情境的设置，让学生自己在问题情境中产生疑惑，主动查阅资料、思考解决方案、解决问题、验证；都引导学生主动思考问题，从而培养他们的创新思维能力。

(二)两者都以项目或主题作为课程设计的逻辑起点

STEM 教育倡导基于项目的学习，强调以学生为中心的跨学科学习活动，融合了现实世界的问题和实践。[②] 也就是说通过一个项目，学生学会运用科学的探究过程和工程设计过程，自然地连接科学、技术、工程和数学等知识，形成一种跨学科思维能力，解决现实世界中的实际问题。因此，在 STEM 课程设计过程中，教师需要了解所要开展的项目与学科知识、学生实际生活的关联，以项目为课程设计的逻辑起点，设置各种问题情境，激发学生学习的兴趣。

设计制作倡导以主题活动的形式开展，通过对学习者的特征进行分析，确定比较适合的活动主题与任务。《指导纲要》明确指出综合实践活动要从学生的真实生活和发展需要出发，从生活情境中发现问题，然后转化为活动主题，可以通过设计制作和职业体验等方式，建立学生与真实世界之间的有机联系。并且，《指导纲要》最后以附件的形式，为综合实践活动课程的开展推荐了一些主题活动，同时也为中小学教师进行相应的课程设计提供了一些参考。

设计制作倡导的"主题"要比"项目"更宽泛，因为它还包含"社会服务"等内容，它包含了"项目"。而设计制作类基本上是电子、计算机等相关的项目研究。因此，无论是 STEM 教育倡导的"项目学习"，还是综合实践活动课程提倡的"主题活动学习"，都是课程设计的逻辑起点，以区别分科课程设计的逻辑起点。

[①] 参见赵中建：《美国中小学 STEM 教育研究》，29 页，上海，上海科技教育出版社，2017。

[②] 参见[美]罗伯特·M.卡普拉罗、玛丽·玛格丽特·卡普拉罗、詹姆斯·R.摩根：《基于项目的 STEM 学习》，王雪华、屈梅译，77 页，上海，上海科技教育出版社，2016。

(三)两者都以真实的生活情境(或工业情境)为载体

STEM 教育强调学校教育应与实际生活情境、工业情境紧密联系。在这种情境中，学生的学习动机是内在的，而不需要其他外在因素的干扰，从而充分激起他们的好奇心和求知欲。因此，在项目学习过程中，教师应将项目的设置与学生的实际生活情境相联系，吸引学生学习的兴趣，从而导入接下来的教学内容。此外，STEM 教育其中一个目的在于培养 STEM 相关领域的劳动力，如计算机科学、数据科学、电气工程和软件开发。这就需要教师将项目内容与工业情境进行联系，从而培养学生 STEM 领域相关技能，树立正确的职业观念，将来更好地适应飞速变化的社会生活。[1]

设计制作活动课程也提倡活动内容设计一定要源于真实世界，源于生活应用，从学生真实的生活情境出发，为学生提供亲身经历与现场体验的机会，让学生经历多样化的活动，促进学生积极参与活动，在设计制作、职业体验等活动中发现和解决问题，体验和感受学习与生活之间的联系。此外，《指导纲要》还指出在综合实践活动课程设计的过程中，教师可以选择和设计职业情境，让学生获得对职业生活的真切理解，发现自己的专长，培养职业兴趣，形成正确的劳动观念和人生志向，提升生涯规划能力。

因此，STEM 教育和设计制作活动课程都提倡从真实的生活情境、工业情境或职业情境出发进行课程内容的组织与设计，为学生提供真实的课堂体验，从而使学生获得关于自我、社会、自然的真实体验，增加学习与生活的联系。

(四)两者都以跨学科方式组织内容

STEM 教育倡导跨学科理念，是因为现实世界的复杂性、多样性，需要人们通过跨学科知识学习获得一定的经验与技能，解决现实生活中的问题。美国一些学者也认为对 K-12 阶段 STEM 课程而言，建构学生跨学科知识连接与整合能力是最重要且有可行性的目标。因此，STEM 课程应包含统整课程的本质与概念，重视各学科知识连贯，这将有助学生在符合个人及科技社会需求的情境下，联系各学科知识进行分析，发展批判性思维与问题解决的能力。

《指导纲要》要求教师在课程设计的过程中，要基于学生已有的经验和兴趣专长，打破学科界限，选择综合性活动内容，鼓励学生跨领域、跨学科学习，为学生自主活动留出空间。通过这种跨学科式学习，学生将学会运用所学的知识分析、解决活动中遇到的各种问题，在综合实践活动中延伸、综合、重组与提升学科知识，主动将多学科知识与生活实践相结合，解决日常生活中的实际问题。由此可见，STEM 课程和综

---

[1]　参见 Joy Parvin、王文娴：《通过工业情境搭建科学与技术的桥梁》，载《中国科技教育》，2015(8)。

合实践活动课程都提倡跨学科式学习，以跨学科方式组织项目或主题活动内容，培养学生运用不同学科知识解决问题的能力。

（五）两者都以"做中学"作为课堂教学的主要形式

STEM 教育课程计划旨在使学生参与以活动、项目和问题解决为基础的学习，为学生提供一种动手做的课堂体验。在 STEM 项目学习过程中，学生根据教师给出的问题情境，以个人或小组的形式收集相关信息，并运用所学的知识与技能通过创造、设计、建构、发现、合作解决问题。在项目完成时，学生在教师的引导下展示、分享自己的作品或解决问题的思路与方法，同学之间互相点评、学习，从而促进自己"作品"的完善。由此可以看出，在学习过程中，学生不是被动地、强迫性地接收知识，而是积极地参与"动手做"。学生在"做中学"的过程中，掌握基本的学科知识，又锻炼了自己动手动脑、小组合作等方面的能力。

设计制作鼓励学生全身心参与各项活动，通过"动手做""探究""设计""创作""反思"的过程，发现、分析和解决问题，体验和感受生活。因此，教师的任务就是要帮助学生找到这些相对复杂的真实问题，然后在学生的研究过程中提供各种帮助，并且不断提出新的、合理的要求，促使学生能力在"设计—实现—评价"的循环中螺旋上升。并且，在设计制作过程中，教师应鼓励学生手脑并用，灵活掌握手工设计与制作的基本技能，动手操作进行实践，将创意变为实物，培养学生的实践与创新能力。因此，STEM 教育和综合实践活动课程都为学生提供了一种动手做的课堂体验，让学生在"做中学""玩中学"，在掌握知识、技能的同时，鼓励学生善于利用自己所学到的各学科知识与技能来解决现实生活中遇到的问题。

二、基于 STEM 教育理念的设计制作活动的指导

（一）基于 STEM 理念的设计制作活动的问题情境

STEM 教育不再将重点放在某个特定学科上或者过于关注学科界限，而是将重心放在特定问题上，强调利用科学、技术、工程和数学等学科相互关联的知识解决问题，实现跨学科、从多学科知识综合应用的角度提高学生解决实际问题的能力。因此，基于设计制作的 STEM 学习要以问题为纽带，在情境中呈现问题，还原问题的真实性、趣味性和探究性等特点，链接学科知识，驱动 STEM 活动开展。

真实性。STEM 教育认为，知识是蕴含在真实的问题情境中的。在真实问题情境中，学生利用多学科、跨学科知识积极探索、解决问题，以此助力学生理解所学知识，发现问题背后蕴含的信息，加深知识的理解与运用。"社区垃圾桶的设计与制作"是当

前在各社区深入推进垃圾分类的大背景下提出的问题。学生发现自己所在的社区垃圾桶陈旧，甚至很多都腐化和生锈。老师及时引导学生，学生情绪高涨，"这是我生活的美丽社区，我要想出好的办法，设计出美观又实用的垃圾桶！"。在这样一个与学生密切相关的真实情境问题下，学生产生了主动学习的意愿，继而转化为开展 STEM 学习的内驱力。

趣味性。基于 STEM 学习跨学科的本质，强调从多维视角来研究问题，以满足学生的需要和兴趣。由此，教师应密切学生与生活、学校与社会的联系，以学生的直接经验、需要、兴趣为基础，关注自然、社会和生活中富有趣味性的问题，让学生在愉悦的氛围中体验 STEM 学习。"水火箭"是为解决水火箭降落伞无法打开的问题而开展的活动。这个项目来自学生的兴趣，因为在水火箭发射竞赛中，大部分同学的水火箭升空后降落伞无法打开，导致水火箭直接落地损坏。为什么有的能打开？发射、制作中存在着哪些不足？这些学生感兴趣的问题引领着学生开展实践，由此展开 STEM 学习之旅。

探究性。STEM 教育鼓励学生动手活动，针对问题探究知识与方法的应用，故而，基于 STEM 理念的设计制作要体现技术工程概念的探究性。在问题解决中，学生不仅通过自主学习或教师讲授获取文本性知识，还在动手动脑参与学习的探究中获取结果性知识以及蕴含在问题解决中的过程性知识。"自动散热扇"STEM 活动来自学校花木养护活动中的问题。夏天天气炎热，校园玻璃花房的散热成了大麻烦，学生由此产生了为花房设计"自动散热扇"的想法，而这种极具实用性和探究性的问题，有力促进了学生开展 STEM 学习的积极性。

(二)基于 STEM 理念的设计制作项目实施

从整体上看，基于 STEM 理念的设计制作学习以工程设计项目为基础，融合科学、技术、工程、数学领域的知识来解决真实世界中有意义的问题。学生通过运用各种工具、工艺进行实践，将设计转化为实物，用完整的作品检测学生对 STEM 所涉及的学科知识的掌握情况，体现的是以项目为基本单位的基于项目的学习（PBL，Project-Based Learning），强调技术规范与创新意识和实践能力培养，关注科学原理与技术方法的理解与探究，注重对项目作品的设计与创造。

1. 识别问题要求，确定项目

在提出基于真实情境的问题后，学生需进一步对问题进行识别，既引导学习过程，也指导探索该问题所需的活动，不断明晰设计制作的方向。例如，在解决衣架使用中的问题时，学生通过头脑风暴，清楚地识别出解决问题需要依托的项目，并在项目的目标和范围方面达成共识，提出了"防缠绕衣架""快速干衣架""防皱衣架""折叠衣架"等探究项目。通过问题识别，一方面是让学生确定项目的实施要求，激发参与热情；

另一方面是让学生更好地领悟作品的价值，激发创作热情。

2．厘清制约因素，设计方案

除了问题识别，在基于 STEM 理念的设计制作学习中，学生小组还需厘清完成项目所有的制约因素和标准，包括获得时间和资源以及作品所具备的外观、质量、效用等特征。在此基础上，教师要引导学生从作品的结构、功能、材料等方面构思、尝试设计，提出解决问题的多个设想。如在"环保小台灯"活动中，首先，学生根据前期使用台灯的调查情况，对大家的需要、小台灯的技术与外观等基本要素进行分析，明确设计方向，确立设计定位是环保与节能；其次，在学生小组中发挥个人特长，分工协作，相互启发，提出多种小台灯的创意构思，并绘制设计草图；最后，根据个人所设计的小台灯的可实现性、美观性、创造性、工艺性和安全性等评估标准对初步设计方案进行分析、比较、综合和优化，在组内选出最佳创意方案。

3．选择工具材料，合作探究

开展基于 STEM 理念的设计制作学习，选择合适的工具材料，以合作的形式开展学习是验证设计、完成项目的重要保障。一方面，通过传统与现代工具的使用，实现学习成果的可视化，提升学生创造性；另一方面，通过小组分工、同伴合作实现学习过程任务化，体验解决现实问题的过程。在制作中，要考虑作品制作成本，采用学生机床、激光雕刻机、3D 打印机及传统工具等多种工具或材料，选择多样化、低成本、高效率且可靠的方法依照设计完成制作。在"LED 小夜灯"制作中，学生使用 3D 打印机，打印小夜灯底座，以发光二极管作为光源，以运动检测传感器作为控制开关，用焊接及热熔胶等方式进行连接组装。在整个项目实施过程中，学生根据需要选择不同的材料，了解不同工具的性能、用途，结合软件与硬件设备，将习得的知识应用于项目中，在合作探究中实现作品创作。

4．测试优化作品，拓展空间

作品测试优化的目的在于提高学生自主发现问题、分析问题、解决问题的能力。在每一次测试评估中学生都要做好详细的记录，包括预测、测试的条件，观察和结果，特别是测试中的变化因素。在"空气动力车"制作完成后，学生从调整车轴长度，轮子数量，喷气管长度、方向，出气口大小，车身重量等方面测试，进而了解设计的完成度。最重要的是，学生需在测试后分析设计制作中存在的问题，借此理解技术对于创意与设计的影响。在这一阶段，通过评估问题，再次回到设计，以小组讨论挑选更新设计或做其他选择，再次制作，重新测试，在循环中不断拓展 STEM 学习空间。

5．量规评价分析，反思得失

基于设计制作的 STEM 学习是面向真实世界的问题解决，其评价的重点由终结性评价转变为过程性评价。因此，通过评价量规等技术的真实评估，既突出了学习过程，也强调了结果。良好的评价量规包括反映各项标准的具体内容和活动概念生成的成分，也包括某些无形的方面。STEM 学习目标的达成程度在评价量规中细化，帮助学生反思自己的学习情况，并能让教师重点引导学生需要改进的内容。同时，教师要指导学生客观记录参与活动的具体情况，整理相关活动材料，使学生能客观地评价自己或团队的 STEM 学习。

(三)基于 STEM 理念的设计制作项目知识的运用

STEM 教育是将科学、技术、工程、数学等学科知识整合起来的综合性学习活动，运用关联性的知识解决问题。因此，通过设计制作实现多学科知识的交叉融合，在运用中理解知识是开展基于 STEM 理念的设计制作学习的关键。

1. 核心概念要突出

学科知识服务于 STEM 学习。在 STEM 理念下开展设计制作学习要借助学科知识，更要突出核心知识概念和主要内容，突破 STEM 学习中的关键问题。教师在指导中不能贪大求全，要对学生已有知识掌握情况做到心中有数，不是所有涉及的学科内容都要组织探究。如在"投石机"活动中，探究杠杆原理是本设计制作的核心概念。学生首先要使用尺子、橡皮等简单材料认识杠杆的作用，再在教师的帮助下认识原理，进而开展设计。而对于使用橡皮筋连接、绑扎等知识，学生早已掌握，则无需再做展开。

2. 知识总结要强化

北京师范大学余胜泉教授认为，"无论 STEM 还是创客教育，都需要使学生学习的零碎知识变成相互联系统一的整体"。因此，STEM 理念下的设计制作学习，除了在活动中需要跨学科知识的综合应用，在完成后更要进行总结强化，帮助学生系统整理零散知识。如在"投石机"项目完成后，以教师或学生小组汇报的形式，对涉及的知识开展梳理、总结，促进学生形成一定的知识体系。同时根据量规评价的结果，为学生再次提供具有选择性的材料强化学习，既有核心概念的知识、基本技术原理，又能体现不同学生的需求，最终实现有意义的知识建构。

3. 知识应用要创新

STEM 教育的基本目标是培养学生的 STEM 素养，其学习过程与方式均发展了学生的创新精神与实践能力。基于 STEM 理念的设计制作学习是跨学科知识的应用与转化的过程，也正是在这一过程中，在学生从不同视角进行观察、思考，有机联系不同学科知识时得以应用知识创新解决问题。如"投石机"设计制作中，学生在测试中从投射方式、橡皮筋数量、压载物使用等方面着手，通过小组合作、设计，创造出了数十种设计方案并开展实践。即使制作不成功，小组还会继续寻求更好的解决方案，在循环与改进中学生发挥创造潜能，与之相适应的创新能力也得到了有效提升。

三、在 STEM 教育中开展设计制作活动的案例分析

"桥梁模型搭建"设计制作活动，是四年级学生在开展"走近南粤名桥"主题活动中产生的设计制作项目。下面以此作为案例对基于 STEM 教育理念的设计制作活动的实施进行探讨和分析。

案例 4-1

"走近南粤名桥"设计制作活动

【活动背景】

学生在开展"走近南粤名桥"综合实践活动的过程中，对桥梁的知识有了初步的了解，知识面有所拓宽。四年级的学生也已经多次接触设计制作类的活动，动手能力有所提高，已经学会开始用科学的方法、思维解决实际问题，初步具有目标明确的设计制作能力，并有一定的自探自悟意识，但还是需要教师适时的引导，尤其是制作过程中的一些技术指导。在长期的综合实践活动学习过程中，已形成一定的团队合作意识，能互相合作达成目标。有一定的介绍、评价成果的能力，但往往局限于表象。

【活动目标】

价值体认：了解桥梁搭建的科学知识，经历展示交流的过程，体会展示设计作品的喜悦感和成就感，发展尊重他人、认真倾听、敢于发表意见的品质。

责任担当：了解南粤名桥的相关知识，知道中国桥在世界中的地位，增强民族自信和民族自豪感，培养树立为社会主义发展贡献力量的责任意识和担当精神。

问题解决：知道桥梁的承重与形状和结构有关，根据自己的设计和搭建的作品，会介绍作品的设计过程和思路。

创意物化：能识别有限的条件，小组合作搭建一座桥梁模型，在搭建活动中，培养学生创新精神和实践能力。

【活动重难点】

在有限的条件下，运用多学科知识，小组合作搭建一座坚固且承重力大的桥梁。

【活动准备】

材料：白纸和报纸若干、薄木板、3D 打印材料等。

工具：胶带、剪刀、尺子、砝码、3D 打印机等。

【活动过程】

(一)创设真实情境，激发兴趣

课前，老师带着同学们一起来到学校旁边的河涌，指着河涌的对岸说："同学们，市政府准备在这河涌上修建一座桥，以后我们就不用绕着这河涌一大圈来上学了。前段时间，我们学习了南粤地区的一些桥梁，认识了很多优秀的桥梁工程师，他们为我们修建了一座又一座的伟大工程。以后，我们要从这个校门口的桥梁进出，同学们能否也当一回小小设计师，贡献你的智慧，帮忙设计一下我们身边的桥梁呢？"同学们情绪高涨："这是我上学的必经之路，我要想出好的设计！"

针对学校门口将要建造的桥梁而提出问题，在这样一个与学生密切相关的真实情境问题下，学生产生了主动学习的意愿，继而转化为开展探究学习的内驱力。

(二)识别问题要求，确定项目

师：搭建一座桥要考虑哪些要素？

教师通过一个小实验，发散学生思维，让学生在小组合作中去探究得出结论。

任务一：小组合作，用两张 A4 打印纸搭建一座桥，能承受 50 克的重量，注意不借助外力和工具。

在实验中，教师引导学生思考，合作尝试搭建，得出结论：桥梁的搭建跟材料、结构、承重等因素有关。

(三)厘清制约因素，设计方案

1. 识别有限条件，厘清制约因素

师：人和车辆等通过桥梁时，桥面会弯曲，桥面弯曲得越厉害就越会发生危险。为防止桥面过于弯曲，可采用什么方法帮助桥面承担重量？

任务二：用一张报纸、少量胶带，小组合作，搭建纸桥能跨越 25 厘米的"峡谷"；宽度大于 10 厘米；桥面距离桌面高度不低于 5 厘米；能承载重量最大的为胜。要求：作品应力求有创造性，并贴近实际、结构合理、制作精巧。学生讨论，绘制设计图，动手搭建，教师巡视指导。在这个过程中，教师指导学生识别限制条件，提出设计想法，并尝试搭建。

教师指导学生结合任务二，围绕问题开展讨论，帮助学生厘清制约桥梁承重的因素，得出同样的材料、同样的厚度，桥的跨度越大，越易弯曲的结论。同时，桥梁的承重跟以下因素有关(图 4-2)。

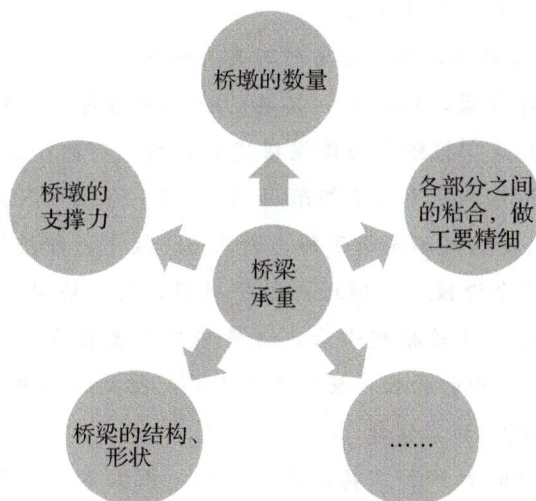

图 4-2 制约桥梁承重的因素

2. 设计方案

为了让学生对河涌上桥的大小有更直观的了解，为方案设计提供依据，老师带领学生实地测量了河涌的宽度。各个小组围绕着测量的数据开始对桥梁的大小、形状和结构等进行测算和图纸设计。在这个过程中，教师指导学生识别限制条件，提出设计的想法，重点指导学生设计好模型的设计图（见表 4-4），详细记录桥梁各部分数据。

表 4-4 桥梁模型搭建设计方案

活动主题	
小组名称	
材料或工具	
设计图纸	
结构说明	
改进意见	

方案制订后，各小组在全班展示小组的设计方案，大家注意听取同学意见，并修改完善模型设计方案。

（三）选择工具材料，合作探究

1. 根据实际进行评估，选择合适的工具和材料

各小组根据设计方案，对材料和工具的性能进行评估，对自身的能力进行判断。有的小组选择废旧报纸作为桥梁搭建的材料，有的小组选择用木板搭建，有的小组选择纸皮搭建，还有的小组采用 3D 打印。学生对 3D 打印虽然感兴趣，但是小学生对 3D 打印技术不是很了解。利用 3D 技术打印桥梁模型需要经历数字建模和 3D 打印两个阶段。如何进行数字建模，设计桥梁的模型？教师在 3D 打印技术方面不专业，于是搭建平台，邀请学生家长在班里开展讲座，为学生讲解 3D 打印材料及打印的原理，及时为学生补充相关的知识。

2. 小组合作探究，动手制作

各小组根据选用的材料和工具，分头行动，根据不同的承重方式，搭建结构各异的桥梁，有拱桥、梁式桥、拱形桥、斜拉桥、桁架桥……

在本阶段，教师对纸桥搭建小组，重在指导学生解决纸桥的承重问题；木工搭建小组重在指导学生掌握切割、打磨、拼接等技能；3D 打印小组重在搭建平台，为学生寻找专业的支持，让学生在信息技术老师的帮助下，学习利用计算机设计软件进行桥梁数字建模，完成桥梁三维立体图的制作，并在家长的帮助下，利用 3D 打印机打印桥梁。

（四）测试优化作品，拓展空间

各小组完成了作品后，在组内根据桥梁的结构、承重的效果等进行测试，及时发现问题，做出修改。在桥梁的搭建中，学生运用数学、工程、科学等多学科知识建构和搭建桥梁模型，如用三角形的知识来设计桥梁、用几何知识测量架构的角度等；对桥梁的结构和承重等运用工程和科学知识进行搭建和测试。在本环节中，教师放手让学生根据小组的实际，采用不同的工具材料进行搭建，不仅用到传统的工具进行裁剪、切割、粘贴、拼接，还运用了 3D 打印技术，发展学生发现问题、分析问题和解决问题的能力。

（五）量规评价分析，反思得失

各小组把自行测试调整完成的作品在桥梁结构设计、承重效果、设计美观等方面进行了展示和测试，同学们纷纷对各组的桥梁展示情况发表自己的意见和建议。

生：主梁是整个结构的核心构件，同时又是制作过程中的关键环节。要想办法加固主梁。

生：桥梁受压易变形处，可以在靠近桥墩处增加一根横梁来增加厚度，从而增加整个桥面的抗压能力。

生：桥梁设计不仅要考虑承重，还要注意美观。

为了让评价更加深入和客观，教师还安排了各小组互相进行桥梁竣工验收（"桥梁"竣工验收单见表4-5），借助他人的力量对设计制作的作品进行各项指标的评价，更好地修改和完善作品。

表4-5　桥梁竣工验收单

设计小组：　　　　　　验收人：

项目＼内容	数据与描述	验收情况（合格）
桥的跨度		
桥面宽		
桥高		
承重测试		
稳固性		
美观性		
新颖性		

【案例分析】本案例是运用STEM理念开展设计制作活动的典型案例，其亮点表现在：（1）在整个活动中，教师结合学生的实际让学生去发现问题，分析问题和解决问题。（2）STEM的特征在本活动中得到较充分的体现，如学科知识整合，项目学习，突出技术与工程要素，先进科技的运用等。（3）放手让学生在合作中探究，在探究中得出结论，教师只起引导的作用，基于STEM理念的设计制作活动，并不仅限于"手"，通常还包括心灵、眼、耳、口、手、足等方面的技能以及动作的相互适应和协调；不仅有思维的参与，且应该让"设计制作"从普通的实践活动升级为能激发学生高阶思维的跨学科学习活动。（4）学生通过创意设计制作活动，形成了物化产品。该案例的不足之处在于学生的创意有待进一步激发，以更充分地体现设计制作活动对培养学生创造能力的价值。改进方向可为学生提供更丰富的生活情境，不同的情境对桥的需求不同，从而激发学生的创意想象，设计出更多类型和样式的桥。

第五节
在劳动教育中开展设计制作活动

🎯 学习目标

以典型案例为指引，掌握在劳动教育中开展设计制作活动的方法和策略。

劳动教育是新时代党对教育的新要求，是中国特色社会主义教育制度的重要内容，实施劳动教育，落实五育并举，是培养全面发展的社会主义建设者和接班人的重要途径，劳动教育已成为大中小学的必修课程。在劳动教育中开展设计制作活动，既有利于丰富劳动教育的内容，又能有效开展创造性劳动，培养学生的创新能力。

一、设计制作活动与劳动教育的关系

设计制作活动与劳动教育密不可分，人类社会开展劳动活动以来，就伴随着设计制作活动，例如，设计制作劳动工具，设计劳动流程，设计构思劳动成果等。设计制作活动是人类劳动活动的重要组成部分，劳动教育需要教师指导学生有效开展设计制作活动，提升设计制作的质量和水平。

(一)设计制作能力是劳动教育的目标之一

"具备必备的劳动能力"是中小学劳动教育的重要目标。"掌握基本的劳动知识和技能，正确使用常见劳动工具，增强体力、智力和创造力，具有完成一定劳动任务所需要的设计、操作能力及团队合作能力。"[1]可见，设计制作能力是劳动教育需要培养学生的基础性能力和核心能力。

(二)设计制作活动是劳动教育的关键环节

劳动教育的关键环节包括"讲解说明、淬炼操作、项目实践、反思交流、榜样激

---

[1]　中华人民共和国教育部：《大中小学劳动教育指导纲要(试行)》，教材〔2020〕4号，2020(7)。

励"①五个环节。其中，淬炼操作和项目实践环节就包含丰富的设计制作活动，通过淬炼操作，熟练掌握设计与制作所需的基本技能；通过项目实践，围绕具体的劳动项目，开展设计，并制作出劳动产品。

(三)设计制作活动有助于开展创造性劳动

劳动教育包含辛勤劳动、诚实劳动和创造性劳动三个层次，其中，创造性劳动是新时代劳动教育的重要特征。在劳动教育中培养学生发现问题、解决问题、创意物化的能力，是新时代劳动教育的重要价值追求。在设计制作活动中，学生基于问题发现，通过创意设计、动手制作，形成创新性的劳动产品，从而培养学生的创新实践能力。

二、在劳动教育中开展设计制作活动的基本要求

设计制作活动和劳动教育领域结合紧密，是一种综合性强的操作性学习活动，指导学生开展劳动技术类的设计制作，教师可以从引导学生树立正确的劳动观念、做好劳动的准备、掌握劳动技能及做好安全方案工作等几方面着手。

(一)引导学生树立正确的劳动观念

引导学生树立科学、正确的劳动观念是教师指导劳动技术类设计制作的首要任务，教师可针对学生的年龄特点，采用合适的方式进行。如通过儿歌、童谣、游戏、格言等，呈现古代及现代的工匠、劳模的先进事迹，通过榜样激励，进行思想教育，引导学生树立正确的劳动观念。

(二)指导学生做好劳动的准备

设计制作之前的准备工作，直接关系到整个活动能否顺利进行，所以教师一定要指导学生做好充分的劳动准备。劳动准备主要包括以下几个方面。

1. 制订劳动计划

在制订计划中，计划一定要全面、周密，越详细越好。教师可以放手让学生自主制订计划，计划有不足时可给予一些指导和建议。

2. 准备劳动工具

劳动工具是劳动实践活动得以开展的重要保障。在劳动之前，应让学生明确将要使用到哪些劳动工具。比如要组织一次植树活动，就要准备铁锹、水桶等劳动工具。

---

① 中华人民共和国教育部：《大中小学劳动教育指导纲要(试行)》，教材〔2020〕4 号，2020(7)。

3. 做好心理准备

在组织学生参加劳动之前，要引导学生做好一定的心理准备，让学生认识到：劳动并不是放松玩耍，而是为他人服务，在劳动的过程中，可能会遇到一些困难，遭受一些挫折等，让学生在心理上做好充分准备，遇到困难才不会害怕、退缩。

(三)指导学生掌握基本的劳动技能

参加劳动实践活动，要有基本的劳动技能作基础。教师做好现场示范。学生具有很强的模仿能力，教师要做好设计制作过程中的过程示范，示范过程中，一定要规范，严格按照程序进行。教师可以一边示范，一边讲解，将应该注意的事项向学生讲清楚。例如，第一次带领学生开展植树活动，教师可以先种一棵树给学生看，让学生知道如何正确使用铁锹，如何挖坑，应该挖多深的坑，小树苗如何正确摆放到坑里，如何浇水等。

(四)指导学生注意劳动安全

安全教育是小学综合实践活动课程中的重要内容。小学生好动、自控能力差，因此在劳动实践活动中容易出现安全事故。教师要事先说明安全问题，把各种可能出现的事故因素交代清楚，一时的疏忽大意就可能造成不良后果。例如，教师在指导学生烹饪的时候，要注意用火、用电的安全。组织学生开展设计制作活动时，一定要向学生强调安全事项，可能的话可以引导学生一起制定安全须知，让他们把安全问题作为重要问题考虑和处理。

(五)多样方式激励创新

开展设计制作类综合实践活动的目的之一是培养学生的创新精神，只有让学生学会创造、敢于创造、乐于创造，活动才行之有效。为此，活动中要为学生提供创造的平台，开展这类活动时需要鼓励学生将已有知识用于实践，将自己的构想变为现实。为此，可以开展多种形式的创作比赛、作品展览等，尽可能地展示学生设计制作的作品，并设置"实践之星""创造之星""智慧之星"等小奖章，采取激励措施，引导学生积极创新、大胆实践。

三、在劳动教育中开展设计制作活动的环节

设计制作活动环节的落实是保证设计制作活动质量和水平的基础，在劳动教育中开展设计制作活动，包括定向设计、技能训练、动手制作、验证优化四个环节。

(一)定向设计

定向设计是制作活动的开端,其主要任务是确定制作项目,培养创意设计能力,选择所需的材料与工具,确定制作流程和步骤,编写制作设计方案、图纸。

活动流程主要为(图 4-3):

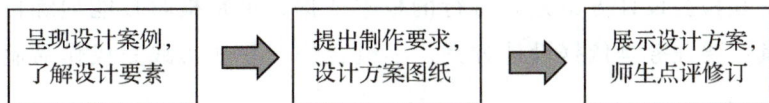

呈现设计案例,了解设计要素 ➡ 提出制作要求,设计方案图纸 ➡ 展示设计方案,师生点评修订

图 4-3　定向设计活动流程

为了加强制作活动的计划性,保证任务的顺利完成,教师必须认真周密地制订活动计划。教师在深入了解学生的基础上,结合学校的设备和各方面的条件,根据科技小制作活动特点,认真研究活动的总体安排和具体内容。主要包括:制作活动的目标、制作活动的工具和材料、活动内容、活动安排、人员人工、预计的困难等。要在充分考虑制作的作品的造型、原理、功能、所需要的工具和材料的基础上绘制设计图。绘制作品设计图,可以提高制作的成效,让学生在制作过程中有的放矢,有章可循。

(二)技能训练

技能训练课是完成制作的基本保证,其主要任务是根据制作的需要,对所选用的工具进行正确的操作指导和训练,在制作过程中安全使用工具,也可以在教师的指导下加工各种材料形成半成品。活动的流程主要见图 4-4:

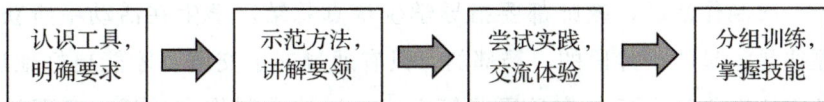

认识工具,明确要求 ➡ 示范方法,讲解要领 ➡ 尝试实践,交流体验 ➡ 分组训练,掌握技能

图 4-4　技能训练活动流程

科技小制作与科学知识有着紧密的联系,学生掌握了相关的科学知识,才能比较顺利地进行制作。因此在指导学生时,不能只讲操作与制作方法,还要介绍有关原理。例如,在"制作简易发电机"的活动中,教师除了要介绍操作方法外,还要讲清楚关于电的产生的基本原理。只有这样,学生才能正确地进行操作,同时真正体会科学技术的魅力。

在制作前要使学生明确操作的目的和要求。教师在制作活动前,要向学生讲清楚制作的目的,达到什么要求,注意什么问题,基本过程是怎么样的等。这样学生就会在教师的指导下发挥主动性和积极性,避免操作中的错误和盲目行动,能自觉地根据活动的要求,随时对自己的行为作出恰当的评价。

教师要进行必要的示范。进行科技小制作前，教师应该把操作中所用的仪器、工具的标准名称，用途，使用方法，操作步骤，注意事项等讲清楚，边讲边示范，为学生顺利地进行操作奠定良好的基础。

(三)动手制作

作品制作是检验设计方案是否可行的根本依据，也是检验技能训练目标达成度高低的标准。其主要任务是依据设计方案，小组合作、手动实践完成作品制作。主要的流程为(图 4-5)：

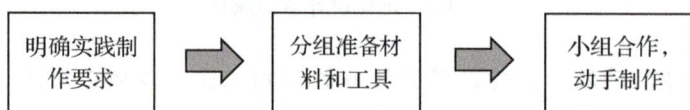

图 4-5　动手制作活动流程

(四)验证优化

作品验证与优化的主要任务是提升作品质量，定稿设计方案、图纸。通过对各组完成的作品进行展示和点评，培养科学严谨的处事态度。活动的主要流程为(图 4-6)：

图 4-6　验证优化活动流程

每进行一次制作活动，教师都要指导学生认真总结，学生在活动中所获得的知识和技能，往往是零星的、片段的、局部的，只有通过展示交流，才能更好地反思改进。交流展示的方式有作品介绍、作品展览等方式。科技小制作完成后，还要检验是否达到了预期的目的，如航空模型要试飞，航海模型要试航等。科技小制作往往不能一次成功，需要经过多次改进，才能达到理想的结果。教师要鼓励学生坚持不懈，直到成功为止，这样会使学生养成克服困难，不达目标不罢休的良好品质。

四、在劳动教育中开展设计制作活动的案例分析

"公益广告牌的设计与制作"是一个典型的劳动教育类的设计制作项目。下面以该课例为例，探讨和分析劳动教育中设计制作活动的关键要素在不同阶段的实施。

【活动目标】

认知性目标：了解公益广告语的相关知识，认识公益广告牌的作用，知道手工制

作公益广告牌的工具和材料；通过制作公益广告牌，激发自主进行社区垃圾分类的意识。

参与性目标：每位同学根据任务分工，积极参与制作活动，参与劳动活动的时间在 15 分钟以上。

体验性目标：通过亲身经历劳动，动手设计制作公益广告牌，认识和体会劳动创造美好生活，体验劳动的辛苦与快乐。

技能性目标：学会制作公益广告牌的方法和步骤，掌握制作中的切割、拼接、喷涂等技能，能制作符合要求的垃圾分类公益广告牌。

创造性目标：在学习制作公益广告牌方法的基础上，能创造性地使用工具材料，进行方法的迁移，制作出有创意的公益广告牌。

【活动重难点】

活动中的重点是掌握制作公益广告牌的方法和步骤，难点是能创造性地使用工具材料，进行方法的迁移，制作出有创意的公益广告牌。

【活动准备】

工具：热熔胶枪、美工刀、剪刀、胶布、油性笔、手套、口罩、彩笔、纸皮垫板等。

材料：KT 板、木板、吹塑板、安迪板、喷漆、超轻黏土等。

【活动过程】

(一)主题定向，设计构思

学生回顾前期探究社区垃圾分类的现状情况，交流主题活动中的收获和体会。

1. 确定项目

师："同学们，垃圾分类是一种新时尚。近期我们正在开展'社区垃圾我分类'的主题活动，各组同学在探究活动中，了解了垃圾分类的相关知识，观察了小区垃圾分类的情况，但是发现还有不少居民仍然没有按要求进行垃圾分类。那我们可以为社区的垃圾分类做些什么呢？"

学生议论纷纷，各抒己见。

有的说："我们可以当小小监督员，在居民倒垃圾的时候及时提醒。"

有的说："我们张贴宣传标语纸，提示居民要进行垃圾分类。"

有的说："我们可以派发垃圾分类的宣传单给居民。"

还有的说："悬挂宣传牌子比张贴宣传标语纸好，不容易损坏。"

……

在这一环节中，教师及时引导学生思考："同学们的想法真好，大家都认为我们要加强社区垃圾分类宣传。当小小监督员可以及时地提醒居民，现场效果可能会更好，但是考虑到时间问题，我们不可能全天都参加；张贴宣传标语纸可以随时提醒居民，但是容易损坏，而且也不美观；派发宣传单成本高，而且上面的内容很多人不会去关注。大家认为，什么方法更好呢？"

经过师生的讨论，同学们最后确定了"设计制作垃圾分类公益广告牌"这个项目，把垃圾分类的广告语印在牌子上，放在垃圾投放醒目的地方，随时提醒人们要进行垃圾分类。

教师通过创设问题情境，引发学生联系自己的实际。问题来源于学生的真实生活，可感可触，根据真实问题提出可行的创意，基于真实需要开展设计制作活动，让创意设计有源可寻，有据可依，成功引导学生确定"公益广告牌的设计与制作"活动项目。

2. 方案设计

活动主题确定后，老师布置学生上网查找有关公益广告牌的材料、形状，需要用到的工具等，还让学生去收集或者自己设计垃圾分类公益广告语。教师也通过多媒体展示各式各样的公益广告牌，让学生初步感知公益广告牌的种类、造型、用途等。

(1)明确制作公益广告牌的特点

师：同学们认为要制作好一个公益广告牌要考虑哪些因素？

有的学生说："坚固耐用，可以防水、防风、防晒。"

有的学生说："要围绕着公益设计广告语，能体现公益性。"

有的学生说："外形要好看，色彩要鲜明，能吸引人注意。"

根据学生的讨论，教师相机总结出公益广告牌的特点：坚固耐用、主题突出、造型美观、形式新颖。

(2)公益广告牌的构成

师："在制作公益广告牌之前，我们先来认识一下广告牌的构成。"图片出示公益广告牌：硬底板、公益广告语、手柄、装饰物等。

本环节，教师主要指导学生制订项目设计方案，组长带领组员讨论项目设计的目标、内容，准备的工具材料，作品的设计图，预订的步骤，人员分工，预期的困难等，对活动进行整体构思。方案制订完成后，教师组织学生展示方案，师生互相交流评价，提出意见和建议。最后，小组根据老师和学生提出的意见进一步修订完善自己的设计方案。

学生设计方案前，教师通过学生自学和研讨交流等方式把公益广告牌的材料、造型、制作步骤等专业知识传递给学生，为学生的设计和制作提供专业支持。在本阶段，教师重点指导学生如何绘制草图，让学生明晰，要制作的作品的形状及结构，指导学生对制作的步骤进行构思，让学生明确设计的思路是否具有可行性。活动进程要按照活动的时间安排；人员分工要具体，责任到人。在教师的有效组织下，师生、生生之间围绕方案对话交流，促使设计方案在共同研讨中不断得到完善，这些都应是在一种平等的对话气氛中逐渐生成的。

(二)学习方法，技能训练

1. 认识和选择工具材料

认识和选择活动材料或工具以及动手制作，是设计制作活动在实施过程中的关键要素。它鼓励学生手脑并用，自己带着问题和任务调动多学科知识，综合多种能力，运用多项技能去完成目标项目。教师不再一一示范，仅提供有效的帮助，学生也不再模仿教师。这是灵动的教学，是让学生最大限度地亲身体验。

师："有句话说'工欲善其事，必先利其器'，也就是说我们要做好工具和材料的准备"。

学生在交流的过程中发生思维碰撞，在自主操作时思考困难解决方式，真正调动起了多学科知识，综合运用了多种能力和多项技能来完成公益广告牌的材料和工具的选择，将创意物化。如制作细节处，学生在不断尝试和请教老师后得出：在切割木头时，电锯是最好的选择；金属片需要用切割机裁剪；KT板和吹塑板只需要用美工刀裁剪就可以了；粗糙打磨需用打磨机，而细致打磨砂纸才是好帮手……学生在喷漆、裁剪、分割、打磨、拼接的过程中，或多或少都有了收获。除思维和技能的学习外，小组合作的意识、学生的协调能力和人际关系处理能力都得到了增强。

在本环节，教师指导学生选择合适的工具和材料，学生选择的材料有：KT板、木板、吹塑板、安迪板、塑料、金属片、超轻黏土、喷漆等；选择的工具有：打磨机、切割机、电锯、热熔胶枪、美工刀、剪刀、彩笔、透明胶、纸皮垫板等。

学生通过自己思考、上网查询相关信息、询问父母等，对材料与工具进行了自主探寻。在材料和工具准备的部分，我们可从中直观感受到学生思维多样化。各组学生选择制作公益广告牌的底板就有KT板、木板、吹塑板、安迪板、塑料、金属片等，这些都来自学生的个性化方案设计。

2. 方法示范，讲解要求

由于现场示范制作的时间及效果一定程度上影响学生的学习，因此教师提前制作了示范性的微课，让学生初步感知制作的步骤和方法。

师："那该如何制作公益广告牌呢？有哪些步骤和方法，下面我们观看一个小视频，同学们做好记录。"

3. 分解步骤，明确方法

师："你知道如何制作公益广告牌了吗？我们一起来总结一下吧。"教师通过图文展示与学生一起回顾强化制作的步骤。在这个过程中，学生尝试进行制作。

第一步：造型切割

(1)设计造型，画出样图。

(2)固定底板，沿线切割。

(温馨提示：注意安全使用工具，不要伤到自己和别人。)

第二步：贴模喷漆

(1)字模紧贴底板，粘贴固定。字模要紧贴底板，用透明胶把四个角固定住，注意不能移动。

(2)合理选择喷漆，突出显示。广告语是广告牌的主题内容，根据底板的颜色，合理选择喷漆颜色，突出广告语内容。

(3)注意喷漆角度，分布均匀。油漆瓶子倾斜45度，喷洒均匀，不留死角。

(温馨提示：戴上口罩和手套，注意保护好眼睛)

(4)快速风干喷漆，小心脱模。

第三步：拼接粘贴

手柄和底板牌拼接起来(为了保持美观，一般把手柄放在底板牌的背后)，在拼接的地方涂上胶水或者焊接上去。在拼接处按压一会儿，拼接完成。

第四步：装饰美化

用超轻黏土造型，装饰美化广告牌，也可以通过绘画、粘贴等方式对广告牌进行美化装饰。

创意物化的实现，不仅需要动手操作，需要造物工具和技术的支持，还需要综合运用数学、科学、美术等多门学科知识。学生在物化过程中，不仅能够提高实践能力，还能加深对学科知识的理解，激发学习兴趣。

(三)实践制作，方法运用

1. 明确制作的要求和注意事项

师："同学们，制作公益广告牌你学会了吗？制作前我们先来看看要求和注意事项。"

课件展示，并用语言强调：

(1)小组讨论确定广告牌的形状和版面。

(2)组长根据小组成员的特长，合理分工。

(3)使用切割机、打磨机、热熔胶枪、美工刀、剪刀、喷漆等工具时，一定要注意安全，不要伤到自己和别人。

(4)垃圾不乱丢，放在指定的箱子里。教师随机进行环境保护教育。

2. 小组合作开展制作活动。教师巡视指导，学生制作的过程随机投屏展示

(分析：动手制作使设想在现实中着陆，这个过程技术思维含量大，要思考解决制

作过程中的问题，要不断反思、调整、改进原设计，在"做中学""学中做"，完成作品。这个实践过程，不仅促进思维过程的明晰，检验了设计方案，也让学生感受到了技术的魅力，在很大程度上提高了学生的技术实践能力。）

（四）展示交流，评价提升

（1）各小组上台展示自己小组的作品，并用一句话介绍小组作品的亮点以及制作过程中遇到的问题和困惑。

（2）教师和同学们对展示的作品进行评价，肯定优点，指出不足和改进的地方，交流制作过程中遇到的问题。

（3）展示作品的小组对评价意见进行回应和表态。

师点评："今天每一位同学都认真参与了公益广告牌制作的活动，同学们通过造型、切割、裁剪、拼接、粘贴等制作的公益广告牌各具特色，并且在这个过程中不断地精益求精，我为你们的工匠精神点赞。"

学习者通过制作将设计付诸实物，在完成后与同学们分享交流实践成果，演示其工作原理，展示思维的过程。在展示中同学进行思维碰撞，是学生对相关知识的深度理解、迁移运用，也是学生劳动意识、技术运用的体现。学生遇到了许多不曾考虑到的问题，但老师在此时并不直接告诉答案，而是通过关键性的引导让学生参与讨论、协作交流进行总结归纳，促进学生发散思维，提高其处理复杂问题的能力。

（五）反思改进，拓展延伸

1. 走进广告牌生产车间（图片展示工人切割、焊接、打磨、喷漆等图片）

师："今天我们当了一回小小工匠师，那工厂里的工人们又是如何制作广告牌的呢？让我们一起走进现场看看吧。"

2. 交流劳动体会

师："看了工人叔叔阿姨们的劳动画面，通过今天的活动，你有什么想跟大家说的吗？"

3. 教师小结

师："同学们说得真好，劳动最崇高，劳动最美丽，劳动创造了我们的美好生活，我们要珍惜劳动成果，更要辛勤劳动。请同学们根据老师和同学的意见，进一步完善和改进我们的公益广告牌，完成后，放置在社区需要的地方，提醒人们自觉进行垃圾分类，共同为我们生活的社区做出自己的贡献。"

【案例分析】本案例是在劳动教育中开展设计制作活动的典型案例，其亮点主要表现为：（1）在设计制作活动中融汇劳动观念的教育。通过加大公益广告牌的制作难度，让学生体会劳动的艰辛、劳动的崇高，学习工匠精神，培养学生的劳动素养。（2）注重学生创新能力的培养。运用项目学习的理念，将探究活动融入设计制作活动之中，强调思维活动的深度参与，注重手脑并用，充分体现了"在探究中劳动、在劳动中创造"的劳动教育理念。[①]（3）设计制作活动的环节完整。定向设计、技能训练、动手制作、验证优化四个环节明晰有序地呈现在教学之中，保证学生完成劳动任务。（4）学生劳动产品的多样化与个性化。通过创意设计、动手制作，不同的小组形成个性化的劳动产品，体现了不同小组的创意差异，丰富了劳动产品的多样性。改进方向一是进一步激发学生的问题意识，探寻公益广告牌存在的问题，提升问题解决的指向性；二是可从进一步丰富制作材料入手，为创意设计制作提供新的可能；三是可丰富公益广告牌的使用情境，激发学生新的创意，进一步达成创造性劳动的课程目标。

本章小结

设计制作活动是综合实践活动四大活动方式之一，对于培养学生的问题解决、创意物化能力具有重要作用。本章系统分析了设计制作活动内涵、实施环节与要求，为教师开展设计制作活动提供了明确的指引。本章还对设计制作活动在 STEM 教育和劳动教育中的实施进行了探讨，并结合典型案例予以分析，具有示范性和操作性。

关键术语

设计制作；创意物化；深度学习；项目学习；学科整合；STEM 教育；劳动教育。

体验练习

1. 考察探究、社会服务、设计制作、职业体验为综合实践活动四大活动方式，请分析设计制作活动与其他三种活动方式之间的关系。

2. 开展设计制作活动的指导，教师需要什么样的素养？如何提升设计制作活动指导的有效性？

3. 请结合 STEM 教育或劳动教育设计一项设计制作活动，并在教学中实施，写出教学反思。

---

① 邹立波主编：《综合实践活动·劳动》，12 页，广州，广州出版社，2020。

拓展读物

1. 张紫屏．综合实践活动课程的理论视野．石家庄：河北教育出版社，2020.

2. 高振宇，包新中．考察探究与设计制作．石家庄：河北教育出版社，2020.

小学职业体验活动设计与实施

　　本章分两个部分对小学职业体验活动的设计与实施进行概述：第一部分从小学职业体验活动的理论渊源出发，阐述小学职业体验活动的内涵、特点、基本类型与设计要求；第二部分介绍开展小学职业体验活动可采取的具体方式和活动指导要求。

结构图

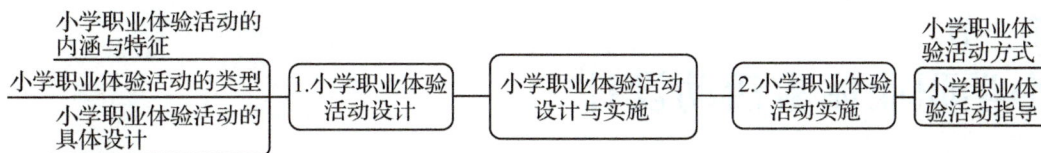

学习目标

1. 了解小学职业体验活动的内涵、类型。
2. 理解小学职业体验活动的设计要求。
3. 理解小学职业体验活动的实施的具体方式和指导要求。

读前反思

　　从杜威的实用主义教育思想到黄炎培的职业教育思想，从教育学理论到心理学理论，长久以来都提倡在小学阶段开展职业教育。我国 21 世纪初启动新课程改革以来，也明确把提升学生的职业与技术能力作为综合实践活动课程的任务之一，2017 年印发的《中小学综合实践活动课程指导纲要》更是明确将职业体验作为综合实践活动课程的主要活动方式，其重要性越加凸显。读者可以思考如下问题。

　　1. 为何小学职业体验活动愈加必要？
　　2. 小学职业体验活动对培养学生素养有何意义？
　　3. 如何有效开展小学职业体验活动？

　　职业体验是《中小学综合实践活动课程指导纲要》（以下简称《指导纲要》）规定的活动方式之一，与考察探究、社会服务、设计制作等活动方式共同构成综合实践活动课程的活动方式体系。虽然作为活动方式"职业体验"首次以独立的形式纳入政策文本，但作为课程内容"职业体验"一直是综合实践活动课程的重要组成部分，2001年教育部印发的《基础教育课程改革纲要（试行）》就明确规定，综合实践活动课程要帮助学生"了解必要的通用技术和职业分工，形成初步技术能力"。在强调学生核心素养培养和生涯发展能力提升的背景下，职业体验同时还肩负着培养学生自主发展素养、为学生终身生涯发展奠定基础的时代使命。小学职业体验活动作为学生最早接触的有目的有组织的职业体验活动，对于培养学生终身的职业素养有重要影响，做好活动的设计与实施十分重要。

第一节
小学职业体验活动设计

🎯 学习目标

1. 理解小学职业体验活动的历史渊源、相关概念与内涵。
2. 理解小学职业体验活动的类型、特点与设计要求。

要做好小学职业体验活动的设计，首先要掌握其内涵、特点与基本类型。

一、小学职业体验活动的内涵与特征

(一)小学职业体验活动的内涵

任何教育形式的存在都有着其学科基础与理论渊源，了解小学职业体验活动的相关理论有助于更好地把握其具体内涵。

1. 小学职业体验活动的理论渊源

在小学阶段开展职业体验活动有着长期的教育学与心理学基础，其中杜威的实用主义教育思想、黄炎培的职业教育思想和舒伯的生涯发展理论尤其值得参考。

（1）杜威的实用主义教育思想

约翰·杜威是美国近代著名哲学家、教育家、心理学家，是实用主义的集大成者，著有《学校与社会》《民主主义与教育》等 37 本专著与上百篇论文。① 杜威在《民主主义与教育》"教育与职业"一章中对职业教育进行了专门论述，其中一些观点对小学职业体验活动有直接的指导意义。

广义的职业教育观。杜威认为不能把职业教育理解为工艺教育和作为获得将来职业技术的手段，而应当将其视为一种改造的手段，一种"使学校生活更有生气，更富于现实意义，与校外经验有更密切的联系"②的手段。杜威反对过早地让学生为特定的职业做准备，这样限制了学生未来发展的可能性，容易固化学生发展路径，不利于适应不断变化发展的社会而可能导致被社会淘汰的风险。他提出职业教育应当是预备的、间接的，是为学生发现能力倾向与兴趣奠定基础的。

普职融合的教育思想。杜威反对二元对立的职业教育思想，认为劳动与闲暇对立、理论与实践对立、自由教育与职业教育对立的看法是狭隘的，传统的以提升文化修养为目标的自由教育及以进行技能培训为目标的职业教育应当同为教育体系的一部分，共同为教育目标服务。在人的发展方面，杜威认为"没有人只是一个艺术家，此外一无所能……一个艺术家的艺术才能，如果不只是技术上的成就，他就必须有经验，他就必须生活"③，教育的作用不是要助长过分强调职业专门化的倾向，而是要预防这种倾向，"使科学研究工作者不仅是科学家，教师不仅是教书匠，牧师不仅是穿着牧师服装的人"④。

综合课程与"做中学"理论。为实现人文与技术的融合，杜威主张学校应开设大量的职业课程，并强调课程内容的综合性，期望通过综合课程让学生受到广博的教育，在理解、掌握科学知识与社会常识的基础之上掌握专业的知识与技能。⑤ "通过作业进行的训练，是为职业进行的唯一适当的训练"⑥，杜威主张通过从事与学生需要和兴趣相符合的主动作业开展职业教育，使学生在过程中探索能力和能力倾向，从而获得生长。

杜威的实用主义教育思想对指导小学职业体验活动的开展有多方面意义。首先他明确了职业教育的目的，提出职业教育是为发现学生能力倾向和兴趣奠定基础而非为职业做准备；其次他澄清了普职教育之间的关系，主张普职融合共同推动个体的全面发展；最后他指明了在低年级段开展职业教育的具体方式——作业，主张通过综合性的课程的实施、通过学生亲身体验的方式开展职业教育。杜威的实用主义教育思想论

① 单文经：《经验与教育》，23—41 页，台北，联经出版事业股份有限公司，2015。
② ［美］约翰·杜威：《民主主义与教育》，王承绪译，334 页，北京，人民教育出版社，2001。
③ 同上书，326 页。
④ 同上书，327 页。
⑤ 参见杨光富：《杜威的职业教育思想》，载《湖南师范大学教育科学学报》，2016(3)。
⑥ 谢长法：《教育家黄炎培研究》，329 页，济南，山东人民出版社，2016。

证了在小学阶段开展职业体验活动的必要性，同时也提醒小学职业体验活动应当注重其职业准备的间接性、过程的体验性和普职的融合性。

（2）黄炎培的职业教育思想

黄炎培是我国职业教育的重要开拓者、近代著名教育家和政治运动家，著有《学校教育采用实用主义之商榷》《小学职业陶冶》，译有《实用主义小学教育法》等著作，对小学阶段的职业教育有专门的论述，关注小学职业教育的必要性、实施方式和教育原则等方面的问题。

职业教育从小学抓起。黄炎培提倡实用主义教育，认为在小学阶段实施职业教育是推进实用主义教育的重要途径，"今兹教育，非于实用的方面，施大革新不可，非从小学校下手不可"①，"然必须自高等小学校三年起，加入职业教育，方可应用"②。而关于施行小学职业教育的方式，黄炎培注重潜移默化、顺应儿童天性，他提出"职业陶冶"的概念，认为职业陶冶是学生进行职业训练的前提，"使儿童于不知不觉中，养成为己治生、为群服务之兴趣与习惯，所谓职业陶冶是也……人欲受职业训练，必先受职业陶冶"③，认为职业陶冶有利于养成儿童劳动、惜物、储蓄、经济的好习惯，能为谋生和服务社会奠定基础。

职业教育的原则。黄炎培职业教育思想深受杜威影响，尤其在职业教育教学原则方面，是在杜威思想上的继承发展，提出职业教育要"手脑并用""做学合一""理论与实际并行""知识与技能并重"。一是要注重真实情境的创造，"要办职业学校，先办工场；欲办农校，先办农场"④，强调教育要加强与社会的联系，学生应到真实的职业环境中进行锻炼，获得直接的职业体验；二是在注重动手、实践的同时不能轻视动脑和理论，要做学合一，反对"农学生知识不如老农，商学生却不足应商业用"，理论与实践应相辅相成。⑤

黄炎培的职业教育思想与杜威的实用主义教育思想一脉相承，有许多共同之处。例如提倡实用主义教育、提倡职业教育从小学抓起，注重职业教育在促进个体全面发展当中的重要作用，主张通过体验性的"做中学"活动方式开展职业教育等，为小学职业体验活动的开展提供了方向和方法指引。

（3）舒伯的生涯发展理论

生涯发展理论是基于心理学研究人的生涯发展规律与阶段特点的理论，是个体进行职业规划和系统开展职业教育的科学依据，其中影响最大、体系最为完善的当属美

---

① 谢长法：《教育家黄炎培研究》，47 页，济南，山东人民出版社，2016。
② 同上书，48 页。
③ 黄炎培：《小学职业陶冶》，载《教育与职业》，1989(9)。
④ 孙培青：《中国教育史》，459 页，上海，华东师范大学出版社，2000。
⑤ 王梦云、妙惠：《杜威和黄炎培职业教育教学观之比较》，载《中国成人教育》，2019(2)。

国学者唐纳德·舒伯提出的生涯发展理论。舒伯认为，生涯是生活里各种事件的演进方向与历程，它统合了人的一生中各种职业和生活的角色，由此表露出个人独特的自我发展组型。① 舒伯将人的一生划分为五个阶段：成长期（0～14 岁，相当于儿童期）、探索期（15～24 岁，相当于青春期）、建立期（25～44 岁，相当于成人前期）、维持期（45～64 岁，相当于中年期）、衰退期（65 岁以后，相当于老年期），从成长期到探索期、建立期、维持期和衰退期，不同的生涯发展阶段标志着人不同的生涯成熟度，有着不同的阶段特点和阶段发展任务，其中小学生处于舒伯生涯发展理论当中的成长期，有着特定的生涯发展阶段特点和发展任务（见表 5-1）。②

表 5-1　舒伯生涯发展理论"成长期"阶段特点与发展任务

阶段	阶段特点	发展任务
成长期 （0～14 岁）	在学校和家庭以及重要他人的认同过程中逐渐发展自我概念。需求和幻想是这一时期最主要的特质。随着年龄的增长、学习行为的出现、社会参与程度与接受现实考验的强度逐渐增加，兴趣和能力也逐渐发展。又可划分为三个时期：幻想期（4～10 岁，需求支配一切；热衷于幻想游戏中的角色扮演）；兴趣期（11～12 岁，兴趣爱好决定行为）；能力期（13～14 岁，能力的重要性逐渐增加，开始考虑工作所需要的能力和其他条件）	发展自我图像；发展对工作世界的正确态度；开始了解工作的意义

　　舒伯的生涯发展理论揭示了人的生涯发展规律和不同阶段的需求与特点，提醒小学职业体验活动的开展要注意小学生生涯发展阶段的顺序性和阶段特点。人的生涯发展具有顺序性，上一阶段任务是否完成影响下一阶段的生涯发展，因而小学职业体验活动的开展要充分满足学生的发展需求；小学生处于生涯发展的成长期，以满足职业幻想和发展职业兴趣为阶段任务，因而小学职业体验活动应当注重体验情境的创设和活动的趣味性。

　　2. 小学职业体验活动的相关概念

　　小学职业体验活动既是一种活动形式也是一项教育内容，作为小学教育的有效组成部分与一些相近概念在词义与内涵、目的与功能上有着密切的联系，厘清与相近概念之间的联系与区别是掌握小学职业体验活动内涵的前提。

　　(1)生涯教育

　　广义的生涯一般是指人生的整体发展历程，即除职业生涯以外，还包括个人衣、食、住、行、育各个方面活动与经验历程；狭义的生涯一般等同于职业生涯，指一个人一生从事的职业和事业。③ 在当前的生涯教育研究中多取广义的生涯观，认为生涯不

①　黄中天：《生涯规划——理论与实践》，6 页，北京，高等教育出版社，2007。

②　金树人：《生涯咨询与辅导》，75—80 页，北京，高等教育出版社，2007。

③　参见吴思达：《生涯规划与管理》，11 页，台北，全华图书股份有限公司，2007。

仅限于职业领域，还是个体整体的发展历程，因此，生涯教育被理解为是学生在学校教育经验中有关"职业教育""通识教育"和"大学准备教育"诸要素的有机融合，是为学生一生发展奠基的教育。[①]

而在《指导纲要》当中，职业体验的界定为"学生在实际工作岗位上或模拟情境中见习、实习，体认职业角色的过程，如军训、学工、学农等，它注重让学生获得对职业生活的真切理解，发现自己的专长，培养职业兴趣，形成正确的劳动观念和人生志向，提升生涯规划能力"。由此可见生涯教育与职业体验有着共同的教育元素——职业教育，有着一致的教育目标——提高学生的生涯规划能力，提倡一样的活动形式——体验活动。不同之处在于生涯教育的内涵更宽广，既包含职业教育，还包含关涉个体人生整体发展的其他要素，如学业、生活等。职业教育是生涯教育的要素之一，职业体验是生涯教育的重要形式。

（2）劳动教育

一直以来劳动教育与综合实践活动、职业体验活动从内涵与形式上都有着紧密联系。《基础教育课程改革纲要（试行）》明确规定劳动与技术教育、信息技术教育、研究性学习、社区服务共同构成综合实践活动课程内容，劳动教育一度包含在综合实践活动课程之中；2017年教育部印发的《指导纲要》强调职业体验活动要"学工学农"，要帮助学生"形成正确的劳动观念"。因此职业体验和劳动教育在多方面是一致的：目标上追求学生正确劳动价值观念的形成，内容上要求要因地制宜进行开发，形式上强调实践与体验，主体上强调多元与协作，二者是你中有我我中有你、相互融合相辅相成的关系。二者的区别可以从词义上进行理解，劳动是人类实践活动的一种特殊形式，实践是人们能动地改造和探索现实世界一切客观物质的活动，活动一般是指人类有目的的运动，活动、实践、劳动是前者包含后者的关系[②]；从目的上看，实践侧重于改造世界的活动，而劳动侧重于创造价值、创造财富的过程[③]。因此可以认为小学职业体验活动更为注重过程的体悟和精神层面的提升，劳动教育在注重过程的同时还强调结果的价值；另外劳动教育侧重于综合育人价值的实现，而职业体验活动更着重于学生职业意识、生涯规划能力的培养。总之二者是相互融合相互促成又各有重点的关系。

3. 小学职业体验活动内涵的具体界定

综合对相关理论的理解以及邻近概念的澄清，我们可以初步描绘小学职业体验活动的内涵轮廓：突出学生主体性、注重体验性和阶段性、是间接的职业准备教育、在

[①]　参见杨燕燕：《普通高中生涯教育：问题、经验与策略》，载《杭州师范大学学报（社会科学版）》，2018(6)。

[②]　参见檀传宝：《劳动教育的概念理解——如何认识劳动教育概念的基本内涵与基本特征》，载《中国教育学刊》，2019(2)。

[③]　参见柳夕浪主编：《〈中小学综合实践活动课程指导纲要〉解读——44个问答》，5页，石家庄，河北教育出版社，2019。

培养学生职业素养的同时能够促进学生生涯规划素养和劳动素养的提升。基于此，我们尝试将小学职业体验活动界定为"是以小学阶段学生为主体、在教师和相关活动主体的指导下于虚拟或真实职业情境当中开展的，以启蒙学生职业意识、培养职业兴趣、提升生涯规划能力和奠定正确劳动价值观念为目的的综合实践活动"。

(二)小学职业体验活动的特征

从系统的角度看，小学职业体验活动的特征可以从三个层面进行理解。首先，作为一项教育活动，小学职业体验活动有着所有教育活动应当具备的特征，如教育性、发展性、科学性、专业性；其次，作为综合实践活动课程的一部分，小学职业体验活动也应具有综合实践活动课程的共同特征，如自主性、实践性、开放性、整合性、连续性；最后，作为小学职业体验活动本身，它还具有与其他教育、综合实践活动所相区别的一些特征(见图 5-1)。

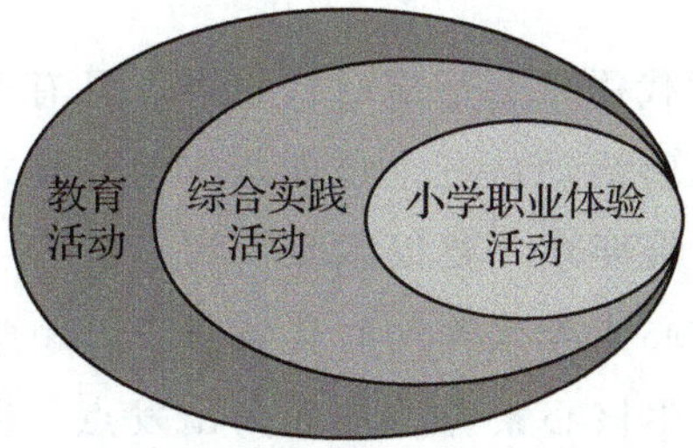

图 5-1　小学职业体验活动与综合实践活动、教育活动的关系

1. 基础性

基础性是基础教育的本位价值，有两层含义：一是为民族素质的提升打基础，即公民教育；二是为人的一生发展打基础，即为人生奠基，包括学习兴趣、学习态度、学习习惯、人格养成、健康体魄、创新精神与实践能力等。[①] 而就基础教育阶段而言，小学是基础的基础，与中学阶段教育相比，其基础性更加突出。小学职业体验活动的基础性表现为两个方面：一是从定位而言，小学职业体验活动在小学阶段开展，处于学生在学校教育中系统接受职业教育的开端，是为后续同领域学习的基础，主要起到奠基作用；二是从目的与主要功能而言，职业体验活动的核心功能是服务于学生未来职业发展，从小学阶段到走入职场还有较长的生涯发展历程，小学阶段的职业教育是非功利性的、非技能性的职业教育，其主要目的在于启蒙、兴趣培养、态度养成等方面，是间接的职业准备教育。

---

① 李明新：《基础性：基础教育的本位价值》，载《中小学管理》，2012(2)。

2. 阶段性

阶段性是指小学职业体验活动的活动主体及其活动本身具有阶段特点、阶段任务，进而要求小学职业体验活动具备一定的阶段特征。从活动主体而言，小学生处于生涯发展的成长期、幻想期，对职业世界充满好奇，以感性认知为主，对职业的需求处于幻想之中。因而小学职业体验活动的设计应遵循学生心理发展规律，以满足阶段发展需要为出发点，设计能够满足学生幻想、助长学生兴趣的活动。从活动本身而言，小学职业体验活动具有阶段任务，活动的开展要做好阶段定位、紧扣阶段目标，为综合实践活动整体目标的实现服务。以"价值体认"为例，在小学阶段，希望学生能够通过活动获得积极的价值体验、初步形成集体思想和组织观念、为自己是中国人感到自豪；初中阶段，期望通过活动加深学生的积极体验、形成积极的劳动观念和态度、具备初步的生涯规划意识和能力；高中阶段，强调要增强生涯规划与职业选择能力、具有中国特色社会主义共同理想和国际视野等（详见《指导纲要》）。

3. 时代性

所谓时代性是指反映时代需求、适应时代发展、具有时代特征。小学职业体验活动的时代性要求小学职业体验活动从三个层面落实时代要求。首先是政策层面。小学职业体验活动要体现时代政策要求，要以国家、省、市等层面的教育政策为依据、为目标。如在当前强调学生核心素养培养的时代背景下，小学职业体验活动的目标定位要跳出传统思维，以服务学生核心素养的培养为出发点，以全人、全面、终身发展的眼光进行筹划设计。其次是社会发展层面。信息化时代社会瞬息万变，社会、市场、职场均在发展中变化、在变化中发展，职业与社会发展息息相关，小学职业体验活动要与时俱进，紧扣社会形势生成主题，利用社会资源开展活动。最后是人才需求层面。社会在发展，人才需求也在变化，如何将时代人才需求渗透到活动当中，转变成为学生素养，帮助学生为未来生活做好准备，是小学职业体验活动的任务之一。

4. 体验性

小学职业体验活动必须具有体验性才可成立。体验性是与实践性紧密相关的一个特性，实践性强调情境创造、学生"动手""做""探究"，体验性强调学生在动手和探究当中亲历、投入、感受、体悟，实践性更多地体现在活动的形式与理念方面，而体验性则更多地强调学生的实质参与和感悟收获，"以身体之"为实践，"以心验之"为体验。有学者提出体验性的学习活动有五个特点：并非是知识本位的学习、并非是课堂教学、并非是"做中学"、并非是"个体学习"、并非是"一次性"的学习而是"连续性"的学习。①因此，小学职业体验活动要从活动目标、活动场景、活动过程、活动设计中的系统体现体验性特征，从活动目标上强调非学科化、从活动场景上强调情境创造、从活动过

---

① 王灿明：《体验学习解读》，载《全球教育展望》，2005(12)。

程上强调身心投入、从活动设计上强调系统连贯等。

5. 趣味性

趣味性是指活动生动、活泼、有趣，能使学生乐在其中并对活动产生积极认同。基于小学职业体验活动主体的低龄化、活动形式的实践性，强调活动的趣味性是必要的也是有益的。提高活动的趣味性符合学生年龄尤其是低年级学生的心理特点，能够有效激发学生兴趣，能够更好地调动学生实质参与体验，能够提升学生对活动内容的认同感等。因此要求教师在进行活动设计时要充分研究学情，研究学生的兴趣特点与个性喜好；要充分挖掘资源，利用一切可利用的资源丰富活动；要进行精心设计，确保活动过程完善流畅；要全情投入，以积极的情绪营造良好氛围。

二、小学职业体验活动的类型

小学职业体验活动具体来说可以涉及多方面的内容，可以面向不同的主体，可以采取不同的组织方式和活动方式，可以包含多维目标。讨论小学职业体验活动的类型，对于把握不同类型活动的特点、功能，进行系统的活动设计有一定的帮助。

(一)按组织方式划分

小学职业体验活动的主体是学生，面向不同的学生群体开展的活动组织方式各异。按照活动人数的多少，可以将小学职业体验活动分为个别的职业体验活动、小组的职业体验活动、集体的职业体验活动。

1. 个别的职业体验活动

个别的职业体验活动是指学生在学校、教师、家长的指导和帮助下以个人为单位进行的职业体验活动，个别的职业体验活动不一定是单独设计的，它可能是小组职业体验活动或其他组织方式的一部分。个别的职业体验活动要有效开展，要求教师必须做好预先的活动设计、活动指导、提出明确的活动要求和及时的帮助，并且能与家长、社会等其他群体做好必要联系。其优点在于组织方式灵活、时限宽松、能充分发挥学生自主性和调动家长积极性，缺点是要求进行个别指导，指导压力较大。

2. 小组的职业体验活动

小组的职业体验活动实际上是小组合作学习理念在小学职业体验活动中的应用，是指以小组为组织方式进行的职业体验活动，是较为常用的活动组织方式。小组职业体验活动的开展以教师指导学生做好活动设计、进行合理分组、过程监控与指导为前提，采取小组的形式开展职业体验活动有利于提升学生的沟通能力、合作能力和团队精神，但是要注意合理采用组织方式与活动的有效指导。

3. 集体的职业体验活动

集体的职业体验活动是指以集体为组织方式开展的职业体验活动，按照集体的大小还可划分为班级的职业体验活动、年级的职业体验活动、校级的职业体验活动、跨校的职业体验活动等。集体的职业体验活动对教师活动设计以及组织水平的要求较高，集体越大，活动管理难度越大。此组织形式的优点在于可以高效组织开展活动、调动更多的资源为活动服务、加强教师与学生之间的沟通与交流，缺点在于组织难度大、资源投入大、效果评价难。

(二)按活动目标划分

《指导纲要》将综合实践活动的具体目标划分为四个维度：价值体认、责任担当、问题解决、创意物化，尽管一个活动的目标并不是单维的，但是根据活动目标的侧重点，还是可以根据活动目标将小学职业体验活动进行一定的归类。

1. 价值体认类

《指导纲要》提出小学阶段的价值体认目标在于帮助学生"理解并遵守公共空间的基本行为规范，初步形成集体思想、组织观念，培养对中国共产党的朴素感情，为自己是中国人感到自豪"。此类活动重点在于自我认知与集体认同，用于培养学生的身份认同、兴趣、职业价值观念尤其适合，但要求教师在活动过程中做好情感引导，帮助学生实现情感升华。具体的方式可以有观看名人传记、走进博物馆、走进名人故居等。

2. 责任担当类

责任担当关注学生自理能力、自立精神、热爱生活的态度、积极参与学校和社区生活的意愿的培养。责任担当类活动可以采取任务驱动式的活动设计，让学生在任务完成的过程中锻炼自理自立的内在品质，一般包括创设情况、确定问题(任务)、协作学习、效果评价等环节，具体的主题可以有"今天我当家""我是小小养殖员"等。

3. 问题解决类

问题解决要求学生能够发现问题、研究问题、解决问题，适宜采取研究性学习的方式开展，通过提出问题、提出假设、设计研究计划、采取研究行动、得出研究结论等步骤开展。此类活动要求教师关注学生兴趣、生成恰当的研究问题、做好活动过程指导、提供一定的研究工具、做好活动总结评价等。问题解决类活动对于学生在职业体验中关注某一现象、形成自己的认识与理解、进行充分的职业探索十分有利，尤其适合小学高年级学生采用。

4. 创意物化类

创意物化鼓励学生动手操作，要求学生能够掌握手工设计与制作的基本技能，设计并制作有一定创意的数字作品并能运用信息技术解决实际问题。创意物化类活动体现的是"做中学""学中做"的教育理念，强调学生动手、参与、创造，其中尤其关注学生创造力的培养以及物化能力的提升，在小学职业体验活动中，可通过提供产品制作的机会让学生深入体验职业角色。

除以上分类外，小学职业体验活动根据结构化程度还可分为结构化的活动、半结构化活动、非结构化活动；根据活动对象还可分为低年级活动、高年级活动；根据主办单位或主办人还可分为政府主导的活动、学校主导的活动、家庭主导的活动等。

三、小学职业体验活动的具体设计

《指导纲要》提出"中小学校是综合实践活动课程规划的主体，应在地方指导下，对综合实践活动课程进行整体设计，将办学理念、办学特色、培养目标、教育内容等融入其中"，小学职业体验活动是综合实践活动课程的一部分，是课程中的课程，对它进行科学合理的设计是开展活动的前提。小学职业体验活动的设计有两个层次，一个是作为整体课程的设计，即学校职业体验活动的整体设计；另一个是具体的设计，即单个主题活动的设计，对小学职业体验活动进行整体设计有利于优化学校课程、统筹推进活动。进行具体设计是落地实施的必要环节，主要包括活动主题、活动目标、活动内容、活动实施、活动评价等方面，是一个从主题选定到评价反馈的循环优化过程，每一个环节都对活动的质量与效果有直接影响。

（一）活动主题

主题的确定是开展小学职业体验活动的第一步，目标、内容、实施、评价都需要针对具体的主题进行设计。从主题生成的方式来看，小学职业体验活动主题有两个主要来源。

1. 推荐主题

小学职业体验活动的推荐主题是指由规定性文件、领域专家、权威机构等相关方推荐的活动主题，它为学校实施职业体验活动提供直接参考。《指导纲要》当中提供了职业体验的推荐主题，其中小学阶段的推荐主题如表 5-2 所示。

表 5-2　《指导纲要》"职业体验及其他活动推荐主题及其说明"

学段	活动主题
1～2 年级	1. 队前准备 2. 入队仪式 3. 少代会 4. 红领巾心向党

续表

学段	活动主题
3～6年级	1. 今天我当家 2. 校园文化活动我参与 3. 走进博物馆、纪念馆、名人故居、农业基地 4. 我是小小养殖员 5. 创建我们自己的"银行"（如阅读、道德、环保） 6. 找个岗位去体验 7. 走进爱国主义教育基地、国防教育场所 8. 过我们10岁的生日 9. 红领巾相约中国梦 10. 来之不易的粮食 11. 走进立法、司法机关 12. 我喜爱的植物栽培技术

《指导纲要》职业体验及其他活动推荐主题当中的"今天我当家""走进博物馆、纪念馆、名人故居、农业基地""创建我们自己的'银行'""找个岗位去体验""走进立法、司法机关"等都是经典的职业体验类主题，学校可以在主题之下进行创造实施。

2. 自定主题

自定主题是指由师生根据学生需求、自身特长、学校文化、外部资源等情况设计的活动主题，此类主题的特点在于更契合学校发展需要、更能彰显学校特色和发挥教师专长。主题生成的具体方式有多种，可以是由教师直接提出的、经师生讨论形成的、通过间接经验产生的、因实践启发的等。关键在于主题在符合一般标准的同时要富有意义，能够激发学生兴趣、调动学生积极性、吸引学生主动投入并有所收获。主题生成可以遵循"共同叙事、比较归类、概念提升、横向沟通、形成体系"[1]等设计原理，在创造、协商、提炼、系统当中确定。

(二)活动目标

在课程论当中，课程目标可以理解为是课程本身要实现的具体要求，是课程期望一定阶段的学生在发展品德、智力、体质、素养等方面所达到的程度。[2]《指导纲要》从总体目标和价值体认、责任担当、问题解决和创意物化四个维度分学段提出了中小学综合实践活动课程目标，但是具体来说，小学职业体验活动目标的设计还需层层细化才能有助于推动总体目标的落实。有学者从价值体认、责任担当、问题解决、创意物化四个维度建构了小学阶段职业体验活动的目标，如表5-3。

---

[1] 李臣之：《综合实践活动"主题设计"探讨》，载《教育研究》，2002(4)。

[2] 参见钟启泉：《课程与教学概论》，59页，上海，华东师范大学出版社，2004。

表 5-3　职业体验活动目标（小学）①

价值体认	学生走近职业，形成对职业的感性认识，能初步了解、分析和评价不同的职业生活； 能反思自我，发现自己的职业兴趣所在，达到初步认识自我的目的； 体验并了解职业的基本环节和流程，体会劳动的艰辛，培养尊重别人劳动成果的意识，体会劳动创造幸福生活的内涵
责任担当	初步理解不同社会角色的工作和职责； 学会理解、体谅父母和老师，初步形成对自我、学校及社区负责任的意识
问题解决	能结合学校、家庭、生活中的现象，发现并提出感兴趣的问题； 学生能够把问题转化为小课题进行探究，在老师和家长的帮助下寻找初步的解决方案，并形成对问题的初步解释
创意物化	通过积极的劳动体验尝试创新，培养动手操作能力； 能形成具有个人创意的展示品，包括手工制作、绘画作品及以文字材料形式呈现的活动感悟等

可以看出小学职业体验活动有着明显的基础性，目标上强调"初步了解职业生活""初步认识自我""初步形成责任意识""寻找初步的解决方案"等。在具体的主题活动当中，活动目标还需进行更为具体的表述，要结合主题活动设计的初衷、活动的类型等因素进行思考。需要强调的是任一类型的活动一定在价值体认、责任担当、问题解决、创意物化方面对学生有所促进，但是不同活动的侧重点不同，活动目标当中应当有所体现，例如"走进爱国主义教育基地、国防教育场所"侧重于价值体认，而"今天我当家"则侧重于责任担当，在活动目标的设计当中需要具体问题具体分析。

(三)活动内容

活动内容的设计是对主题的细化，是统筹资源、绘制行动路线、形成具有操作性的活动方案的过程，需要明确活动开展的时间、地点、人物、资源、方式、程序和具体任务等关键问题。

1. 明确活动的时间

不同活动对时间的需求是不同的，涉及活动时机和时间跨度等问题，如季节性的主题活动需要在特定时间开展，多活动构成的主题活动所需的时间比单一活动构成的主题活动要多，活动内容当中需要以日期、课时或天数为单位予以明确。

2. 明确活动的主体

小学职业体验活动具有很强的开放性，不囿于课堂，不囿于校内，不仅限于师生之间。家长、行业从业者、校友、社区人员等都可成为小学职业体验活动的参与主体，但是活动的主体并非越多越好，而是根据活动开展的需要确定。在活动的设计当中要

---

① 参见杨燕燕、仲建维：《社会服务与职业体验》，171、172 页，石家庄，河北教育出版社，2019。

明确参与主体以及主体之间的分工和协同。

3．明确活动的情境

小学职业体验活动的情境有真实情境和虚拟情境之分，一般而言虚拟体验难以替代真实体验，应当积极创造条件、充分利用校外资源创设真实的情境开展活动，这有利于学生真实体验的获得。在设计时要明确主题活动的情境并做好条件准备。

4．明确活动的方式

《指导纲要》当中提及职业体验可以通过见习、实习、军训、学工、学农等形式开展，除此以外，还有调查、考察、虚拟体验等具体方式。小学职业体验活动形式的选取结合活动主题、学生阶段特点、可操作性等因素决定，不同的活动形式没有优劣之分，适合的方式就是最好的方式。

5．明确活动的过程

明确活动过程即是对活动过程做充分的预设，规划具体时间、任务、分工，为顺利开展活动做好周密安排。但是小学职业体验活动的过程设计并非一味强调预设，"有效教学既是预设的，又是动态生成的，是充分预设与动态生成的辩证统一"[1]，过程设计要处理好预设与生成的关系，既要充分预设也要预留生成空间，二者相互配合促成有效的职业体验活动。

（四）活动实施

小学职业体验活动的实施是将活动方案落到实地的环节，组织好活动的实施直接影响活动的成效，当中涉及活动方式的选用、活动的准备、过程指导、活动的总结和交流等，详见本章第二节"小学职业体验活动实施"。

（五）活动评价

小学职业体验活动的评价是依据一定的标准对活动进行价值判断的过程，活动评价不是为了评定优劣而是为了诊断、导向、激励和改进，以优化活动方案、提高活动质量、促进学生发展为目的。小学职业体验活动的评价要注意主体多元、方法多样、内容全面。

1．主体多元

自 20 世纪以来，多元评价一直是教育领域的主流评价理念，它提倡改变传统评价主体单一的局面，引入多主体参与教育活动的改进与评价活动，"课程评价主体应以教师为主，结合来自不同阶层、代表不同团体的人员，课程专家、学生、行政人员、家

---

① 宋秋前：《有效教学的涵义和特征》，载《教育发展研究》，2007(1)。

长等"①。小学职业体验活动的主体是多元的,包括教师、学生、专家、校外合作者、家长等,因而它的评价主体也应当是多元的,实施多元评价有利于充分吸收各主体的反馈以促进活动的优化。

2.方法多样

教育评价的方法根据不同的标准有不同的分类,根据评价的作用可以分为形成性评价和总结性评价;根据评价主体可以分为内部人员评价和外部人员评价;根据评价采取的具体手段可以分为量的评价和质的评价等。具体评价方法的采用根据评价对象和评价目的而定,但是总的来说,不同的评价方法有不同的优势,运用多样的评价方法能够更好地收集信息,为价值判断提供翔实的依据。例如在小学职业体验活动的学生评价当中,既可以采取观察法也可借助量表,既要建立档案袋做好表现性评价也需在活动当中做好终结性评价,既可采用书面评价也可以口头互评,既可以横向评价也可以纵向评价。

3.内容全面

小学职业体验活动效果是多因素协同作用的结果,学生的学习结果自然是评价的核心,但是活动设计是否科学、教师指导是否得当、情境创设是否合理、校外参与是否有效等都是学习结果的相关因素,需要在活动评价当中全面反思。因此小学职业体验活动的评价不能仅局限于学习效果评价,还需将活动、教师、情境、合作者等其他内容纳入评价范围,为有效提升活动质量服务。

第二节
小学职业体验活动实施

🎯 **学习目标**

掌握小学职业体验活动的主要方式和指导要求。

活动实施是将活动方案付诸实践的过程,是活动从文本走向行动的过程。在小学职业体验活动的实施中,选择恰当的活动方式、做好活动的指导是关键。

---

① 吴永军:《课程社会学》,245、246页,南京,南京师范大学出版社,1999。

一、小学职业体验活动方式

活动方式是开展活动的方法样式。根据《指导纲要》，职业体验活动可通过在实际工作岗位上或模拟情境中见习、实习完成，也可采用军训、学工、学农等方式，党团队教育活动、博物馆参观等方式也在考虑之列。

(一)小学职业体验活动方式的选用原则

小学职业体验活动在方式上可侧重某一种，也可整合使用，具体选择哪一种或几种活动方式，有几个基本的原则可供参考。

1. 目的性原则

目的性原则从两个方面去理解，一是小学职业体验活动方式的选用要以服务活动目的为基本原则，不同主题、不同内容的活动具体目的不同，在选择活动方式时要注意以落实活动目的为首要考虑；二是要将活动方式作为活动目的的一部分，综合实践活动课程教学是过程的集合体，没有过程就没有综合实践活动课程本身[1]，而活动方式是活动过程的显性表现，既是手段也是目的，既是形式也是内容，因此在选用活动方式时需具有目的意识，注重活动方式的教育性。

2. 生本性原则

生本即以学生为本，以服务学生发展为宗旨，表现为活动方式的选择以有利于学生发展为原则，关注学生的阶段特点与活动需要，突出学生的主体地位与主体价值。现实当中活动类课程存在为了活动而活动的形式主义现象，活动方式的采用较多考虑如何对"教"有利而非对"学"有利，小学职业体验活动方式的选用要谨防这种倾向，要体现生本原则。

3. 可行性原则

小学职业体验活动方式的选用要考虑现实基础，要对可行性进行论证，否则方案设计得再完美也无法保证活动的成果成效。因此在进行活动设计的过程中，活动方式的选用要以校内外资源为基础，一方面要基于校情、学情，考虑学校的物质保障、场地设施、师资队伍、学生群体等因素，另一方面要把握外在资源系统，明晰学生家长、社区、政府等可提供的资源，为活动方案的落地实施奠定现实基础。

(二)小学职业体验活动的具体方式

小学职业体验活动的具体方式在遵循一定原则的基础上选取，一般是多种活动类

---

[1] 参见李臣之：《综合实践活动课程教学过程论》，载《课程·教材·教法》，2006(8)。

型的整合，生成诸如小组的游戏活动、集体的考察活动、个体的实践活动等多种活动方式。因小学职业体验活动可选择方式众多，此处不一一列举，仅以其中几种典型方式为例做介绍。

1. 游戏活动

游戏是在一定规则下开展的具有趣味性的活动，在小学职业体验活动中引入游戏的方式符合小学生尤其是低年级段小学生的年龄特点，通过"课程游戏化"让学生在"学中玩"的情境中达成预设的课程目标。[①] 游戏活动可以以校园主题活动的方式开展，如"职业大玩家""我是小医生"角色扮演等，关键在于教师做好游戏的设计、材料的准备、团队的配合指导。

2. 调查活动

调查活动是根据一定的主题、使用一定的工具、通过一定的方式收集信息进而认识问题、分析问题或解决问题的活动形式。调查活动尤其是线上调查活动具有效率高、涉及面广、信息丰富等优点，可以有效地帮助学生快速掌握不同行业的相关信息，但是对调查工具的设计和调查结果的分析有一定的要求，因此教师要做好调查活动的辅助和指导，较为适合小学高年级学生采用。

表 5-4　小学职业调查表设计示例

调查人：　　　　　　班级：　　　　　　　调查时间：
调查形式：（　）A. 电话采访　（　）B. 现场访谈　（　）C. 问卷调查　（　）D. 跟岗观察

调查对象	××先生/女士	年龄		性别	
学历		工作单位			
职位及职位简介					
待遇情况					
胜任该职位的要求 （专业、学历、资历、能力等）					
对行业/职业的评价					
对学生的建议和指导					
我的感想					

---

① 参见黄小莲：《"课程游戏化"还是"游戏课程化"》，载《中国教育学刊》，2019(12)。

3. 考察活动

考察活动是在学校的组织下到特定场所、生活、自然中进行参观学习的一种活动形式，主要以集体活动的方式组织开展。考察活动是亲身参与的活动、是一种体验活动，学生在考察当中可以获得直接的经验、通过直观的发现产生体悟，具有校内活动所不具备的优点。小学职业体验的考察活动要求选取的考察对象具有代表性和教育性，要重视活动过程的安全问题，考察后做好总结与反思。

4. 见习活动

如果说考察活动侧重"看"，那么见习活动则注重"做"，注重学生参与。见习是学生获得直接职业体验的最有效方式，学生通过有计划有组织的岗位见习活动，在职业真实或模拟场所中承担一定的职业角色，能够帮助学生形成对职场、职业、工作、教育与职业关系等方面的初步认识，具体形式如"找个岗位去体验""走进法庭"等。见习活动可以在学校的组织下集体进行，也可在学校的指导下与家庭形成合力由学生自主开展。

5. 虚拟体验

虚拟体验是借助信息化手段为学生提供虚拟场景进行职业体验的活动，随着社会的发展，虚拟体验或将在职业体验当中发挥越来越重要的作用。教育部 2018 年印发的《教育信息化 2.0 行动计划》明确指出，要促进信息技术与教育深度融合、努力构建"互联网＋"条件下的人才培养新模式，"互联网＋"教育将成为未来教育的主流形态，而信息技术融合综合实践活动课程也确实正在发生[1]，通过虚拟体验的方式开展小学职业体验活动已经具备了技术基础和方法基础。可通过虚拟游戏、远程访谈、职业体验平台开发等方式为小学职业虚拟体验活动的开展提供载体，发挥"互联网＋"教育的跨时空、交互性强、反馈快、面广、开放的优点，创造性地实施小学职业体验活动。

二、小学职业体验活动指导

小学职业体验活动不是在教师的"教"中开展的，而是在学生的"做"中实现的，学生是小学职业体验活动的主角。但是《指导纲要》也强调，教师应当成为学生活动的组织者、参与者和促进者，教师的指导应贯串综合实践活动实施的全过程。可以说在小学职业体验活动中，教师的活动指导质量直接决定了活动质量，因此有效地指导职业体验活动开展是教师的必备素养之一。

---

[1]　江雯慧：《基于移动物联的小学综合实践活动教学环境的设计与应用研究——以智慧生态创新实验室为例》，硕士学位论文，浙江工业大学，2019。刘少亭：《微信小程序在小学综合实践活动课程——〈气象〉中的应用》，硕士学位论文，天津师范大学，2019。

(一)小学职业体验活动指导的基本要求

1. 全面指导与个别指导相结合

全面指导与个别指导存在指导对象、指导方式的区别。全面指导是面向全体学生的指导，是针对全体具有普遍性的需求开展的指导，以一对多的方式进行，是职业体验活动指导的基本形式；个别指导是面向个别学生进行的个性化指导，关注的是学生的个性化需求，以一对一的方式进行，是有效开展职业体验活动指导的必要形式。在小学职业体验活动的指导中，全面指导与个别指导都是必要的，要注意两种方式相结合，使指导既能满足群体需要也能照顾学生个体发展需要。

2. 全程指导与适度指导相结合

全程指导是贯彻活动全过程的指导，要求教师在活动的准备环节、实施环节和总结环节的各个方面都要予以指导，使指导覆盖活动全过程；适度指导则要求恰当指导，把握好指导的程度、时机和方式，既要指导又不能越俎代庖，要根据活动进展和学生心理状态准确把握指导的最好时机，要面向不同的阶段和任务采取适当的指导方式，使指导能够体现实践智慧。

3. 协同指导与单独指导相结合

协同是指导主体之间的协同，是实质协同而非形式协同，强调在多指导主体共同组织的活动中要加强协作，共同提高活动指导的质量。集体活动是开展小学职业体验活动的主要形式之一，多教师、多主体参与是必然选择，以往活动指导多体现为教师的单独指导。未来要加强集体活动当中教师在活动准备、活动实施、活动总结指导当中的密切协作，也要发挥其他指导主体的积极作用，以单独指导与协同指导相结合保障活动的有效开展。

(二)小学职业体验活动指导的具体实施

小学职业体验活动指导从内容维度包括选题指导、方案设计指导、分组指导、方法指导、总结指导、评价指导等，从过程维度看包括活动准备指导、活动实施指导、活动总结指导，在不同阶段、面向不同的任务有不同的指导要求。

1. 活动准备指导

活动准备阶段也称为活动定向阶段，是小学职业体验活动的起始环节，具体来说包括学生思想准备、指导团队的人员准备、经费准备和物质资料准备。学生思想准备目的在于帮助学生对活动形成预先认知、对活动过程可能出现的问题做好预先指导，包括告知活动目的、活动要点、提示活动过程应当注意的人身安全问题、活动规则问题等；人员准备主要是指指导团队的准备，工作包括进行团队组建、人员分工；经费准备与物质资料是活动开展的物质条件基础，包括明确经费管理与使用，准备活动过程所需工具，如相机、记录表、活动说明书及其他辅助材料等。

2. 活动实施指导

活动实施阶段是活动的主要环节，是学生按照活动方案到真实或虚拟的情境当中获得职业体验的过程。活动实施阶段的指导要求教师持续关注学生，适时加以激励、点拨、引导，以确保活动能够朝着预期目标发展，好的指导不仅能够实现预期目标，甚至可能使学生获得超越活动目标的收获。活动实施阶段的指导重点在于方法指导、情意指导、信息处理指导。

（1）方法指导

方法是活动实施的技术基础，是综合实践活动当中的一项重要课程内容，无论以何种方式开展职业体验活动都涉及具体方法的运用。方法有一般方法和具体方法。一般方法是指那些在任何形式的活动当中都可能需要运用的方法，具体的方法是指结合特定活动选取的方法，如访谈、观察、问卷调查等。方法指导要注意以学生现实水平为目标基点，以学生扎实理解为过程要点，以学生真实体验为深化重点。[①] 因此，在小学职业体验活动方法指导当中，教师的主要任务是帮助学生明晰方法在职业体验当中的重要性，对相关方法形成初步理解，并能通过案例分析的方式帮助学生初步掌握方法的运用。

（2）情意指导

"情意"是情绪、情感、态度、意志等心理条件，是学生"知行"的心理基础，是维持学生积极参与活动的重要心理品质。情意指导要求教师在活动实施过程中积极关注学生心理状态并予以恰到好处的引导，维持、激发学生的良好活动状态，促进活动有序开展。具体包括鼓励学生有效参与，在活动当中进行良好交流与合作；激励学生坚定意志，克服活动当中遇到的困难；指导学生积极感悟，促进活动体验升华。情意指导的重要性在于它是提升学生相关素养的重要手段，在活动当中锻炼学生的相关品质才是活动的核心目的。

（3）信息处理指导

获得直接经验与相关信息是小学职业体验活动过程的主要目的，因此信息处理指导是活动实施阶段的重要指导内容，能否获取充足的相关信息是评价活动效果的重要指标之一。信息的载体可以是录音、录像、照片、文本资料等，如在职场榜样的学习中，表现为人物的成长经历记录；在职业调查活动中，表现为观察、访谈或调查记录；在岗位见习的活动中，表现为活动记录或体验表格等。信息处理指导的任务在于帮助学生树立信息意识，具有捕捉相关信息的敏感性；指导学生进行信息收集与记录，做

---

① 参见钱新建：《对提升小学综合实践活动方法指导实效性的思考——以"学会采访"为例》，载《江苏教育研究》，2011(6)。

好原始资料保存；指导学生进行信息的整理与交流，形成小组初步活动成果。

3. 活动总结指导

活动总结阶段是对活动过程所得所悟进行系统梳理和回顾反思的阶段，是形成活动成果和交流分享的阶段，也是实现活动价值内化与升华的阶段。只有进行及时总结才能认识活动过程的经验与不足，使学生从知识、技能、情感态度方面都有所进步。活动总结指导的关键在于成果总结、成果交流、反思延伸。

（1）成果总结

成果总结是学生在教师的指导下对职业体验活动过程所得的物质资料和主观体验进行系统回顾、整理归纳以特定形式呈现的过程。成果总结是面向全体学生而言的，呈现的形式根据活动特点、学生能力水平和实际条件确定，对于低年级学生，可以是一张照片、一幅绘画、一段录像、一份表格，对高年级学生则可以采取对文本表达能力要求更高一些的方式，如小作文、体验日记、调查报告等。成果表达的形式要注意以有利于活动升华和维持学生兴趣为主，避免给学生造成过大的压力而导致学生对职业体验活动失去兴趣。

（2）成果交流

成果交流是对成果的公开和展示，是成果之间分享、借鉴、相互提升的过程。成果交流涉及成果交流的形式、成果交流的内容和成果交流载体的选择。并非所有学生的成果都公开进行展示和交流，以小组交流为例，交流展示的可以是小组的集体成果或代表性成果。成果交流的载体也是丰富多样的，有文本的非文本的，有情境性的非情境性的，如可以通过板报、展板等方式展示学生的职业体验日记、小作文、人物摄影作品等，也可以通过"我的职业理想"演讲、"职业扮演"情景剧的方式进行展示。

（3）反思延伸

活动反思的主体包括教师和学生，反思是一个"教学相长"的过程，教师在活动过程和总结阶段回顾活动设计、活动实施、活动总结中的经验和问题，提升自身专业素养；学生在教师的指导下反思活动体验和表现，总结不足和改进方式。活动评价是活动反思的有效途径之一，通过教师评价、同辈评价、自我评价的方式多方获取表现信息，在客观评价当中反思活动表现，提升活动能力，需要强调的是在对职业体验活动的学生评价中，要重视过程性评价和终结性评价的结合使用，在活动当中捕捉评价的时机进行适时点拨比活动后进行点评效果更好；要注意评价的发展性，对于小学生而言，"考核性"的评价量表可适当舍弃，以表现性评价为主。活动的延伸是总结阶段的任务也是总结的目的之一，表现为主题延伸和经验延伸，主题延伸是指可在本次活动总结的基础上生成其他相关主题，拓展主题活动；经验延伸也可以视为经验迁移，即指导学生有意识地将活动经验向其他学习领域迁移，提升活动的价值与意义。

本章小结

　　小学职业体验活动是以小学阶段学生为主体、在教师和相关活动主体的指导下于虚拟或真实职业情境当中开展的，以启蒙学生职业意识、培养职业兴趣、提升生涯规划能力和奠定正确劳动价值观念为目的的综合实践活动。职业体验作为综合实践活动课程的主要活动方式之一，在促成综合实践活动课程有效实施、培养学生核心素养、提高学生综合素质方面有重要意义。在小学阶段开展职业教育有悠久的理论渊源，可追溯到杜威、黄炎培、舒伯等名家的教育理论。小学职业体验活动具有基础性、阶段性、时代性、体验性、趣味性等特点，按照组织方式和活动目标等标准有不同的分类，其设计要全面考虑主题、目标、内容、实施、评价等方面。

　　小学职业体验活动实施方式的选用要遵循目的性原则、生本性原则和可行性原则，具体活动方式可以选取游戏活动、调查活动、考察活动、见习活动、虚拟体验等。小学职业体验活动的指导要坚持全面指导与个别指导相结合、全程指导与适度指导相结合、协同指导与单独指导相结合，在准备环节、实施环节、总结环节开展全方位指导。

关键术语

　　小学职业体验活动；活动特点；活动类型；活动指导。

体验练习

　　1. 运用思维导图整理本章主要内容。

　　2. 撰写一份小学职业体验活动方案。

　　3. 现场或远程观摩一场小学职业体验活动。

拓展读物

　　1. 中华人民共和国教育部制定. 中小学综合实践活动课程指导纲要. 北京：北京师范大学出版社，2017.

　　2. 李臣之，潘洪建. 综合实践活动课程实施研究. 北京：中国社会科学出版社，2019.

3. 柳夕浪.《中小学综合实践活动课程指导纲要》解读——44 个问答. 石家庄：河北教育出版社，2019.

4. 杨燕燕，仲建维. 社会服务与职业体验. 石家庄：河北教育出版社，2019.

5. 张华. 综合实践活动课程的国际视野. 石家庄：河北教育出版社，2019.

第六章

小学社会服务活动设计与实施

　　本章主要阐述小学社会服务活动的内涵与特征，分析小学社会服务活动主要类型和活动设计的基本原则，简述小学社会服务活动的一般模式和主要实施方式，详细阐述小学社会服务活动实施的基本原则性要求。

结构图

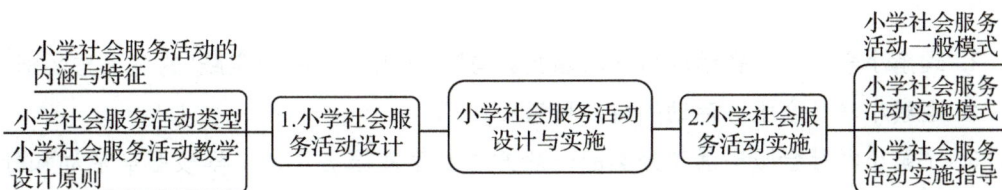

学习目标

　　理解小学社会服务活动的内涵、特征和意义；了解小学社会服务活动的主要类型；理解小学社会服务活动设计基本原则；掌握小学社会服务活动的一般模式和主要实施方式；理解小学社会服务活动实施的基本原则。

读前反思

　　小学社会服务活动具有哪些独特的育人价值？为充分发挥其育人价值，在小学社会服务活动的设计与实施上应注意哪些基本原则，尤其要关注哪些重要环节？

　　社会服务作为《指导纲要》所提出的四种活动方式之一，在一定程度上脱胎于、又高于"社区服务与社会实践"，并较好地将社区服务与社会实践所涵括的活动内容区隔开来，使得活动内容的选择和组织与活动内容的实施路径有了更明显的界限，更容易为教师所理解，也更方便教师从综合的视角开发主题活动内容，整合实施主题活动。在实践中，社会服务的有效开展离不开切合实际的考察探究，也一定程度上需要学生开展设计制作和职业体验，即四种活动方式往往会以整合的方式呈现。但这并不意味教师可以忽视社会服务活动的独特价值和特殊要求。社会服务中利他性与利己性的统一、服务性与学习性的统一，以及其对学生社会责任担当、正确的自我与他人和环境关系的体认等，都使得其设计与实施有着不同于其他活动方式的亮点和独特之处。

第一节
小学社会服务活动设计

🎯 学习目标

1. 理解小学社会服务活动概念内涵及其与"社区服务与社会实践"的联系与区别。
2. 理解小学社会服务活动的特征和意义。
3. 了解小学社会服务活动分类的一般方法及家庭服务活动、学校服务活动和社区服务活动等几种类别。
4. 掌握小学社会服务活动教学设计原则。

社会服务作为综合实践活动课程的重要活动方式，要承担课程目标落实的基本功能。教师应在深刻理解社会服务的基本内涵与特征、理解小学生特征和小学综合实践活动教学要求的基础上，紧紧围绕育人根本目的，着力发挥服务育人功能，设计有效的社会服务活动，在服务中促进立德树人根本任务的有效落实、发展小学生综合素质。

一、小学社会服务活动的内涵与特征

社会服务指以提供劳务的形式来满足社会需求的社会活动，是一个经济社会范畴的概念。在 20 世纪 60 年代至 70 年代，美国的一些城市"不断出现骚乱和'反贫困战'"①。这一现象让一些学者开始反思，并推进将"社区中的行动和校园里的结构式学习相结合"的学习变革，以实现"不仅能让社区中的行动更具有领导力并为居民提供更好的服务"②。这些学者的行动让"社会服务"进入课程教学的研究视野，并逐渐演变发展成为"服务学习"。综合实践活动课程将社会服务概括为一种重要活动方式，是对"服务学习"的继承和发展。

---

① ［美］Timothy K. Satanton、Dwight E. Giles, Jr. Nadinne I. Cruz:《服务学习先驱们对起源、实践与未来的反思》，童小军、顾新、覃韶芬、王军译，2 页，北京，知识产权出版社，2013。
② 同上。

（一）小学社会服务活动的内涵

《指导纲要》指出，社会服务指"学生在教师指导下，走出教室，参与社会活动，以自己的劳动满足社会组织或他人的需要，如公益活动、志愿服务、勤工俭学等，它强调学生在满足被服务者需要的过程中，获得自身发展，促进相关知识技能的学习，提升实践能力，成为履职尽责、敢于担当的人"[①]。

1. 社会服务的重要内涵

此概念着重强调了以下几点。

（1）学生实践发展导向

学生发展是教育教学活动的根本目的所在。社会服务活动的设计与实施要着力于促进学生社会服务活动相关知识与技能的掌握，促进学生实践能力、责任担当精神与责任担当能力的发展，尤其是其中的社会服务相关知识与技能的掌握是学生深刻认识该项社会服务、深度体验社会服务的基础性条件，更是社会服务活动正常、有效开展的前提。比如图书馆服务是学生常见的社会服务活动内容和方式。其中就包含着一系列的知识与技能，如书刊的分类和编目，图书的购买、登记、上架、除尘、防虫、防潮、借阅等工作。学生在开始图书馆服务之前，系统地学习必要的图书服务知识与技能是非常必要的，也是非常有意义的。

（2）社会服务的主体性

社会服务活动以学生个体或学生团队提供社会服务为基本形式，是以学生为实施主体的活动。首先，社会服务活动要与学生的兴趣和学习建立密切的联系，不能是脱离学生学习和生活的活动。其次，实施的社会服务是学生自身能够或者经过学习能够提供的服务，不能超出学生的能力范围。最后，社会服务活动的实施全过程都是以学生个体或学生团队为主完成的。教师在其中扮演的主要是设计者、指导者和帮助者角色。

（3）社会服务的真实性

社会服务活动的实施以真实的服务需求为前提，不是臆造或者缺乏现实客观性的。首先，实施的社会服务是被服务者真实需要的，不是为了活动的开展而相互迁就出来的非真实的服务需求。其次，社会服务活动的开展以被服务者的服务需求获得满足为行动向导，不能是走过场。最后，社会服务应该是经过甄别后的真实需求，不是对被服务者需求的全盘接收与满足。

（4）社会服务活动的设计性

教育教学活动是一种有目的性的活动。活动的目的性就决定了活动的设计性，即

---

① 中华人民共和国教育部：《中小学综合实践活动课程指导纲要》，9页，北京，北京师范大学出版社，2017。

小学综合实践活动课程中的社会服务是经过精心设计的活动，不是随意安排的活动，是服务于一定的育人目标的社会服务活动，明显区别于社会经济活动中以经济效益为目的的社会服务。这种设计性主要体现在社会服务活动的目的是服务于学生发展的；活动内容、环节与过程的安排要符合学生认知发展规律；在结果上既要追求被服务对象的服务需求的满足，更重要的是学生获得深刻服务体验，进而形成对该项服务的科学认识，掌握必要的服务技能，增强社会责任感和责任担当意识。两者不可偏废，互为基础。

2. 社会服务与"社区服务与社会实践"的联系与区别

在《指导纲要》出台之前，"社区服务与社会实践"以一个整体出现，作为综合实践活动课程组成部分之一。《指导纲要》提出"社会服务"以区别于"社区服务和社会实践"。

(1)两者的联系在于：第一，都强调作为一种学习方式，注重学生通过亲身体验与实践，获得社会体验和认知，促进自身发展；第二，都强调学习活动场域的社会视角，要求学生走出教室、走出学校，走进社会现场，将真实的社会生活作为学习的场域；第三，都强调学生实践能力的发展，无论是"社会服务"，还是"社区服务与社会实践"，都要求学生在活动中形成发现和提炼社会生活问题、提出解决方案、实施方案、反思与改进方案等问题解决能力，都明显区别于学科性实践活动。

(2)两者的区别主要包括两个方面：第一，社会服务的场域较社区服务更为广泛。社会交通、互联网、移动终端等的发展拓展了人们的生活空间，学生的学习空间和活动空间也得到了极大的拓展，此时，学生服务活动的开展就有了较大的时空跨越性，不会受限于社区的空间局限；第二，社会服务相较于社会实践而言，在实践的样态上更窄。学生的社会实践可以包括社会考察、社会调查、志愿服务、研学实践、勤工俭学、小发明等。社会服务则多指公益活动、志愿服务、勤工俭学等。收窄实践样态更有利于《指导纲要》中四种活动方式之间的相互区隔，以方便教师切实把握和灵活运用不同活动方式，更好地发挥不同活动方式的独特育人功能。

(二)小学社会服务活动的特征

小学社会服务活动源于"从实践中学习"[①]的基本思想，又因其育人指向性和学生主体性而有着区别于一般意义上的实践学习的不同特征。主要包括以下五个方面。

1. 服务与课程融合

课程化是小学生社会服务的基本要求。综合实践活动课程将社会服务这一经济社会生活概念纳入课程视野，就决定了小学生社会服务活动的教育学属性，进而决定了其课程属性，要求小学生社会服务活动同小学教育课程相融合。这种融合表现为以下几个方面。

---

① 彭华民：《服务学习之核心要素、行动模式与角色结构》，载《探索与争鸣》，2012(10)。

第一，社会服务要服务于学校育人目标体系的实现和螺旋生成。学校的一切工作都不能离开育人目的性，同时学校为彰显自身特色，避免千校一面的弊端，必然要求建构并螺旋生成学校特色育人目标体系。课程是学校育人的主要载体。校本课程则是彰显学校特色，强化育人的重要载体。小学生社会服务活动的构建要树立课程意识，形成学校特色的社会服务育人体系，促进学校育人目标的实现和螺旋生成。

第二，社会服务要深度融入学科教学中。学科教学活动中具有丰富的服务性内容，要学科教学服务资源，引导学生协助教师解决教学过程中的事务性工作，在日常教学生活中培养学生服务的意识和习惯；在学科实践活动中融入服务性内容，引导学生从学科视角探索生活世界，运用学科知识与技能解决生活中的问题，创造性地开展社会服务，提升学生学以致用的意识和服务社会的能力。

第三，社会服务活动要深度融入综合实践活动课程主题活动教学中。社会服务作为综合实践活动课程的重要活动方式之一，必然是学校综合实践活动课程体系的重要组成部分，要求有目的地选择社会服务性内容，建构以社会服务为主要活动方式和内容的主题活动；要将社会服务作为主题活动实施的重要路径，在主题活动中有机融入社会服务活动环节，引导学生开展社会服务实践。

2. 服务与学习融合

在服务中学会学习、达成学习目的；在学习中提升服务技能、养成服务意识和发展责任担当精神是学生社会服务活动的重要特征。

第一，社会服务不是外在于学生学习的活动安排，而是学生学习的重要载体和路径，要求社会服务活动聚焦学生社会性发展需求和实际，遵循教育教学一般规律，综合社会服务实践需求和学生认知发展规律进行精细化设计和综合实施，丰富学生的学习履历，提升学习能力，促进育人目标达成，避免为社会服务而社会服务及社会服务活动目标的泛化等问题。

第二，学习是学生社会服务的核心诉求。通过具有相对稳定结构和严密逻辑的学科进行学习，进而掌握学科知识和建构学科学习方法是学生学习的重要路径。相较学科而言，社会实践具有非结构化、情感化和主客相融等特征。因此，基于社会实践的学习更隐性化，也更难于把握。社会服务作为学生社会实践学习的重要内容和载体，应促进实践学习的显性化，以改进学生社会实践学习为核心，充分挖掘和利用活动的所有元素与环节的育人功能，促进学生学习方式方法的优化和学习品质的提升。以学习为核心并不能否定服务对象既定服务需求实现和满足的重要性。恰恰相反，基于社会服务的学习是在服务需求的实现与最大满足的过程中得以实践和优化的。

3. 行动与反思融合

学生社会服务顾名思义是以服务活动为中心，因此，非常强调学生的行动性，缺乏服务的行动，社会服务将没有立锥之地。同时，育人的本质要求注重学生社会服务活动的学习性特质。反思是学生通过社会服务进行学习的重要方式。在行动中反思和在反思中行动相互印证，相互促进。

第一，在学生社会服务行动全过程渗透反思。反思不仅仅是行动结束时的必要环节，更要将反思渗透到行动的全过程中，在服务行动的每一个环节中都渗透反思、开展反思。反思不仅是学生自发的行为，还应该是教师引导下的反思；不仅是学生对自身行为的内在的、无意识的反思，还应该是在有经验的教师观察和启发下的反思；不仅是口语交流方式的反思行为，还应该是有一定反思方法和刻意实施的反思行为。

第二，在反思中不断优化社会服务行动。行动的基本特征是不确定性。这种不确定性既包括行动过程中影响因素及其影响效果的不确定性，也包括行动目标达成的不确定性等。行动目标的最佳达成在很大程度上反映了行动的质量，也反映了学生在服务中学习的品质。为此，教师要引导学生基于每个环节的反思，不断学习和充实自身服务能力，优化服务能力结构，改进和完善下一步行动，促进行动的不断优化。

4. 家庭和学校融合

鉴于身体发展局限和切实的安全需要，小学生社会服务活动的主要场所是家庭和学校。其有效开展需要充分统筹和利用两个场所，做到密切配合、相互补充。

第一，要充分利用家庭服务需要，引导小学生在学会和实现生活自理的基础上，开展力所能及的家务劳动活动，比如洗菜、摘菜、炒菜、拖地等。在家务劳动中养成尊重他人劳动，珍惜劳动成果的意识。

第二，要充分利用校园服务需要，引导小学生在服务班级的基础上，承担部分校园服务活动，比如班级值日、班级清洁、校园值日、校园清洁、校园绿化、校园图书服务等。在校园服务活动中强化集体意识，养成珍惜公共财物、爱护公共环境意识。

第三，家庭和学校服务要有体系化设计和整体性组织实施。要按照学生身心发展实际和规律，有步骤地安排适当的家庭和学校服务活动，形成与学生发展需要相适应的、结构化社会服务主题活动体系，促进学生社会服务活动的连续性和持续性开展。教师要组织好家庭和学校服务主题活动的实施，组织学生就相关主题进行探究和实践，对学生开展必要的服务技能培训，对学生的服务过程与结果进行科学有效的教学评价。

第四，有效整合家庭、学校人力资源。要求充分发挥家长、学校相关教师作用，在服务活动中对学生的服务进行协助、指导和评价，挖掘和夯实家庭与学校服务元素、过程与结构的育人功能，优化家校共育模式和结构。

5. 利他和自利融合

从被服务对象的视角看，社会服务最直观的结果是被服务对象未付出经济或其他代价，且自身服务需求得到满足。因此，社会服务是一种利他行为。但从实施服务的学生的视角，在服务的过程中，学生不仅学会和实践了服务技能，也深化了对社会的认识，收获了自我认同、道德感、成就感、价值感等积极体验，有助于自身社会性的发展和自身价值观与经验结构的优化。所以，社会服务也是一种自利行为。社会服务活动不仅是利他的，更是自利的。只有当学生真正体会到社会服务的自利性价值之后，学生才能真正生成对社会服务活动的价值认同，形成可持续的参与动力，并不断优化和改进自身心智模式。

第一，要强调和肯定社会服务本身的利他价值和意义。利他是社会服务活动实施的基本前提。教师要引导学生围绕如何有效实现利他价值开展社会服务对象调研、服务需求甄别、服务方案制订与实施、服务成效整体评估等，实施社会服务主题活动，在实现利他最大化的过程中深度探究、实践和体验社会服务，获得对该项社会服务活动本身的完整认识。

第二，要引导学生去体验、体悟和体认社会服务的自利价值和意义。教师要帮助学生熟练掌握社会服务技能，并将这种服务技能迁移和转化到服务自身、亲人和亲密伙伴上，强化学生自我接纳和维护亲密关系技能，深度体验社会服务活动对自身的价值；充分挖掘学生社会服务过程中的典型利他行为和利他思想，促进学生积极体验的形成，强化学生的认同感等，端正学生对社会服务的认识，激发学生持续从事社会服务意识和行动。

(三)小学社会服务活动的意义

社会服务活动不仅对学生的学习和发展具有重要的意义和价值，对教师的课程教学水平提升与专业发展，对学校育人体系的完善与发展都具有重要的意义。

1. 强化学生家国情怀，促进价值内化

有研究发现，从事家庭服务能够"促使学生行为有所转变：在家中从接受到施与的角色转变"[①]。社会服务活动要求学生直面真实生活世界，理解个体现实服务需求，并在团队协作中实现需求，通过架设知识学习和生活世界之间的桥梁，有助于引导学生调查和深度参与社会生活，在同社会人的互动中更好地理解自己的身份及所生活的世界，获得对家乡、国家和民族等概念的直接经验，体会自己与他人、自己与社会、自己与自然环境之间的和谐共生关系，建构科学的个体与个体、个体与团体、个体与国家关系观念，切实体验社会主义核心价值观的具体内涵和本质要求，促进学生自觉关心社会现状，学会思考如何解决社会问题，形成和增强学生融入并建设生活世界的自信心和内在动力，自觉地将自己的学习和行动统一到国家和民族建设与发展上来，将个人的梦想实现融入伟大的中国梦中。

2. 创新学生学习路径，优化经验建构

有调查表明，"参加服务学习的学生中分别有 91％、74％ 和 94％ 的学生认为服务

---

① 　梁春芳：《中学服务学习的理论与实践研究》，硕士学位论文，华南师范大学，2004。

学习使学习变得更有趣，帮助我理解怎样把功课学得更好，发展了我的创造性并学会独立思考"①。越来越多的研究表明，参加社会服务能够促进学生学业成绩的提升。这一是因为社会服务活动能够与学校课程建立联系，让学生有机会运用学科知识和技能开展服务，优化服务流程，提升服务质量，促进了学科知识的迁移和转化，有助于深化和巩固学科学习，促进学生学科知识图谱的建构；同时也给学生提供了重新审视学科学习的机会，让学生看到学科学习的现实价值和意义，有助于激发学生学习的内在驱动力，促进学生的主动学习行为发生。二是因为社会服务活动为学生的学习提供了更为多样和丰富的学习机会。这种学习机会以其非结构化而显著区别于单一学科学习机会，要求学生主动建构知识与技能及其之间的逻辑关系，而非接受知识与技能及其逻辑关系，进而更好地促进学生的经验建构。三是因为社会服务活动为学生营造了一个学习共同体。学习科学研究表明，"环境以共同体为中心的程度对学习也很重要。尤其重要的是人们相互间学习的标准以及持续不断地试图改进提高"②。学生学习共同体有助于学生建立良好的学习心理调适机制，和同伴之间相互鼓励，增强学习动力，也有助于学生向同伴学习和借鉴。

3. 丰富学生学习履历，健全人格发展

忽视学生人格教育是我国教育实践的一个重要教训。长期以来，"德智体美"往往只注重"智"，学生的德、体和美没有得到应有的重视和显性引导。社会服务活动对健全学生人格发展具有独特价值。在社会服务活动中，第一，让学生看见自己。借助同伴的亲密接触和真实交互，可以让学生看到真实的自己。经过社会服务活动，小学生看到了真实的自己，找到了实现人生转折的方向和支点。第二，让学生看见他人。社会服务活动让学生遇到不同的生命，进而建立丰富而真实的链接，在生命与生命的链接中自我启发和觉悟。"回到我惯有的生活以后，我发现了自己不寻常的改变：不再热衷于奢侈饮食，听新闻时从没有这样留心国家的三农政策。'农村'这个词仿佛有了更深刻、更真实的含义。……我尝过他们的辛酸，感受过他们朴素的情意。他们使我感受到肩上的责任无比沉重。"③这是该学生在八天的学农之后写下来的体会报告。我们可以相信，短短的八天学农服务让他看到了真实的农村、接触到了真实的农民，体验到了与农民、农村的生命链接。这种链接必然会在他的生命中打下不可磨灭的痕迹，优化了生命建构。第三，让学生改变心智模式。心智模式"是个体对特定领域内各种关键要素如何彼此相连的结构化的知识体系，是个体理解当前情境并进行判断和决策所依

---

① 赵希斌、邹泓：《美国服务学习实践及研究综述》，载《比较教育研究》，2001(8)。

② [美]约翰·D. 布兰思福特、安·L. 布朗、罗德尼·R. 科金等：《人是如何学习的——大脑、心理、经验及学校》，程可拉、孙亚玲、王旭卿译，159页，上海，华东师范大学出版社，2002。

③ 华南师范大学附属中学：《农村社会实践活动指南》，2019.10：49。

赖的内部心理机制"①，人们往往不易察觉自己的心智模式，但心智模式根深蒂固于人们心中，影响人们如何认识这个世界，如何决策，并采取行动。"我对良好的生活态度有了更深刻的理解。我发现了提高生活质量的一个良好方法就是要时刻保持积极的态度和乐观的情绪。我认为这种调节心理的意识应贯串于我生命中的每一刻，积极的心态才有可能为集体创造价值。"②经过八天的学农学习，这个学生建构了自我情绪调适的心智模式。

4. 提升教师育人水平，促进自身建设

教学相长指教学过程是教师和学生共同成长的过程。社会服务活动作为教师和学生活动的共同载体，也具有促进教学相长的价值。第一，社会服务活动的育人属性和课程融合特征促使教师思考社会服务活动课程化，包括如何将社会服务活动同学校课程相联系，以及活动本身的课程化，促进教师进行社会服务活动课程化开发与实施，提升了教师的课程意识、课程整体观和课程开发与实施能力，促使教师进一步提升课程育人水平。第二，社会服务活动之所以能够实现育人功能，不仅在于学生真正参与了社会服务活动，更重要的在于教师的精心设计与安排，教师对整个服务活动的切实参与，以及服务过程中对学生细致入微的观察与画龙点睛式的点评和提炼。只有当教师具备了这种意识和能力并不断提升之，才能持续优化社会服务活动育人成效，进而促进教师的活动教学水平提升。第三，教师切身参与社会服务活动的过程也是教师与更多生命链接的过程。这种生命的链接促使教师从学生的服务与感想中、从所服务的对象中汲取生命的养分，饱满生命的发展。"正是因为看到在学生当中这种个人翻天覆地的转变，让我有志于从事高等教育工作。我开始看到学生把握着自我教育的方向，这些学生挑战我，时刻给我机会。这工作变成我在伍斯特的中心所在"③。这句话的作者在执教伍斯特学院时，因为一个偶然的契机，带领学生开展城市服务社团。这种经历让作者坚定了从事高等教育的决心。

5. 优化学校育人结构，推进文化建设

从经济学的视角，人类的劳动大致可以区分为生产劳动和非生产劳动。人类社会"自从社会分工确立之后，才使非生产劳动即服务变成一部分人的专门职能"④。而其中生产劳动主要指第一和第二产业，即农业和加工制造业。非生产劳动主要指服务行业。近年来，经济飞速发展，第三产业在国民经济中的比重越来要高，甚至超过第一和第二

---

① 白新文等：《骏马易见，伯乐难寻：决策者心智模式影响创意识别的机制及边界条件》，载《心理科学进展》，2019(27)。

② 华南师范大学附属中学：《农村社会实践活动指南》，2019.10：41.

③ [美]斯坦顿等：《服务学习：先驱们对起源、实践与未来的反思》，57 页，童小军等译，北京，知识产权出版社，2013。

④ 汪玉杰：《学习马克思关于服务的理论》，载《杭州大学学报》，1983(6)。

产业的总和。例如，2018 年广东省"第三产业对地区生产总值增长的贡献率为 58.9％"[①]。"教天地人事，育生命自觉"[②]是教育的基本使命。在引导学生掌握学科知识与技能，为成为合格的生产劳动者做准备之外，学校还应该引导学生参与服务、体验服务、掌握基本的服务知识与技能、发展服务的意识和责任担当意识。基于此，学校有必要将社会服务活动纳入育人视野，研究和探索学科实践、社会实践等多种社会服务形式和路径，形成具有学校特色的社会服务活动项目或课程，整体建构社会服务育人路径，丰富学校实践育人内涵。文化"是人类在处理人与世界关系中所采取的精神活动与实践活动的方式及其所创造出来的物质和精神成果的总和，是活动方式与活动成果的辩证统一"[③]。校园文化是一所学校区别于其他学校的内在本质特征。学校整体性设计和实践社会服务活动，有助于促进学生之间交流互动、深化彼此认同、融洽师生关系，建立友爱、信赖、关心、负责、和谐的校园人际环境，形成良性德育环境文化；有助于在校园文化建设路径和内涵中有机融入服务元素，彰显学校价值取向和人文品位。

6. 充分利用家校资源，改进家校协同

开展家庭服务和学校服务是小学生，尤其是低年级小学生社会服务活动的重要形式，也是改进和加强家校协同的重要纽带和途径。第一，小学生社会服务活动的育人性质要求教师对家庭服务活动和学校服务活动进行整体设计和统筹协调，将碎片化的服务时间和服务活动进行体系化建构，促进家庭服务活动和学校服务活动整体课程化，充分挖掘其育人价值，促进家庭育人资源和学校育人资源之间的相互补充与优化，进而提升家校育人资源协同水平。比如，清洁是人们日常生活中时刻需要面临的问题。养成清洁的习惯对于生活和学习环境的改善具有重要的作用。而清洁服务是家庭和学校常见的服务活动内容，也有着不同的技术和品质要求。通过有意识地建构清洁服务课程，整体建构和设计家庭清洁和学校清洁服务内容，可以更好地促进家庭和学校清洁服务育人资源的优化与协同。第二，小学生家庭和社会服务活动的开展需要充分发挥学生家长、学校其他教师和综合实践活动教师等的合力作用，增进相互之间的沟通与协调，进而加强和改进家庭与学校的沟通和协调。比如，家长不仅要同综合实践活动教师沟通家庭服务活动的内容、形式和要求，还要按照要求对小学生的服务活动过程和结果进行必要的指导、证据收集和反馈。这些在一定的程度上决定了家庭服务活动育人价值的充分发挥，也让家长与综合实践活动教师形成了基于小学生家庭服务活动的教学共同体。第三，小学生家庭和学校服务活动的开展需要家长和其他教师转变角色，要求家长和其他教师对小学生的服务活动进行技术指导、过程监督与事后评估

① 广东省统计局国家统计局广东调查总队：《2018 年广东国民经济和社会发展统计公报》，2019-2-20。

② 叶澜：《回归突破——"生命·实践"教育学论纲》，243 页，上海，华东师范大学出版社，2016。

③ 顾明远：《论学校文化建设》，载《西南师范大学学报（人文社会科学版）》，2006（32）。

与交流，拓展了家长、学校其他教师对学校育人建议、教学督导和服务活动辅助与监督等职责，承担很大程度的服务活动育人职责，突破了家长会代表、职代会代表等传统形式和角色，有助于家长和教师深度参与学校管理、建设和发展。

二、小学社会服务活动类型

社会服务活动从不同的视角可以区分为不同的类型，如从社会服务的内容视角可以区分为环境类服务、人文历史类服务、社会问题类服务和公民参与类服务[1]，如社区环境保洁、校史馆建设和非物质文化遗产保护、社区孤寡老人帮扶、中小学生营养餐现状调查与改进倡议行动等。按社会服务的性质可以区分为直接服务、间接服务和公民行动，如流浪人群派餐行动、留守儿童帮扶募捐行动、乡村传统文化保护倡议行动等；按社会服务的水平可区分为社区服务、社区探索和社区行动等，如学校图书馆图书整理活动、社会用字不规范现象调查与倡议行动、区域教育资源均衡配置调研与倡议行动；按社会服务的模式可分为短期服务、长期服务和集中浸入式服务[2]，如艾滋病宣传日活动、每月一次的养老院老人陪伴服务、一周学农实践等。按服务的数字化程度可区分为传统服务、部分数字化服务和完全数字化服务[3]，如班级美化服务活动、线上线下相结合的班级同伴学习辅导活动、远程在线结对学习支持活动。按服务的场所可以区分为家庭服务、学校服务和社区服务，如家庭营养餐设计与实践、学校值日生实践、学校周边交通秩序维持等。按服务的规模可区分为面向个体的服务、面向群体的服务和面向公众的服务，如大手牵小手安全过马路实践、学校功勋教师画像纪念活动、进城农民工子女教育公平行动等。按照社会服务活动的结构化程度可以区分为课程性社会服务、项目性社会服务和活动性社会服务，如志愿服务课程、社区失能老人居家生活照料服务项目、社区社工服务站宣传日活动等。

以上所列为社会服务活动常见分类，主要是为说明问题和研究方便。同一项社会服务活动可以归属于若干分类。具体到小学社会服务活动则需要重点关注家庭服务活动、学校服务活动和社区服务活动。

(一)家庭服务活动

小学生家庭服务活动可以包括个人生活自理服务，如个人生活与学习用品清洁、整理等；家庭生活服务，如家庭清洁服务、家庭饮食服务、家庭理财服务、家庭娱乐

① 王倩：《美国中小学服务学习的研究和启示》，硕士学位论文，华中师范大学，2011。
② 王菲：《美国中小学服务学习的研究》，硕士学位论文，辽宁师范大学，2015。
③ 陈立钢：《课程导向的数字化服务学习设计研究》，硕士学位论文，江苏师范大学，2012。

服务、家庭保健服务等方面。

(二)学校服务活动

小学生学校服务活动可以包括班级建设和美化活动、班级同伴学习帮扶活动、学科教学辅助服务活动、班级日常管理活动；学校环境保洁和美化活动、场室布置规划与设计、图书馆服务、主题文化走廊设计、值日服务等方面。

(三)社区服务活动

小学生社区服务活动主要在高年级实施，可以包括学校周边环境保护活动、交通秩序维护；社区老人关爱活动、社区环境保护行动、社区资源优化配置行动、社区垃圾处理行动、社区文化建设等方面。

三、小学社会服务活动教学设计原则

小学社会服务活动要打破碎片化和单一化实施的困境与不足，实现活动的系统性和连续性，充分发挥小学社会服务活动的整体育人功能和价值，需要在遵循目标导向性、真实与挑战、引领性反思、支持充分性和晋级性荣誉等原则的基础上，对小学社会服务活动进行整体设计。

(一)目标导向性原则

所谓目标导向性原则指小学社会服务活动的设计要以明确、适切的目标为核心。社会服务活动各内容和要素都要围绕目标的达成来设计。这里的目标包括服务性目标和教育性目标。其中服务性目标主要指向社会服务需求的实现和满足，即在多大程度上实现了服务对象的服务要求。比如，在家庭饮食服务活动中，设计和制作一份既营养，又适合家人身体健康和口味爱好，同时又具有一定审美性的营养餐是该项服务活动的服务性目标。教育性目标主要指向在服务活动中所要实现的学生身心发展。再以家庭饮食服务活动为例，在本项社会服务活动中，其教育性目标主要包括：操持家务的辛劳体验；同理父母的辛劳；家庭归属感和主人翁精神的增强；饮食相关技术的掌握与熟练；饮食服务的一般性原理和方法，如菜品营养搭配原则等；菜品创新与实践等。社会服务活动的服务性目标和教育性目标是相辅相成、辩证统一的。二者不可偏废。离开了服务性目标的有效达成，教育性目标会失去依托和基础，变成了空洞的口头说教。离开了教育性目标的有效达成，服务性目标对小学生而言就失去了达成的意义，等同于一般意义的社会服务目标，与育人的本质要求相背离。服务性目标的达成程度决定了学生参与服务活动的行动深度与认识深度，也就决定了教育性目标达成的程度。教育性目标达成的程度反映了服务性目标的实现程度，彰显了服务活动的育人价值。教师在带领学生开展社会服务活动的过程中要紧紧围绕服务性目标和教育性目标，不可认为服务性目标相对不重要，而片面追求达成教育性目标。

(二)真实与挑战原则

真实与挑战性原则指小学社会服务活动要面向真实的服务需求。同时，这种需求对学生当前的认知发展水平而言又具有一定的挑战性，需要学生通过集体行动、积极主动参与来实现。真实性包括三层含义。其一，服务需求是真实的，不是虚假的。比如班级同伴的学习帮扶服务是真实的服务需求。相反，移动宽带服务对小学生而言就是虚假的服务需求。这种服务属于商业服务范畴，不是小学生的服务范畴。其二，服务需求是小学生可实现的，不能超越小学生的能力和认知发展。比如，学校新时代教育现代化发展规划咨询服务对小学生而言是不可实现的。相反，小学图书优化配置咨询服务则是高年级小学生在教师帮助下经过努力可以实现的。其三，社会服务要有育人价值，不能离开育人要求而开展纯粹的社会服务。比如，组织高年级小学生对残障人士开展生活帮扶服务是有育人价值的。相反，组织高年级小学生对身体健康人士开展生活帮扶服务是没有育人价值的，甚至起到相反的作用。挑战性也包括三层含义。其一，服务需要小学生集体行动或以小组形式行动，即小学生社会服务活动的开展是在教师指导下的集体性行动，不是学生自发的个体行为。这种集体性行动不排除小学生以个体方式来开展服务，如家庭餐饮服务。但一定是教师指导下的全班或者小组共同来推进的家庭餐饮服务，不是学生个体在家庭生活中的自发自觉的家庭餐饮服务。因为离开了师生、生生交互和学校环境的个体活动就不是学校教育活动，虽然该活动也具有育人价值和促进个体发展的价值。其二，社会服务行动对小学生而言具有一定的认知挑战。这种认知挑战或者表现为学生既有经验的不足，或者表现为学生服务技能的不足，或者表现为学生对该服务认识的不足。比如，社区小导游服务对小学生而言就存在导游技能的不足和导游服务认识的不足。其三，服务需求的达成需要小学生发挥主观能动性和创新意识，经过一定的努力才能实现。比如，一次两次的擦黑板不能称为学生开展了社会服务，持续一学期或者一学年的擦黑板才能称为学生开展了社会服务活动，也只有这种长期持续的活动才能展现活动本身的育人价值。

(三)引领性反思原则

反思是小学生社会服务活动开展的核心和关键环节，也是小学生对社会服务活动认识深化和价值内化的重要途径。教师应将反思作为小学生社会服务活动的重要内容进行设计。第一，要将活动反思贯串整个社会服务过程之中。不仅要设计活动前的反思活动，还要在活动中和活动后安排反思活动，将反思融入社会服务活动的每一次活动中，提升活动育人价值。比如，在学校图书馆图书整理服务活动中，在活动前可以安排学生对学校图书馆的管理和服务进行实地考察，并对图书馆管理员进行访谈。在实地考察结束后，可以安排学生进行分享和交流，交流各自对图书馆图书管理现状的认识、对图书管理工作的认识、对现存问题的认识等。这样的交流和分享可以让学生从多个角度反思本次考察活动、学会从多个角度分析和理解同一个问题，有助于进一步明确图书整理服务的实际需求。在开始整理图书前、学习完图书整理技术后也可以安排交流和分享，让学生更好地掌握图书整理技能，明确图书整理要求。在图书整理完成后，可以安排学生对图书整理的过程和图书整理的认识进行交流和分享。第二，要设计反思的手段和方式，提高反思成效。反思不仅仅是学生将心中所思所想用口头语言表达出来。更重要的是在语言表达之前将心中的所思所想诉诸文字，用思维导图、描述等方式写出来，要针对具体的活动内容设计反思任务单，引导学生对活动的关键要素，如时间、地点、对象、服务内容等进行准确记录，还要引导学生对自己服务的过程和服务的感受进行概括性回顾与叙述。第三，要将教师作为反思的重要因素在设计时进行安排。仅仅是学生之间的交流和反思并不能充分发挥反思的功能。有经验者引领的反思是提升反思成效的重要因素。教师要根据社会服务活动的需要，有针对性地邀请对活动内容有较深研究或较多实践经验的专家、学校教师来组织和引领学生反思，或者教师在活动开始前就要有意识地丰富自身的相关经验、储备更多相关知识，以便更好地带领学生进行反思，对学生的反思做出精准和恰当的点评与引导。

（四）支持充分性原则

小学生社会服务活动的开展需要很多支持性条件，教师在设计社会服务活动时要针对活动，对小学生开展活动可能面临的困难，及其需要的条件进行充分的预估，并提出准备预案，做到有备无患。第一，要对小学生社会服务活动的整个过程所需要的资源有充分的把握，要明确服务过程中重要的关键节点、难点环节，对活动前、活动中和活动后三个阶段所需要的支持性资源有充分的认识，做好支持资源的整体统筹和优化配置。例如，学校图书馆图书整理服务活动就需要教师在服务前同学校图书馆负责人进行协商，明确对接负责人，初步确定服务区域、方式和时间等。在服务中要安排学校其他教师协助学生小组开展实地考察、制订服务方案和实施服务。在服务后，要帮助学生协调好服务总结和反馈的场地，协助学生对接好综合素质评价等。第二，要重点关注学生开展服务活动所需要的技术支持。良好的服务品质以服务技术的熟练掌握为基础。服务技术在一定程度上也决定了学生对服务活动介入的深度和体验的深度。比如，在学校图书馆图书整理活动中，学生需要掌握基本的图书分类方法、学校图书馆图书分布、个人卫生防护等方法和技术。这些技术需要教师提前了解，并请专业人士或亲自在活动前对学生进行讲解。第三，要充分设计安全预案，规划安全资源。

要关注服务环境安全性，不安排危险环境下的社会服务，或者路途太远的社会服务活动；要关注服务内容本身的安全性，选择安全系数高的社会服务内容，或者在服务安排上尽可能规避危险因素，如在服务前明确具体的服务内容，并同学生达成一致，在服务中不超越服务内容；做好服务技术和服务注意事项的学习等。比如，在开展居家老人生活照护服务中就需要学生提请明确居家生活照护服务的具体内容，超出内容的服务要婉拒，甚至明确拒绝。

(五)晋级性荣誉原则

庆祝是社会服务活动的重要环节，是促进学生对已有服务经历进行反思和总结的重要途径，也是激发学生持续从事社会服务活动的重要手段。良好的庆祝以序列递进性的荣誉为基础。教师在设计社会服务活动时，要对学生从事该项社会服务活动所能获得的荣誉进行精心设计，并提前做出制度性安排。第一，要结合学校已有学生荣誉制度，明确学生从事某项社会服务活动所能取得的荣誉。该项荣誉要么是学校已有的学生荣誉系列中的一种，如"公益小达人"，要么专门针对该项社会服务活动提出新的荣誉，如"关爱老人小达人"等。第二，荣誉要设计不同的等级，即随着学生从事一项社会服务活动的经历和次数的增加，学生应该能获得从低到高不同等级的荣誉。例如，"关爱老人一星小达人""关爱老人二星小达人""关爱老人三星小达人"等。第三，要对每个荣誉等级的晋级条件和程序做出明确的规定，并严格执行条件标准和规定程序。比如，参加一次关爱老人服务就可以自动获得"关爱老人一星小达人"荣誉；参加 5 次可以自动获得"关爱老人二星小达人"荣誉；参加 10 次，并向组织核心团队提交申请、提交个人发展报告，通过组织审核才能获得"关爱老人三星小达人"荣誉等。第四，对不同等级荣誉设计不同的晋级仪式，增强晋级仪式感，强化荣誉感。比如，向荣誉获得者颁发荣誉证书，或者由校长亲自颁发高等级荣誉证书等。

第二节
小学社会服务活动实施

学习目标

1. 掌握小学社会服务活动一般模式及活动各阶段的行动要点。
2. 理解小学社会服务活动实施的学校、社团和小组三种组织模式。

3．理解小学社会服务活动实施的原则性要求。

学校和教师应立足综合实践活动课程目标，强化社会服务活动实施指导，充分做好服务准备，探索和促成学生持之以恒开展社会服务活动的长效机制，发挥社会服务活动实践育人功能。

一、小学社会服务活动一般模式

《指导纲要》指出，社会服务的关键要素包括"明确服务对象与需要；制订服务活动计划；开展服务行动；反思服务经历，分享活动经验"[1]，明确了社会服务活动的一般模式和过程。为更清晰地展示各活动阶段与要素的内涵，为教师指导学生实施社会服务活动提供更明确具体的脚手架，结合小学生认知发展特点，我们可以将小学社会服务活动的组织与实施区分为如下几个步骤（图6-1）。

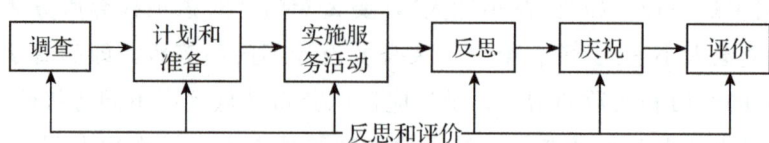

图 6-1　小学社会服务活动一般模式

图6-1中，反思和评价不仅是整个社会服务活动中的一个必要阶段和步骤，也是贯串整个社会服务活动过程中每一阶段的必要活动。其中，作为整个服务活动中一个阶段的反思和评价是对整个活动的反思和评价；作为每个阶段中活动的反思和评价则是对该活动的反思和评价。此外，图中所示的实施服务活动既可以是一次服务活动的实施，也可以是相同服务活动持续多次的实施。

(一)调查

调查阶段主要是老师和学生确定社区的需要。调查的内容包括：确定服务场所（家庭和学校）；评估服务需求；选择服务需求；确定服务标准和评估要点；反思和评价。

1. 确定服务场所

主要由教师根据学校综合实践活动课程实施方案，以及学生已有的综合实践活动课程经历，和学生共同研讨确定。比如，如果学生已经实施了关于学校发展相关的调查研究活动，则可以在此基础上开展校内服务相关的活动，确定学校为服务的场所。

---

[1]　中华人民共和国教育部：《中小学综合实践活动课程指导纲要》，10 页，北京，北京师范大学出版社，2017。

2. 评估服务需求

主要是教师指导学生对服务场所进行调查研究，了解场所的主要问题，及由此而产生的服务需求。在评估服务需求时，可以采用实地考察法、问卷调查法、访谈法和头脑风暴法等，也可以综合运用多种方法。其中实地考察法主要由教师带领学生围绕一系列的问题，对学校各场地进行实地的观察，发现其中需要改进的问题。比如学校图书馆图书的整理是否及时、整齐；学校防震防火设施是否齐备；学校专用场室是否干净整洁、设施设备是否整齐等。问卷调查主要是教师指导学生通过问卷来了解学校师生对学校的意见和看法，从中发现存在的问题及改进的机会。例如，通过问卷了解师生对学校食堂就餐秩序的看法和意见，对学校上学和放学时家长接送秩序的看法和意见等。访谈主要是教师指导学生通过对学校工作重要环节中的关键人物进行面对面交流来了解学校问题。例如，通过采访学科教师来了解学科教学辅助方面还需要和可以改进的地方；采访学校学生管理工作负责人来了解学生社团、学生会等学生自治组织在学生工作上还可以如何参与和改进等。头脑风暴法主要是教师引导学生就服务场所的关键环节和重要内容展开头脑风暴，以集中和提炼学生主要想法，发现存在的问题和改进的机会。例如，教师可以就班级建设抛出问题：我们班级现在和××文明班级的差距有哪些，用什么方法来超越他们？学生可以就此问题提出自己的见解和方法，进而归纳和整理出班级建设的一些服务行动。

3. 选择服务需求

主要是教师指导学生基于服务需求的调查，选择需要实现的服务需求，确定要实施的服务活动。在选择服务需求时，老师可引导学生围绕如下问题进行思考：(1)服务是否是家庭和学校需要的。(2)有多少同学愿意参与实施本项服务。(3)通过服务，要达到什么目的。(4)开展服务需要哪些条件，是否已经具备这些条件。(5)开展服务需要服务场所提供哪些帮助。(6)服务场所的具体对接人是谁、怎么联系、什么时间方便联系等问题。

4. 确定服务标准和评估要点

主要是教师指导学生对确定的服务行动进行整体评估，明确服务需要达到的标准以及如何评估是否达到预期标准。在确定服务标准和评估要点时，教师可引导学生从以下几个方面进行：(1)服务需求的现状如何。比如，班级图书角图书未归类、摆放不整齐、图书仅有 20 册等。(2)希望服务产生哪些明显变化。例如，班级图书角图书干净整齐，图书量超过某文明班级，达到 50 册，图书借阅记录清晰完整等。(3)如何确保评价数据和记录的真实性、可靠性等。

5. 反思和评价

主要是教师指导学生在调查活动结束后，对调查的过程和成果进行反思、分享和交流。反思可以围绕：(1)在调查过程中我做了什么。(2)调查过程中有哪些值得表扬和肯定的地方，还有哪些不足的地方。(3)对调查过程，我有什么样的感受等问题而展开。评价可以围绕调查方法的掌握、小组合作的态度和行为、调查过程的参与等方面展开。

(二)计划和准备

计划和准备阶段主要是教师指导学生明确服务的相关问题，与服务场所工作人员协商确定所要提供的具体服务内容，制订行动方案，开展培训学习，进行反思和评价。具体步骤包括：明确服务内容、拟定行动方案、准备服务物料、反思和评价等。

1. 明确服务内容

教师要指导学生围绕确定的服务需求，在服务现场同服务场所对接工作人员协商确定具体的服务内容、服务的时间和时长、一次需要安排多少人等，并形成服务任务表。比如，学校食堂一般需要就餐秩序维护、厨房卫生清洁、光盘行动监督等服务。教师要指导学生同食堂对接工作人员进一步明确就餐秩序维护等服务的具体工作内容、每项工作内容的要点、工作时间点和时长、每个食堂需要安排多少人等。

2. 拟定行动方案

教师要指导学生根据协商确定的服务内容，制订具体的服务活动方案。方案内容应包括：各项服务内容及其要点、对接人、小组负责人和合作成员、服务时间点与时长、所需准备的物料、服务行动整体质量评估标准、服务行动培训学习的内容及时间安排、服务行动安全事项和安全预案等。

3. 准备服务物料

教师要根据行动方案，逐一提前准备服务所需要的各种物质、材料等。服务物料主要包括：统一的服装或标志、必要的服务工具和材料、照相机和摄影机或智能手机、服务安排表、服务质量评价反馈表、个人服务感悟表等。

4. 反思和评价

在明确服务内容、拟定行动方案、准备服务物料等活动中都需要教师引导学生开展反思活动。作为计划和准备的阶段性反思，教师可引导学生着重从以下几方面开展反思：(1)在各项活动中，我分别做了什么。(2)我有哪些值得肯定的地方，还有哪些地方需要改进。(3)小组伙伴在活动中有哪些值得表扬的地方，我对他们有什么建议。(4)通过服务内容协商，我对本项服务有哪些认识和感想。评价可以围绕服务内容是否明确具体、行动方案是否清晰可行、时间和人员安排是否合理、物料准备是否科学充分等问题展开。

(三)实施服务行动

实施服务活动阶段主要是教师指导学生按照服务方案开展服务行动。其主要步骤包括培训和学习、现场服务、反思和评价等。

1. 培训和学习

在正式开展服务行动前，教师要根据服务内容和服务安全事项，对学生进行系统的服务技能和安全规范培训，重点关注服务规范和安全规范，提升学生服务品质意识和安全防控意识。比如，在食堂就餐秩序维护服务中，就需要学生掌握排队场控技巧。在光盘行动监督中需要学生掌握基本的沟通和劝说技巧。这种系统的服务技能培训和学习既可以由教师来实施，也可以邀请服务场所的工作人员来实施。一般来说，除了系统的培训和学习，在每次现场服务前也有必要对服务技能和注意事项做简单的回顾和学习。

2. 现场服务

学生根据服务安排，运用所掌握的服务技能进行现场服务。在学生实施现场服务的过程中，教师有必要对学生的服务进行观察和现场指导，及时发现和纠正学生服务过程中的不足，发现学生服务过程中的亮点，并通过摄影与摄像等方法帮助学生做好服务过程记录。

3. 反思和评价

在每次的培训和学习及现场服务结束后，教师都要组织和带领学生进行反思与评价。反思可围绕如下问题进行：(1)参加培训和学习后的收获有哪些。(2)服务过程的简单回顾。(3)培训和学习及现场服务的感受有哪些。评价可围绕如下几方面：(1)服务技能的掌握情况。(2)安全事项掌握和实践情况。(3)服务对象对服务的满意度。(4)服务相关记录和影像资料的规范性和典型性等。

(四)反思

反思既是整个服务行动中的重要一环，也是服务行动中每个活动环节的重要内容，是深化学生服务体验，促进学生价值观内化的重要途径。杜威认为，反思是"对于任何信念或假设性的知识，按其所依据的基础和进一步结论而进行的主动的、持续的和周密的思考"[1]。这种思考既可以是基于个人的反思，也可以是基于团队的反思。在社会服务活动中，反思更强调的是团队反思，即在教师引领下的，学生社会服务活动团队所进行的分享性反思。

团队反思一般需要遵循图 6-2 的基本模式。

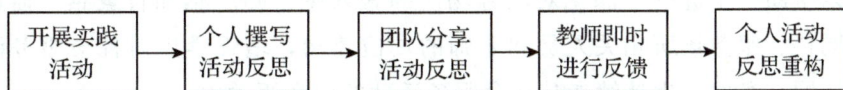

开展实践活动 → 个人撰写活动反思 → 团队分享活动反思 → 教师即时进行反馈 → 个人活动反思重构

图 6-2　团队反思一般模式

---

[1]　叶逢福：《教育实践反思的策略分析与路径探索》，载《大学教育科学》，2020(2)。

1. 开展实践活动

主要是指学生实施既定的实践活动计划。实践活动是反思的前置性基础，缺乏实践行动基础的反思是无本之木的反思，是没有实际意义的空洞反思。在社会服务活动中，开展实践活动指学生按照既定的社会服务行动计划开展服务活动。

2. 个人撰写活动反思

主要是指学生在活动结束后，在教师的指导下，对服务过程和感受进行整体回顾，并用自己的语言记录下来。活动反思字数不用太多，50～200 字即可。撰写时间一般5～8 分钟即可。

3. 团队分享活动反思

主要是指学生集中在一起，对个人的活动反思进行交流和分享。每个人交流和分享的时间不用太长，甚至几句话都可以。交流分享可以采取小组长发言，其他成员补充的方式进行。比如，小组长发言陈述了小组服务的过程，同时分享了个人的服务感受。小组其他成员则不用重述服务过程，只分享个人感受即可。要强调的是，小组其他成员补充发言并不是说没有补充就不发言，而是必须发言，但可以仅谈自己的感受。

4. 教师即时进行反馈

主要是指教师要对每个学生的发言进行及时的反馈。这种反馈既可以是对学生发言的提炼和提升，也可以是重复学生发言的关键点以示肯定和强调，也包括对学生发言的不足之处进行纠正。教师的即时反馈是团队反思中不可或缺的重要环节，往往会对学生的发言起到画龙点睛的作用，对学生服务活动体验深化和服务活动价值内化起着重要的促进和催化作用。

5. 个人活动反思重构

主要是指学生自身基于团队反思活动体验，对自身的活动感受和活动经验进行结构和内涵的再次建构。

(五)庆祝

庆祝是社会服务活动的重要环节，主要是教师指导学生通过多种方式展示社会服务活动实践成果，肯定和表彰学生对社会服务活动做出的突出贡献，让学生有机会对服务同伴、服务场所相关人员和指导教师表达感谢，分享参与社会服务活动的收获和喜悦；可以帮助学生进一步深化对服务场所的融入感、归属感和自豪感，促进学生加深与服务同伴、服务场所相关人员和老师的友谊建构，增强学生对社会服务活动意义和价值的认同，激发学生持续参与社会服务活动的内在驱动力。

庆祝活动主要以学生为主体，由学生来确定庆祝活动的内容、方式，决定和邀请参与庆祝活动人员等。庆祝活动的方式可以是现场成果展览、线上多媒体作品展示、荣誉表彰活动、野炊活动、班级或校级晚会活动，甚至还可以举行媒体发布活动等。

庆祝阶段一般可以采用以下步骤开展：策划庆祝活动；制订庆祝方案；准备庆祝活动；实施庆祝活动；庆祝活动总结等。

(六)评价

在社会服务活动总体上结束之后，教师要指导学生对社会服务活动的实施进行评价。评价的目的既包括对社会服务活动实施质量和学生面向社会服务活动教学目标发展情况，也包括对社会服务活动本身设计与实施的评估和反馈，以促进学生发展、优化社会服务活动设计与实施。评价的内容主要包括学生的社会服务活动表现、学生的发展成绩与表现、社会服务活动课程三个方面。

学生社会服务活动表现主要指学生在社会服务活动实施的整个过程中的关键表现和重要事实，如在调查阶段参与的积极性，在计划和准备阶段对具体任务的完成情况，服务活动指导教师的评语，是否受到表彰等。关键表现和重要事实都应该是真实的、有证据支持的，不能是学生个人的陈述或者想当然式的认为存在。

学生的发展表现主要是指学生在社会服务活动教学目标上所实现的发展，如相关服务技能的掌握、服务活动方案制订、对家庭和学校的责任担当精神、对社会服务活动的意义和价值认同与内化等。

社会服务活动课程的评价主要是指学生对社会服务活动课程本身的评价，如社会服务活动内容是否适当、是否有吸引力，社会服务活动的方式是否契合学生发展实际、还有没有其他更好的方式，教师、学校所提供的服务支持是否充足和充分、还有哪些可以改进的地方，庆祝的方式还有哪些可以改进的地方等。对社会服务活动课程评价的目的在于为课程的持续改进提供切实的实践视角的证据和方案，以不断改进课程，提高课程质量。

社会服务活动评价的方式可以采用形成性评价和终结性评价相结合的方式进行。形成性评价就是在活动的每个环节都引导学生进行评价，并形成评价结论和过程性评价数据，为终结性评价提供评价依据和素材。终结性评价就是围绕社会服务活动表现、学生的发展表现和社会服务活动课程三个方面，参考形成性评价材料，对学生进行评价。在评价主体上可以由综合实践活动课程教师、家长、社会服务活动指导教师、学生和服务活动同伴等构成，通过个人自评、小组互评和教师评价等方式进行，形成对学生的整体和全面的评价。

以上所述仅仅是社会服务活动的一般模式，并不是一成不变的。各活动阶段和内容可以根据实际情况进行灵活的调整和变化。

二、小学社会服务活动实施模式

小学社会服务活动组织和实施按发起和统筹的主体不同可以区分为学校组织模式、社团组织模式和服务小组模式三种。

(一)学校组织模式

学校组织模式指学校基于自身办学基础和资源优势,对全校学生的社会服务活动进行统一设计、统筹和组织实施,形成学校社会服务活动实施方案,以落实综合实践活动课程,彰显学校育人特色,促进学生全面发展。这种模式的操作步骤一般包括:政策和学校特色解读、社会服务活动资源调查、社会服务活动目标阐述、社会服务活动实施方案制订、社会服务活动常态实施、社会服务活动成果展示和评价、社会服务活动整体评估和改进等。

1. 政策和学校特色解读

主要是收集和整理国家和地方的相关政策文件,深刻理解和全面把握其中对学生社会服务活动的相关要求,并形成社会服务活动政策背景概要;系统梳理学校办学历史和传统,以及学校办学思想、办学目标等学校办学纲领性内容,形成学校社会服务活动已有基础、经验和要求等学校背景概要。

2. 社会服务活动资源调查

主要是对学校社会服务活动可用的资源进行系统的调查和梳理。这里所说的资源包括社会服务活动场所、可实施的服务内容或项目、场所的配套设施和设备、场所的安全性、场所联系人等,要形成资源表单。

3. 社会服务活动目标阐述

主要是基于政策和学校特色解读及资源调查,提出通过社会服务活动需达成的学生发展目标。目标的阐述适宜从学生视角、用可观测的行为表现模式来阐述。

4. 社会服务活动实施方案制订

主要是依据资源调查和目标阐述结果,对学校拟开展的社会服务活动进行整体设计,提出具体的活动内容或项目,并明确每项服务内容或项目的指导教师、服务场所、服务程序、服务要求、学习评价等。

5. 社会服务活动常态实施

主要是学校根据社会服务活动实施方案组织学生常态开展社会服务活动。

6. 社会服务活动成果展示和评价

主要是学校组织学生开展社会服务活动学习成果展示,并根据实施方案中的学习评价要求对学生的学业成绩和学业表现进行评定。

7. 社会服务活动整体评估和改进

主要是学校根据学生社会服务活动过程和学习成果对社会服务活动实施方案进行整体反思，充实相关内容，修改不足，以促进社会服务活动整体方案的完善。

案例 6-1

河源中学实验学校（小学部）"小红领巾学雷锋志愿服务队"①

一、活动背景

志愿服务活动，不是一个崭新的教育话题。早在 2006 年，国家就出台了相关的法律法规，进一步规范志愿服务的管理。志愿服务活动的核心是雷锋精神，因为雷锋精神一直在鼓励着全国人民开展志愿服务活动，并促进社会的和谐进步。我校决定把此项活动列为综合实践活动课程内容之一，并组织开展了丰富多彩的志愿服务活动。

二、活动目标

通过志愿服务活动，以雷锋精神为内核，积极培育和践行社会主义核心价值观，引导队员们发展成为爱祖国、爱劳动、爱科学，德智体美劳全面发展的栋梁之材。

三、活动内容

2013 年，我校成立校园志愿服务队；2014 年 6 月，成立河源市首支红领巾志愿服务队。总队名称为河实"小红领巾志愿服务队"，以"学习雷锋，奉献他人，提升自己"为志愿服务理念，倡导师生发扬"奉献、友爱、互助、进步"的志愿服务精神，成立了"礼仪志愿服务队""环保志愿服务队""监督志愿服务队""勤俭志愿服务队""同心志愿服务队""爱心志愿服务队"和"声音志愿服务队"共七个志愿服务支队，明确每个队员每一周活动内容，有组织、有纪律地开展志愿服务活动。

"礼仪志愿服务队"结合队员文明礼仪教育，做到知行合一。在重大的活动中，也担当着重要的角色。

"环保志愿服务队"重在培养队员良好的劳动观念，增强环境保护意识和社会责任感。同时结合我市工作，"环保志愿服务队"多次开展"大手拉小手""植树"亲子志愿服务等活动，带动了一批又一批的家长参与到志愿服务活动中。

"监督志愿服务队"坚持以我校"河实发展，我的责任"为理念，注重培养学生自主管理能力，构建和谐文明的校园文化氛围。

---

① 广东省教育厅：《爱劳动会创造》，2019 年 11 月：153（有删节）。

　　"勤俭志愿服务队"培养队员们学会珍惜粮食、珍惜生活，做到文明用餐，吃苦耐劳。

　　"同心志愿服务队"培养队员们团队合作精神，为团队生活奠定基础。

　　"爱心志愿服务队"通过志愿服务活动，培养队员有爱心，乐奉献的精神；学会关爱他人，关爱社会，关爱自然；心存善念，心善则美。

　　"声音志愿服务队"是一支用声音温暖人群的志愿者，本着弘扬客家文化，传递正能量精神，鼓励需要帮助的人。

　　在该案例中，学校围绕雷锋精神的时代传承和发展，基于学生生活和学校场域特色，从学校层面组织和成立了"礼仪志愿服务队""监督志愿服务队""环保志愿服务队"等多个志愿服务组织，生动地诠释了"学习雷锋、奉献他人，提升自己"的志愿服务理念，践行了"奉献、友爱、互助、进步"的志愿服务精神，充分发挥了学校整体设计和统筹协调优势。全校层面的整体设计与实施对协调学生年级间社会服务活动的连续性，促进学生社会服务活动的深入开展，深化学生活动体验和认识，进而促进学生全面发展，以及生成和淬炼学校特色文化具有重要的作用。

(二)社团组织模式

　　社团组织模式指以学生社团为主体，通过招募会员等方式组织有共同志趣的同学一起实施社会服务活动。学校在社团的运作过程中所起的作用主要是指导发展、活动支持和制度规范等。社团组织模式的操作步骤一般包括：发起服务动议、建立服务社团、招募和培训骨干成员、发布服务项目计划、招募和培训服务义工、实施服务项目、服务活动总结和交流。

　　1. 发起服务动议

　　主要是指个别学生基于自己的观察或者在家长和老师的启发下，发起社会服务活动动议，并在自己的亲密伙伴中传播，吸引有兴趣的同学一同参与，形成小规模的、有共同志趣的服务核心团队。

　　2. 建立服务社团

　　主要是服务核心团队在家长和老师的帮助下，通过正式或非正式方式成立社会服务活动社团，并明确社团名称、社团组织架构、队员申请和审批程序、队员权利和义务等。

　　3. 招募和培训骨干成员

　　主要是在社团组织团队基于服务项目的发展和需要，通过多种方式招募成员，并组织培训活动，吸引表现优秀者形成骨干队伍。

4.发布服务项目计划

主要是社团核心团队根据实际和活动需要，通过多种方式发布拟开展的社会服务活动项目，并明确项目名称、服务内容、服务时间和时长、服务地点、参与条件和要求等。

5.招募和培训服务义工

主要是社团核心团队根据服务项目计划，招募符合要求的服务义工，并进行必要的技能和安全事项等的培训。

6.实施服务项目

主要是社团核心团队带领服务义工根据项目计划开展服务。

7.服务活动总结和交流

主要是服务活动参与者对服务活动的过程和结果进行交流和分享，并形成服务回顾性文献资料。

案例 6-2

常熟市实验小学"小青松义工"社团①

一、成立背景

现今时代，少先队员多在无忧无虑的环境中成长，培养他们的责任感和服务意识已成为少先队组织刻不容缓的事。青松是我校的校树，象征着坚持、健康、向上，实验小学通过成立"小青松义工"社团，鼓励少先队员为学校、社区、社会义务劳动，奉献爱心，培养少年儿童的社会责任感和奉献精神，让青松精神带领少年儿童健康成长！

二、社团理念

奉献、友爱、互助、进步

三、社团特点

(一)自主报名，培养队员的主动性

为了培养队员的自主能力，"小青松义工"社团的各项活动在经过充分的宣传后，均采用自主报名的形式招募成员。这一举措充分调动了队员的主观能动性，培养了他们自己的事情自己做主的自治理念，让队员能在活动中真正接受锻炼、体验成功、提升自信、勇于突破、健康成长！

---

① 常熟市实验小学：实验小学"小青松义工"社团活动成果简介，http://www.cssx.net/jtbx/xywhjs/content_16849，2020 年 10 月 11 日(有删节)。

（二）管理规范，保证活动的持续性

经过队员的讨论，制定出《常熟市实验小学"小青松义工"社团活动章程》，对青松义工的组织机构、报名方式、权利义务、行为规范、奖励惩罚等做出了明确的规定。

"小青松义工"社团的活动由学校少先队大队部组织和领导，日常的报名和校内的志愿服务由少先队大队委分工负责。青松义工每次的志愿服务均有记录和评价，达到所要求的服务次数能兑换相应的雏鹰活动奖章，层级递进的评级机制充分激发了队员们的参与热情，在活动中体验快乐、收获能力。

（三）拓展空间，创设服务的多样性

围绕少先队员的学习、生活实际，我们充分挖掘周边社会资源来弥补校内资源的局限性，设立常熟市儿童福利院、常熟市老年公寓、琴枫社区为学校的社会服务基地，为志愿服务开辟新空间，使志愿服务内容体现多样性、多元化。

（四）形式多样，提高活动的实效性

结合不同时期的热点和需求，设计不同形式的志愿服务，如三月学雷锋月，号召队员捐赠旧衣物，组织前往老年公寓慰问；"六一"儿童节前夕，在校内开展图书捐助活动，前往儿童福利院，为孩子们送图书，共度儿童节；元旦之际，校内开展义卖活动，所得经费用于购置爱心包裹，寄往山区。着眼于实际所需避免志愿服务流于形式，有效保证了志愿服务的实际意义，真正对少年儿童起到正面引导作用。

在该案例中，学校基于校本文化特色，成立"小青松义工"社团，充分利用学校和社区资源，引导学生针对实际需求，在学校、社区开展多种志愿服务，奉献爱心，培养学生社会责任感和奉献精神。该校以义工社团方式组织志愿服务一是有助于激发学生参与志愿服务的自觉性；二是有助于学生自主管理和自律能力的提升；三是有助于更加灵活地开展志愿服务和拓展志愿服务形式；四是该学校特色文化的具体体现和生成路径，有助于学校特色文化进一步淬炼、发展和丰富。

（三）服务小组模式

服务小组模式指由个别学生或几个学生基于自身生活经验和对社会问题的观察与思考，在教师和家长的指导和帮助下，发现有服务需求的社会群体或个人，并号召有共同志趣的同学组成服务小组，自发实施社会服务活动。服务小组模式的操作步骤一般包括：发现服务需求、招募服务义工、技能学习和培训、实施服务活动、服务成果展示与交流。

案例 6-3

北京市史家小学"影为爱"社会服务项目①

"影为爱"项目是四(5)班姚悦礼同学发起的，触发他提出这个创想源于一件小事。每逢过年爸爸妈妈都会带他回湖南老家，在那里，他结识了许多村里同龄人，他们的父母到大城市打工，一年难得见到一次，因此小朋友们非常想念他们的父母。回京后，他发现北京外来务工人员很多，他们为建设北京贡献力量，也为孩子的生活而打拼。于是，姚悦礼萌生了和小伙伴一起帮助留守儿童、建立一种亲子交流的方式的想法。他们拿起相机，记录下外来务工人员的工作生活，并做成影集，在"六一"的时候作为礼物寄给远在家乡的孩子，让伙伴了解父母的辛苦，懂得感恩。在姚悦礼的感召下，四(5)班全体同学都参加到这个项目中来。摄影艺术家陈长芬先生也被他们深深打动，亲自为他们进行摄影培训，帮助姚悦礼和他的伙伴们宣传"影为爱"，并邀请新华社高级摄影记者于志新作为孩子们的摄影指导老师，共同参与这项公益活动。项目实施几个月，孩子们跟拍过花艺师傅、医药配送中心的库房人员、首都第二机场的建筑工人……他们零距离接触北京可爱的建设者们，体会那些平凡工作岗位上的坚守与奉献，在那些朴实的笑容和辛劳背后，孩子们动容于这些建设者的不易。许多孩子在参加"影为爱"以后，不仅对身边外来务工人员多了一份尊敬，也对自己父母多了一份理解。

在该案例中，姚悦礼同学基于自身过年随父母回湖南老家的经历，触发了他对北京外来务工人员留守子女的问题的思考，进而发起"影为爱"项目，和同学一起用相机记录外来务工人员的工作生活，做成影集，在"六一"的时候作为礼物寄给远在家乡的孩子，增进外来务工人员和其子女之间的感情。同学们在项目中一方面学会了摄影技术，另一方面对外来务工人员有了更深刻的和全面的认识、认同和尊敬，也对父母多了一份理解。小学生以服务小组方式实施社会服务活动更需要学校和老师的呵护，一要呵护小学生对身边社会问题的敏锐觉察力；二要呵护小学生解决社会问题的执行力；三要呵护小学生的儿童视角，切实尊重小学生的自主性，充分相信小学生能够自立自主自为的解决问题。学校充分呵护了姚悦礼同学的发现，对"影为爱"项目给予了充分的支持，为同学们实施项目创造各种有利条件，促进了项目的顺利实施。

---

① 李娟、张均帅、高金芳：《服务学习志在家国——史家小学"服务学习"课程的开发与实施路径》，载《中国教育学刊》，2018(S2)。

三、小学社会服务活动实施指导

在小学社会服务活动实施过程中，教师应在深刻把握小学社会服务活动概念、特征、设计原则和实施一般模式的基础上，重点把握以下几点原则性要求。

(一)着力社会主义核心价值观涵养

中共中央办公厅印发的《关于培育和践行社会主义核心价值观的意见》指出："培育和践行社会主义核心价值观，是推进中国特色社会主义伟大事业、实现中华民族伟大复兴中国梦的战略任务"，"培育和践行社会主义核心价值观要从小抓起、从学校抓起。适应青少年身心特点和成长规律，推动社会主义核心价值观进教材、进课堂、进学生头脑"。社会服务活动作为一种更贴近社会生活、直面社会问题的学习活动和学习方式，理应在小学生社会主义核心价值观的培育和践行中发挥重要作用。教师要在社会服务活动内容和形式中深度融入和体现社会主义核心价值观的本质要求，将社会主义核心价值观具体化为形象生动、与生活融为一体的社会服务活动内容和要求；要通过多种多样的社会服务活动形式和内容，丰富和深化学生服务活动体验，建构对社会问题和实际的全面理解；要通过社会服务活动促使学生在教师指导和自身体验与反思中强化对知识的理解、运用，更好地将个人发展需求和社会发展要求统一起来，自觉树立将个人发展融入国家发展和中华民族伟大复兴的理想信念之中，培养学生的社会感、责任感和家国情怀。

(二)重视教师躬行实践与师德示范

社会服务活动不仅要求小学生掌握活动所需要的服务技能，更重要的是社会服务活动本身所面向的社会问题和社会现象蕴含着丰富的育人价值，可以引导小学生通过实施的社会服务活动，参与和体验社会生活，感受社会发展进步，进而涵养社会主义核心价值观。因此，正确和科学的价值观的发展和培育是社会服务活动所着力的重要方面。这其中离不开教师自身的示范。教师的身教往往比言教更有效，更能对学生产生启发和深远影响。一方面，教师要躬行实践，要亲自学习和熟练服务技能，参与学生实施的社会服务活动，不能以指导为由，不参与具体的社会服务，更不能作壁上观；要在参与社会服务活动过程中全面感受、亲身体验，深刻反思活动的意义、育人价值和对学生发展的生长点，更好地指导学生实践社会服务活动。另一方面，教师要作示范表率，高标准要求自己，不断提升自身师德师风水平，以良好的师德示范引领和感染学生，激发学生持续从事社会服务活动的内生动力，形成师生德性修养交互影响和促进的良性循环。

(三)以可视化促进有效反思与评价

反思和评价是社会服务活动的重要环节和内容，离开了有效的反思和评价，小学生所参与和实施的社会服务活动往往仅留下对活动的模糊印象，而难于将活动所蕴含的育人价值内化，以改进自身心智模式，并转化为自身具体的行为方式和习惯。提高反思与评价有效性的重要手段既包括作为有经验者的教师所引领的反思和所实施的过程性观察，还可以通过可视化的路径来实现。一方面，教师要借助一定的工具和方法来实施反思和评价。比如借助预先设计的反思表来引导学生反思的方向和内容，让学生有机会将自己的反思化为具体的文字。并且，让学生在填写好反思表的基础上进行集中的交流和分享，比让学生作无准备的交流和分享的效果更好。借助小学生喜欢的小礼物作为社会服务活动过程中优秀表现的奖励，可以较好地呈现学生活动中的优秀表现。另一方面，教师要注意学生服务过程中关键节点、核心环节和突出表现信息资料的抓取、保留和整理，形成可视化的学生服务过程和个性发展的数据链。比如，在学生参加第一次培训、第一次服务、第五次服务时的照片就构成了学生参与社会服务活动的重要数据链。这种数据链既可以说明事实，也是学生反思、评价和证实自身发展的重要依据。

(四)融合服务规范性和氛围宽松性

社会服务活动包括人与人、人与物和人与环境之间的交互，并且是在这种交互的过程中完成服务、满足服务需求的。交互性一方面要求服务活动要具有一定的规范性和技术性。这种规范性和技术性既是更好地实现服务需求的基础性条件，也是维护服务活动良好边界的重要界限。小学生所从事的社会服务活动不是无限制的满足社会需求，而是在一定规则范围内满足服务需求。教师要善于并明确地表达服务的规范性要求，要确保学生理解并能够全面落实服务规范；要充分地对学生进行服务技能相关培训，确保学生熟练地掌握和灵活地运用服务技能；要在服务现场关注学生开展服务活动，及时对不符合规范和技术要求的行为予以纠正。交互性的另一方面要求倡导服务氛围的宽松性。互助性的和公益性的交互，本质上是快乐的。教师要注意营造宽松的活动氛围，通过强化服务活动仪式感和荣誉感，增强学生的安全感、成就感、成长感和获得感，让学生体验到服务活动是一种快乐的活动，是一种有幸福感的活动。

(五)建立多元有效可持续长效机制

学生的社会服务活动体验的深刻性在很大程度上决定了社会服务活动育人价值的实现程度。学生的活动体验越深刻，对学生发展的影响越深远。学生在社会服务过程中，往往要经历学习和初步掌握服务技能、熟练运用服务现场技能和灵活应对突发情况、深刻反思服务活动这样一个螺旋发展过程。很显然，持续开展社会服务活动有助于学生体验的深刻性发展。建立多元、有效和可持续性的活动机制是社会服务活动可持续开展的重要保证。首先，教师要善于开发和整合多方资源，获得社区、学校和家长等多方面支持。研究表明，"来自学区与学校层面的政策、资源等支持力度对服务学习的开展影响明显"①。其次，教师要善于为自己创造综合实践活动课程、服务学习等方面的学习和培训机会，不断充实和完善相关能力体系和知识结构。最后，学校要完备综合实践活动课程的设置和制度建设，建构社会服务活动强有力的支持和保障机制。

本章小结

　　社会服务源于并发展了"服务学习"，同"社区服务和社会实践"既相互联系，又相互区别，具有服务与课程融合、服务与学习融合、行动与反思融合、家庭和学校融合、利他和自利融合等特征，在强化学生家国情怀、促进价值内化，创新学生学习路径、优化经验建构，丰富学生学习履历、健全人格发展，提升教师育人水平、促进自身建设，优化学校育人结构、推进文化建设，充分利用家校资源、改进家校协同等方面有着重要的意义和价值。从不同的视角，社会服务有不同的分类。小学社会服务要重点关注家庭服务活动、学校服务活动和社区服务活动。小学社会服务活动教学设计要在遵循目标导向性、真实与挑战、引领性反思、支持充分性和晋级性荣誉等原则的基础上进行整体设计。

　　小学社会服务活动一般包括调查、计划和准备、实施服务活动、反思、庆祝和评价等步骤。其组织和实施按发起和统筹的主体不同可以区分为学校组织模式、社团组织模式和服务小组模式三种。小学社会服务活动实施过程中，教师应在深刻把握小学社会服务活动概念、特征、设计原则和实施一般模式的基础上，重点把握社会主义核心价值观涵养、重视教师躬行实践与师德示范、以可视化促进有效反思与评价、融合服务规范性和氛围宽松性、建立多元有效可持续长效机制等原则性要求。

关键术语

　　社会主义核心价值观；服务学习；社区服务与社会实践；学习履历；人格；心智模式；反思；荣誉制度；可视化；长效机制。

---

① 刘万海、李倩：《近年来美国中小学服务学习实施进展评析》，载《当代教育科学》，2014(10)。

体验练习

1. 阅读《中小学综合实践活动课程指导纲要》，对照道德与法治学科，你认为小学生社会服务活动和道德与法治学科中的社会实践有何联系与区别？

2. 设计一个融合学校服务和家庭服务的小学四年级学生 6 个课时的社会服务活动计划。

3. 设计一份契合学校食堂实际需要的社会服务活动方案。

4. 联系教育部颁发的《小学教师专业标准(试行)》，思考为适应社会服务教学，教师应该具备哪些专业知识和专业能力。

拓展读物

1. 中华人民共和国教育部. 中小学综合实践活动课程指导纲要. 北京：北京师范大学出版社，2017.

2. [美]斯坦顿，吉尔斯，克鲁兹. 服务学习先驱们对起源、实践与未来的反思. 童小军，顾新，覃韶芬，王军，译. 北京：知识产权出版社，2013.

3. 彭华民. 服务学习. 北京：中国人民大学出版社，2012.

4. 顾林生. 社会服务学习概论. 成都：四川大学出版社，2016.

5. [美]凯瑟琳·伯杰·科. 服务学习指导大全. 益公益交流中心，译. 北京：商务印书馆，2016.

6. 杨燕燕，仲建维. 综合实践活动课程的新时代建构——社会服务与职业体验. 石家庄：河北教育出版社，2020.

7. 柳夕浪.《中小学综合实践活动课程指导纲要》解读——44 个问答. 石家庄：河北教育出版社，2019.

8. 张华. 综合实践活动课程的新时代建构——综合实践活动课程的国际视野. 石家庄：河北教育出版社，2020.

9. 张紫屏. 综合实践活动课程的新时代建构——综合实践活动课程的理论视野. 石家庄：河北教育出版社，2020.

第七章

融合 STEM 的小学综合实践活动设计与实施

本章概要

本章简要阐述融合 STEM 教育的综合实践活动主题设计方式，分析学校如何应用"四维整合"进行整体框架设计，讨论主题活动方案设计的主要内容、融合 STEM 的综合实践活动 PBL 教学模式，阐明常见的基于 PBL 模式的科学探究课、工程设计创意课等课型。

结构图

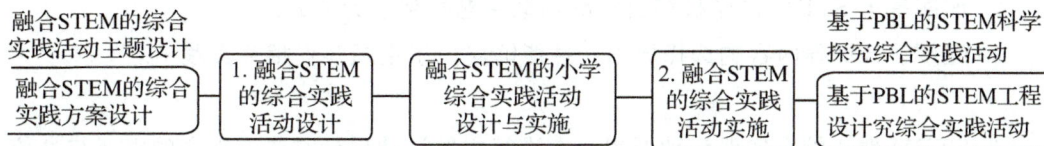

学习目标

1. 了解 STEM 教育融入综合实践活动的意义。
2. 理解基于 STEM 的学校综合实践活动主题系列框架设计方式。
3. 理解设计课程内容的选择原则，并能够应用于主题开发相关实践中。
4. 了解基于项目的学习模式。
5. 了解基于 PBL 教学模式的科学探究课课型结构，并在实践中应用。
6. 了解基于 PBL 教学模式的工程设计课课型结构，并在实践中应用。

读前反思

人类处在一个技术快速变革的时代，从互联网、物联网、人工智能到智能制造，对于未来的就业和产业发展所需要的人才提出了新的要求。STEM 教育集科学、技术、工程、数学多学科融合，与综合实践活动课程的本质追求有着内在的一致性，如何将 STEM 教育与综合实践活动相结合？读者可以联系自己的经验思考如下问题。

1. 将 STEM 融入综合实践活动对学生的发展有哪些影响？
2. 将 STEM 融入综合实践活动可以开发哪些课程内容？其选择原则是什么？
3. 如何开展基于 STEM 融入综合实践活动教学活动？其教学模式及课型有哪些？

第一节
融合 STEM 的综合实践活动设计

🎯 学习目标

1. 了解 STEM 教育融入综合实践活动的意义。
2. 理解基于 STEM 的学校综合实践活动主题框架设计方式。
3. 理解设计课程内容的选择原则，并能够应用于主题开发相关实践中。

将 STEM 融入综合实践活动课程，在进行主题活动设计时要有更高的立意与站位，其目标达成不仅着眼于动手操作技能的培养和训练，更应注重创造性思维、复杂性思维、问题解决能力和系统方法论的培养。因此，课程设计应凸显跨学科整合性、技术性和实践性特征，根据学生需求，主动寻求课程资源，对学校综合实践活动进行校本化的主题系列设计，再对不同的主题进行科学、合理、可行的方案设计，从而有效提高综合实践活动的有效性。当然，教师还应留下自由的空间，在课程实施中鼓励学生根据真实的问题情境主动地改进学习内容。

一、融合 STEM 的综合实践活动主题设计

将 STEM 教育融入综合实践活动中不是将多项实践性、体验性活动进行简单集合与拼凑，而是从学校层面对主题进行整体框架设计与规划，根据各年龄阶段学生特点，制定完整的课程培养细则，使不同阶段的学习内容有递进性与连贯性，从而不断强化学生科学、工程、设计、数学、创新素养等。

(一)STEM 教育融入综合实践活动的意义

将 STEM 教育融入综合实践活动，跨学科意味着教育工作者在教育中，不再将重点放在某个特定学科或者过于关注学科界限，而是将重心放在特定问题上，强调利用科学、技术、工程或数学等学科相互关联的知识解决问题，实现跨越学科界限、从多

学科知识综合应用的角度提高学生解决实际问题的能力的教育目标。[①]突破传统教育教学模式，其意义表现在以下两个方面。

其一，学生在进行项目设计与制作或开展小课题探索时，能主动寻求资源，以工程为载体，运用各学科知识与技术，综合利用工具，开展设计及体验实践性探索。教师对于难度系数大、复杂程度高的项目任务，可以将 STEM 跨学科知识，作为创意实现的知识基础加以应用，从而将创意作品作为"做中学"成果的高级表现形式，帮助学生在夯实科学、技术、工程和数学等多学科知识的基础上，提高跨学科的新思维、新方法，从而培养学生创造创新能力、批判性思维与解决问题能力、沟通交流能力、合作协作能力。

其二，STEM 教育融入有助于培养学生的社会责任感。综合实践活动主题及核心项目不是知识取向，它围绕值得关注的、重要的真实问题而设计，通过相应的活动，在经验中寻找各学科整合的模式。如自然环境、人文社会、科技工程、可持续发展、职业规划、国际视野等，学生在活动中将跨学科内容、高级思维能力发展与真实生活环境联系起来，通过对这些问题的探索。学生不仅学得相应的知识，更能在价值体认上形成共鸣，从而增强社会责任感。

(二)基于 STEM 的学校综合实践活动主题系列框架设计

将 STEM 融入综合实践活动中，从跨学科角度选择学生感兴趣的主题，将相关学科知识联系起来，解决真实问题。学校在进行整体框架设计时应重点关注课程目标与课程特征。

1. 课程目标与主题设计

课程目标是根据国家的教育方针和相应学龄段教育的性质、任务以及学生的身心发展规律所确定的，学生通过完成规定的课程教学内容和任务实现学习结果。将基于探索和目标导向的学习嵌入教学设计中，有利于发展学习者的团队技能、学习交叉课程概念和解决真实问题的能力，可以得到更多、更理想的教育产出。

在分析课程目标时，应解读课程标准，结合学生需求特征与课程资源，对学习者的智力因素和非智力因素进行充分分析，从而确保项目设计适合学生的能力与知识水平。

一般来说，课程目标的科学设计即需符合三个方面的要求——全面、适当、清晰。所谓全面需包含"知识""情意"和"行动"三个关键要素，如科学探究与发现、工程设计与制作、数学建模与计算、技术实践与应用等跨学科技能；又应涵盖综合实践活动课程总目标中的"价值体认""责任担当""问题解决""创意物化"四个维度，能够全方位关注学生各个层次知识技能、情感思维的养成。"适当"是指目标定位的准确性和合理性，

---

①　参见余胜泉、胡翔：《STEM 教育理念与跨学科整合模式》，载《开放教育研究》，2015(21)。

课程目标应可理解、可测评、可操作。"清晰"是指目标习量具体、明确，在拟定了总体目标的基础上再制定具体的阶段性目标。

　　2. 课程特征与主题设计

　　综合实践活动课程具有开放性、综合性、趣味性、体验性、情境性、自主合作、生成性等特征，融合 STEM 教育之后，则强调跨学科、设计性、实证性和技术增强性等新的核心特征，强调利用科学、技术、工程或数学等学科相互关联的知识解决问题，实现跨越学科界限、从多学科知识综合应用的角度提高学生解决实际问题的能力的教育目标。

　　在进行主题教学设计时，应根据解决问题的需求，以"项目"或"问题"为核心立足点，设计与筛选项目完成或问题解决过程中的学习资源与工具、构建学习内容框架、开展学习活动过程、实施学习评价等关键环节，同时关注项目完成后，学生获得知识的系统化与结构化迁移，并有相应的强化练习与总结提升。

　　根据课程特征设计主题，对于难度系数大、复杂程度高的项目任务，教师可以通过绘制主题项目知识核心概念图，对学习内容进行深入分析，从而明晰项目间的结构关系。

　　高质量的 STEM 活动具有自己独特的特性，在选择与设计活动内容时，应该遵循以下原则。

　　(1)适切可行

　　活动内容的选择要符合学生身心发展的需要和现有水平。STEM 融入活动中要能够激发学生主动学习的愿望与兴趣，强调把知识还原于丰富的生活，增强情境性特征，结合生活中有趣、有挑战性的问题，通过学生的问题解决完成教学。如四年级的学生开展"校园的植物"主题活动时，学习了观察植物、对植物做笔记；学习了科学课的"串并联电路"，可开展电子压花；六年级学生学习了"植物指示剂"的知识，可以开展变色花的活动。为此，学校应整体把握综合实践活动课程体系各项内容之间的关系，根据学生的身心发展特点、现实水平及未来发展，合理选取课程内容。

　　(2)跨学科

　　意味着教师不再将重点放在某个特定学科知识，而是将重心放在特定问题解决上，让学生将各学科的知识技能进行重组和拓展。这种活动是高度创造性的，在活动中鼓励学生探究，鼓励学生进行多向思维，鼓励学习者从多种角度全面认识同一事物，并善于把它们综合成整体性认识，以便创造性地运用它们适应新情况，解决新问题。如仿生是模仿生物系统的功能和行为，来建造技术系统的一种科学方法。在四年级的"探究仿生机械鱼"活动中，学生首先设计出制作一条能在水中游动的机械鱼，为了让鱼游得更快，接着应用生物学中结构与功能相适应的原则，通过观察与模仿深海鱼中的鱼尾形态，将这些分析用于"改进鱼尾的设计"中，从而打破了生物和工程机械的界限，设计出不同的机械鱼。

（3）实证性①

作为科学的本质的基本内涵之一，是科学区别于其他学科的重要特征，也是科学教育中学习者需要理解、掌握的重要方面。STEM 教育要促进学生按照科学的原则设计作品，基于证据验证假设、发现并得出解决问题的方案；要促进学生在设计作品时，遵循科学和数学的严谨规律，而非思辨或想象，让严谨的工程设计实践帮助他们认识和理解客观的科学规律。如五年级学生开展"鸟与飞行器"主题活动，探究"影响纸飞机飞行距离的因素"有哪些。提出的猜测有：纸飞机的结构，折叠技术，放飞技术，空气流动等因素，在过程中就应确保科学的实证性原则，即其探究过程、解释结论，都要以事实作为依据和支撑，经得起事实的反复论证。为了更清晰地了解纸飞机的结构对飞行距离的影响，同学们还开发出了专门的纸飞机发射装置，从而让实验更科学。

（4）技术性

STEM 教育强调学生要具备一定的技术素养，强调学生要了解技术应用、技术发展过程，具备分析新技术如何影响自己乃至周边环境的能力。在教学中，它要求利用技术手段激发和简化学生的创新过程，并通过技术表现多样化成果，让创意得到分享和传播，从而激发学生的创新动力。如六年级"传统节日文化"活动中，为了解与弘扬传统节日文化，不仅开发了非遗传统手工艺探索系列活动，如制作灯笼、端午香包，还应用信息编程技术设计与制作"中华龙"，设计与制作可上下舞动的"中华龙"等创意物化作品。这些新技术的应用，赋予了传统文化新的魅力。

（三）应用"四维整合"统筹规划活动主题

综合实践活动是国家设置、地方督导、学校依据实际开发的课程，不同地方有着不同的文化特色、不同的课程资源，因此课程开发的方式、内容也都处于不断变化和发展之中。学校综合实践活动课程开发要从广度、深度和层次上进行整合型定位，发挥学校跨学科合作教研优势，集学校力量，形成系列活动主题框架及相关内容。学校可以从"确定目标—筛选资源—规划主题—实施与优化主题"四个维度出发，做好顶层设计和统筹规划。

1. 确定目标

以综合实践活动教师为核心，学校邀请 4～5 名来自不同学科的教师，以及高科技企业、高校教师，形成"跨学科教研"共同体，通过研读《中小学综合实践活动课程指导纲要》《STEM 白皮书》《义务教育科学课程标准（2020 年版）》以及大量国内外相关文献，分析学生发展需求，明确课程的开发价值取向、重点领域和学生核心素养目标，确定综合实践活动课程目标时，将单一学科的核心概念上升到跨学科概念，在目标设定中

---

① 余胜泉、胡翔：《STEM 教育理念与跨学科整合模式》，载《开放教育研究》，2015（4）。

考虑学科核心概念之间的交叉联系。

案例 7-1

"给星星的孩子设计玩具"综合实践活动目标

一、价值体认

(一)通过学习探究，经历研究性学习，提高数据记录、数据分析、对比等研究能力，养成良好的研究习惯，形成良好科学探究品质，为终生学习奠基。

(二)收集文献资料，学习与运用心理学知识，通过调查自闭症儿童家长及特教老师，深入了解自闭症儿童玩具设计的"结构、功能、色彩、特点及互动性"的要求。

(三)学习焊接技术，培养劳动技能。

二、责任担当

(一)基于真实情境解决问题，增强社会责任感，运用"发散与聚合"的思维方式，画出概念图，对关爱自闭症儿童项目进行创新设计，树立社会服务意识。

(二)能与星孩开展关爱活动，在试玩中优化作品，帮助自闭症儿童，学会理解、关心和帮助别人，培养社会责任感、创新和实践能力。

三、问题解决

(一)科学：了解八种传感器的工作原理，了解机械运动如凸轮、连杆、液压等工作原理。

(二)技术：了解单片机、传感器技术，应用编程创意制作作品。

(三)工程：学会制订项目设计方案、时间规划、图样表达、绘制草图、制作模型，初步掌握工程设计的步骤。

(四)数学：掌握传感器阈值的测量，主控器程序编写，通用数学知识进行数据的测量与收集、提高数据的处理与分析及编写程序能力。

四、创意物化

(一)通过参与动手操作实践，熟练掌握图形化编程，运用实践操作解决生活中的复杂问题。

(二)通过实践活动，能根据任务需求，设计项目的结构草图，科学规划项目流程，利用工程搭建知识进行模型制作，从而提升学生的创新设计、图样表达与物化能力。

(三)在测试—修正—测试反复迭代活动中，不断优化、创新设计方案，并学会分享与交流。

2. 分析学情，筛选资源

对课程资源或主题进行共同教研，挖掘与分析真实情境问题，增加科学、工程实践类项目，增加高阶思维培养型项目，将科研实践的最新成果和大量第一手资料融入主题中，分析学生已有知识技能，依据课程目标与特征，筛选确定主题及项目。

3. 整体规划设计主题

跨学科教研组根据教学目标及课程资源，将主题分解成不同的项目，根据主题的跨学科性、趣味性、情境性、协作性、设计性、实证性和技术增强性等特性，进行分类与筛选，整体规划不同年级的活动主题。其后再根据不同主题，分年级进行教学设计。在整体规划设计主题时要避免单打独斗，先由各学科教师从专业角度出发，集体写出相关主题活动的核心概念，再绘制知识思维导图，将 STEM 的特点融合进项目的结构性设计中。最后，教师团队在共研、共建、共享中优化教学资源，共同开发教学设计、幻灯片、学生学习卡、视频、辅助材料包等课程教学资源。如有学校从自然环境、人文社会、科技创新等领域进行活动主题的拓展，并将主题命名的主导权交给教师与学生，在整体设计时即做好学生需求调研，让学生给主题起一个引人入胜的名称，从而避免了主题的生硬和书面化，让主题更贴近学生生活(见表 7-1)。

表 7-1　某学校整体规划的系列活动主题

主题 年级	自然环境	人文社会	科技创新
四年级	自然魔法师	中国茶文化	奇妙的声音
五年级	鸟与飞行器	传统节日大联欢	智能玩具巧设计
六年级	小小建筑师	我是非遗小传人	植物种植与智能农业

4. 在实施过程中优化主题

在主题活动实施中，由于学生面对真实的复杂问题，需要通过学科探究、工程设计、数学方法和技术制作等多种方式解决问题。对学科教师而言，有效把握跨学科主题往往会力不从心，但又不能将一个完整的主题割裂，让不同的学科教师来上，这使主题失去跨学科整合的精髓。因此，采用由一名专职综合实践活动教师进入班级的形式，面对全体学生授课。而这名教师通过参与"跨学科研课"，具备了多学科素养，能在课堂教学中灵活地用各学科知识，相互交叉解决实际问题，从而达到高度的跨学科整合，同时教师在主题实施过程中不断优化主题，也可根据学生的发展需求，生成新的活动内容。

二、融合 STEM 的综合实践活动方案设计

一般来说，一个主题活动的方案包含以下几个基本要素：活动背景、活动目标、

活动对象、活动时长、活动准备、活动内容与方式、活动步骤与要点、评价建议等，本着"预设须简约，生成有创新"的原则，简约、概要性的设计有助于提高教师在教学指导中的有效性。

(一)活动背景与活动目标设计

1.活动背景

活动背景主要简要阐述主题形成的经过或起因，简要分析主题或项目提出的原因；活动开展的适切性与可行性，如学校实际、社区资源、学生经验；项目的价值，活动开展的必要性、个体意义与社会意义；活动项目的独特与创新性等，通过有针对性的背景思考，有利于教师厘清设计思路。

案例 7-2

"传统节日文化"主题活动中，教师从《青玉案·元夕》导入，以文化传承与弘扬为核心，开发了"文学""戏剧""非遗传统手工艺"等探究系列活动。在创新技术应用与传统文化的思考中，有同学提出了鱼灯制作、端午香包的制作，更有同学认为，在喜庆节日里，传统的舞龙舞狮进家园的活动总是给人们带来快乐，但随着时代的变迁，"年味"越来越淡，舞龙舞狮的传承人也越来越少，传统文化也慢慢淡化。于是，学生提出能不能用现代智能模块与传统舞龙相结合，设计一个智能鱼龙玩具，放在家里给人们拜年，丰富与展示"年文化"呢？

学校拥有创客空间，购买了大量的智能硬件设备及工具，开设了 STEM 特色课程，有大量的学生学习了简单机械结构的知识如四连杆与凸轮机构，也学习了简单的图形化编程，因此我们能用智能硬件及简单机械，制作不一样的智能鱼龙舞，从而让鱼龙舞焕发新的光彩。

这是一个基于真实情境的项目，以"传统节日文化"为核心，从学生的生活经验出发，引导学生发现生活中的问题，且用独特性与创新性的方式解决，接着从实践性及技术性进行了可行性分析。一个主题下涉及的内容很多，且师生的知识是处于一个松散的结构中，不同概念之间缺乏严密的逻辑关系，通过背景论述，教师将原本分散的、零碎的信息整合起来，再通过学校实际、学生经验等方面的分析，从而对同一主题的内容从不同的角度加以认知与强化，产生更大的教育功效。

2.主题活动目标设计

活动目标设计要从落实行动、激发情感、提高认识等出发，语言应简练、概括性强。因为学生学习过程就是解决实际问题和完成实际项目的过程，问题或项目构成了驱动学习的核心，因此，学生要有明确而具体的活动目的，即活动任务。

依据《中小学综合实践活动指导纲要》中的"价值体认""责任担当""问题解决""创意物化"四个维度，进行主题活动目标设计。

案例 7-3

"智能龙设计与制作"的主题目标

价值体认：了解深圳传统龙舞的发展特点、表现形式、传承情况；提高对传承传统文化——龙舞的历史责任和使命感；学会理解和尊重传统"年"文化。

责任担当：在用数码科技探索传统文化的弘扬与创新的过程中，拓宽科学创新视角，在探索中弘扬科学报国的思想与文化，在创作中弘扬"创客"开源、创新、分享的精神。

问题解决：在活动中能大胆想象，能提出年味中逐步消逝的"龙"文化，能用现代化手段加以设计构思，在搭建、布置舞台背景中运用科学方法分析和解决问题。

创意物化：动手设计与制作数字化"龙"，理解与学习杠杆原理在生活场景中的应用价值，用智能硬件，通过图形化编程，将文化艺术效果与技术相结合，制作一只"智能龙"展示传统"年"文化。

（二）活动内容与方式设计

一个主题往往能分解出多学科的核心概念，或发现很多真实的问题，学校组织跨学科的教师团队，进行集中备课，通过精心分析学情，针对学生可能提出的真实问题或新创意，综合讨论后，生成相应的活动内容。通常采用横向综合、纵向递进方式分解主题，选择不同的学习内容与活动，提供给学生不同的学习经验；再根据学生的学习经验与能力，对课程进行有效的组织。

1. 分解主题

重点从学习内容与方式两方面进行开发。其中学习内容包括程序性知识和概念性知识两方面；学习的方式重点体现在研究过程上，即设计探究性、创造性学习活动。

（1）横向拓展分析（分解）

横向拓展分析在主题分解中运用得非常广泛。横向拓展分析即从多角度分析主题，就是要围绕核心词将其方方面面都分析到位，将 STEM 教育融入综合实践活动内容设计时，则应适当增加科学、工程实践类项目，增加高阶思维培养型项目；同时着重考虑活动方式的多样性，适当运用考察、调查、科学探究、设计制作、义务劳动、社会服务、分享展示等方式，充分调动学生多种感官的参与、动手与动脑相结合。

首先，画出思维导图。在设计方案时，无论是跨学科教师团队还是学生主持的主题分解课，通常采用画思维导图的方式展开。思维导图是表达发散性思维的有效的图形思维工具。应用这一知识管理工具，可以帮助师生将零散、无序的知识以形象可视化的方式构筑成新的认知地图，并通过头脑风暴的形式，将各种相关知识联系在一起，使学生能一次看到几乎所有的相关或不相关因素，进而增加创造性联想的可能性，产生新的洞察力的可能性，加强和巩固沉思过程，增加生成新想法的可能性，催生新创意的产生，从而引导学生整合新旧知识，建构知识网络（如图 7-1）。

案例 7-4

"校园的植物"主题分解

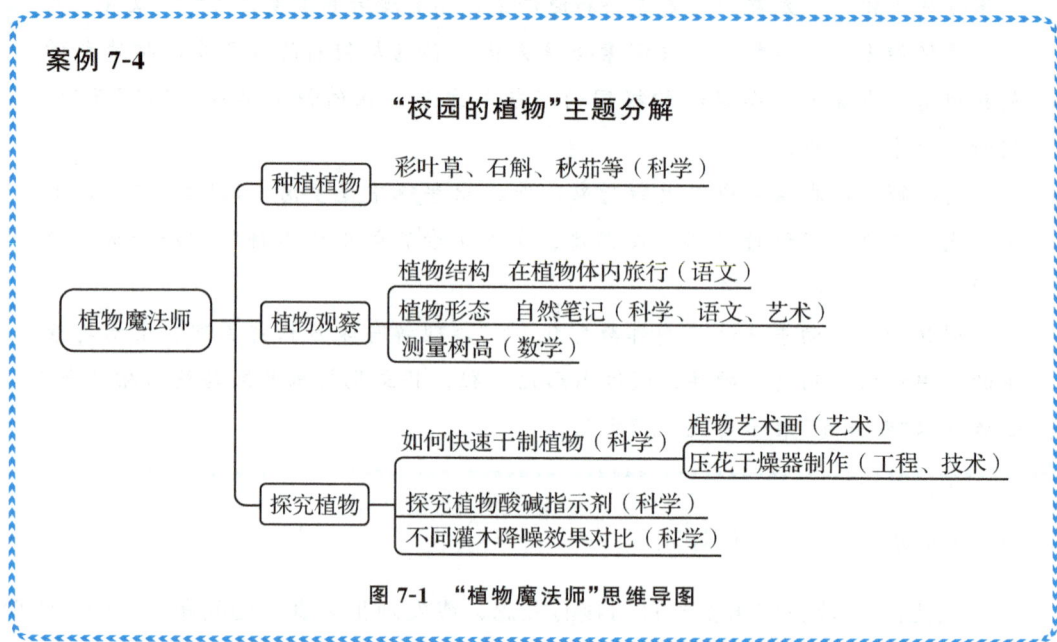

图 7-1　"植物魔法师"思维导图

绘制思维导图不是简单地复制核心知识或概念，重要的是要根据自己的知识、理解力、解释和具体目标来组织和综合他人的思想，产生自己的评论、想法以及创造性的理解，这才是优秀的"脑图"。这个案例进行了跨学科的活动内容设计，从思维导图可见涉及科学、技术、数学、文学、艺术等多个领域，凸显了综合实践活动跨学科的综合化特征。特别是植物种植，培养了劳动素养，观察记录校园主要植物、测量野外植物的高度、电子压花古诗配画等活动，增强了活动的体验性、实践性、探究性，而用数码设备测量植物的高度，植物的含糖量等活动，将技术与数学分析紧密结合，深化了学生对自然对植物的多方面认知，

其次，分析学情，确定活动内容。师生们通过画思维导图，发现活动涉及的内容可以非常宽广，如何选择活动内容呢？其中学情分析、资源分析都是活动内容选择的基础。只有真正了解学生的现有的知识结构、学习动机、兴趣点、思维情况、认知状态和发展规律、生活环境、学生个性及其发展状态和发展前景等，才能让活动科学可行。

案例 7-5

"植物魔法师"学情分析，产生活动内容

四年级的学生，他们对周围的世界充满好奇心和探究欲望，已初步具备了探究能力，教学时应充分利用已有的知识，采用有趣的、有挑战性的活动吸引学生的注意力，可细心引导学生充分进行科学探究。

学生在科学课中学习了"校园植物"的相关知识，在综合实践活动课上教师对该知识进行拓展。如让学生学会科学地观察植物，进行生动科学地表述，可设计"自然笔记"项目，让他们从整体到局部用多种感官去观察与比较。小学四年级科学课中有《制作植物标本》一节，教师可设计"如何快速干制植物"的科学探究课；由于四年级科学课已涉及串联电路的认知，所以教师可设计用导电胶布、LED 灯与电池制作电子压花贺卡。我们还可以传统压花画与诗词、运用串联电路制作开展"电子压花古诗配画"等活动

如对于"学生开展户外测量植物的高度方法"这个项目，有教师提出"可以用数码相机拍照后，用比例的方式测量树高"这个话题，就有教师提出学生在小学数学六年级才学习比例尺的应用，因此，不能使用比例计算，那么应该如何测量呢？有教师提出了"用氢气球测树高"这个活动项目。

最后，教师在讨论中对于四年级学生生成了四个活动："植物笔记"项目、"探究快速干制植物""压花干燥板设计与制作""电子压花古诗配画"。

对五年级学生生成了三个活动"彩叶草种植""植物指示剂探究""美丽植物进社区"，无论是四年级还是五年级的学生，其活动都能到社区中去开展"趣玩酷创"的亲子活动，在分享中让更多的人参加，感受自然的美丽，更珍爱自然。

在进行学情分析时，可繁可简，"四知（已知、未知、能知、想知）""三维目标"及"综合分析"框架是教师开展学情分析的有效模式，有助于教师关注学生的差异，增加学生学习的自主性，并能在课堂教学中培养学生的高阶思维。[①] 案例中跨学科教师团队的精心协作，针对具体教学内容的设计时，教师走近学生，进行针对性调查和了解分析，通过科学有效地分析学生的"已知"，筛选学生最感兴趣、与生活息息相关的实践型项目，遴选出具跨学科特征的系列活动。

（2）纵向递进分析（分解）

在解决真实的问题时我们经常会采用纵向递进式的设计主题项目。其活动设计是根据"提出问题—分析问题—解决问题"的思路展开，可以看到活动是由浅入深、层层

[①]　参见徐梦杰、曹培英：《精准针对学生差异的学情分析研究》，载《课程·教材·教法》，2016(6)。

深入、步步推进的，这就是递进式结构。它的特点是各层的前后顺序有严格要求，不能随意变更，从前因后果或由表及里展开活动设计。

首先，画思维导图。在进行一个需解决问题的方案设计时，教师们根据完成一个项目的流程或思路，将主题任务分解，预设生成的活动。在启动主题时教师也能采用这一工程思维，引导学生关注现实中的真实问题，进行问题的解决，在此过程中也可能产生更多更丰富的活动，引导学生画出相应思维导图（图 7-2）。

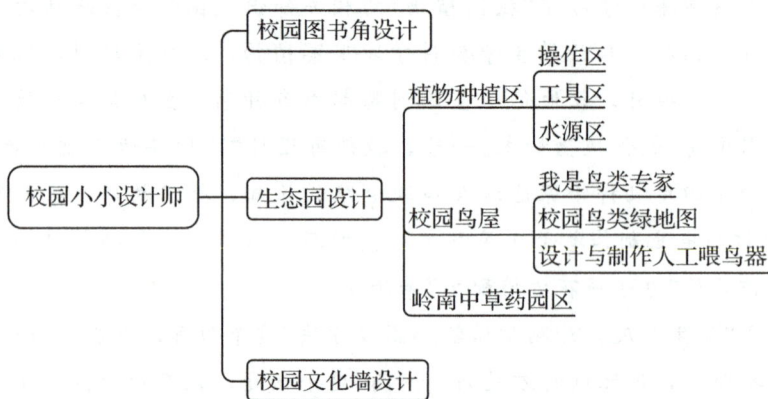

图 7-2 "校园小小设计师"思维导图

其次，分析学情，确定活动内容。通过分析学情、课程资源、项目的可行性等，确定递进式的活动内容。

案例 7-6

"校园小小设计师——校园鸟屋"学情分析

学校校园是学生最熟悉的地方，六年级开展的开放性主题是让学生展开设计活动。学校正在屋顶建生态园，因此学生在讨论中特别兴奋。

在小学科学课《它们都是鸟》中，要求学生能用简单的工具对动物进行较细致的观察，归类鸟的共同特征，能制作鸟的模型，珍爱生命。在六年级科学课《鸟类动物的特征》中，要求学生能分析鸟类特征，能辨别某种动物是否属于鸟类，能说出各种不同形状的鸟喙对鸟类生活有什么好处。学生认为制作鸟屋是一个充满挑战的任务，但对其材料、结构、功能不明确，需要通过文献搜集、阅读与分析，了解设计与制作鸟屋的方式，并动手实践，将创意物化出来。因此我们将用 6 周完成以下活动：我的观鸟日记、鸟嘴结构与食物、设计与制作人工喂鸟器。

进行学情分析是优化教学设计的必要前提，学情分析既是教学目标设定的基础，又是教学内容解析的依据，还是教学策略选择与教学活动设计的落脚点，本案例在学情分析过程中，教师分析了解学生与教学主题相关的真实的"已知"。对比课程标准中的教学目标，教师通过思维导图推知学生实然的"未知"，分析了学生现有的知识结构、学生的兴趣点、学生的思维情况，分析了学生的学习动机、学习兴趣、学习内容、学习方式、学习时长等，既贴近社会生活，又符合学生身心发展状况，分析了目标达成"未知"的方式，解决未知的方式来自"文献阅读与分析"与动手实践。"通过了解学生想制作鸟屋"指出了学生的兴趣取向，为教学过程和路径设计提供有价值的参考。

2. 组织主题内容

将 STEM 融入综合实践活动必然分解出众多的跨学科的活动内容，在进行活动内容的组织时，必须考虑学生的特点，即学生的认知发展水平与他们的兴趣与需要。这方面许多学者的研究，如皮亚杰的认知发展阶段、柯尔伯格的道德判断发展阶段等，对课程组织的顺序都有重要的启示。如深圳第二外国语学校的教师根据连续性、顺序性和统整性等课程组织原则，不断增加学生发展的深度与广度，组织了下面的主题内容。

表 7-2 "小小设计师——校园鸟屋"主题内容设计[①]

活动名称	活动内容	活动目标	课时地点
活动一：用"鸟嘴"夹"种子"	探究鸟嘴结构	1. 了解鸟的身体结构特点以及鸟的适应性特征、栖息地、物种等概念 2. 探究鸟嘴的结构对捕食的影响并得出结论	1 课时 教室
活动二：我的观鸟日记	1. 认识校园常见鸟类 2. 画校园鸟类绿地图	每人能实地观察至少三种学校常见鸟类，小组绘制一张绿地图	2 课时 教室 校园
活动三：设计与制作人工喂鸟器	1. 明确校园鸟类习性特征 2. 绘制草图，选择材料 3. 动手制作 4. 调测与优化	1. 能根据学校鸟类的体形、习性设计喂鸟器，画出草图 2. 运用现有材料，制作喂鸟器，并在实践中调测与优化 3. 能在班级展示与分享作品 4. 感受体验绿色环境的美好	3 课时 校园 制作室
费用	材料费 1 元/人，望远镜另计		
备注	校园、教室、注意学生外出安全，正确使用与保管望远镜		

（三）活动准备

1. 营造学习环境

教师在活动中为了给学生营造一种愉悦的、积极的学习环境，在教学中采用多媒

---

① 本教学设计由深圳市南山区第二外国语学校(集团)海德学校吴琼提供，经本人同意引用。

体、故事、图片等方式，将活动开展的必要性、个体意义与社会意义等置于真实的问题情境中。活动中将学生按课题小组围成一桌；或者根据主题不同将空间分成几个不同的功能区域；同时用各种与课程相关的外围设备来装饰学生的学习空间，这样，能更好地帮助学生实现创意物化。

为了营造一个使人轻松、充满活力的课堂，建议使用下面的教学材料，营造最佳学习氛围。

> 教学中需要用到的设备、器材和各种信息化工具，如 3D 打印机、智能电路板、Scratch 可视化程序设计工具、概念图工具、SPSS 数据分析工具、三维建模工具，以及墙上挂的装饰物、大的信息图表、实物大模型、有磁性的金属板、修饰过的图片等

学习环境氛围的营造需要师生的共同努力。例如，图文的使用注意：

●课程设计中图文并茂可以使教师清楚地表达自己的思想，并且使学习者清晰地看到这些思想之间的相关性，如与学生一起画"脑图"。

●在实践中，我们发现特大的图表、挂图和大幅的壁画能很好地吸引学生的注意。

●在综合实践专用教室中，我们通常将学生设计的日程安排、课程目标、流程、教学内容放大制成图片。

> 制作大幅图片的方法
> 首先是画出或是拍摄出一张能够表达出主题思想的图片，然后把它贴在一张海报纸板上，最后再用彩笔描一遍。用这种方法，教师与学生就可以把任何事物以任何一种色彩、任意一种尺寸放在挂画上。

2. 准备学习任务单

为了帮助学生更有效的完成作品，教师需设计学习任务单。通过学习任务单让学生经历更有经验的学习者所经历的思维过程，从而帮助学生了解与体悟知识。学生以学习任务为学习支架，帮助他们认识到潜在的发展空间，对学生日后的独立学习起到潜移默化的引导作用，使他们在必要的时候可以通过各种途径寻找或构建支架，来支持自己的学习。

表 7-3 "学习任务单"基本要素

> 1. 在本次活动中，我们小组的任务是：
> 我的任务是：
> 2. 我能联系实际，查阅相关资料对这个项目/问题进行研究。
> 在泛读时记录标题、摘要、文章的主要框架、文章的主要观点及支撑观点的证据，在精读时着重于记录受到的启发、自己的见解，并用自己的语言进行描述。

续表

（1）这是我搜集与整理的文献资料。			
文献资料 1		文献资料 2	
观点 1	证据 1	观点 1	证据 1
观点 2	证据 2	观点 2	证据 2
观点 3	证据 3	观点 3	证据 3

（2）通过文献阅读理解及与小组合作讨论，我们画出了下面的思维导图。

3. 在解决问题中，我遇到一些困难，下面是我列出的关键问题及关键词。

4. 我需要学习以下知识点或技能，我将通过查找相关资料，及请教老师与专业人士给予解决。

5. 通过小组讨论，我们设计出了作品草图，我们的创意是：

我们需用到的工具与材料是＿＿＿＿＿，项目整体费用是＿＿＿＿＿。

6. 活动实施的调测与优化过程中，我们采用了下面的方式，去调测与优化项目，其关键点如下：

7. 活动反思与评价。

通过活动实施，我认为（完成、未完成）这个项目。

这个项目中我认为精彩的地方有以下几点：

我认为以下小组值得我学习：

　　学习任务单要有较高的适时性，便于学生按图索骥，使活动顺利展开，能给学生参与活动提供帮助，而不是给出答案或替代学生完成。表 7-3 仅为基本的任务，教师应随着学生的发展而改写任务单，指导学生参与到学习任务中。

（四）活动步骤及指导要点

1. 活动步骤

　　经过师生应用横向拓展或纵向递进的方式分解主题，让综合实践活动内容变得丰富起来，而且形式多样化，活动持续时间变长。教师需要详细撰写活动步骤与指导要点，以"真实的情境，以问题为本"展开设计，将知识、能力的培养、情感、态度、价值观更为均衡地体现在活动步骤中（表 7-4）。

表 7-4　校园"小小设计师——校园鸟屋"主题内容步骤设计

活动一：用"鸟嘴"夹"种子"（1 课时）

教学环节	教师活动	学生活动	设计意图
情境导入	在红树林旁边，有大量的海鸟与林鸟，教师以一段校园及红树林中常见的鸟类视频导入，其后展示常见的鸟类照片	观看视频，抓住鸟的特征，分辨鸟的不同之处，根据其形态、特征猜测视频或图片中鸟的栖息地	激发学生兴趣，培养学生观察、发现问题的能力

续表

教学环节	教师活动	学生活动	设计意图
提出问题	回顾在科学课上关于"鸟的身体结构特点以及鸟的适应性特征、栖息地、物种等概念"。接着，教师引导学生思考鸟嘴的结构对捕食的影响。需要引导学生在筛选与细化方案中，尝试学会控制变量。在本次活动中应设计鸟嘴长度为唯一变量，引导学生分析数据、绘制记录表格，推测结论	学生提出问题，探索鸟嘴的结构对捕食的影响。即设计与实施"鸟嘴"夹"种子"的实验 该探究实验有多个变量，如鸟嘴长度、力量大小、吸管或纸黏土的形变程度，其中为了更好地记录形变情况，引导学生在实验中自主对吸管与纸黏土的效果进行比较	培养学生提出问题的意识，初步养成分析问题、控制变量设计实验的意识
设计实验	指导学生设计实验并准备相关材料工具，学生以小组为单位设计实验方案	通过实验，明确实验条件的改变对实验目的、结果产生的影响	培养学生养成严谨的科学态度、掌握科学的实验方法
收集实验数据，探究实验结果	走入不同的小组，组织探究"鸟嘴"结构对捕食的影响，针对学生实验设计、操作存在的问题进行引导	把塑料吸管剪成1厘米长的小段，将吸管或纸黏土模拟成"种子"，把2根木棒黏在1个晾衣夹上制作成鸟嘴的形态，木棒的长短可让学生自主确定，用"鸟嘴"夹"种子"，观察它是否能将吸管挤压变形，并记录实验数据、及时拍照	培养学生记录、整理、分析数据的能力
教师指导要点	探究不同的鸟嘴结构对捕食的影响，此为探究活动，学生对用什么材料与结构进行实验是未知的，需要学生通过发散思维进行构思与设计，教师引导学生筛选方案，呈现较多的鸟嘴形态，让学生产生联想；再细化分析"如何在相同力量下，挤压吸管"，由学生提出多种设计方案。其后，呈现晾衣夹、飞羽等模拟结构，引导学生自主设计模型		

活动二："我的观鸟日记"——校园林鸟观察笔记(2课时)

教学环节	教师活动	学生活动	设计意图
情境导入提出问题	展示几种鸟类及当地的食物资源类型、环境，引出本节课的任务：撰写校园鸟类发现报告。该报告要求选择校园中的一种常见鸟，分析该鸟的形态特征、其主要食物类型和当地环境之间的关系	在已有知识的基础上，分析鸟类与当地的食物资源类型和环境 学生观察并记录：学校常见的有哪些鸟种？	激发学生观察自然、探究自然的兴趣与热情
实地考察与记录	准备望远镜，准备一本常见鸟类图册，引导学生认知校园里的鸟种，引导学生观察周边环境，撰写与绘制校园鸟类绿地图	抓住鸟类特征，展开校园鸟类观察与调查，学生观察周边环境，撰写与绘制校园鸟类绿地图	培养学生有意识地观察自然，分析环境与物种分布的联系。有记录观察所得的意识及能力

续表

教学环节	教师活动	学生活动	设计意图
展示与分享	组织学生展示观察所得。引导学生归纳观察记录，整理校园鸟类分布图，概述鸟类分布与环境之间的联系	在互相讨论中，校正观察角度、时间等，汇总观察所得，将书本所学应用于实际观察	培养学生的资料汇总能力、团队协作能力，培养将书本所学理论知识用于自然观察的意识
教师指导要点	分析鸟的形态特征、主要食物类型和当地环境之间的关系		

活动三："设计与制作喂鸟器"

教学环节	教师活动	学生活动	设计意图
情境导入	学生调查、分析了校园鸟类的种类及分布，通过实验验证鸟嘴形态对食物的不同要求。在此基础上，我们可以为校园鸟类提供食物以吸引更多的鸟来校园安家吗？	在前期实验的基础上，思考：我们应该依据哪些实验数据、调查结果来设计喂鸟器？要注意哪些参数？	培养学生的问题分析能力，运用实验、调查数据来解决实际问题的意识。在此过程中对自然和生命有所感悟与敬畏
根据调查设计草图	根据调查所获得的校园鸟类的体形、习性，每小组选择一种鸟有针对性地设计与制作喂鸟器	设计草图如尺寸大小、离地高度、材料选择、安放位置、制作方法、防雨功能等，画出草图，草图中需标明尺寸和需要用到的材料	应用工程思维，利用所学知识，尝试设计，尤其注意可行性及合理性分析
制作喂鸟器	准备常用工具与材料，引导学生发现并使用生活中的材料，思考并回顾学习生活中的各种设计加以应用	在针对草图进行了合理性、可行性分析后，动手制作喂鸟器。在过程中利用各种生活中的常见材料及工具，尤其注意安全使用工具	培养学生的动手能力、调试能力以及根据制作情况随时调整设计的能力
调测与优化	引导学生利用实验中的"鸟嘴"检测喂鸟器的功能是否适应设计需要。在检测过程中随时根据需求改进设计及制作	检测过程中综合运用各种知识，动手并积极思考对策，调整设计及制作	培养学生的动手能力、应变能力，提升实验意识及能力
展示分享	鼓励学生以路演的方式来展示喂鸟器，注重团队协作及功能展示	集团队之力，以最具吸引力的方式具体强化喂鸟器的功能及优点	培养学生抓重点、演说的能力

　　从这个主题活动方案设计中可以看到，这三个活动是由浅入深、层层递进的，不仅让学生综合运用了学科知识，更重要的是培养了学生热爱大自然、珍爱生命的责任担当。活动中学生不仅要根据鸟类的体形、习性设计喂鸟器，还需考虑材料工具的易操作性、环保性。学生在实施中会有许多结构问题，比如如何设计更符合工程学原理？喂鸟器如何吸引鸟儿前来取食？在整个课程中教师没有直接给学生提供这些问题的答

案，而是让学生自己提出多种可能的解决方案，在分析、比较、妥协、迁移与创新中，选择最佳方案自主展开活动。从学习有关鸟的知识、设计制作喂鸟器的草图、材料准备及制作，学生在活动中将工程、技术与科学进行有机结合，将有效的知识与技能应用其中，从而逐步建立工程设计的基础。

2. 活动指导要点

将 STEM 融入综合实践活动，会发现在综合实践活动中做活动策划、小品展示、创意制作，教师都应根据不同主题，设计学生任务单，引导学生一步步地学习，并不断地丰富与优化任务单。同时教师还需准备相应的阅读资料、动手制作时的材料、工具和相关设备等，在教学设计中，明确指导要点。

其一，教师应罗列出本活动学生需掌握的基本概念与技能，如机械工程学概念、原材料的识别、绘图识图、简单工具的使用等，教师在教学中设计相应的探究项目，并进行重点指导。如学生通过科学探究"杠杆""四连杆""齿轮组""凸轮"等机构，了解它们的运动原理与轨迹，才能在实践中运用。

其二，"技术"是 STEM 教学的核心支持工具，能为学生开展深度学习提供帮助。常用的技术工具有概念图、Scratch 可视化编程、电路板、各种仪器机械设备等。教师应指导学生使用这些技术工具来分析与解决问题，提高探索发现能力和动手实践能力。如让会编程的同学形成"班级智囊团"，以合作学习的方式指导其他同学学习简单的图形化编程。

其三，学生如果要随心所欲地动手操作，一般要经历模仿、尝试、熟练的过程，在此过程中会遇到很多困难，特别是工程机械知识和操作技术应用方面。这些基本技能的训练是学生形成高级创新活动的前提，学生需要教师的专业指导和及时的反馈。这些技能将为后续高层次创新活动的开展奠定基础。其难点在于，教师做出简单提示后，学生如果很少做出回应，或无法在自我调节中输出更完整的结论时，教师很难判断其最近发展区。教师的主观性意识会占上风，有老师会直接给出示范，让学生进行选择或模仿设计，而忘记了应针对学生的困难，提供支撑、承载、联结的支架。同时，教师也应运用动态的评价在学科知识的系统性与解决实际问题中所获知识的随机性之间，保持一定的张力和平衡，激励学生，确保学生在最近发展区内进行学习。

(五)活动评价设计

STEM 教学侧重于培养学习者解决实际问题的能力，比传统的纸笔测试更加灵活多样并关注学习者的真实能力。评价的目的是获得一个有效且可靠的反馈信息，以帮助教师和学生了解教学目标达成的程度，并作为后续政策、教学辅导、评定等级和改进教学与学习的依据。在教学设计中评价部分应包括形成性评价和总结性评价。

1. 形成性评价

形成性评价是一种过程性评价，贯串学习过程的始终，形成性评价与质性评价、定性评价的运用相结合，其运用类型逐渐丰富并发展为真实性评价、表现性评价和发展性评价等几种。形成性评价偏向于使用量表、行为观察和知识测验等形式，了解阶段性的教学成果和存在的问题，及时修改、完善教学实施方案。在形成性评价中要设计评价学生参与主题活动的态度、交流分享、反思与体验。这些需要通过学生在活动过程中的表现来判断，如是否认真努力地完成自己所承担的任务；是否积极参与，有责任感；是否主动协作，组员关系是否协调；是否主动提出探究设想和建议等。从小组讨论记录、活动开展过程的记录、成果展示交流等方面反映出来。注重评价学生的探究方法、技能掌握情况，评价学生在一项探究活动中从发现和提出问题、分析问题到解决问题的全过程所显示出方法、技能的应用情况，如查阅和筛选资料、对资料归类和统计分析、使用新技术、对研究结果的表达与交流等，甚至通过活动前后的比较和几次活动的比较来评价其思维的发展状态，从而评价创新精神和实践能力。

其中表现性评价与综合实践活动具有较大的契合度，因而我们经常采用该评价作为主要的评价方式。表现性评价一般是整体性的，即评价建立在对表现或作品的整体印象上，表现性评价规则需要对每种表现水平进行较为具体的描述。[1] 表现性评价的特征是情境化、整体化、元认知化（需要学生思考他们的思考过程）、与所教的课程内容的相关性、灵活性（可以以多种方式展示知识和技能）。

表 7-5 的"表现描述"分为 A、B、C 三个等级，每个等级分别从活动目标、活动内容、活动形式、活动环节等方面提出了不同的要求，作为综合实践活动表现水平评价的依据。

表 7-5　"娱乐型投石机"方案设计评判规则

评价内容	娱乐型投石机设计		
活动目标	初步构思一个能在家中使用的"娱乐型投石机"，画出一幅作品草图，并清晰地介绍作品的工作原理；绘制草图时能应用箭头、线条或其他标注，使人们能清晰了解作品的尺寸、结构材料等		
表现任务	为了丰富人们的生活，同学们应用身边的材料设计并制作一个"娱乐型投石机"，投送奖品，请你画出设计草图，并注明作品的尺寸、结构与材料。		
评价内容	投石机设计草图		
评价建议	等级	表现描述	
	A	能紧扣目标，有创意；草图绘制清晰；注明尺寸；材料选择可行、恰当；结构合理	
	B	能紧扣目标；草图绘制清晰；注明尺寸；材料选择可行；结构基本合理	
	C	草图绘制模糊；未注明尺寸；材料选择不明确；结构不合理	

---

① 参见李臣之、潘洪建：《综合实践活动课程实施研究》，260 页，北京，中国社会科学出版社，2019。

教师根据项目流程，设计关键节点，组织学生按事先制定的评价标准开展小组间评价，在评价时学生不同的思维方式相互碰撞，或者相互印证，引发自身思考，从而推进知识的获得与发展，这种经验对于学习与发展具有重要的作用。在评价时着眼于学生类型的差异与集体思维的流向，如同伴们是怎样想的？怎样做的？为什么这样做？他们在应对问题时，是如何进行决策的？是否为小组做出贡献？是否在过程中能补充、修正对知识的理解？能否将全班讨论与教师点拨有机结合？面对新问题、新想法是如何决策的？让学生们独特的见解得以显现，潜移默化地获得群体性的知识建构，形成促进自身学习与发展的场域。

2. 总结性评价

总结性评价一般安排在教学活动告一段落后，为检验学习效果是否达到预期的教学目标而进行的评价，重点评价学生的学习结果。综合实践活动的总结性评价既关注其创意物化的成果，又关注学生通过实践活动所获得的认识、体验或感悟，我们常通过静态与动态两种活动成果进行评价。

(1)通过静态的活动成果进行评价

综合实践活动静态的活动成果主要有调查报告、论文、小品、模型、海报、建议书、科学实验、方案设计、探究笔记等，也包括学生对实践活动的真实记录、心得体会等。

(2)通过动态的活动成果进行评价

主要通过学生的成果汇报、技能展示、角色扮演、小品、舞台剧、唱歌等形式，对学生参与活动的情感态度、价值观及知识与技能发展情况进行现场考察。

它们有各自的评价标准，教师需要灵活掌握评价标准。"校园小小设计师——校园鸟屋"成果展评中，开展了静态的活动"爱鸟微拍"、常见鸟类观察笔记"奇特的鸟"发布会等，制作成宣传画在校园展出，形成了"鸟嘴探究报告"与"人工喂鸟器"作品。学生们还开展动态的活动"舞台剧与小品"进行汇报，形式活泼，引人深思(见表7-6)。

表7-6 "校园鸟屋"设计制作活动评价表

评价内容	评价结果		
	自我评价	同学评价	老师评价
能在活动中不断拓宽创新视角，对活动充满好奇心	优□良□中□	优□良□中□	优□良□中□
在需求调查中能主动沟通，选择与确定信息并分析数据	优□良□中□	优□良□中□	优□良□中□
大胆想象提出符合设计原则，且具有一定创造性、实践性强的方案，并能解释方案	优□良□中□	优□良□中□	优□良□中□

续表

评价内容	评价结果		
	自我评价	同学评价	老师评价
能根据方案，创制出独特的"喂鸟器"作品，该作品运行稳定、功能正常	优□良□中□	优□良□中□	优□良□中□
乐于交流、尊重他人，并能对其他小组的"喂鸟器"作品提出合理化建议	优□良□中□	优□良□中□	优□良□中□
在调测过程中积极思考、不断优化、解决问题，体现出批判质疑的精神	优□良□中□	优□良□中□	优□良□中□
关注项目的精确度、准确度及创意度，并与同学们分享	优□良□中□	优□良□中□	优□良□中□
综合评价			

在设计总结性时，采用学生自评、小组评价与教师评价相结合的形式。需要做到以下几点：其一，尊重学生的个别差异和个性特点，以促进每一位学生的全面发展与提高；其二，应以积极的评价为主，重视评价的激励作用，尽可能给学生提供表现自己所知所能的机会，最大限度地开发学生成长的潜力和可能实现的新的发展；其三，关注学生的学习过程，着眼于学生动态的发展、终身的发展。

第二节
融合 STEM 的综合实践活动实施

◎ 学习目标

1. 了解基于 PBL 教学模式的科学探究课课型结构，并在实践中应用。
2. 了解基于 PBL 教学模式的工程设计课课型结构，并在实践中应用。

课堂教学的课型泛指课的类型或模型，是课堂教学最具操作性的教学结构和程序。现代教学理论认为，教学过程结构是课型分类的主要依据之一，特定的课型必然有特定的教学过程结构。课型的分类因基点的选择不同而有区别。如果以教学内容的不同性质作为课型的分类基点，融合 STEM 的综合实践活动课型可以划分为：科学探究活动、工程技术活动、思维拓展活动、艺术科学活动等。如果以一节活动课的教学组织形式和教学方法作为分类基点，课型可分为选题课、方法指导课、小组讨论课、实践课、参观课、设计课、成果展示课等。在前面的章节中已对常见课型进行了阐述，本节将重点对科学探究活动与工程技术活动课型进行简述。

一、基于 PBL 的 STEM 科学探究综合实践活动

科学探究活动课是通过对自然界客观规律的探索，形成科学概念、科学假设和科学定律，是开展 STEM 融入综合实践活动课程教学的一种基本课型。它是依据主题课程目标要求和活动内容，以一定的科学知识为指导，凭借一定的实验仪器、装置设备和各种工具，引导学生经历发现问题、分析问题、解决问题的过程。

> 基于 PBL 教学模式的科学探究课主要环节为：
>
> 创设情境，提出问题，提出猜测与假设—制订实验方案—合作实验探究—得出结论—创意物化，交流分享

(一)创设情境，提出问题

教师为了激发学生提出有价值的问题，需依据主题创设真实情境，通过视频、图片、游戏、实验、小魔术、真实生活关联的事例等进行导入，这些隐藏了学习目标、学习信息的背景资料，通过丰富的情境故事，引发出学生对问题的思考，激发学生探究的热情。通常来说一个受学生喜爱的项目具有三个特征：一是活动能激发学生兴趣与好奇心，二是真实问题，并且应有一定的实用价值；三是活动有一定的挑战性。在这里教师需要尽可能为学生创设将实验设计任务与原有认知水平联系起来的学习情境，将学生置于一种问题(包括问题的解决)状态，让学生接触解决未知教学内容的一切材料，在开放的情境中体验、决断和操作，帮助学生形成良好的学习氛围，帮助学生提出问题，让学生带着好奇心和求知欲进行科学探究。

(二)提出猜测与假设

教学情境的创设能够促使学生打开思维的大门，当学生认真观察思考，并产生浓厚兴趣时，学生会慢慢提出自己的猜测，教师再次引导学生要用合理的解释和证据证明自己的猜测，就能形成实验假设。如在快速干制植物探究中，学生提出自己的猜想，"能用微波炉快速干制植物吗？"。小组成员对"微波炉的使用及制作植物标本的方法"进行讨论后，提出假设"用微波炉在高温加热的情况下，可以用 1 分钟干制植物"。在实践中，引导学生根据假设进行实验探究。

学生产生的猜测与假设会有很多，但学生探究实验受实验条件的制约，不是每个实验都可做。因此教师在引导学生选择探究性实验时，要根据"科学可行、材料充足、便于观察记录、安全可靠、干扰少、唯一变量"这样的原则去选择。

(三)制订实验方案

学生对问题形成了猜测与假设，教师要引导学生充分应用实验的材料、工具设备，用实验去验证自己的假设是否正确。学生借助研究方法和技术工具来收集信息，此时应制订实验计划，梳理实验步骤，设计记录表格等。

教师在指导学生制订实验方案时，对于操作原理、操作步骤、仪器的使用等，要进行一定的梳理，形成学习卡。在学生讨论过程中，教师要与学生逐步完善方案设计，不能完全讲授，也不能不管不顾，需要在特定的时间，因人而异使用学习卡，帮助学生完成实验方案的设计。

(四)实验探究

教师在课堂中强调实践性，学生要经历探究的全过程。活动中教师对于学生实验要做好周密的组织安排，避免出现意外。活动探究是 PBL 教学的核心部分，教师要先准备好探究实验可能用到的材料、设备，要求学生按照制订的计划正确地进行实验，注意观察和思考相结合，引导学生将注意力集中于观察和测量的结果记录上，并用图表的形式将收集到的证据表述出来。

(五)得出结论

在观察、实验等活动的基础上，对实验所获得的数据进行筛选、归类、概括、加工和整理，结合已有的知识和经验以及相关文献做出分析，对问题做出科学的解释，验证假设或推翻最初的假设，得出结论，并在课堂上准确清晰地表达小组的探究结果。鼓励学生将想法表达出来，组织学生撰写探究性小论文。

(六)创意物化，交流分享

在分享时如果我们能够给学生提供更大的展示平台，学生的学习热情会变得更为高涨。在综合实践活动教学实施过程中常采用观察访问、实验操作、资料搜集、小组讨论、角色扮演、实地考察和动手制作等方法，其成果展示也变得丰富，这些作品可以是调查报告、实验报告、实物模型、数学模型、视频录像等。把 STEM 融入综合实践活动，对整合教学过程来说是具有创造性的，其典型性在于我们以科学实验探究为基础，将活动中的探究成果应用于下一活动的工程技术类项目中，进一步物化成果，开展"趣玩酷创社区行"之类的亲子活动，将作品与社区居民分享。如在"植物魔法师"

主题活动中，师生们开展了四个活动，分别是"植物自然笔记""快速干制植物探究""电子艺术压花画""艺术压花社区行"。学生完成"快速干制植物的实验探究"，应用获得的知识，在社区中展开服务。在活动过程中教师悉心观察学生的学习动态，根据学生活动过程中的学习需求，适当准备"脚手架"，让学生通过"攀爬"这些"脚手架"，控制节奏，适时调控学习进程。无论是科学探究还是工程设计制作，教师在教学中要不断地做"测试"，看看问题是不是真的得到了解决。不断试错优化，在过程中培养孩子的耐心和抗挫折能力。

案例 7-7

"植物的快速干制实验"教学实录[①]

一、活动目标

1. 让学生对身边的科学充满兴趣与乐趣。

2. 学生能通过细致观察植物，感悟大自然的多彩和美丽，培养环保意识。

3. 学生能尝试利用电熨斗、微波炉、风筒等生活用品，进行探究性小实验的设计，至少能寻找出一种科学的方法快速干制植物，在探究中学习科学探究的一般过程和方法。

4. 在比较中发现优化快速干制植物的方法，并产生进行创意物化的项目，将制作过程和作品，带到社区与居民一同开展"趣玩酷创"亲子活动。

二、学情分析

小学四年级科学课已学习了制作植物标本的方法，学生对自然界充满了好奇，对干制压花植物能保持鲜艳的色彩也产生了相应的疑问。教师只需稍加引导，对比学生已做过的植物标本，同学们就会发现问题，并对"如何快速地干制植物"投入巨大的热情。

三、材料准备

少量落叶及鲜花、微波炉、电熨斗、风筒、卷纸、过滤纸、陶瓷盘等（在实验前不要给学生看到）。

四、活动重点与难点

重点：引导活动过程中展开实验设计，自主开展探究实验。

难点：在探究中发现问题，引导学生及时找到解决方案。关注学生实验中的关键节点，如学生用纸巾发现吸水效果一般，要引导学生改变"纸"材料，而不是直接告诉学生。

---

① 本案例由作者本人撰写。

五、活动过程

（一）情境导入，提出问题

【教师活动】大自然用美丽的植物装点了人们的生活，几朵小花，几片绿叶，就可以把枯燥的生活点缀得多姿多彩，人们也爱花、惜花。在小学科学课上，同学们学习了植物标本的制作，植物标本可以保存起来，让人们像影集那样翻看。为了让人们能在冬天看到春花，夏日看到冬草。爱花的人们还动手将其做成优美的压花卡片、可爱的压花首饰、浪漫的压花蜡烛、压花艺术装饰画等。压花作品赋予美丽的花儿永恒的艺术生命，让梦想之花永远盛开。围绕干制压花植物已形成了一个巨大的产业，同学们请看这些压花植物，对比我们做过的植物标本，同学们发现了什么问题？

【学生活动】"植物标本的颜色很暗，为什么老师出示的压花花朵颜色那么鲜艳？"

（二）做出猜测与假设

【教师活动】"是染上的颜色吗？""用什么方法做出来的？"……引导学生发现问题。"我们能不能根据植物标本的制作过程猜测变色的主要原因是什么？怎样做才能让干花也变得绚丽呢？在日常生活中有哪些用品可以让物品的水分散失？如何快速去除植物体内水分，实现鲜花快速干制的目的，我们可以用身边哪些物品来加热脱水呢？"

［板书］：植物的快速干制探究

【学生活动】引导学生做出猜测，如猜测可用电熨斗、微波炉、风筒、烘干机、干燥剂等，教师拿出这些实验工具与材料。

（三）设计实验

【教师活动】设问：实验方案应包含哪些内容？请同学们小组讨论后，写出实验方案。教师提供了微波炉等电器的使用说明给学生阅读。

【学生活动】教师发放实验记录报告单，走进各小组参与学生讨论，引导学生完成实验方案。生："我认为是花干得太慢了，时间太长让花变色。"

生："针对干燥时间太长的问题，我们可以找吸水能力强的纸试一试。"

生："我们可以用电熨斗、电风筒来加热去除植物体内的水分。不知可不可行？"

学生思考并发表自己的猜想：我认为用微波炉加热植物能快速去除植物水分，从而让它保持原有的颜色，而且方便快捷。

【学生活动】方案设计包含这些内容：课题、实验目的、材料、步骤、现象记录、结果。

(四)探究实验得出结论

【教师活动】探索者们带着疑问与期望，为电熨斗、风筒、微波炉寻找着另外一种用途，开始了实验探索。

教师反复强调并关注以下指导要点：

1. 实验的安全，如电器加热时间过久会引发火灾，强调学生注意安全隐患。

2. 特别强调学生设计微波炉干花时间不要超过 3 分钟。

3. 请同学们注意数据的记录，每次只能改变一个变量。

4. 关注活动中产生的现象并科学地记录。

5. 对过程中产生的新问题建立问题库并尝试解决。

合作小组在有序进行着实验探究的活动，新发现让学生们感到快乐与自信，教师走在学生中间去发现他们的闪光点，以及实验中的不足，适时地加以引导。

【学生活动】第 1 组：学生选取了植物的叶片与电熨斗进行干制探索，他们选择了低温电熨 30 秒，然后进行观察，他们发现植物仍然是富含水分的，然后他们增加电熨时间，50 秒、1 分钟、2 分钟、3 分钟、6 分钟，他们发现"叶色变了，但叶子仍含有少量水分，于是他们决定换个高温进行试验，他们最后发现 10 分钟叶子终于干了，但色彩很暗淡……"

第 2 组：第 1 次实验：采集植物叶、花，然后用微波炉直接干燥 3 分钟，植物卷曲并且潮湿。(分析：水分无法散失，可用吸水纸吸水)

第 2 次实验：采集植物叶、花，夹在吸水纸中，放入微波炉，设时 3 分钟，植物变得干燥、焦黑、卷曲。

第 3 次实验：采集植物叶、花，夹在吸水纸中，压上重物(如盘子)放入微波炉，设时 1 分钟，植物平整，色泽鲜艳，效果良好。

(五)得出结论

【教师活动】各小组整理本小组讨论的结果，在完成实验报告后，各小组到讲台前展示并讲解他们干制的作品，进行总结汇报，对目标进行建构。

实验结果与你的预期相吻合吗？如果有的结果与预期不同你认为应当如何解释？

请各小组派一位同学上台畅谈过程并展示结果。

【学生活动】学生小组分工合作，进行探究性实验，分析归纳概述方法与结论，提交报告。

（1）电熨斗约 3 分钟可干制植物，但个别植物色彩有变化。

（2）风筒无法实现干制植物。

（3）微波炉约 1 分钟可干制植物，不同植物时间也有不同。

（六）活动拓展

【教师活动】设问：规范的科学探究得出了可信的结论，同学们能不能将你们的科学经验与结论相结合，将用到的材料、工具加以变化，制作一个可以在家庭中使用的微波干燥器呢？下一个活动我们一起试一试吧。

【学生活动】学生畅谈：能不能用干燥剂＋微波炉的组合？能不能用干燥剂＋电熨斗的组合呢？

教学反思：本节课是主题"植物魔法师"中的活动二，整节课都在学生好奇地探索中完成，学生感受到科学探索独特的魅力，特别是学会了发现问题和解决问题。比如在活动过程中，有的学生将电熨斗和风筒混合在一起进行探究；有同学提出加入干燥剂的想法，都很有创意。课上学生产生了许多问题或困惑并进行了探索，这种"困惑"可能是因为学生"第一次亲密接触"带来的，也可能是对"司空见惯"的事，换个角度想一想产生的，但过程中的质疑、探究与问题解决让学生感到自己一步一步在成长。

二、基于 PBL 的 STEM 工程设计综合实践活动

基于 PBL 模式的 STEM 课型多以项目为基础，强调以学生为中心面向实践的团队合作，主张通过设计教育，开发课型。工程创意设计课是学生运用设计思维展开教学，学生应用工程原理、设计思维，动手创制作品。

项目的设计师运用设计思维来为他们所服务的群体开发解决方案；工程师运用设计思维创造有形的产品；作家更要经历一个出版流程，这个过程与设计思维本质上很相似。[①] 工程设计课的特点是理论与实际结合、知识与创新结合，通过大量地观看展品、接触相关设备、多动手操作等方式，让学生真正动脑去思考，动手设计制作作品。在工程创意设计课中教师在教学中要促使学生对项目进行积极建构，每一个学生都可以对某种问题形成不同的假设、推论，小组同学相互争辩和讨论，合作完成一定的任务，动手运用多学科知识与技能，共同解决问题。同时，学生在主题研讨时又与各学

---

① 参见［美］约翰·斯宾塞、A.J. 朱利安尼：《如何用设计思维创意教学》，王颙、董洪远译，52 页，北京，中国青年出版社，2018。

科专家、工程师、创客、科学家等专业人士进行充分的沟通。

"设计思维"发源于设计界，后来被各行各业借鉴，将设计思维应用于工程设计中，形成工程创意设计课型。其中设计思维培养创造性地解决问题的能力，这个过程是如何展开的呢？哈佛大学设计思维学院在其教学探索中，提出了设计思维的几个步骤：同理心调查、下定义、创意构思、原型、测试。引导学生以"人的需求"为中心，通过团队合作解决问题，获得创新。

参考设计思维的几个步骤，将其与PBL模式整合后，形成了工程设计创意课课型，基于PBL模式后的工程设计课教学由以下几个环节组成（图7-3）。

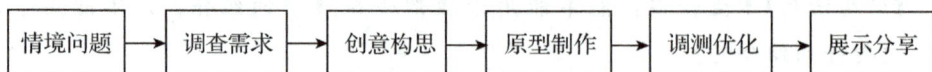

情境问题 → 调查需求 → 创意构思 → 原型制作 → 调测优化 → 展示分享

图 7-3　基于 PBL 模式后的工程设计创意课教学环节

(一)根据情境问题确定项目

情境是STEM教育重要且有意义的组成部分，学习受具体情境的影响，情境不同学习也不同。只有当学习镶嵌在运用该知识的情境之中，有意义的学习才可能发生。教师在开展项目时，项目的问题一方面要基于真实的生活情境，另一方面又蕴含着所要教的结构化知识，教师一般通过多元的方式，在一个真实的情境中激发学生发现问题，根据学生提出的"问题"，指导学生形成"项目"。

教师在设置"问题"时要认真分析具体条件、学生的能力或实习时间能否满足解决问题的要求，围绕着问题所需要的学科知识等参考资料有没有来源，以及工程训练现场能够为学生提供哪些可参考或借鉴的资料，也就是说在给学生设置问题之前，教师要做到心中有数，并掌握解决问题的不同答案或者解决问题的不同途径。[①]

(二)需求调查与明确定义

学会用"同理心"思考问题，即设身处地体会他人感受的思考方式，"同理心"和"同情心"有本质不同。因此，在项目开始之初，学生要针对作品，面对使用者展开需求调查，收集信息，深入解读用户需求，明确"问题"出自哪里，想要如何解决这些"问题"。如在解决问题的过程中，明确材料、结构、方式与原理等相关信息。

在深圳市南山区华侨城中学余丽老师指导学生设计"给星孩设计玩具"项目时，学生们列出了收集来的需求，区分开"我们认为他们需要的"和"他们实际需要的"，发现

---

① 参见刘春城、张树军、张国斌、刘悦、徐增梅：《采用 PBL 教学模式进行工程训练时"问题"的设置》，载《实验技术与管理》，2012(6)。

两者存在明显的不同（表 7-7）。

表 7-7　主题"给星星的孩子设计辅助性玩具"需求调查表[1]

人群	我们认为他们需要的	他们实际需要的
自闭症儿童	能加快学习辨识颜色，手指训练 个性化玩具 有趣 色彩鲜艳	能产生声、光、电的玩具 有趣好玩 色彩多为冷色调，但鲜艳一些也不影响
患儿家长	安全性 价格适中 孩子喜欢	安全、材料质量要有保障 价格适中 孩子喜欢，有一定的辅助学习功能
特教老师	操作简单，方便教学，提高学习效果 帮助孩子认知事物，如统感训练、颜色辨识	操作简单 社交互动型强的教具

（三）创意构思，形成方案

学生要自主有序地开展科学探究或工程设计类项目，必须对项目进行合理地计划或设计。项目需要学生们在讨论中，在与教师的对话中完成。其难点在于师生在对话中一步步明晰整个项目的总体规划，再进一步安排详细的活动流程，如安排活动内容、时间、材料设备，做好人员分工等。工程设计课中学生可能完成的项目有两类，一类是工程类项目，如"桥梁搭建、高空落蛋、未来海绵城市校园屋顶设计、机器人无人车"等；另一类是人文展示型项目，如"创意微拍""非遗传承小小纪录片"等。无论哪一类项目，学生都能应用设计思维解决问题。教师主要从不同角度引导学生展开发散思维，展开天马行空式的创意构思，其指导方法如下。

第一步"发散"。在探寻想法过程中，通过各种线索跟其他事物联系起来，不断拓展思路，对学生而言发散的角度越多，思维灵敏度越高。

第二步"筛选"。"发散"容易让思维变得杂乱无章，教师要引导学生运用已有的知识与经验，对想法进行筛选。如从安全、稳定、环境、技术、材料要求等方面进行筛选。

第三步"聚合与细化"。将筛选的想法分门别类，重新组合与加工，并用自己的语言表达出来。从而将发散的想法转化为一个具体翔实、条理清晰的规划，以此来搭建自己的设计模型（见图 7-4）。

---

① 深圳市南山区华侨城中学余丽

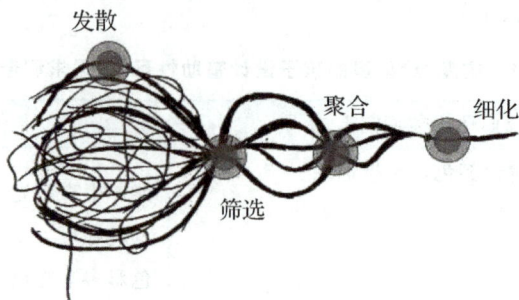

图 7-4　思维的发散与细化图

（四）动手制作

动手制作阶段就是动手把想法制作成一个看得见摸得着的实体模型。不用拘泥于哪种特定的工具，只要学生喜欢，技术可行就行。学生学会把自己的想法转化成现实，通过"动手做"来检验自己构想的方案是不是具有可操作性，并在实践中找到优化解决方案的新思路，而不是纸上谈兵。在实践中教师应指导学生初步掌握常规工具与加工设备的使用，学习简单的机械知识，了解与主题相关的工艺流程，对学生作品进行质量检测，了解作品的环保性、安全性、稳定性、有效性等情况，在实践中全面培养学生工程素养，以及合作、创新、可持续发展等多种意识，从而提高学生的综合素质。

（五）测试与优化

学生从创意构思、动手制作到测试作品，这三个阶段经常循环进行。通过测试，确定作品的优势缺点，然后改进，再测试，再解决，是一个不断"试错"、不断完善优化的过程。无论哪一种项目，教师都应该指导学生从定性与定量的角度设定一定的标准，明确该作品应达到的质量和效果，依据标准测试与优化，在循环中不断改进，直到作品发布。

（六）分享展示

在指导学生成果展示时，教师要让学生明白我们的成果展示环境是宽松的、融洽的、有创意的，在不同内容的课题展示中采用不同的方式进行交流，如交流式、文艺型、实践式、竞赛型等，寓教于乐，使学生受到情感上的激励和熏陶。在成果交流中要发挥学生自身的优势，树立学生的信心，扬长避短，各显所能。我们可以根据成果展示的目的、演示对象，来选择展示形式，把研究成果用最合适的方式展示、汇报，发展学生的综合素养。

如学生开展"给星孩设计玩具"项目成果展示时，带着自己做好的模型站上了演讲台，向台下的特教老师、星孩家长、教师与同学们演示自己的成果：互动触摸音乐画的创新点是可以让几个孩子去触摸不同的传感器按键发出不同的音阶，可以一起弹奏《小星星》，当孩子靠近时还能亮起彩灯，从而达到互动的效果；蓝色小鲸鱼的创新点是能通过颜色传感器辨识不同的颜色，帮助星孩们学习；还有摇一摇就会发光和发出声音的小海星……展示完作品后，他们还播放了与星孩们一起玩玩具的图片并谈到项目的成效：互动性的群体游戏类玩具太少，星孩们很喜欢我们的玩具，但玩具只能是他们成长中很小的一部分，需要更多的是社会交往的环境，如果有更多的人参与志愿者服务就更好了。

案例 7-8

居家"创客"：以"百变投石机"活动设计为例[①]

主题活动设计，需要聚焦学生发展需求，因地制宜，因生制宜，顺"势"而为。2020 年，新冠病毒肆虐全球。顺势设计居家"创客"活动，既能帮助学生缓解较长时间居家带来的烦闷，又可依托"做中学"培养学生动手操作能力，培育制作探究的兴趣以及创意思考能力。

一、活动背景与活动目标设计

新冠疫情暴发，教育部发出"停课不停学"的号召，"空中课堂"成为学生不停学的主要保障。与此同时，设计居家创客项目学习，也成为学生既感兴趣又能动手的理想学习方式。

（一）活动背景

居家防疫，停课不停学，空中课堂开始啦！为把握好居家实践的良好契机，培养同学们的创新思维与动手能力，基于 STEM 与综合实践活动融合的课程理念，基于同学们的兴趣，我们特地设计了"创客空间"主题活动系列，"百变投石机"是其中之一，大家要主动参与啊。我们将从投石机的新用途开始导入，期望同学们能自己设计与制作投石机，在家庭中开展趣味游戏，丰富居家生活，缓解压力，真正将项目制作应用于自己的生活中。

（二）活动目标

1. 在半小时内，能完成"投石机"的"用途、大小、结构、材料等"至少 4 个方面的需求调查。

2. 在 20 分钟内，运用"发散与聚合"的思维方式，对投石机进行创新设计，并画出至少 1 张草图。

---

① 李臣之、余丽：《居家"创客"：以"百变投石机"活动设计为例》，载《课程教学研究》，2020(9)。

3. 在半小时内，运用家里的生活用品，制作投石机，并用"列表法"分析数据，针对发现的问题进行调整与改进。

4. 能与家人开展1场投石机亲子活动；能整理出3分钟的成果记录与大家分享。

二、活动过程设计

1. 情境导入。教师利用多媒体教学设施，结合新闻图片、影视、音乐等教学资源实施活动导入。人们长期待在家中，生活变得单调乏味，无形中会产生焦虑与压力。同学们，你能不能设计一个趣味活动，让生活变得多彩起来？今天，我们一起设计一个更有趣味的活动。首先来认识一种古代战争利器——"投石机"，看看大家能不能让"投石机"玩出新花样呢？

2. 需求调查。学生要以实地考察、问卷调查与访谈的活动方式，了解人们对"项目"的需求。这就需要学生学会观察、倾听、了解与协商，利用采访、讨论、对话等活动方式让学生有效地收集自己想要的信息。在本次活动中教师可以对话的方式引导学生：

> • 哪些人在使用投石机？他们的需求有哪些？具体有哪些要求？
> • 投石机有哪些特征？制作投石机需要准备哪些材料？
> • 制作投石机需要怎样的场地，需要运用的关键原理是什么？
> • 完成投石机制作需要什么样的计划，重要的时间节点是什么呢？

教师为引导学生进行创意思考，可以展示在电影或游戏中投石机的视频，提出相关的问题，如我们在家制作投石机，能否像古代投石机那么大？能否投石呢？我们的投石机应该是怎样的？

在教学中，教师可以引导学生应用"变一变"的创新技法，请学生改变投石机的用途、材料和原理，展开需求调查与分析，让学生根据需求，展开挑战性活动。

其一，设计需求调查的问题。引导学生提出投石机用途的创新，例如，玩打奖品的游戏、投射糖果、抛毛球给小狗、玩打沙包游戏、发射羽毛球进行训练、趣味投篮赛，等等。

其二，调查人们对投石机的需求。如安全性——注意投石的质量，注意其材质，不能太硬、易碎、太重等；再如比赛要求——根据场地的大小来设计其投掷长度，如3米、1米等。

其三，分析调查结果，提出结论。比如，要用家里常用的工具材料、投中的目标有多大，要安全、稳定、投得准。在分析中，让学生大胆表述他们的结论："在调查中我们发现多大比例的家长认为项目安全性排在第一，因此，最好投射乒乓球、纸球等质量较轻不伤人的物品；多大比例的家长认为应与知识相关联，尽可能自己设计；多大比例的家长愿意与孩子一起进行这项亲子活动；多大比例的家庭能提供 2 米的区域进行投射；投射的用途多样化；材料的选择是筷子、铅笔、PVC 管、纸板等。"让学生表述类似这些数据，可以让活动变得生动多样，进而通过数据分析，决定投石机的材料与结构，等等。

3. 明确任务。通过调查了解需求后，教师在教学中要引导学生专注于数据或趋势，找出需要解决的问题。根据学生在调查与文献搜集中获得相关的数据，设定标准，规定明确的任务，这些任务可以是：

任务一：教师引导学生思考我们怎样做投石机呢？用什么结构？什么材料？能不能借鉴古人的智慧？教师可以出示古代投石机，如人力、重力、扭力投石机，解释扭力投石机的原理：物体（皮筋）发生弹性形变具有弹性势能，斜向上抛出后，势能转化为动能和重力势能。从而引导学生思考：家中有哪些物品容易发生弹性形变可用来做投石机的材料？

任务二：学生思考后可能会说出橡皮筋、弹簧、晾衣夹、飞羽夹等物品，这些物品都能作为投石机的动力来源。

任务三：教师出示古代人力投石机图，提问"投石机还应用到什么原理？"，学生可能会说出杠杆原理，进一步请学生分析石头被投射出去的原因。

任务四：引导学生得出结论。先把石头放入右端的投石篮中，松手，石头就会被抛出去，这是因为右端石头的重力与阻力臂的乘积小于左端橡皮筋拉力与动力臂的乘积，杠杆无法保持平衡。可以采用杠杆原理，利用杆的摆动进行投石，杆摆动的动力来自橡皮筋或其他产生形变的物体，也可以来自人力或重力。

4. 创意构思。教师要引导学生从不同角度展开发散思维，天马行空式地构思专属的投石机，并画出创意草图。学生展示草图，如果发现学生主要采用"直接用手控制杆的释放"，就要求学生着重说明其用途、材料、支架结构、橡皮筋位置、支点位置、投石篮位置等。引导学生创意构思的过程，主要通过"发散""筛选""聚合与细化"，将发散的想法转化为一个具体翔实、条理清晰的规划过程，以此来搭建下列类似的设计模型：

- 学生提出的哪些想法最有可行性？
- 哪个想法最具有原创性？
- 这其中有没有前人已经实践过了的想法？
- 哪个想法最能解决问题，为什么？
- 哪些想法最为相似，可以相互整合？
- 这些想法有何趋势？
- 画出你的作品草图，清晰地介绍作品的工作原理。
- 绘制草图时用箭头、线条或其他标注，使人们了解作品（图 7-5）。

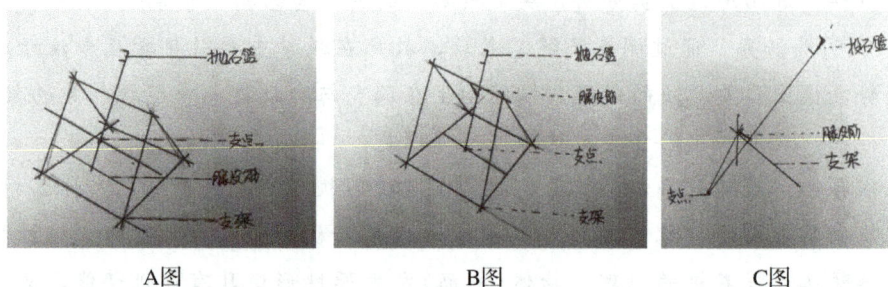

| A图 | B图 | C图 |

图 7-5　投石机设计草图

5. 动手制作。让学生真正投入任务是综合实践活动顺利展开的关键。在实际的动手制作过程中，很多棘手的问题往往会随着实践过程接踵而来。为了帮助学生更有效地完成作品，教师需要设计任务单，提供"投石机制作阅读指南"。

如"百变投石机"1.0 任务单：

- 要求：发射得又远又准。
- 制作步骤：支架搭建、安装杠杆支点、安装橡皮筋、安装投石篮。
- 在制作过程中大家发现了什么问题？

按照任务单，教师在线指导学生运用家中常见物品动手制作"投石机"。可能有学生用筷子、晾衣夹、铅笔、纸板、吸管作为主要支架。在引导制作活动中，教师可以采用对话的方式引导学生，如引导学生运用杠杆原理，引导学生关注支点、橡皮筋与投石篮的位置，尽可能鼓励学生去做更多的尝试与创作。

6. 调测与优化。学生初步完成作品后，一般都会很兴奋地试运行，即测试。此时，教师指导的目标变成了一种持续的微循环，即"优化设计—改良制作—测试"，要引导学生不断发现作品的优缺点，然后进行改进。

如"百变投石机"2.0任务单：

- 初玩投石机，说一说感受并做出相应调整。
- 在规定的起点，尝试将糖果投进指定区域，展示记录投射具体情况列表。
- 在测试过程中发现了什么问题？改变一个变量，做出优化尝试并记录。
- 增加橡皮筋数量、改变支点位置、改变杠杆的长度、改变结构等。
- 探究投射的距离与弹力大小的关系，运用数据来说明。
- 探究投射的精准度与什么因素有关，你是如何进行调整的？

在调测优化与总结环节，教师要引导学生自己改进投石机的结构性能。教师要引导学生选择变量，大胆验证，及时给学生反馈，想办法让学生下一次做得更好。在调测环节中，也要让学生动脑思考，手脑并用，真正开展探究性学习。

三、分享评价与活动拓展

设计制作活动的特殊性决定了它不能采取传统评价方式。在"百变投石机"活动评价过程中，建议教师采用多元动态评价方式。根据项目流程、设计关键点(如方案设计、原型构建、数据展示、团队创新等)，着眼于学生差异与思维，如同伴们是怎样想的？怎样做的？为什么这样做？他们在应对问题时，是如何进行决策的？是否为小组做出贡献？是否在过程中能补充、修正对知识的理解？能否将全班讨论与教师点拨有机结合？面对新问题、新想法是如何决策的？从而运用同伴之间交流，显现学生独特的见解，潜移默化地影响学生的知识建构，形成激励学生学习与发展的场域。

在活动展示过程中，学生可能与家人们玩起了投石机比赛，也可能有同学为了探究投石最高点与抛物距离的关系以理解抛物线的运行轨迹，而在加长的力臂上制作两个投石篮，玩出新花样。

评价活动结束后，教师可以建议学生进一步拓展活动。例如，可以请学生观察投石机，发现它们都是用手控制释放，此时教师要引导学生进一步仔细观察扭力投石机，引导学生进一步解决这个问题。再比如，这样有趣的亲子活动以后能不能在社区里推广呢？如果可以又如何跟社区服务中心进行有效沟通呢？应该选择怎样的投石机开展活动？期望学生将"百变投石机"带进社区，让这个有意义的活动帮助更多的人。

本章小结

本章阐述了融合 STEM 的综合实践活动课程基本理念，在规划层面分析了课程在学校的整体规划设计方式，在实践层面阐述了融合 STEM 的综合实践活动课程开展教学设计的主要方法及内容；讨论了基于 PBL 的适切的教学实施模式，指导教师主动寻求资源，以工程为载体，运用各学科知识与技术，综合利用工具，开展体验性、实践性探索，将创意物化，动手设计制作作品，解决问题，并将作品运用于社会现实生活进行分享与展示，培养学生的责任担当，从而真正将跨学科知识、PBL 项目学习、创新实践融入综合实践活动中，营造出开放、共享、创新的课程氛围，让学生的思维时刻保持在对外界开放的积极状态中，通过团队合作，获得群体性的知识建构及创造的成就感。

关键术语

STEM 教育；跨学科整合；PBL 教学模式；综合实践活动课程；项目学习。

拓展读物

1. 李艳燕. STEM 创新教学模式与实践. 北京：电子工业出版社，2019.

2.［美］约翰·斯宾塞，A. J. 朱利安尼. 如何用设计思维创意教学. 王颐，董洪远，译. 北京：中国青年出版社，2018.

3.［美］米尔顿·霍林，杰姬·斯皮克·德怀尔. STEM 课程如何设计：从 STEM 理念到课例. 刘恩山，等，译. 北京：外语教学与研究出版社，2020.

4. 王素，李正福. STEM 教育这样做. 北京：教育科学出版社，2019.

体验练习

1. 参考《指导纲要》，根据学校的课程资源，帮助学校将 STEM 融入综合实践活动中，对小学一年级到六年级的综合实践活动课程进行统筹规划，组成合作小组，写出各年级开展的主题活动名称及相关项目。

2. 撰写一份融合 STEM 教育的综合实践活动主题活动教学设计。

3. 上一节融合 STEM 的科学探究型综合实践活动模拟课，课时 20 分钟。

4. 上一节融合 STEM 的工程技术创意设计型综合实践活动模拟课，课时 20 分钟。

在线学习资源

https：//k12. niusee. cn/s/nsjky/content/live/detail/7394，最后登录，2021-12-14。

小学综合实践活动评价

本章概要

　　教育评价直接影响学校办学行为、教师教学行为和学生学习行为，还影响全社会的教育观念，进而影响家庭的教育选择，并在很大程度上影响甚至塑造着教育的发展生态，是现代教育治理的重要环节。综合实践活动要"以培养学生综合素质为导向"，相应的评价活动亦应服务于学生的综合素质发展。本章阐明小学综合实践活动评价的内涵与价值，需坚守的原则，以及评价的主体、主要内容和方法，希望深化小学综合实践活动评价的理性认识，推进综合实践活动的深度实施。

结构图

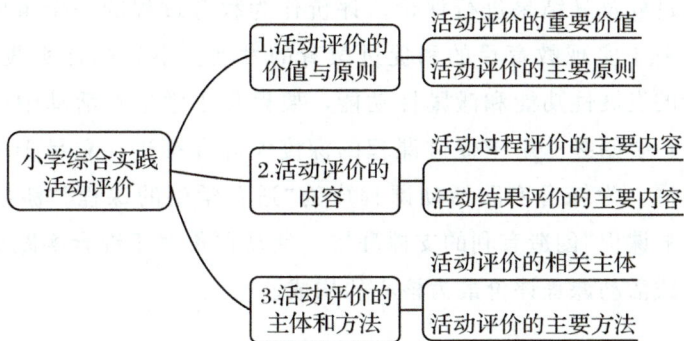

学习目标

1. 把握小学综合实践活动评价的内涵。
2. 理解小学综合实践活动评价的价值。
3. 掌握小学综合实践活动评价需坚守的原则。
4. 认识小学综合实践活动评价的主体，掌握相关评价内容和方法。

读前反思

　　评价，"是一定价值关系主体对这一价值关系的现实结果或可能后果的反映"①。一般而言，课程评价是根据一定的标准和课程系统信息以科学的方法检查课程的目标、

―――――――――

　　① 李德顺：《价值伦》，257 页，北京，中国人民大学出版社，1987。

编订和实施是否实现了教育目的，实现的程度如何，以判定课程设计的效果，并据此做出改进课程的决策。简言之，是一个确定课程与教学计划达到教育目标的过程。综合实践活动课程评价是综合实践活动持续进行的方向引导和推动力量，是综合实践活动课程深度实施的重要组成。根据你的观察与经验，你认为：

1. 目前小学综合实践活动课程实施对评价是否重视，主要表现在哪些方面？

2. 目前小学综合实践活动评价主要采用哪些方法？效果怎样？

3. 学生是否参与活动评价？参与方式主要有哪些？

学科课程更多的是对人类已有知识经验进行有效选择和重组。综合实践活动是从学生的真实生活和发展需要出发，从生活情境中发现问题，转化为活动主题，通过探究、服务、制作、体验等方式，培养学生综合素质的跨学科实践性课程。综合实践活动课程性质的特殊性，决定其课程评价不同于其他学科课程，主要是对学生参与综合实践课程活动的过程及其结果进行评价。评价作为教育过程的一个重要有机构成，其根本旨趣是要服务于实现教育目的和促进教育的发展。小学综合实践活动课程评价，更是要突出评价的发展性功能和激励性功能，要聚焦小学生在活动中所表现出来的综合素质展开评价，要始终立足于促进课程的深度实施和推进，立足于小学生的深度学习和综合素质发展，为综合实践活动课程成为"适合学生的课程""激励学生发展的课程""学生所喜爱的课程"创造有利的支撑环境。活动评价属于综合实践活动课程评价的范畴，是综合实践活动课程评价最为核心的构成。

第一节
活动评价的价值与原则

🎯 学习目标

了解活动评价的重要价值，把握活动评价的基本原则。

一、活动评价的重要价值

综合实践活动评价是对学生参与活动的过程及其结果的评价，是依据一定的标准和理念，运用一定的评价方法，对学生参与综合实践活动的情况以及结果做出价值判断的过程。[①]

综合实践活动课程强调学生亲身经历各项活动，在"动手做""实验""探究""设计""创作""反思"的过程中进行"体验""体悟""体认"，在全身心参与活动中，发现、分析和解决问题，体验和感受生活，培养责任感，发展实践能力和创新能力。因此，综合实践活动评价也就有别于一般学科的学习评价，它主要评价学生在综合实践活动中的综合素质发展状况，重视学生在活动过程中的学习体验、内在感受、行为表现、能力和品质的发展。相对而言，学科课程评价更多是采用书面的、量化的纸笔测验方式，以求能比较客观地测验学生的学科知识掌握状况，注重对学生知识的识记和理解水平的测评。综合实践活动评价不仅关注学生对知识的识记、理解，而且更为关注学生在真实情境中的知识的运用、迁移和生成，重视学生在实践活动过程中的能力发展、情感体验、态度和价值观的塑造，因此，质性评价是小学综合实践活动的主要评价方式。

相对于其他实践活动来讲，评价与人的内在需求联系更加紧密，对人的发展具有重要影响。综合实践活动需要基于成"人"，无论是教师或者是学生都能感觉到个体发展需求得到满足。让学生在活动中感到自身作为真实的人而存在，为了提升自己而参与其中，激发个性多样化发展，让教师感到在综合实践活动中自身价值的实现，有效促进教师专业发展。小学综合实践活动评价的重要价值突出体现在以下几个主要方面。

(一)引领学生发展

小学综合实践活动评价具有积极的意义，它对小学生的发展起着强有力的引领和激励作用，有助于小学生的全面发展。教育的目的性价值在于使人成人，所成之人指的是追求个人社会化和个性化和谐共进的完整人，是不断"求真、向善、尚美"，即知识寻真、道德向善和生活尚美的完满人，是不断超越自我和提升生命质量的生命人，是生活更加快乐、更加美满、更加文明的幸福人。促进学生的发展，离不开课程、教学、评价三个基本要素。综合实践活动从学生的真实生活和发展需要出发，从生活情境中发现问题，转化为活动主题，通过探究、服务、制作、体验等方式，以培养学生综合素质，强调学生综合运用各学科知识，认识、分析和解决现实问题，提升综合素质，着力发展核心素养，特别是社会责任感、创新精神和实践能力，以积极回应时代

[①]　参见李臣之、潘洪建：《综合实践活动课程实施研究》，240页，北京，中国社会科学出版社，2019。

使命的呼唤，适应快速变化的社会生活、职业世界和个人自主发展的需要，迎接信息时代和知识社会的挑战。以培养学生综合素质为导向的课程功能定位，决定了评价对学生的综合素质发展所具有的强烈的导向作用。学生综合素质的提升绝非一蹴而就，而是在不断地学习过程中逐步实现的。评价本身不是目的，评价是为了激励、引导并改进学生的表现，最终促进学生的发展。从发展的视角来看，教育评价在教育工作环节中的基础功能是通过诊断学生的学习效果和学习进程，发现优点，反馈不足，从而更好地促进和激励学生的自主学习和发展，区分和选拔的功能只是其附属功能。活动评价能帮助学生在学习过程中及时矫正错误，促使学生自觉向正确的目标努力，给予学生及时的发展反馈，使其知道他们的发展总体情况以及自己在活动中表现出来的优缺点，帮助他们扬长避短、扬长补短。

小学综合实践活动评价，强调以促进学生发展为内在目的和终极追求，注重激励学生的学习主动性、参与性、积极性，重在学习的方法、效果以及收获，让学生能够真正发挥自主性、得到锻炼、得到提高。小学综合实践活动评价不以成败论英雄，而是整体观照和评价学生的活动表现，肯定学生的活动体验和收获，帮助学生发现自己的不足。从某种程度而言，小学综合实践活动评价具有斯太克所倡导的回应性评价的若干特点，如关注评价是否为评价对象所接受，关注评价对评价对象发展需求的回应，重视实际的活动过程等。

《中小学综合实践活动课程指导纲要》强调，综合实践活动要"以培养学生综合素质为导向""主张多元评价和综合考察""注重学生主动实践和开放生成"。评价要"坚持学生成长导向，通过对学生成长过程的观察、记录、分析，促进学校及教师把握学生的成长规律，了解学生的个性与特长，不断激发学生的潜能，为更好地促进学生成长提供依据。评价的首要功能是让学生及时获得关于学习过程的反馈，改进后续活动。要避免评价过程中只重结果、不重过程的现象。要对学生作品进行深入分析和研究，挖掘其背后蕴藏的学生的思想、创意和体验，杜绝对学生的作品随意打分和简单排名等功利主义做法"。显然，小学生通过活动评价得以更深入、更具体、更全面地了解自己在活动过程中、活动作品中所反映出来的不足、优势等，这种认识所带来的自我反思会更为自然而且深刻，所形成的内在的自我全面发展的要求会更加具有针对性、强烈和持久。

(二)促进教师专业发展

教育教学过程中，理想的师生关系是教学相长。综合实践活动课程是教师专业发展的重要舞台，活动评价则是师生共同成长的一个良好契机。活动评价不仅对学生的发展发挥着强有力的促进、激励、引导等作用，而且也激励着教师不断自我发展和自我超越。一方面，综合实践活动课程"无课程标准、无教材"的特点决定了要实施好这门课程，教师必须具备非常出色的专业素养，尤其是课程领导、课程开发、课程实施等关键能力；另一方面，综合实践活动评价尽管是对学生参与学习活动的过程及其结果展开评价，但由于教师在综合实践活动课程实施中承担着学习指导者、活动组织者、引导者、参与者、领导者、协调者、评价者等多重角色，活动评价也意味着对教师的课程开发能力、课程领导能力、活动组织能力、人际沟通协调能力、问题解决能力和教育研究能力等进行全方位检视，为教师提供及时、全面的信息反馈，有利于教师进行教学反思和经验总结。教师通过深刻反思教学过程中的工作不足与优势，从而更准确把握和分析问题背后的原因，通过研究实践活动过程中各种影响因素，不断提升综合实践活动课程的设计能力、指导能力、课堂驾驭能力等，以积极的态度面对学生，更好地从课程执行者、实施者转变为开发者，从"讲授"转变为"倾听""观察"与"引导"[1]，充分发挥好教师在综合实践活动中组织者、参与者和促进者的作用，不断实现持续改进，从能教善教逐步走向教育艺术的殿堂。

小学综合实践活动评价强调评价对发展的导向作用，重视对过程的评价，强调评价对学生发展的激励和促进作用，其折射至教师身上，就内在要求不同层次的教师都能够根据学校规划、教师发展计划以及学生发展的需求，在原有基础上有所发展，不断提高教师自我反思、自我完善和自我发展的能力。[2] 教师作为活动评价多元主体的一极，在展开评价活动的过程中，自觉坚持以发展学生创新精神、合作意识、实践能力为主要目的的理念。教师透过活动方案、调查报告、论文、物化作品等近距离感知学生的自我纵向发展，感受学生对成功的积极渴望和丰富的活动体验，看到其不断勇敢地挑战自己、超越自己。教师在欣喜的同时会自然而然地更加坚定自己的专业信念，并进而自发地产生专业持续发展的强烈意愿。这深扎内心的专业信念与追求，是教师不断收获教育成功感、荣誉感和幸福感的根本所在。

(三)推进课程深度实施

综合实践活动课程的价值在于智慧统整与知识统整，在于回归生活[3]，在于关注学生的生存方式，满足学生成长的需要和社会发展的需要[4]。综合实践活动还注重过程的教育价值，体现出"过程哲学"的意蕴。[5] 合理开展活动评价有助于实现这些价值与追求。

---

[1] 郭元祥：《综合实践活动呼唤教师的有效指导》，载《教育科学研究》，2006(8)。

[2] 参见田慧生、张珊珊：《关于教师发展性评价问题的探讨——基于综合实践活动课程的视角》，载《中国特殊教育》，2015(3)。

[3] 参见张华、仲建维：《综合实践活动课程：价值分析和实践透视》，载《当代教育科学》，2005(12)。

[4] 参见郭元祥：《综合实践活动课程设计与实施》，35 页，北京，首都师范大学出版社，2002。

[5] 参见李臣之：《浅谈综合实践活动领域开发》，载《课程·教材·教法》，2003(6)。

综合实践活动课程评价的本质是对学生发展、教师提升和课程改进的一种价值判断活动。为了保证综合实践活动课程的健康发展和活动的常态化开展，评价是一种不可缺少的调节手段，它具有明确目标、激发动机、信息反馈、调整改进、成绩鉴定等功能。没有评价的课程是不完整的课程，是难以实现可持续发展的课程。[①] 加强小学综合实践活动评价，有利于推进课程的深度实施。在活动评价中所发现的各种各样的不足、问题，将成为下一阶段课程实施需努力避免、尽量克服的对象。师生所共同思考如何在新的活动情境下避免和克服类似的问题、缺陷与不足。在活动评价中所展示出来的个性优势、能力特长、合理方法、创新创造，无疑为下一阶段活动的成功展开奠定了良好的基础。在评价活动过程中，学生获得进一步改进和提升的动力、方向和指导，付诸后续的学习行动中；教师不断反思教学中的得失及优劣，并做出相应的教学改进和调整。显然，综合实践活动评价对课程实施中的师生这两大最重要的活动主体产生着直接的影响，推动着教师和学生的不断发展，其结果是强有力地推进综合实践活动课程的实施不断走向深入。课程实施的不断深入，是不断接近、达成课程目标的过程。课程的深度实施，就是要使课程对师生的促进作用最大限度地发挥出来，活动评价不仅具有诊断、激励、导向等评价共性功能，而且更加重视过程评价与结果评价的统一，重视评价对发展的促进作用。这些都意味着每次活动评价的开展，都将对课程的深度实施产生促进作用。

(四)改进学校课程管理

活动评价一方面力求准确反映出学生参与综合实践活动的成长变化情况，另一方面也会尽可能地发现制约课程目标实现的相关影响因素。这些相关影响因素，如教师的专业素养水平、学校课程资源开发程度、课程的时间与空间安排、课程实施的制度支持与保障、家校关系等。活动评价过程中，所展示的综合实践活动对于学生综合素质、创新能力、合作意识的积极作用，会强有力地激发学校教育工作者对学科课程、活动课程不同育人优势的审视，对学校课程管理中的课程整合、均衡、选择、综合等问题进行深入思考，从而更自觉地探寻学校整体课程的系统性构建，以更好地实现学校立德树人根本任务。活动评价推进学校课程管理的改进，主要体现在提升学校的课程执行力、凝聚学校的课程育人共识、促进学校课程的实践变革等方面，包括学校研究综合实践活动课程与其他学科课程的异同，在学校课程体系建构上加强顶层设计，重视综合实践活动的课程地位，构建良好综合实践活动课程生态，保障综合实践活动课程的师资配备，保证综合实践活动课程的应有课时，予以充沛的课程活动资源支持，建立和完善相应的课程开发推进机制，不断完善学校课程管理制度等。

---

① 参见潘洪建：《综合实践活动实施：困局与突围》，载《当代教育评论》，2015(2)。

二、活动评价的主要原则

任何评价活动都具有一定的功能，具有一定的特性和作用，会引起各种变化，带来各种影响。对于特定人群来说，这些影响可能是有利的、积极的，也可能是不利的、消极的。教育实践中，评价的负面作用时有发生，其往往是违背了教育规律，背离了评价活动的原则要求。小学综合实践活动评价，要注意积极发挥评价对发展的导向作用，要坚持过程性评价与结果性评价的统一，并在评价中坚持综合考察，倡导多元化等理念，从而使评价能更准确地反映出学生的成长变化情况并对其发展产生更积极的作用。了解并坚持活动评价的主要原则，有利于顺利展开相应的评价活动，有助于减少或避免不合理评价行为的产生及其消极影响，确保活动评价对学生综合素质发展产生积极、强有力的推进作用。

(一)方向性原则

坚持小学综合实践活动评价的方向性原则，可从宏观和微观上进行把握。

宏观上，要求在开展活动评价时，必须坚持四项基本原则，全面贯彻党的教育方针，确保教育教学的社会主义方向。要对"培养什么人、怎样培养人、为谁培养人"这一根本问题做出深刻思考，坚守教育必须为社会主义现代化建设服务，为人民服务。必须与生产劳动和实际相结合，努力构建德智体美劳全面培养的教育体系，大力发展素质教育，着力提高基础教育育人质量，努力培养社会主义事业的合格建设者和可靠接班人的清醒认识。

微观上，要准确把握课程的总体目标。综合实践活动课程追求学生能从个体生活、社会生活及与大自然的接触中获得丰富的实践经验，形成并逐步提升对自然、社会和自我之内在联系的整体认识，具有价值体认、责任担当、问题解决、创意物化等方面的意识和能力。在活动评价中要对学生进行正向引导，注重评价对学生情感、体验、品格、能力、意志等发展的整体关照，对其在活动中的体验和情感予以积极回应，为学生的品德发展、人格塑造提供正确的方向指引；为学生的合作意识、创新能力、综合素质发展提供激励和支撑。评价的首要功能是让学生及时获得关于学习过程的反馈，改进后续活动。只要学生在活动过程中对自然、社会和自我形成了一定的认识，收获了相应的活动体验，积累了相关经验，综合素质得到了发展，教师就要给学生充分肯定。小学综合实践活动评价具有鲜明的校本发展性评价特点，即通常由学校根据教育教学实际需要组织开展，评价与日常教育教学过程融为一体，主要发挥着反馈改进功能，不与升学挂钩。因此，教师要善于从学生的表达、展示、作品中，迅速而敏锐地捕捉到其中的闪光点，及时给予肯定和表扬，引导和激励他们树立崇高理想，厚植家国情怀，努力提升自己的能力，丰富学识，加强合作，增强自信，敢于创新，更好地理解、参与和完善人类现实世界。

(二)指导性原则

指导性原则强调在进行活动评价时，要把评价和指导结合起来，评价的过程也就是指导学生发展的过程，要对评价的结果进行认真分析，从不同的角度找出因果关系，确认产生的原因，并通过及时的、具体的信息反馈，使被评价者明确今后的努力方向，实现评价结果对学生的发展应有的指导价值和作用。开展综合实践活动评价，就是要通过充分发挥好评价的激励、导向作用，更好地促进学生通过自然考察、社会调查、社会服务、研学旅行、职业体验、设计制作等方式开展好综合实践活动。教师指导学生在活动中去感受、体验和探究整个世界，走进自然，深入社会，在活动中不断发展自己、展示自己、提升自己，鼓励其将更多时间用于探究而非记忆、主动建构而非模仿、勇于创新创造而非机械运用。

指导性原则还意味着教师在活动评价中对学生参与综合实践活动的态度、情感、行为表现、实践能力发展等进行全面评价的同时，还能总结自身的指导效果，反思自己的不足，从而通过活动评价促进自己的教学改进，增强实践活动的指导能力和对学生品格发展的影响能力。

(三)客观性原则

客观性原则是指在进行活动评价时，从评价的标准和方法到评价者所持有的态度，特别是最终的评价结果，都应该符合客观实际，不能主观臆断或掺入个人情感。《指导纲要》指出，教师要依据课程目标和档案袋，结合平时对学生活动情况的观察，对学生综合素质发展水平进行科学分析，写出有关综合实践活动情况的评语，引导学生扬长避短，明确努力方向。综合实践活动评价主要是采用个体内差异评价方法，注重学生自身的优点，尤其关注学生当下和过去相比的进步状况，重视对学生发展的肯定，活动评价是要注意突出评价的发展性功能和激励性功能，这要以评价的客观性为基础。因为小学综合实践活动评价更多是质性评价为主，主要是对小学生参与综合实践活动的过程及结果展开评价，其目的在于对小学生的发展情况进行客观的价值判断。教师要指导学生客观记录参与活动的具体情况，包括活动主题、持续时间、所承担的角色、任务分工及完成情况等，收集相关事实材料，活动记录、事实材料要真实，有据可查。

活动评价具有回应性评价的若干特点，需要考虑评价为被评价者所接受的问题，但绝不是以牺牲结果的客观性来实现，因为最终只有对学生在真实活动情境中的真实表现予以客观准确的评价，评价结果才能真实反映出学生的学习体验、情感情况，才能准确反映出学生在课程活动不同时段综合素质发展的具体情况。从而为学生正确认识自我，超越自我，发展自我提供客观、真实、准确的信息反馈，这样的活动评价结果才能为学生所真正信服和接受。

(四)公正性原则

公正是人类社会普遍的道德法则，是人们追求的基本价值目标和基本的行为准则。教育公正是社会公正在教育领域内的体现、扩展和延伸，在活动评价中亦应该自觉践行公正性原则。活动评价中贯彻公正性原则，以教师为例，要求教师在开展活动评价过程中，能自觉地公正对待每一位学生，让每一位学生都有一种被尊重、被赏识的感觉，对学生一视同仁，平等相待，公平合理地处理各种关系，想方设法使每个学生都能得到适合于自己个性和智力发展的教育。在活动评价中，教师要自觉避免把学生分为三六九等，不因学生的家庭、经济、政治等背景以及学生自身智力、性格、情趣等方面的差异而对他们区别对待。教师要努力充分了解每一位学生，给予每一位学生同样的关心和指导、同样的信赖和尊重、同样的鼓励和期望。

第二节
活动评价的内容

学习目标

了解活动过程评价的主要内容，掌握活动结果评价的基本内容。

小学综合实践活动评价要突出评价对学生的发展价值，充分肯定学生活动方式和问题解决策略的多样性，应注重对学生综合素质的全面考查，不仅考查学生的知识学习、知识生成情况，还要关注学生的情感发展、过程体验。教师要注重学生的合作意识、创新精神、实践能力的发展，要将学生在综合实践活动中的各种表现和活动成果作为分析考察课程实施状况与学生发展状况的重要依据，对学生的活动过程和结果进行综合评价。学生从事综合实践活动的过程和结果，是综合素质评价的核心内容、主要内容。综合实践活动课程的评价即综合素质评价。[1] 小学综合实践活动评价内容丰富多元，需整体感知，深刻把握。

---

[1]　参见张华：《综合实践活动课程的国际视野》，12 页，石家庄，河北教育出版社，2019。

一、活动过程评价的主要内容

现代课程观认为，课程目标既是课程设计的出发点，也是课程评价的尺度之一，目标的判定对于活动必不可少，具有决定意义。换言之，弄清要评价什么是课程评价工作的首要环节。在这层意义上，有什么样的目标，就会有什么样的评价。从效果上看，课程目标和评价目标应当保持一致。如是，评价的结果和课程活动的效果就可以取得一致。而且还能使课程评价和课程活动本身有机地结合起来，从而使不同的课程主体的努力能集中到一起，使课程评价真正发挥出调节课程活动的功能。① 活动评价作为课程活动的重要有机组成，服务于课程目标的实现。《指导纲要》对综合实践活动课程小学阶段的具体目标从价值体认、责任担当、问题解决、创意物化等方面提出了相应要求，要做好活动过程评价，需要对其予以认真领会和准确把握。其具体目标如下。

第一，价值体认。通过亲历和参与少先队活动、场馆活动和主题教育活动，参观爱国主义教育基地等，获得有积极意义的价值体验。理解并遵守公共空间的基本行为规范，初步形成集体思想、组织观念，培养对中国共产党的朴素感情，为自己是中国人感到自豪。

第二，责任担当。围绕日常生活开展服务活动，能处理生活中的基本事务，初步养成自理能力、自立精神、热爱生活的态度，具有积极参与学校和社区生活的意愿。

第三，问题解决。能在教师的引导下，结合学校、家庭生活中的现象，发现并提出自己感兴趣的问题。能将问题转化为研究小课题，体验课题研究的过程与方法，提出自己的想法，形成对问题的初步解释。

第四，创意物化。通过动手操作实践，初步掌握手工设计与制作的基本技能；学会运用信息技术，设计并制作有一定创意的数字作品。运用常见、简单的信息技术解决实际问题，服务于学习和生活。

2019 年 7 月发布的《中共中央国务院关于深化教育教学改革全面提高义务教育质量的意见》指出，优化综合实践活动课程结构，确保劳动教育课时不少于一半。因此，学生的劳动价值观、劳动技能、劳动习惯、劳动情感的发展和表现等更是要在活动评价过程中予以高度关注。

小学综合实践活动评价通过收集学生如何学习、学得怎样的相关信息，对其进行诠释，判断学生的表现、发展，向学生、教师、家长等不同对象提供其所需要的回馈，借以改进教学活动，也改进课程设计。2014 年 12 月教育部出台的《教育部关于加强和改进普通高中学生综合素质评价的意见》，对普通高中学生综合素质评价的内容、程序

---

① 参见刘旭东：《现代课程的价值取向研究》，博士学位论文，西北师范大学，2000。

以及组织管理等进行规范,其评价的内容包括思想品德、学业水平、身心健康、艺术素养和社会实践五个方面。显然,小学综合实践活动评价,并不宜直接套用意见所规定的五个方面的内容。设定评价的内容的出发点是更好地使评价致力于人的全面而有个性的发展。有学者提出,学生的综合素质应该由"学术能力"和"非学术能力"两部分构成。[①] 对学生整体发展而言,学生的"学术能力"与"非学术能力"构成其综合素质的"双翼",缺失了任何一个方面,都只能是一种残缺的、不完整的综合素质。[②] 综合实践活动课程重点在于培养学生的综合素质,着力发展核心素养,特别是社会责任感、合作意识、创新精神和实践能力,而非系统化的知识。所以过程评价时不应过多量化学生所获得的知识,判断作品的优与劣,而应特别关注学生参与活动的态度,在活动过程中所表现出来的社会责任感、合作意识,问题意识、问题转化能力、创造性,活动过程中的情感体验及所获得的直接经验与教训,意志品质发展情况等。

(一)情感态度

综合实践活动是从学生的真实生活和发展需要出发,从生活情境中发现问题,转化为活动主题,通过探究、服务、制作、体验等方式,培养学生综合素质的跨学科实践性课程,综合实践活动评价应该关注小学生在综合实践活动课程中的个人情感体验。关注人的情感发展是教育中的一个本源性、根基性的问题。因为只有情感才是真正属于个体的,它是内在的、独特的,是人类真实意向的表达。从这个意义上说,人的本质正是其情感的质量及其表达。[③]

《心理学大辞典》认为:情感是人对客观事物是否满足自己的需要而产生的态度体验。一般而言,情感是人对客观现实的对象和现象的刺激所产生的或肯定或否定的心理反应。情感体验的结果往往直接作用于态度的形成。小学综合实践活动评价必须要注意引导和鼓励学生关注活动过程中自己的真实感受和积极进行独立思考,进而客观分析和合理解释活动过程中的表现,对活动中所出现的问题予以及时反馈、点评和指导,使学生能够总结、反思和超越在活动过程中的感悟、疑问和体验,从中更为全面、正确地认识和把握自己的行为表现,为下一步的发展打下良好基础。态度以情感为基础,体现特定的价值观。《社会心理学词典》认为,态度是由认知、情感、意向三个因素构成的比较持久的个人心理结构。一般而言,态度是指人对客观事物或事物的发展过程所表现出来的情感指向,对事情的基本观点和相应的行为意向。学生在综合实践活动中的主动性和积极性,可以通过学生参与综合实践活动的时间、次数、认真程度、

---

①　参见靳玉乐、樊亚峤:《中小学实施综合素质评价的意义、问题及改进》,载《教育研究》,2012(1)。

②　参见刘志军:《关于综合素质评价若干问题的思考》,载《课程・教材・教法》,2016(1)。

③　参见朱小蔓:《教育的问题与挑战——思想的回应》,172页,南京,南京师范大学出版社,2000。

行为表现等方面来评价。例如，学生是否认真参加每一次主题活动、主动提出设想和建议、认真观察与思考问题、积极动手动脑、认真查找相关资料、准时完成学习计划、不怕困难、坚持完成任务等。

正确的学习态度对小学生进行综合实践活动课程的深度学习具有直接、强烈的影响，是学习成功的前提和关键，是推进综合实践活动学习活动持续进行的重要因素。综合实践活动过程中，学生形成并保持对待自身、他人、事物的积极、正向、稳定的良好心态，对其身心和谐发展具有非常重要的价值，在此基础上个体形成正确的人生态度，对个人的生命幸福和社会的和谐发展更是意义深远。从某种意义上而言，对人的自我价值实现，志趣、抱负、兴趣、品性、素养等个性化因素更重要，有着积极的人生态度和精神追求，会拥有更精彩的人生。

小学生在综合实践活动过程中的情感态度表现，主要表现在对课程、对课程活动的喜爱及主动参与程度，对指导教师、对同伴的接受、认可，对活动对象的喜好及了解、探求的投入程度，对自身在活动过程中的自我肯定、期望、激励和自我要求等方面。例如，对待学习是否一丝不苟、毫不厌倦、孜孜以求，对活动主题的兴趣是否强烈，参与活动时是否热情高涨、精神饱满、全神贯注；是否积极主动承担活动的相应内容，本着高度认真负责的态度处理活动中遇到的各种问题，勤于思考、善于探究；是否充满好奇、勇于创新；是否勤奋刻苦，乐观自信；是否自觉广开源头、拓展思路组织筹划活动；是否认真倾听教师提出的问题、同学对问题的回答以及教师的启发与讲解；主动寻求同学、老师、家长和社会的帮助解决各种难题；是否谦诚和善，乐于合作，由衷爱戴、感激、敬佩老师，主动热心帮助他人；是否由衷感谢他人的帮助，由衷赞赏他人的成就；是否能坦诚表达自己的观点，真诚吸纳他人的观点，认真倾听同学的意见、乐于和别人一起分享成果、在小组中主动发挥自己的作用等。在学习落后时是否毫不气馁、努力进取，勇于在问题解决的困境中挣扎，不断尝试破解问题，善于追问反思和批判质疑；是否对所学内容和问题解决保有浓厚兴趣，从更高更深更广的层面提出新问题或深入思考问题；是否灵活应用学过的知识解决新问题；是否基于自己的思考或实践活动提出新观点；是否为自己在课堂教学活动中取得的哪怕是微不足道的成就而欢欣鼓舞等。需要注意的是，关注学生在活动中的实际体验和感受，不仅要看有没有体验和感受，同时还要看这些感受和体验的真实性和深刻性如何，这也对相应的活动过程评价提出了更高要求。

(二)社会责任感

社会责任是指社会所赋予个体对于共同体所必须承担的职责。社会责任作为人类社会的一种重要的社会现象，对社会责任的培育是贯串人类社会的永恒主题。"人们总是在一定的社会关系中，出于特定的位置之上，肩负着特定的使命，这是不以人的意志为转移的。"①社会个体应该对国家和社会承担一定的责任、义务。社会责任感主要是人们对于自身与社会相互关系的一种处理态度，它标志着人们能够认识和接受社会对于自身的要求，并把这种要求转化为自觉履行的义务，是个体基于对社会公共善的认同，而对社会所赋予的责任的自觉承担及积极践履的态度与倾向。包括个体对自己、家庭，对他人、集体，对国家、社会所负责任的认知、情感和信念，以及与之相应的遵守规范、承担责任和履行义务的自觉态度、情绪体验，还包括作为社会成员在情感上以及内心深处对他人的伦理义务与关怀。

小学生社会责任感，主要是小学生对自身的社会身份与社会对小学生群体的期待有一定的认识与理解，并且能够对自身承担的社会责任产生情感，从而坚定自身的社会责任意志，积极主动践行社会责任。

辩证唯物主义认为，人本质上是一切社会关系的总和，社会性是人的本质属性。人作为一种社会性存在是一种"类"的存在物，求同存异、互惠互利、包容互鉴、合作共赢、共生共荣，人类命运共同体的建设更是需要每一个社会个体的积极参与。社会性作为社会责任感的本质属性，决定了社会个体的社会责任感的强弱不仅关系着其自身的发展，还关系着国家和社会的进步。社会责任感是我国公民必备的基本素质，每个公民都应该具有社会责任感，它是我们国家走向繁荣昌盛的基础。同时，社会责任感的存在使个体的生活变得崇高而富有意义，有助于人格的完善、能力的增强和成长成才，并且是青少年踏入社会需要具备的基本的、重要的核心素养之一，对于个体的发展有着深远且持续的影响。学生只有具备了高度的社会责任感，具备了高尚的思想道德情操，明确自己的责任义务，才能真正实现自我价值，肩负起中国特色社会主义建设大业和中华民族伟大复兴的历史使命。因此，《国家中长期教育改革和发展规划纲要(2010—2020年)》明确提出：素质教育的重点是面向全体学生、促进学生全面发展，着力提高学生服务国家和人民的社会责任感、勇于探索的创新精神和善于解决问题的实践能力。党的十八大也进一步强调社会责任感的重要性，明确指出：全面实施素质教育，深化教育领域综合改革，着力提高教育质量，培养学生社会责任感、创新精神、实践能力。

社会责任感集中表现在个体对社会规范的遵守、主动担当社会责任和认真履行社会义务，主要包括对自我和他人的责任感、对家庭和社会的责任感、对国家和民族的责任感以及对全球和生态的责任感等。对小学生来说，其社会责任感不仅仅局限在日常学习生活中对社会规范的自觉遵守和身边社会事务的积极参与，还表现在如民族责任感、家庭责任感、学校责任感、班级责任感、小组责任感等多个方面。在综合实践活动过程中，它更是具体表现为学生对社会、对集体、对他人、对自己的责任感。

---

① 谢军：《责任论》，1页，上海，上海人民出版社，2007。

（三）合作意识

教育不能脱离社会的发展而存在。《中华人民共和国教育法》规定，教育必须为社会主义现代化建设服务、为人民服务，必须与生产劳动和社会实践相结合，培养德、智、体、美等方面全面发展的社会主义建设者和接班人。《中华人民共和国义务教育法》强调，义务教育必须贯彻国家的教育方针，实施素质教育，提高教育质量，使适龄儿童、少年在品德、智力、体质等方面全面发展，为培养有理想、有道德、有文化、有纪律的社会主义建设者和接班人奠定基础。只有社会成员彼此精诚团结，共同参与、互相合作，社会主义现代化建设才会顺利进行。当下的时代背景更是决定了学校教育必须培养学生的合作意识和合作能力。合作意识指个体所具有的以自身的合作认知为基础，为了实现共同的利益和目标，而同他人进行合作的意愿和倾向性。作为基础教育阶段的小学教育，重视培养小学生的合作意识，对于小学生未来的学习、生活和工作具有重要的基础性意义。综合实践活动课程对学生的合作意识、合作能力发展非常关注，并提供了良好的发展空间。《中小学综合实践活动课程指导纲要》指出，综合实践活动以小组合作方式为主，小组合作范围可以从班级内部，逐步走向跨班级、跨年级、跨学校和跨区域等。学校可根据实际情况灵活运用各种组织方式。合作意识影响着学生是否积极参与小组活动，是否主动帮助别人和寻求别人的帮助，认真倾听同学的意见，乐于和别人一起分享成果，在小组中主动发挥自己的作用等。教师要引导学生根据兴趣、能力、特长、活动需要，明确分工，做到互帮互助、相互激励、人尽其责、共同进步。教师要让学生有独立思考的时间和空间，又要充分发挥合作学习的优势，重视培养学生的自主参与意识与合作沟通能力，鼓励学生利用信息技术手段突破时空界限，进行广泛的交流与密切合作。显然，一方面，学生合作能力的高低很大程度决定了综合实践活动课程实施的深度；另一方面，正是在与他人合作开展综合实践活动课程的学习中，学生的合作意识、合作能力得到了不断发展。

合作意识的强弱不仅直接影响个体在需要合作的情境下是否采取合作行为，并且能够影响合作的效率和质量，同时，合作意识对小学生的品德发展、知识的掌握和运用、复杂问题解决等能力发展，以及良好的学习生活环境构建，均具有积极作用，有利于增强学生的学习幸福感，有利于学生的个性发展和社会性的健康发展。小学综合实践活动课程实施过程中，存在着一定的学生合作意识淡薄、合作能力较弱的情况。如合作流于形式，个别学生合作精神缺失、合作意愿不强、合作能力存在问题，部分学生沟通能力、思想表达能力、分享能力、沟通协商能力、冲突解决能力等较弱甚至欠缺。这就要求在小学综合实践活动课程实施时要对学生的合作意识发展始终保持高度关注，并积极创设机会、加强引导，不断推进每一个学生的合作意识和合作能力提升。

(四)问题意识

问题意识是人们关于提出问题、分析问题和解决问题的根本观点,它本质上是一种问题观,反映的是主体如何"观"问题。有学者认为,问题意识就是人们在对问题的思考中所表现出来的一种"能动性、探索性和前瞻性反应","问题意识"并不是对问题本身或问题设置前提的考察,更是问题直指真实世界生活状态的一种思索。[①] 是主体在进行认识活动时,通过对认识对象的深刻洞察、怀疑、批判等多种方式,产生认知冲突,经过深入思考后仍困惑不解时,出现了一种具有强烈的探索情境的真实问题或想做出发现式创新的一种心理状态。[②]

小学生层面的问题意识主要是指小学生在学习生活过程中,对问题所发出的一种意识能动反映,是小学生在日常学习生活中,发现一些实际或理论问题,而产生、体会到的一种疑惑和探究的心理状态。这种心理状态推动小学生积极思考,勇于发现问题、提出问题并解决问题。正如爱因斯坦所认为的,对问题的思考最关键的不在于对"解决问题"的思考,而是对"提出问题"的思考,因为"提出问题"是人"创造性的想象力"的展现,是科学进步的真正标志,而解决问题只是"一个教学上或实验上的技能而已"。

只有将对"问题"的认识上升成为"问题意识",才能把事情做成功,甚至事半功倍。要培养适应社会主义现代化建设需要的人才,文化基础、科学精神、合作意识、创新能力、实践能力等至关重要。问题意识是思维的原动力,是个体拥有创新意识、创新能力、实践能力等的基础,个体在问题意识的引领下不断认识自我、认识他人、认识自然从而不断提升自我。树立和养成良好的问题意识,能够认清问题本质,更自觉地坚持理论和实践相结合,从根本上解决问题。问题意识可以激发学生的学习动机和学习兴趣,培养小学生的问题意识可以促进其全面发展,同时也可以提高他们的学习效率。在综合实践活动中,学生善于发现问题、提出问题、直面问题、研究问题、回答问题并积极推动问题的解决,将很好地发展学生的综合素质,也会更为强有力地激发学生投入学习当中,投入小组合作当中,不断增强学习的主动性、自觉性。同时,问题意识也是推动人类社会不断向前发展的不竭动力,每个时代都有自己的问题,每个时代问题都直击人类社会的发展本质,人类就是不断解决时代问题,在"问题意识"中创造出自己的智慧、精神和价值财富等。正是因为人类拥有"问题意识",才使得社会生活五彩缤纷,社会发展千姿百态,整个社会始终蕴含着无限的生命力和创造力。因此,培养学生的问题意识是教育的必然要求,也是时代发展和个体发展的必然要求。问题意识贯串和表现在发现问题、提出问题、解决问题等具体活动中。

---

① 参见王凤祥、吕海滨:《问题意识与社会主义核心价值观的认同构建》,载《广西社会科学》,2017(7)。

② 参见房寿高、吴星:《到底什么是问题意识》,载《上海教育科研》,2006(1)。

由于小学生的年龄尚小，知识储备比较单薄，人生阅历尚不丰富，在传统的教育教学情境中往往处于较为被动的学习状态，发现问题、提出问题和解决问题的意识与能力不足，问题意识淡薄。教师需积极转变学生的学习方式，倡导自主、合作、探究，引导和鼓励小学生通过不断积极发现问题、主动提出问题和独立解决问题，切实增强问题意识，不断掌握基础知识，不断发展其创新创造能力。问题意识能否最终达成，依赖于主体是否具有旺盛的求知欲和好奇心以及顽强的创新意志，从某种程度上来说，对小学生而言，融会贯通、触类旁通、比较综合的过程亦是问题意识下的创新过程。

（五）活动中的意志品质发展

意志是个体主动地确立目标，并依据目标支配和调整自己的行动，克服困难、战胜挫折、坚持不懈，达到自己预定目的的心理过程。意志品质是指个体在意志行动过程中表现出来的比较稳定的、鲜明的心理特征，包括主动性、果断性、自制性、坚韧性等特征。

意志品质是人的一生中不可或缺的重要品质，也是影响人成功、成才的关键因素。良好的意志品质，是克服各种困难、走向成功的前提条件，会使实践活动具有明确的目的性、方向性，主动地克服行动中的各种困难，不断地战胜挫折，有效地完成各项任务。小学生在学校教育过程中的主要任务是学习，良好的意志品质对学习活动起着重要的调控作用，它可以促使小学生养成细致观察、主动感知、牢固记忆、积极想象、周密思考的良好习惯，激励他们克服学习中的困难，更好地发挥聪明才智。在学习的过程中，学生往往会遇到各种困难与问题，如学习方法的困难，学习内容难于接受的困难，学习兴趣不浓的问题等。只有拥有良好的意志品质，才能够勇敢面对困难，积极战胜学习生活中的各种困难，不断取得一个又一个进步。意志力坚强的学生往往能更智慧地处理生活逆境中的各种关系，敢于正视、挑战各种困难，对生活充满信心和希望，学习、生活的幸福感会更强。

优良的意志品质不是与生俱来的，而是在后天的实践活动中、在克服困难的过程中逐步发展起来的。实践是意志品质发展的关键，个体的意志从脆弱到坚强必须经过实践的不断磨炼，必须经过实践的各种考验，必须经过困难与挫折的锤炼。小学阶段是培养学生良好意志品质的关键时期，如果在小学阶段养成良好的意志品质，掌握重要的交往和学习技能，通过艰辛努力而获得成功后的成就感与自信，对未来的学习、生活、工作等无疑具有深远影响。综合实践活动对小学生优良意志品质的发展具有积极作用。学生在活动过程中，不断养成良好的学习习惯和科学的思维方法，不断地反省自己，发展自我。同时，活动过程中的各种各样的现实困难、科学问题、活动困境等的挑战，极大地激发着学生的意志发展的意愿，并提供了丰富的意志品质发展的实践场域。

二、活动结果评价的主要内容

实践活动往往以产生了一定的实践结果为结束标志，结果评价无疑是科学有效地开展评价活动的最直接、关键的价值导向，因此，开展好活动结果评价成为小学综合实践活动过程评价、增值评价和综合评价的必要前提。综合实践活动评价既要关注学生在活动中的表现，同时也绝不能忽视学生的活动收获，过程体验和结果对于学生的发展都很重要，没有结果的过程体验往往是难以持续，也难以达到一定的深度。活动最终的成效往往就是活动过程持续推进的自然的结果。活动结果评价侧重关注学生通过参加综合实践活动课程的系列活动发生了什么样的变化，发展的结果如何。

(一)知识维度

尽管综合实践活动课程与学科课程具有这样或者那样的区别，但是课程应当准确地以集约的方式反映出人类已有的精神文化财富，使其成为学生连接客观世界和人类已有文化遗产的中介，从而也成为支持学生发展的最为迅捷有力的力量，这无疑是不同类型的课程的共同追求。[①] 学科课程非常注重知识目标，综合实践活动更加强调能力目标和学生情感态度与价值观的培养，一定程度上相对弱化知识的获得，但并不意味知识维度的缺失。综合实践活动并不排斥知识，"作为实质性规范的知识，是任何形态课程的本原，没有知识的课程是不存在的"[②]，与学科课程重客观理性的学术性知识不同，综合实践活动课程目标在知识方面更注重经验性知识、综合性知识和方法性知识的积累、理解以及灵活运用。

2001 年《综合实践活动指导纲要(征求意见稿)》中，明确"综合实践活动是基于学生的直接经验、密切联系学生自身生活和社会生活、体现对知识的综合运用的课程形态"。2017 年《中小学综合实践活动课程指导纲要》则进一步强调"综合实践活动是从学生的真实生活和发展需要出发，从生活情境中发现问题，转化为活动主题，通过探究、服务、制作、体验等方式，培养学生综合素质的跨学科实践性课程"。教育部在《教育部关于积极推进中小学评价与考试制度改革的通知》中，提出学生的综合素质主要包括道德品质、公民素养、学习能力、交流与合作、运动与健康、审美与表现六个方面。2014 年 12 月《教育部关于加强和改进普通高中学生综合素质评价的意见》中，提出普通高中学生综合素质评价的内容包括思想品德、学业水平、身心健康、艺术素养和社会实践五个方面。学生的综合素质是一种整体性、系统性、关联性的存在，是由学生的

---

①　参见刘志军：《关于综合素质评价若干问题的思考》，载《课程·教材·教法》，2016(1)。
②　郝德永：《课程研制的方法论》，71 页，北京，教育科学出版社，2002。

知识水平、道德修养以及各种能力等的有机构成，涵括了德、智、体、美、劳等诸多方面。综合素质评价指向的是对一个人的整体或一个完整人的全方位评价。但是，如果将综合素质的评价等同为德智体美劳等方面素养的简单相加，则有失偏颇，综合素质应该是较之更为整体、更为全面地反映出一个人的发展水平。

在我国，综合素质大致相当于人们常说的学生全面而有个性的发展。有学者认为，综合素质评价在具体的评价活动中，并不是依据固定的标准，逐项进行评价，而是学生依据基本要求提交最能代表自己发展状况的作业、作品或成果，评价标准与要求不求全、不求面面俱到，把最能代表自己个性发展的表现展示出来，这种做法的合适与否显然有待商榷。综合实践活动课程的两个纲要指导文件中，"知识的综合运用"规定了综合实践活动评价的知识维度的具体指向，"综合素质"如果缺失了知识的构成，无疑是残缺不全的。对于活动结果评价中的知识维度，不是期望学生通过综合实践活动掌握某些具体的知识，而是运用已有的知识去尝试解决问题，重视学生在解决问题的过程中获得认识体验以及生成新的知识。因此，更多是评价学生在知识积累基础上的深刻理解、综合运用、评价乃至知识生成。

(二)情感维度

综合实践活动是基于整体论视野而开发与实施的课程，具有很强的综合性。从目标上看，综合实践活动非常强调态度、能力、知识的综合性培养，不仅关注学生知识技能的习得和智力的发展，而且关注学生情感的体验、态度的养成和价值观的确立。一方面，情感是主体表达自己态度的最直接方式，是评价的基础，任何形式的评价都具有情感性特征，即使是最客观的评价也要包含一定的情感因素。[1] 综合实践活动评价过程需要融入师生情感，使"评价不再是一种枯燥无味的纯知识输入—输出的认识活动，而是一种融知情为一体的生动活泼的积极愉快的探索未知的教学活动"[2]。另一方面，综合实践活动课程关注学生在活动中的真切的情感体验，这种内心的情感体验既是学生形成主观认识、塑造行为能力的原动力，也是情感态度价值观的心理基础。小学生在综合实践活动课程学习过程中的体验和感受是学生身心发展实现的重要方面，也是学生科学的世界观、人生观、价值观形成必经的心理历程。综合实践活动课程强调一切有利于调动学生活动积极性和探索欲望的活动形式，强调各种感观的参与和各种心理能力的投入，让学生在融入自然、走进社会、贴近科技、认识自我的各种丰富多彩的主题活动中，主动获取实际的体验和真实的感受并形成对自然、社会、科技、

---

① 参见刘世铸：《评价的语言学特征》，载《山东外语教学》，2007(3)。

② 余文森、王永：《目标、评价、情感——大面积提高教学质量的三个基本因素——福建省高中数学〈目标—掌握〉跟踪教改试验理论总结》，载《课程·教材·教法》，1992(2)。

自我与他人的深刻感悟，是综合实践活动课程的一大特色，也是其他课程所无法取代的闪光点所在。小学生学习过程中阶段性的情感体验，如对课程主题的喜好，对相关活动的参与程度，在活动学习过程中与老师、同伴以及所接触的其他人的和谐程度等，对问题解决的专注程度，面对学习困难、探究挫折的态度等直接影响着课程的深入开展，也制约着学生参与课程的学习收获。一般而言，各活动阶段的情感体验自然形成学生关于该课程学习的最终学习体验，形成学生对该课程的最终态度，并不断丰富着学生的学习体验。

综合实践活动课程以"全人"培养为基本出发点，重视丰富和发展学生的精神世界，十分重视学生的情感体验和情感目标，重视学生在兴趣、意志、习惯、情感态度以及价值观等方面的进步。情感无疑是课程与教学评价中不可缺少的重要维度，教师要重视学生对自我、对社会、对自然等方面情感态度价值观的培养等方面的评价。如果学生在活动之后，没有通过自身的亲身经历获得深刻的感受和体验，没有对"人与自然、人与社会、人与科技、人与自我"的和谐发展生成个性化的感悟，这样的综合实践活动就不能说是成功的。开展活动结果评价，必然需对小学生的情感态度如对课程的喜好程度、求知欲、参与活动的积极主动性、在活动中体现出来的社会责任感、服务意识、合作意识、安全意识、环保意识等方面做出概括性的总体评价。

(三)能力维度

综合实践活动课程的总目标规定，学生能从个体生活、社会生活及与大自然的接触中获得丰富的实践经验，形成并逐步提升对自然、社会和自我之内在联系的整体认识，具有价值体认、责任担当、问题解决、创意物化等方面的意识和能力。综合实践活动课程评价不仅十分关注学生综合运用知识的能力，而且希望通过学生的活动成果准确判断学生其他相关能力的发展程度。综合实践活动课程重视学生综合能力的培养，活动结果评价中必然要对学生能力发展的情况予以有力回应。综合素质包含着对人的多种能力的要求，不同的能力划分标准提供了丰富的能力表述。如有学者认为，综合素质不仅包括非学术能力，学生的学术能力或者学业成绩也是学生综合素质的一个重要组成部分。[1] 对学生整体发展而言，学生的"学术能力"与"非学术能力"构成其综合素质的"双翼"，缺失了任何一个方面，都只能是一种残缺的、不完整的综合素质。[2] 有学者针对我国的学生发展核心素养框架，提出以"关键能力"框架为例，将认知能力、合作能力、创新能力、职业能力包含的各细目重新排列，以形成新的序列，分成探索、

---

① 参见崔允漷、柯政：《关于普通高中学生综合素质评价研究》，载《全球教育展望》，2010(9)。
② 参见刘志军：《关于综合素质评价若干问题的思考》，载《课程·教材·教法》，2016(1)。

理解、实践和超越四个阶段。① 综合素质评价要体现纸笔考试所不能评价的能力和素质，注重过程记录，注重客观白描，注重多元刻画，描述学生思想品行特点、记录学习成长过程，朴素客观，而不是浓墨重彩或用同一个模板刻画所有学生。② 这些见解对于活动结果评价的能力维度设计无疑极具启发。

综合实践活动之所以能够进行，主要是因为它可以通过各种活动来培养学生的主体意识，培养他们发现问题以及运用各种知识解决问题的能力，并在解决问题的过程中培养其创新精神，进而达到以往的学习活动所没有达到的实践目的。③ 综合实践活动课程要求学生积极参与各项主题活动，通过动手做、实验、设计、创作、体验、探究等形式体验生活、了解社会，为小学生的多种能力发展提供了空间和可能。学生在真实的情境中通过各种活动不断发展自己对现实生活的领悟能力、解释能力、创造能力等。综合实践活动对学生的"创造性思维能力、组织与规划的能力、合作能力、沟通与表达的能力、观察能力、动手操作能力、收集与处理信息的能力、自我反思与管理能力"④等的发展尤为关注。这些能力有思维方面的，如创造性思维能力，其又可分为发现问题与提出问题的能力、发散性思维能力、批判性思维能力等，有自我管理方面的，也有直接指向实践的。综合实践活动中，学生的实践能力对于学生综合素质的发展有关键作用，是学生在解决实际问题时所展现的能力，它是一个人思想品德、智力、体力和艺术素养等的综合体现，也是综合实践活动课程目标中所提及的主要能力。实践能力可细化为问题解决能力、信息处理能力、动手操作能力和交流与合作能力。⑤ 提出问题、解决问题、信息处理、动手操作、与人合作、呈现与表达等能力，这些可迁移的通用能力无疑对学生的可持续发展意义非凡。综合实践活动结果评价显然需要对学生在活动中的知识综合运用能力、搜集和处理信息的能力、复杂问题解决能力、动手操作能力、独立思考和完成任务的能力、交流与合作能力以及创新能力等的发展做出相应评估。综合实践活动关于学生能力发展的评价到目前为止依旧存在着模糊性、经验描述的局限性，这无疑需要进一步加强理论与实践的探索。

(四)品质维度

意志品质是指个体在意志行动过程中表现出来的比较稳定的、鲜明的心理特征，包括主动性、果断性、自制性、坚韧性等特征。意志品质是人的一生中不可或缺的，也是影响人成功、成才的关键因素，良好的意志品质是克服各种困难，走向成功的前

① 参见沈章明：《超越"核心素养"》，载《湖北教育》，2017(11)。
② 参见辛涛：《综合素质评价落地是育人变革关键》，载《教书育人》，2019(29)。
③ 参见张家军：《综合实践活动评价几个理论问题的探讨》，载《天津师范大学学报(基础教育版)》，2015(4)。
④ 万伟：《综合实践活动课程关键能力的培养与表现性评价》，载《课程·教材·教法》，2014(2)。
⑤ 参见田慧生、冯新瑞：《综合实践活动学生发展性评价探索》，145页，北京，教育科学出版社，2016。

提条件。

　　学生坚强的意志是在克服困难的实践活动中形成和发展起来的。学生在展开探究活动、职业体验、社区服务、创意制作中可以不断发现自身的潜能，增强自信，克服心理上的惰性和恐惧，磨炼战胜困难的毅力，形成坚韧不拔的意志品质。意志品质不仅是活动过程评价内容的重要方面，也是活动结果评价时不可忽视的重要构成。

第三节
活动评价的主体和方法

学习目标

　　了解活动评价的主体，把握综合实践活动评价的方法。

　　中央全面深化改革委员会第十四次会议审议通过了《深化新时代教育评价改革总体方案》，提出了深化新时代教育评价改革的重点任务——"改进结果评价，强化过程评价，探索增值评价，健全综合评价"。教育评价改革的深化，离不开对评价活动主体、评价目的、评价内容、评价方式方法等的系统性思考和建构，评价改革的主要方向确定后，评价活动的展开及改进，评价主体及相应的评价方式方法甚是关键。

　　活动评价的主体即从事小学综合实践活动评价的人，通常不是单一的，而是复合性的。评价标准的确定总是受话语角色、视角、意识形态和价值观念等的制约。在进行评价活动要素分析时，人们比较多地关注评价标准、手段等。其实，评价由谁主导是一个较评价标准、评价方法更重要的问题。有什么样的评价主体，就会有什么样的评价标准，就会有什么样的评价方法。

　　正如有学者所主张的，多主体评价只是要改变教师操控学生言行的局面，使评价成为一个开放、民主、动态的过程，但这绝不意味着任何与学生活动有点"干系"的人都可以没有凭据地发言，"多主体评价"应当是相关主体在真正了解了学生活动之后，从自身视角做出的自觉主动、充满感情的评价。[①] 小学综合实践活动评价要让了解学生活动的相关主体尽可能参与到评价中。

---

　　①　参见李树培：《综合实践活动课程学生评价研究》，博士学位论文，华东师范大学，2003。

一、活动评价的相关主体

在现实生活中，学生是非常丰富复杂且动态变化的人，学生的发展受来自社会、家庭、学校等各种各样的因素综合影响，而且学生作为一个人"不是抽象的、终极的，而是现实的、具体的，不是单一的、片面的，而是丰富的、整体的，不是封闭的、预成的，而是动态的、生成的"①。第四代评估理论坚持解释学的方法论，认为评估是多元主体对同一情况持续建构的过程，认为评估是多元主体积极主动进行协商对话，在相互理解的基础上实现共同心理建构与本位建构的过程。对教育和学生应然的评价应建立在多维、多元和多面的指标之上。教育乃是个人自我实现的过程，个人就是自己生活的创造者，自身的创造者，用一个统一的价值标准去限制个人的发展，去评价教育的结果，从根本上说是不可接受的。② 同理，坚持多元性评价，深化对全面评价的探寻，必然也需注意到评价主体的复杂多样性。在小学综合实践活动课程中，评价的主体也不断由以往单一的教师评价向多元评价主体发展。综合实践活动课程的多元主体构成包括：综合实践活动课程教师、专家、学生、学科课程教师、学校管理者、家长以及其他社会人士。学生、同伴、家长、社区成员都成了评价主体中不可或缺的构成，他们的意见或看法从不同维度勾勒了学生发展进步的轨迹。有学者认为，教育评价的主体主要包括下列教育活动的利益相关者：学生——根据评价结果反馈改进学习，同时本身也参与评价；教师——根据评价结果反馈改进教育实践，同时也参与评价；家长和当地居民——根据学校的说明获取评价相关信息，同时也基于不同的立场参与评价；教育行政部门——根据学校、家长提供的信息，为学校和学区提供支持；第三方机构——由学校和教育部门以外的人员构成来进行外部评价的机构。③

小学综合实践活动评价的评价主体，通常包括以下方面。

(一)学生自己

理想的教育在于让个体在不同发展阶段都能依照自身的内在基础和发展特点充分地显现自身，使得个体在不同发展阶段都能达到自身功能的最大化，个体生命在此过程中逐步趋于完整而健全。④ 教育活动的成效在很大程度上取决于学生本人在生活世界中的实践活动的广度和深度，取决于他的感悟能力。⑤ 综合实践活动课程是学生参与开

---

① 祝爱武、冯建军：《实践——生成论的教育人学范式》，载《教育研究与实验》，2016(2)。
② 参见陈玉琨：《教育评价学》，17—18页，北京，人民教育出版社，1999。
③ 参见［日］田中耕治：《教育评价》，80页，北京，北京师范大学出版社，2011。
④ 参见刘铁芳：《走向整全的人：个体成长与教育的内在秩序》，载《教育研究》，2017(05)。
⑤ 参见刘旭东：《现代课程的价值取向研究》，博士学位论文，西北师范大学，2000。

发的课程，在综合实践活动中，学生是被评价的对象，同时也应当是评价的主体。"自知者明"，在综合实践活动中，教师、家长、学生、同伴等都有对学生活动表现进行评价的权力，但学生如何正确、客观、真实地认识和评价自己，有赖于自我反思、综合和判断。多元智能评价观强调，个体的智能发展具有独特性，学生本人是自主的自我评价者。鉴于此，小学综合实践活动课程的评价应该采用"自我参照"标准，不是像传统的常模评价那样与别人、与固定的标准进行参照对比，而是主张与自己过去相比有什么变化或进步，更注重个人体验与成长，引导学生对自己在综合实践活动课程中的各种表现进行"自我反思性"评价，从而不断走向更加注重个体发展的个性化评价。学生自我评价并不排斥其他评价主体的参与，相反，更全面、客观、真实的评价正是要以自我评价为主、他人评价为辅。

从一定意义上说，学生既是综合实践活动的参与者，也是综合实践活动的设计者和创造者，对综合实践活动的成效具有第一发言权。学生自己作为活动评价的主体，主动进行自我反思、自我评价，将会增强其参与综合实践活动的积极性、主动性，更加自主自觉地自我完善和提高。综合实践活动评价中给予学生自主评价的机会，将更有利于学生在活动中改进学习。综合实践活动评价更多是作为学习的评价而存在，学生应可提前知晓评估方案和评估标准，而且自己也可以参与评估方案和标准的设计，较之传统的学生自评模式，综合实践活动评价应赋予学生更多的展示机会，使之能真正实现评价之于学生发展的价值。

(二)同伴

学生在学习过程中所表现出的点滴都是评价的依据，要将学生在综合实践活动中的各种表现和活动作品，如研究报告、模型、主题演讲等作为评价他们学习情况的重要依据。综合实践活动多以小组的形式开展，在分工合作共同完成活动任务过程中，小组同伴相处时间更多，交流更深入，对彼此的表现也了解更多，同伴评价显然非常重要。当然，除了本小组的同伴，活动评价中的同伴评价主体，也包括其他小组的同学，非本组同伴的评价，有时往往还会产生"旁观者清"的效果，对学生的发展产生促进作用。

同伴评价可以更好地激发学生参与活动的积极性，自觉成为学习的主人，不断严格自我要求，并积极向他人学习。同时，学生在对他人展开评价的时候，相应的表达能力得到更好锻炼，对问题的认识和理解也不断深入。在评价过程中双方展开对话，逐渐形成倾听习惯，概括、分析、总结等思维能力也得以提高，并深化学生对高品质学习、深度学习的认知，其促进发展作用明显。另外，同伴评价有利于综合实践活动中学生之间通过相互交流，相互学习，形成更为紧密的发展共同体。在小学阶段，采用同伴互评时要注意的一点是，"让年龄很小的学生来评判他们朋友工作的好坏也许是不明智的，友谊和归属的需要在小学生身上表现得如此强烈，也会影响评估或评价的准确性"[①]，教师在评价活动中要注意予以合理的引导。

(三)教师

教育的关键是教师，这种关键贯彻于教育教学活动中的诸多环节。小学综合实践活动评价中，教师更是不可缺位、非常重要的评价主体。正如有学者所指出的，综合实践活动的教师需要从课程执行者和实施者转变为开发者，从"讲授"转变为"倾听""观察"与"引导"。[②] 随着现代评价观逐步从理论层面走近实践，在小学综合实践活动评价中，评价主体也逐步由单一的教师评价向多元评价主体发展，同时，不可否认的是，教师是且应当是小学综合实践活动评价多元主体中至为关键的一员。教师可以通过参与、观察、记录、分析、反馈、改进方式，跟踪指导学生的活动全程，以口头评价、轶事记录等多种评价方式不断激发学生，激发学生潜能发挥，组织开展好同伴评价、表现性评价，跟进档案袋评价等，促进学生在活动过程中的各种能力的发展。评价要真实地反映学生发展的状况，就要在真实的情境中进行，就需要将活动评价贯串于综合实践活动课程活动中，在学生自然而真实的学习情境中对学生进行评价。将活动评价与活动开展充分整合，这意味着教师在综合实践活动课程实施过程中，要随时随地对学生进行评价，自觉将评价视为教育教学环节中的重要有机组成部分。同时，活动评价中由于档案袋评价、表现性评价等评价方法的运用具有很强的灵活性和变通性，教师在运用这些评价方法的过程中要根据评价目的、评价内容懂得灵活变通，充分发挥好评价促进发展的积极作用，这对教师的评价能力、评价素养无疑提出了更高的要求。

(四)家长

综合实践活动具有实践性、综合性、自主性、开放性、生成性等特点，其深入实施更多时候需要将活动范围扩展到校园之外的广阔天地，走出学校走近大自然，进入社区、场馆、单位等，充分利用丰富的各种自然和人文资源，深入开展考察探究、社会服务、职业体验、创意物化等。综合实践活动课程的许多活动往往需要家长配合、支持、参与。教育治理的现代化、课程治理的现代化，要求教育利益相关者共商共建共治，在评价上提倡多元评价，多主体评价。家长参与活动评价，有利于进一步激发家长参与、支持活动的积极性，也有利于家长增进对学生发展情况的全面了解，有助于激励学生认真参与活动，主动完成各项活动任务。通常，在家长参与活动后，要请

---

① ［美］Kathleen Montgomery：《真实性评价：小学教师实践指南》，国家基础教育课程改革"促进教师发展与学生成长的评价研究"项目组译，157 页，北京，中国轻工业出版社，2004。

② 参见郭元祥：《综合实践活动呼唤教师的有效指导》，载《教育科学研究》，2006(8)。

家长也参与到相应的评价中来，让他们基于对孩子开展的活动情况的了解，以活动过程中的所见所闻作为评价的重要依据。还可主动邀请家长参与小学生综合实践活动的成果汇报、活动展示等环节，请家长予以口头点评，或作为现场评委进行评价等。

(五)社会人士

综合实践活动中，社会人士往往是非常重要的社会教育资源。如相关领域的专家往往对相应的活动主题所考察探究的对象具有专业的研究，而对于创新性比较强的成果，更应该邀请和学生研究领域有关的专家学者给予指导和点评，为进一步开展高质量的综合实践活动指明方向。在综合实践活动中，利益相关者不仅包括学生、家长，还包括实践活动的对象及相关人士，社区人士作为服务对象对学生所开展的社会服务活动成效通常更具有切身体会，也能更细致、更全面地提供反馈。学生如到特定的活动场所开展活动，活动场所的工作人员、场所负责人对学生的整体活动往往能有更直观的评价，将这些社区人士纳入综合实践活动评价主体，能够真正帮助学生从活生生的人那里学习，从活生生的现实生活里学习。此外，活动评价还可积极邀请教育专家学者参与，如课程专家可为活动评价提供可参考的评价标准，并对学生的活动设计、活动开展、活动成效等从专业视角提供相应的意见、指导和评估。

二、活动评价的主要方法

理念是评价的灵魂，决定着评价的性质和取向，技术和方法是评价的骨骼，支撑和架构起评价的各相关因素，决定着评价完成的质量。[①] 理解了小学综合实践活动评价的重要价值和主要原则，明确了活动评价的主要内容，还需掌握相应的评价方法，方能"知行合一"，更好地开展以促进学生综合素质持续发展为目的评价活动。《基础教育课程改革纲要》期望通过相应的改革发展，使课程评价更好地实现教师发展、学生发展、课程发展。综合实践活动评价需要灵活而包容的评价方式，第四代评估理论为我国当前综合实践活动评价问题的破解提供了有益借鉴。现实中，出现的综合实践活动评价操作不当，导致课程评价没有更好实现教师专业发展，没有实现学生更好地自主发展和个性发展，也没有更好地推进课程的发展，问题的解决需教育理论工作者与实践工作者精诚合作，共同努力，积极探索。

综合实践活动评价的具体操作中，"档案袋评定"与"协商研讨式评定"等方法被认为是非常有效的评价方法。[②] 因此，在综合实践活动评价过程中，许多教师大多采用档

---

①　参见李雁冰：《课程评价论》，184页，上海，上海教育出版社，2002。

②　参见张华：《论"综合实践活动"课程的本质》，载《全球教育展望》，2001(8)。

案袋评价和协商式评价，对其他方式如学生同伴评价、轶事记录评价、认知测验评价等存在着一定程度的忽视，这种局面需予以改善。因为通过多种评价方式展开活动评价无疑更能全面和系统反映出学生的发展情况。同时，活动评价要始终注意鼓励和引导学生进行科学的自我评价与同伴间的合作交流和经验分享。

活动评价的评价内容广泛、丰富，应在具体评价实践中根据不同的评价内容采用不同的评价方法，并探讨定性评价与定量评价的合理结合。综合实践活动评价的方式应灵活、多样，要努力打破传统评价中过于注重纸笔测验的局面，实行多元评价方式，让每一个学生都有机会成才，真正促进综合素质的全面发展。实践中宜多采用质性评价方式，积极开展日常观察记录、作品展示等，避免将评价简化为测试分数。综合实践活动评价并不提倡预设"权威性"评价标准，但由于我国综合实践活动课程实践和理论发展尚不完善，家长、社会人士对综合实践活动理念并不完全了解，如果缺乏评价标准，则多元主体参与评价将会因缺乏目标指导而流于表面。教育评价是评价者与被评价者通过共同协商而进行的一种心理建构活动，师生共同商讨来确定评价标准，可以使学生积极参与到制定标准的过程之中，并进而明确应该以什么样的表现参与到学习任务当中。① 研究表明，被评价者参与评价设计的程度越深，对评价过程的认同度越高，也就越愿意在评价中投入更多时间和精力。② 因此，综合实践活动无论是开展活动过程评价还是结果评价，都有必要借鉴表现性评价的做法，制定表现性任务、行为或作品质量的评价准则，当然，这个标准无疑应是由多方评价主体尤其是师生共同商议的结果。

"唯分数"评价并不能多方位、多层次地反映人的综合素质，它在人的学术素养评价方面经常发挥较大作用，但在人的非学术素养方面又常常显得力所不及。③ 在学科评价中要破除"唯分数"，在小学综合实践活动评价中，也要坚定克服"唯分数"。克服"唯分数"，并不是拒绝量化拒绝分数，综合素质评价的结果呈现方式并不排斥分数，因为有时候分数也是综合素质评价的一种重要表达方式。如有的学校将综合实践活动课程学生评价的内容分为参与综合实践活动的态度、在活动中获得的体验、研究方法的掌握情况、创新精神和实践能力的发展情况 4 个一级指标，每个一级指标下再分解为几个二级指标。例如在活动中获得的体验这一指标下包含善于质疑乐于研究、学会关心国家和社会进步、关注人类与环境和谐发展、参与活动的反思情况、科学的态度和不怕吃苦的意志品质这几个二级指标。和这一维度相类似，其余 3 个一级指标下也各分解为几个二级指标，共 16 个指标，对照这 16 个指标给每位同学的全部项目评分打出

---

① 参见靳玉乐、孟宪云：《中小学综合素质评价的方法及其改进》，载《西南师范大学学报（自然科学版）》，2014(1)。

② 参见蔡敏：《当代学生课业评价》，172 页，上海，上海教育出版社，2006。

③ 参见刘志军、徐彬：《综合素质评价：破除"唯分数"评价的关键与路径》，载《教育研究》，2020(2)。

等级。当然，其指标、权重设置的合理性可再斟酌，但其量化的尝试显然有助于对学生综合素质发展情况的了解和把握。

从评价内容呈现方式上看，可以分为成果汇报、作品展示、研究报告答辩、竞赛、专家审议等；从组织形式上看，可以分为个人汇报、学生小组评定、评定小组综合评定。而最常用到的具体评价方法有成长记录袋评价、个人汇报、量表评价、专家审议会等。[1] 实践中，一些学校总结出形成性评价方法，如图表式评价法、档案袋评价法、"雏鹰争章"评价法、语言体态评价法等。这对于构建科学的学生发展评价方式，激励学生自主、持续、完整地参与综合实践活动，以及综合实践活动课程的常态实施产生了积极的推动作用。[2]

综合实践活动评价，具有极强的"为学习的评价"特征，更多强调评价对于学生的发展的价值和意义，强调将评价与活动更好地融合，甚至评价就是活动的重要环节之一。评价是学习的有机构成，强调评价侧重过程。学生参与评价过程，获得自身综合素质发展情况的准确信息，并进而分析、研究这些信息，形成或做出有利于自己后续发展的决策，评价结果为学生所接受并产生积极效果。活动评价强调多种评价方法的综合使用，正如本章前面部分所强调的，实践中，综合实践活动评价不应只包括活动成果，更应涵盖综合实践活动开展的全过程，把它和日常的教育教学相结合，关注学生的日常活动表现，及时反馈信息，帮助学生在过程中提升能力。教师可灵活运用档案袋评价、表现性评价、成果展示评价、协商式评价等，充分实现评价对于学生成长的重要价值。

(一)档案袋评价

在综合实践活动评价实践中，档案袋评价是较为行之有效的评价方式。

档案袋评价是"教师依据教学目标与计划，请学生依特定目的持续一段时间主动且系统地收集、组织与省思学习成果的档案，以评定其努力、进步、成长情形"[3]。档案袋评价通常贯串整个学习过程。小学综合实践活动评价中，档案袋评价由于能基于丰富的事实材料从多个方面展开评价，让每个学生都清楚地看到自己的进步，是一种评价学生学习态度、努力程度、过程体验、发展情况以及最终发展水平的理想手段。

档案袋类型多种多样，格莱德勒教授根据档案袋的不同功能，将其划分为课堂型、展示型、文件型、评价型、理想型五种。

《中小学综合实践活动课程指导纲要》明确指出，活动评价要建立档案袋。"在活动

---

[1]　参见徐继存：《中学综合实践活动》，245、246 页，北京，北京师范大学出版社，2015。

[2]　参见谢金土：《小学综合实践活动课程学生形成性评价基本方式》，载《现代中小学教育》，2009(2)。

[3]　李坤崇：《教学评估：多种评价工具的设计及应用》，189、190 页，上海，华东师范大学出版社，2011。

过程中，教师要指导学生分类整理、遴选具有代表性的重要活动记录、典型事实材料以及其他有关资料，编排、汇总、归档，形成每一个学生的综合实践活动档案袋，并纳入学生综合素质档案。档案袋是学生自我评价、同伴互评、教师评价学生的重要依据，也是招生录取中综合评价的重要参考。"这为小学生综合实践活动评价的档案袋评价方法运用提供了原则性指导。

小学生档案袋评价的主要目的是评定小学生在活动过程中的努力、表现、进步成长等情况，促进家长和教师了解学生发展的真实情况，培养学生自我评价和自我反省的能力。小学生的综合实践活动档案袋更多是一种真实记录的成长记录袋，侧重于关注学生的活动参与、过程体验、情感态度等，因此，小学生综合实践活动档案袋评价的过程性评价属性明显，主要功能是激励学生、促进学生健康、快乐地成长。其特点是促进评价与教学相结合；促进学生主动学习；全面深入地展示了学生的学习能力；体现了师生之间的合作；提供了学生发展的证明。①

一般来说，档案袋评价主体包括学生、家长、教师和其他相关人员。小学综合实践活动在开展档案袋评价工作时，应制定一个相对统一的评价标准，并根据标准提出一个基本的档案袋内容选择框架。这个评价标准和内容选择框架一般由师生基于综合实践活动课程目标、活动评价内容，经过认真商讨来确定。本章第二节已就活动评价内容做了阐述，这里不再赘述。

档案袋评价其实是通过对所建立的学生档案袋进行评定进而实现对学生发展的评价，档案资料的收集对档案袋评价的展开而言非常关键。档案袋的建设尤其是其中的档案材料的真实性、丰富性、代表性直接影响着评价的真实、全面、深入。小学阶段，教师要高度重视对学生建立属于自己的成长档案袋的操作指导。在活动过程中，教师要指导学生分类整理，遴选有代表性的重要活动记录、自评材料、典型事实材料以及其他对个体发展具有独特意义或价值的资料，以形成每个学生的综合实践活动档案袋，作为学生综合素质档案的重要构成。譬如学生的自评，可根据预先规定评价项目和评价标准制成学生自评表，发给学生，待学生完成自评后收回归档。也可采用学生自我鉴定法让学生将自己的活动感受、经验书写出来，为自身的进步定格，从而形成相应的自我评价档案材料。学生可与同伴、指导老师一起，经常整理档案袋，共同鉴赏其独特之处，发现档案袋建设中待改进的地方，进而发展自己，完善档案材料，使个体的发展与档案袋的建设同步向前。由于档案袋评价尊重学生自己的选择和判断，尊重学生的自我认识和成长反思，反过来又有机地拓展深化了学生的自评过程，发展了学生自我认识、自我评价、自我反思、自我教育的能力。

档案袋资料收集全程伴随学生的活动，并随着活动的深入，档案袋的内容也将越

---

① 参见王中华：《当前综合实践活动评价的问题、原因与对策》，载《教学与管理》，2014(16)。

来越丰富。《关于加强和改进普通高中学生综合素质评价的意见》中提到，学校要对相关材料进行汇总，为每位学生建立综合素质档案。档案的主要内容有：第一，主要的成长记录；第二，学生毕业时的简要自我陈述报告和教师在学生毕业时撰写的简要评语；第三，典型事实材料以及相关证明。① 这对小学综合实践活动运用档案袋评价方法，师生共同商定哪些材料可以进入档案袋，具有一定启发。尽管档案袋收集的内容应尽量全面、丰富，但并非每一次活动都一定要形成一套材料并放入档案袋中，也不是将所有的材料不加选择就一股脑放入档案袋，放入的材料应该是经过筛选后，具有代表性的、典型的、关键的、富有成长意义的。

小学综合实践活动档案材料的选择，内容一般包含活动开题计划、小组活动方案或计划、问题调查表、活动记录单，活动现场照片、实践单位证明、成长日记、实物模型、学生自己满意的代表性作品、部分问题作品、研究报告、各种评价表、老师的评价、他人的评价，以及学生本人的经验反思等。例如，盖北镇中心小学设计的学生综合实践活动档案袋记录内容有②：

第一，有关课题研究及相关活动的计划（最基本的是课题的研究方案或开题报告、各阶段计划等）。

第二，活动记录（包括个人独立工作项目和集体合作项目的记录、调查问卷、反映过程的照片、研究大事记等）。

第三，对课题解决具有重要价值的参考资料或实验数据。

第四，小组或个人研究的成果，日记、随笔、研究论文、结题报告、墙报、小报、演示文稿等各种形式的成果；小组或个人在研究过程中发现的最佳问题解答方案、最好的实验记录、小组中写得最好的计划或阶段性总结、个人心得体验等。

第五，评价资料（包括指导教师、同学、家长的评价意见，自评意见）。

第六，获奖记载，奖状、荣誉证书等的复印件。

档案材料直接影响着档案袋评价活动的顺利开展，因此注意档案袋建设中的细节非常有必要。师生应围绕档案袋的内容目录、内容项、加入日期、反思等展开研讨，形成操作共识。好的档案袋能更好地呈现活动过程，体现学生对活动的反思。档案袋往往具有精心设计的封面，完整的材料目录，文本材料章节页码等。档案袋放入的材料可以为书面材料、视频材料或音频材料等多种形式，对放入档案袋的作品都应注明完成日期或者放入日期，这样可以清楚显示学生成长过程中的各时间锚点。选好的档案材料还要注意分类整理。需要注意的是，胡乱地哪怕有计划地收集彼此无关的阶段

---

① 参见中华人民共和国教育部．教育部关于加强和改进普通高中学生综合素质评价的意见。http://www.moe.gov.cn/srcsite/A06/s3732/201808/t20180807_344612.html，最后登录日期，2014-12-06。

② 谢金土：《小学综合实践活动课程学生形成性评价基本方式》，载《现代中小学教育》，2009(2)。

作品，放入马尼拉纸文件夹中，也不是在制作一个系统的档案袋。[①] 总之，档案袋中的材料不应该是信息、材料的简单堆积，要在进行资料存放的过程中就对资料进行分类整理，以方便之后的展示、分享和评价。

理想中的档案袋评价，是尽可能地将档案袋的建设过程与档案袋评价活动开展有机结合起来。即在指导学生收集档案材料的同时，教师要逐步加强学生对所收集的档案材料反思的引导。引导学生依据标准和要求评估自己的作品，反省自己的学习过程，发现自己的优势和不足，增强追求进步的愿望和信心，明确今后努力的目标和途径。教师及时开展交流活动，为学生多创设展示的舞台，使评价成为学生自我分析、判断、调节、完善和发展的过程，乐意与同伴分享成长的乐趣和进步的喜悦，不断提高思辨能力、自我教育能力，真正成为学习的主人。在档案材料收集过程中，教师可积极引导学生反思："我选择这一作品的缘由是什么？""从中自己收获了什么？""作品存在什么问题？""这一作品还可以从哪些方面予以改进？""我在哪些方面做得比较好？"等问题。这样学生依据要求努力提交最具代表性的作品，最能反映活动开展过程、最能唤醒活动体验的作业、作品、成果，从而使得每一次增加、丰富档案袋中材料，都是一次个性化的集中展示，都是对综合素质发展情况的一次集中汇报。

关于他人对学生在综合实践活动课程中的表现的评价材料，如家长、其他相关教育人员对学生的评议，可以更为全面、综合地反映学生的活动情况。一方面使活动课程的评价尽可能地多元化和全面化，另一方面也促进了学校、家庭和社会的协同育人。对于这些材料，同样要进行遴选，选择具有代表性的、典型的、关键的材料放入档案袋，并做好材料的归类。

档案袋评价可以很好地培养学生的学习主体性，倡导学生"自我参照"，对自我和同伴的探究进行反思，描述、欣赏、借鉴自我和同伴活动过程与最终作品的亮点与独特之处，帮助学生树立"自己是自己成长学习过程的著作者与负责人"的意识。因此，学生档案袋绝不只是由学生制作、由教师保存的一些材料的堆砌，档案袋评价要基于档案袋材料，开展汇报和交流，在汇报和交流中进行评价，通过评价有力激励学生的发展。学生将自己在活动中所取得的重要成果、作品装入档案袋，在相应的主题活动结束或者一个学习阶段结束时，将档案袋里的作品展示给老师、同学、家长，让他们来评价自己本学期的成长，在激励、肯定、赞赏中，荣誉感油然而生，学习兴趣更浓，求知欲望更强。

档案袋评价不能仅仅是简单地给学生一个评价等级，还要及时予以评价反馈。及时将档案袋的评价进行反馈非常重要，既是对相应活动阶段的总结，又能给学生的下一阶段学习带来良好的效果，应及时地对评价结果进行反馈、交流。可通过以下方式

---

① 参见[美]比尔·约翰逊：《学生表现评定手册》，李雁冰等译，31页，上海，华东师范大学出版社，2002。

增强评价反馈①：

第一，教师与每一位学生进行个别交谈，谈论学生制作档案袋的过程，并设定下一步学习目标。

第二，学生以小组为单位交流自己的收获，介绍自己档案袋中的作品，然后由小组选出代表在全班交流，给每一个学生以展露才华的机会。让学生之间可以互相对比与学习。

第三，开一个面向家长和教师的展示会，让家长有机会参与、肯定，达到相互促进的目的。

由于采用档案袋评价方法往往比传统的纸笔测验方式更耗时、耗力，需要教师和学生付出更多的时间和精力，给教师、学生带来一定的工作、学习负担。这在实践中是一个不容忽视的重要制约性因素，容易导致有的教师虽已认识到档案袋的潜在优势，但仍然驻足观望，没有主动将其应用于评价实践之中；有的教师虽已创建了档案袋，但收集起来一大堆东西却没有时间去整理和分析，使得本来十分有价值的东西变成了难以处理的垃圾；有的教师做得比较深入，尝试与学生一起回顾和反省所收集的作品，但由于时间仓促，效果也不是十分理想。② 随着教育信息技术的发展，建立每个学生专属的综合实践活动电子档案袋成为可能。如"综合素质评价电子平台"，学生自主参与活动并由教师指导其进行写实记录，每个学期结束学生遴选最有代表性的作品或活动成果放入综合素质档案，教师根据活动过程及成果在电子平台上对学生写出个性化的评语，据此了解每位学生的发展状况，有针对性地指导学生。不少地区已积极行动，如长沙市通过社会实践活动服务平台为中小学生打造集社会实践、科普创造、公益践行、研究性学习等为一体的特色服务平台，其可以对学生社会实践活动进行全流程信息化管理，保证学生实践记录真实有效，并与学生综合素质档案无缝对接，积极探索人工智能环境下教育质量综合评价。未来信息技术尤其是大数据技术在评价领域上的应用将更为普遍，可以期待，在技术的支持下，档案袋评价的优势将不断凸显，甚至借助人工智能，基于丰富的档案材料，以深度挖掘海量数据之间的横向、纵向关系，从而深刻揭示学生综合素质发展特点、优势、潜能与不足。无疑，无论是纸质档案袋还是电子档案袋，其魔力不在档案袋本身，而是在其创建或使用的过程中，在珍视学生的发展并记录相应的发展轨迹的评价文化中。

(二)表现性评价

在小学综合实践活动评价中，表现性评价是极为重要的评价方法之一。

---

① 陈秋萍：《小学综合实践活动课学生档案袋评价研究》，硕士学位论文，苏州大学，2010。

② 参见同上。

　　表现性评价是在 20 世纪 90 年代，美国兴起的一种评价方式。表现性评价通常要求学生在某种特定的真实或模拟情境中，运用先前所获得的知识完成某项任务或解决某个问题，以考查学生知识与技能的掌握程度，或者问题解决、交流合作和批判性思考等多种复杂能力的发展状况。① 根据不同的标准，表现性评价可以分为不同的类型，普遍采用的是将其分为限制性表现性评价和扩展性表现性评价两种。其形式包括建构式反应题、书面报告、作文、演说、操作、实验、资料收集、作品展示②，以及角色扮演、写作、绘画等，强调实作与表现。

　　在小学综合实践活动评价中，表现性评价更多是为学生提供一定的问题情境，将个人置于具体情境中，通过观察学生在实际任务中的表现来评价学生的发展成就，其建立在对学生学习过程的科学把握与合理激励基础上，不仅评价学生行为表现的结果，也评价学生行为表现的过程，通过对学生外在行为表现的分析，评判其内在能力或倾向的发展，与传统的纸笔测验评价方式具有显著区别。表现性评价有若干鲜明的特质：其一，具有实际生活性。表现性评价的场景都来自生活，即使是虚拟场景也跟真实生活一致。其二，关注学生较高层次思考和解决问题的技巧。其三，兼容跨领域学科知识、尊重学生个别差异。其四，促进学生自我决定、自我管理、自我负责。其五，兼顾评价学习结果和过程，使情感目标显性化，便于教师操作。③

　　人的综合素养在人的综合性实践活动中会自然地表现出来。表现性评价不仅能考查学生知道什么，还能通过设置不同类型的任务来检测学生综合运用所学知识的能力，能够有效地"测验"不同学段学生综合能力的形成状况，以便教师能够从中发现问题，并及时调整实践活动中能力培养的策略，能让学生在更大程度上成为课堂的主人，了解自己的学习、监控自己的学习，从而更好地促进学习，让培养学生的综合能力真正落到实处。④ 因此，正如有学者认为的，评价小学生在综合实践活动中能力发展的水平，表现性评价是最适合的评价方法。⑤ 学生通过各种主题活动不断丰富自身体验，在活动中感悟人与自然、人与自我、人与社会的关系，并亲历问题的探究解决，丰富职业体验，开展社区服务，积极进行创意物化等，其综合素质在实践活动中不断得到发展。学生在活动过程所呈现的方方面面、点点滴滴，都是评价的依据，从一定程度上来说，表现性评价是课程或教学的一部分。

---

① 参见赵德成、卢慕稚：《新课程与学生评价》，69 页，北京，高等教育出版社，2004。

② 参见 Stiggins Richard J.，"Designed and Development of Performance Assessment"，*Educational Measurement：Issues and Practice*，1987(6)。

③ 参见徐燕萍：《综合实践活动课程表现性评价的教育哲学定位与操作实施建议》，载《上海教育科研》，2013(3)。

④ 参见李金梅：《表现性评价：综合实践活动课程评价方式》，载《天津教育》，2020(8)。

⑤ 参见万伟：《综合实践活动能力目标分解与表现性评价应用》，载《教育理论与实践》，2014(17)。

　　完整的表现性评价由三部分组成，一是目标，二是任务，三是评分规则。[1] 在进行编制时，首先要明确所要评价的能力或倾向，而后再编制表现性任务，最后确立具体的评价方法。[2] 由于开发表现性任务，其实质是依据评价目标设计情境和活动，是一个将评价目标情境化的过程。[3] 因此，真实的表现性任务和清晰明确的表现性准则成为表现性评价的两个因素。表现性评价主体多元，具体哪些人员参与到评价活动中，需要结合评价目的及评价者的能力等进行综合考量。通常由教师引导，师生共同制定、协商表现评价的标准和内容。由于表现性评价是通过对被评价者在具体情境中完成任务的实际表现进行观察分析来完成的，强调在具体的情境中，通过行动、作品、表演等来测评学生的综合素质，因此表现性任务设置是否科学、清晰、可操作，直接决定了评价实施的有效性。表现性评价任务要源于生活，反映真实生活世界对学生学习的要求，并要与评价目的高度相关。[4] 表现性评价的具体流程，涉及确定评价目标——设计表现任务——制定评分规则——评价的实施与反馈（图 8-1）。[5]

操作流程　　　　　　　　　　　组织形式

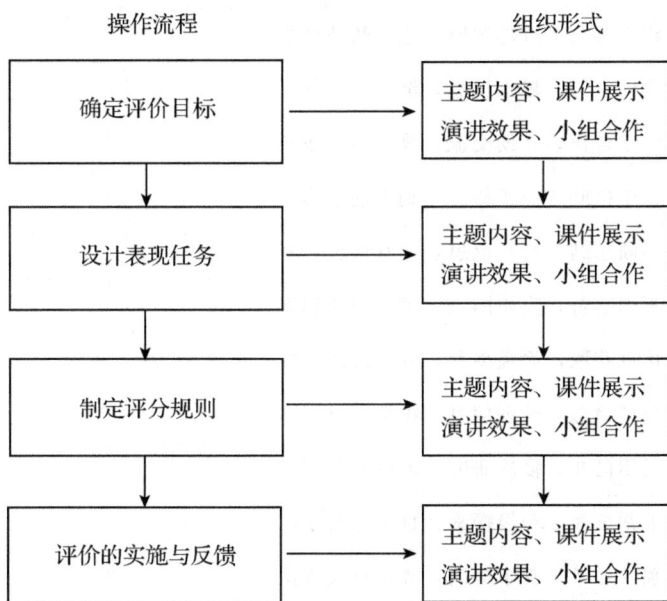

图 8-1　表现性评价的操作流程与组织形式

　　在学生完成上述活动任务的过程中，可以有专门的教师作为观察员观察学生小组在活动中的表现，通过这些任务，可以大致测试出该年级的学生提出问题的能力、掌握和运用问卷调查法的情况、组织规划能力、小组合作能力和创新思维能力等，从而能够真实地把握区域综合实践活动课程的基本教学情况。[①]

小学综合实践活动中表现性评价的任务也应当是学生活动的形态。可通过设置"调查""考查""实验""探究""设计""操作""制作""服务"等体现综合实践活动课程的特点。[②]

在表现性评价具体操作中，可以针对评价项目、维度，设计相应的活动评价表，以更好地开展评价活动。一般情况下，三种评分方式比较常用：核查表式、等级式、整体式。[③] 如我国某实验区初中综合实践活动课程的学生学习活动评价表，就从参与态度、情感体验、方法掌握、能力发展、成果展示等方面做了等级式的评价评分设计。

表 8-1　我国某实验区初中综合实践活动课程学生学习活动评价表[④]

活动内容：　　　　班级：　　　　姓名：　　　　时间：

评价项目	评价要点	自评	互评	家长评	师评	综合评价
（一）参与态度	01. 积极参与，兴趣浓厚，态度热情高涨					
	02. 主动大胆，提出设想，努力完成任务					
	03. 乐于合作，互助交流，尊重他人成果					
（二）情感体验	04. 善于提问，乐于研究，勤于动手实践					
	05. 不断总结，自我反思，相互取长补短					
	06. 不怕吃苦，克服困难，想方设法解疑					
（三）方法掌握	07. 信息获取，途径多种，方法形式多样					
	08. 合理筛选，处理信息，积累素材资料					
	09. 运用已知，多法研究，解决实际问题					
（四）能力发展	10. 求知欲强，积极探索，自主进行学习					
	11. 独立思考，善于提问，寻求解决方法					
	12. 积极实践，发挥特长，施展能力才华					
（五）成果展示	13. 展示形式，不拘一格，动静有机结合					
	14. 成果内容，真实可信，源于活动结果					
	15. 成果作品，独具特色，备受大家好评					

---

① 参见万伟：《综合实践活动能力目标分解与表现性评价应用》，载《教育理论与实践》，2014(17)。
② 参见钱新建：《综合实践活动表现性评价的认识、开发与运用》，载《课程·教材·教法》，2015(5)。
③ 参见周文叶：《论表现性评价在综合素质评价中的运用》，载《全球教育展望》，2007(10)。
④ 参见赵桂琴：《中日初中综合实践活动课程评价比较研究》，载《教育理论与实践》，2006(11)。

续表

评价项目	评价要点	自评	互评	家长评	师评	综合评价
总评	据各评价项目及要点评价结果综合评定					
家长希望	教师寄语			个人感受		

注：1. 评价结果分为 A、B、C 三个等级；2. A 表示好；B 表示较好；C 表示一般。

也有的表现性评价设计，从学生的学习态度、合作交流、实践能力以及情感态度等方面评价学生。如表 8-2。[①]

表 8-2　"指尖上的纸"学生评价表

班级：	姓名：	组别：	年　月　日				
项目	有待提高（1分）	一般（2分）	优秀（3分）	得分			总分
				自评	他评	教师评	
学习态度	对折纸艺术有兴趣	对折纸艺术不仅有兴趣，而且认真对待、积极参与	对折纸艺术有浓厚的兴趣，认真对待、积极参与，高度重视，并与老师交流折纸艺术				
合作交流	基本完成自己在组内的各项任务	能够较好完成自己在组内的任务，并将自己的观点和折纸材料与组员共享	出色地完成自己在组内的任务，并将自己的观点和折纸材料与组员共享，帮助组员解决折纸过程中的困难				
实践能力	基本完成课堂上的各种折纸品	能够较好完成各种折纸，而且折纸看上去较美观	出色地完成自己的各种折纸，而且其中 1~2 个折纸不仅美观，还富有创意				
情感态度	能够欣赏折纸艺术与剪纸艺术	能够欣赏折纸艺术与剪纸艺术，并用自己的语言进行描述评价	能够欣赏折纸艺术与剪纸艺术，并用自己丰富的语言进行描述评价，对我国优秀传统文化又有了更深的认识				
通过折纸活动我最大的收获是什么？（3分） 学会了各种动物的折纸方法，还有会画很多动物、植物，还学会了剪纸。							

该评价表从学习态度、合作交流、实践活动以及情感态度等多方面对学生的学习进行总结评价，并分别列出了每一项的评价标准，这样的做法可以让学生知道怎样做

①　参见罗孝容：《发展性评价在小学综合实践活动课程中的应用研究》，硕士学位论文，重庆师范大学，2018。

才是优秀的，明白自己今后的努力方向，同时还知道自己擅长做什么，在哪些方面还有待改进。

开展表现性评价，还可设计若干的情境或具体的任务，让学生去完成某项任务，通过学生完成任务的具体情况表现，就可以对其关键能力的发展情况做出较为准确的判断。比如，江苏省常州市新北区龙虎塘实验小学在实践中，通过表现性评价的方式，对学生的不同能力表现进行考查，如表8-3。[①]

表8-3　三至六年级能力评价表

年级	考核能力	考核内容	考核形式
三年级	提出问题的能力	学生主题式提问；围绕主题细分小课题	问卷式提问考核、统一设计主题由学生小组合作分解小课题
四年级	小组合作的能力、规划能力	小组合作制订活动方案	提供主题，由学生小组合作制订活动方案（包括活动内容、具体分工及展示形式等），现场小组交流活动方案
五年级	访谈法的运用，组织规划能力、合作能力	围绕主题设计采访稿并能现场采访	小组合作设计采访稿，并学会小组分工、现场小组模拟采访
六年级	综合考查学生的研究水平和各项能力	小组合作成果展示	各班围绕本学期研究主题组织各小组成果展示

再如，在评价学生的沟通表达能力时，可以设计如下几种任务。

第一，描述任务：想想你的兴趣爱好和特长是什么，请向我介绍一下。

第二，突发事件任务：假设你独自在家，忽然家中起火了，你打电话给消防队，而接电话的正好是我。现在你假装正在和我通话，你要怎样向我求助？（请直接对我说，从"你好"开始。）

第三，顺序任务：想一想你最拿手的菜是什么。请告诉我，一步一步地，怎么完成这一过程。

第四，说服任务：假如我就是学校的校长，请针对校园中存在的某些问题或者现象，向我提出若干改进意见或建议，要求尽量说服我。

第五，概括评价任务：给学生若干相关主题的文字材料，要求学生将不同的文字材料进行概括，有条理地介绍这些材料，并用自己的观点评论这些材料。

第六，演讲任务：要求学生在同学面前围绕某一主题进行演讲。

以上几种任务对学生的沟通表达能力的要求是不同的，教师可以根据具体情况进行任务的设计。

其实，每一种关键能力的考查都可以通过设计具体的活动任务，让学生从中表现

[①] 万伟：《综合实践活动课程关键能力的培养与表现性评价》，载《课程·教材·教法》，2014(2)。

自己的能力水平。这种评价是嵌入教学过程中的，既是测验又是有效的教学活动，这种评价方式比档案袋评价、评价量表打分更能测试出不同层次学生各项能力的具体情况和学生之间的能力差异，是非常适合综合实践活动课程的有效评价方式。[①]

在明确表现性任务后，还需进行相应的表现标准和评分细则开发，以尽可能地克服表现性评价的评分主观性，目前这方面的实践探索相对而言较为薄弱。值得注意的是，需注意平衡以下矛盾，即在制定评价方法的评分标准和细则时，如果过分强调标准化，就会使评价方法失去其本身的丰富个性，从而表现出千篇一律的面孔；如果缺乏可操作的评分标准和细则，学生和教师就不知道努力的方向，评价者也无法诊断自己在达成目标过程中的优势与不足，更无法比较学生表现水平上的差异。[②] 尽管学生的综合素质会在表现性任务活动中得到一定程度的体现，但个体往往会因不同情境主动或被动采取不同的应对，简单的"分解指标—确定权重系数—量化测定—加权平均"的测评思路难以揭示个体与情境的互动关系[③]，类似的思考值得进一步关注。

(三)成果展示评价

成果展示评价作为综合实践活动中的重要一环，对主题实践活动目标的达成至关重要，对培养学生合作分享、表达交流、鉴赏、反思等意识与能力有着十分重要的意义，同时也是活动课程评价相当突出的方法之一。

学生通过一定时间的综合实践活动课程学习，通常会生成一定的阶段性成果，在主题活动结束时，也会产生若干主题活动成果。《中小学综合实践活动课程指导纲要》规定，综合实践活动的主要方式及其关键要素为：考察探究，社会服务，设计制作，职业体验。此外，还有党团队教育活动、博物馆参观等。无论是何种活动方式，都会涉及主题活动目的生成过程性成果与最终成果，这些成果凝聚着学生的认识、感悟、情感，折射出学生的实践能力、创新创造能力水平。组织开展成果展示活动，通过让学生将自己的小制作、小发明、调查报告、科研论文、设计方案、书画作品等公布于展台，将具有成果意义的各种奖杯、证书等公开，将活动训练的成绩以竞赛、演出等活动形式展出，由活动成果来说明活动课程的价值，可以直观地展示学生的综合素质发展情况。

学生开展一个活动往往可生成许多成果，例如，活动照片，收集到的资料，排演的节目，自己的活动感想或收获，小组的评议总结，爸爸妈妈的话及老师的期望，社会的反响等。当学生愿意参与并积极提供相应的展示成果，往往意味着该展示成果是

---

① 参见万伟：《综合实践活动课程关键能力的培养与表现性评价》，载《课程·教材·教法》，2014(2)。
② 参见赵德成：《表现性评价：历史、实践及未来》，载《课程·教材·教法》，2013(2)。
③ 柳夕浪：《综合素质评价改革的"三个转向"》，载《中国教育学刊》，2021(4)。

经学生自己进行斟酌、挑选，具有意义和代表性的，能较好体现自己的活动投入程度、能力、创新个性等，是学生参与活动质量的集中体现，是强化过程体验、深化学习反思、丰富学习获得的重要契机。教师要鼓励学生根据自己的兴趣特长等积极进行成果生成，努力创造物化出具有代表性的、能充分体现自己素养发展的活动成果。

学生在综合实践活动中生成的成果，可分为物化和非物化两大类。尽管对学生的非物化成果也应当予以关注，甚至从根本意义上，后者更为重要。但在实践操作中，更多是进行物化成果的展示。显然，正是借助于物化，学生在综合实践活动课程学习时的认识、体验与感悟，思维与能力的发展等，才得以更为直观地为他人所感知。

表 8-4　学生学习成果的评价内容①

物化成果	文字性的研究报告 设计的方案 制作的模型
非物化成果	获得对自然、社会与自我的认识、体验或感悟 主题研究的一般方法 获取信息、处理信息的方法 合作、交流与表述的技能与方法

根据材料的不同，还可将其分为静态材料成果和动态材料成果。有些学生的成果展示材料是静态的，如文章、绘画、小报、模型等，而有的成果展示材料是动态的，如口头汇报、辩论会或演讲会、演示过程、心得体会畅谈等。另外，成果展示的范围不同，有班级辩论会、知识竞赛、制作展、墙报展，也有亲子展示、座谈会、社区宣传等。要依据材料的特点和活动的需要，采用最优化的展示形式。②

成果展示评价的最大关注点是透过展示的成果，感知"做"出来的情况。成果的形成与完善可以直观地反映学生在活动中的表现，可以看到学生是否得到了全方位的成长，学生综合运用各学科知识分析、解决现实问题的能力，将学习感悟、探究发现、设计制作予以物化的能力，动手操作的能力，创新创造的能力，对问题探究的态度，参与活动的热情等，都可以透过成果展示得以窥见。综合实践活动课程具有动态开放性特点，强调从学生的真实生活和发展需要出发，选择并确定活动主题，鼓励学生根据实际需要，对活动过程进行调整和改进，实现活动目的。课程实施不以教材为主要载体，不是按照相对固定的内容体系进行教学。因此学生的活动成果类型多样，种类各异。成果展示的过程，既是对学生参与综合实践活动的一个总结，又是学生之间发现自我、肯定自我、欣赏他人、互动交流、互相学习的过程，还是下一阶段实践探索、

---

① 参见冯新瑞：《发展性评价在综合实践活动中的运用》，载《基础教育课程》，2014(1)。
② 参见万伟：《综合实践活动课程的多样化课型结构及教学策略》，载《教育理论与实践》，2012(2)。

拓展延伸的铺排。需要强调的是，成果展示评价以交流、激励为目的，通过展示评价活动，尽可能让每一个学生都能收获欣赏和肯定，体验成功。开展成果展示评价，教师要努力为每个学生提供成果展示的理想舞台，并引导学生鉴赏他人作品，透过展示成果回溯学习历程，对自己的学习活动进行总结和深刻反思。成果展示评价的评价主体要尽可能多元，但为成果展示评价制定一个统一的评价标准，并精细量化评价并不现实。因此，实践中往往对学生的展示成果予以等级评价，如评出一、二、三等奖或者评定为优秀、良好等不同等级。对学生活动成果的评价可以三种方式深入：其一，学生本人用文字描述自己个性特长的发展过程及取得的成果；其二，学生本人或教师、家长用图片、照片、幻灯片等形式呈现学生参与活动的过程；其三，学生获得的校内外各种级别的奖励、证书及荣誉称号的图片，等等。[1]

实践中，成果展示评价的具体展示形式丰富多样。学校、班级可通过举办不同规模的活动成果展示会，如组织师生以学术汇报会、主题辩论会、课题听证会、模型展览会、演出活动等多种形式呈现作品与成果，进行交流与研讨，充分展示综合素质发展成效。尤其是综合实践活动设计制作中学生所创作的各种模型、小制作、小发明等，这些往往凝聚着学生大量的创意和精力，学生自己倍加重视和珍惜，乐意与他人交流和分享，这为成果展示的成功举办提供了良好的活动基础。而成果展示活动的成功，又进一步增强了学生对综合实践活动的喜爱。成果展示究竟应采用何种形式，应根据主题、学生、成果的特点综合考量。

如主题探究的成果展示以实验展示和调查报告的形式为主；项目与应用设计的成果展示以模型作品展示的形式为主；参观考察的成果展示以演讲、讨论的形式为主；社会服务的成果展示以资料展示、画报、照片、现场制作的形式为主。[2] 在成果展示评价中，学生对成果进行介绍、说明，与观展者进行互动，就非常有必要。如针对设计制作类主题的成果，学生可向大家展示作品，介绍产品的由来、产品的设计理念、材料运用等，请现场观众参与作品体验等；调查研究类主题的成果展示，学生可通过口头论述、文本、视频图片等展示调查活动的结论；探究实践类主题的成果展示，学生可通过口头论述、文本图片呈现，甚至是现场实践操作等，与大家分享探究过程，展示探究结论，发表探究感悟。[3]

有的学校在开展以"感恩的心"为主题的综合实践活动后，组织开展活动成果展示，学生纷纷以自己独特的方式奏响爱的旋律。有的小组充分发挥墙壁和橱窗的作用，如把历史上有关感恩的小故事张贴出来，把亲情卡片放在橱窗里展示出来，用手抄报、

① 参见王薇：《北京市高中生个性发展评价的实践及思考》，载《教育测量与评价（理论版）》，2012(3)。
② 参见汪正祥：《综合实践活动成果展示要回归本真》，载《教学月刊小学版（综合）》，2013(6)。
③ 参见张嘉：《综合实践活动学生成果展评典型误区分析与对策建议》，载《教学月刊小学版（综合）》，2017(3)。

体验日记等形式进行展示；有的小组办摄影展，他们把开展角色扮演的实践活动拍了照片进行展示。[①] 有的学校则利用综合实践活动专用教室，一年一度举行创意手工作品展，将学生的优秀手工作品进行集中展示。精致的纸浆脸谱、漂亮的布艺作品、美丽的衍纸作品、实用的手工花盆、创意笔筒，还有种子贴画、剪纸、泥塑等，作品精彩纷呈，各年级同学流连忘返，师生们在仔细欣赏和评判作品的同时，也分享着作者的创意。这样的活动丰富了校园生活，更重要的是对综合实践活动进行了一次有意义的学习总结，充分激发了学生的实践热情和创新潜能。学校除了积极举办校内的成果展示活动，还可参加校外的活动成果展评大赛、各种科技竞赛、全国青少年科技创新大赛等，不断提高学生的参与动力，开阔视野、增长见识、学会欣赏、丰富阅历，不断丰富学生的成长体验。

苏州市开展"学生优秀成果展评活动"，推动了综合实践活动课程的开展。其展评模式为：10 分钟学生展示主题研究过程及成果，5 分钟评委提问，学生生成性答辩。展评活动评价标准立足于：主题拓展、研究过程、资料积累、分工合作、语言表达。[②]

成果展示评价除对学生个体的成果进行评价外，还可开展对学生团体性、合作性成果进行展示评价，可针对小组活动的成果、活动专题小报、小组资料整理成果等设计评价表[③]，如下面的小组活动成果展示评价表、活动专题小报评价表等（表 8-5、表 8-6、表 8-7）。通过不同评价主体的评价反馈，促进学生更全面认识自己在小组合作学习活动中的表现，反思自己在小组活动中的得与失，丰富小组性、集体性活动的体验和感悟。当然，他人的评价反馈，要注意从激励的角度，对学生的合作意识、合作能力发展等予以更多肯定。

表 8-5　小组活动成果展示评价表

日期		组名		
项目		自评	他评	师评
组员积极参与				
认真倾听				
探究程度				
活动成果				
快乐程度				
老师、同学的话				

① 参见杨骏：《综合实践活动成果展示的几点思考》，载《教学月刊小学版（综合）》，2015(4)。
② 参见张嘉：《综合实践活动学生成果展评典型误区分析与对策建议》，载《教学月刊小学版（综合）》，2017(3)。
③ 参见方毅宁：《构建有效的综合实践活动学习评价促进学生的和谐发展》，载《现代中小学教育》，2006(9)。

表 8-6 活动专题小报评价表

名称		撰稿人	
主编		美术编辑	
项目	自评	他评	师评
醒目的标题			
主题明确			
版面美观			
资料充分、有创见			
合作愉快			

表 8-7 小组资料收集整理评价表

收集者		收集日期	
主题			
资料来源			
家长签名			
项目	自评	他评	师评
材料翔实度			
资料可信度			
个人努力程度			

(四)协商式评价

小学综合实践活动评价的核心在于评价如何促进学生的发展和成功。评价应该是基于学生的成长和成功，评价措施的运用也应该能促进学生的进步和发展。事实上，每一位学生的成功，都必然充满个性特征，每一位学生的发展，也必然有各不相同的道路。要解决评价如何真正适合每一位学生的问题，协商可能是一剂良方。①

"第四代评价理论"的创立者、美国教育评价专家库巴和林肯认为，评价的出发点在于利益相关者的宣称、担心与问题，评价的最终结果是参与评价及与评价有关的人或团体基于对对象的认识通过协商而整合成的一种共同的、一致的看法。其强调"回应"，注重"协商""共同建构"和"建构主义探究方法"等。综合素质评价不同于一般产品的鉴定活动，不仅评价的主体是人，而且它所面对的也不是既定的"物"，而是指向人，

---

① 参见李希贵：《协商式评价：为每位学生定制一把尺子》，载《中小学管理》，2004(7)。

指向成长中的人。要求我们从实体思维走向关系思维，从单方面评定走向双向理解。[①]
正如有学者所指出的，小学综合实践活动"协商式"主体评价是指围绕课程目标，以学生为评价主体，学生同伴、教师和家长等共同协商进行的课程评价。评价内容、评价标准和评价结果均在协商过程中产生并得到全体成员的共同参与和支持。[②] 评价的过程应该是教师与学生共同协商的结果，学习者可以参与到评价的过程当中来，协商决定学习评价应包括哪些因素以及各学习因素在学习评价中所占的比重，而且可以协助教师制定学习评价各个方面的具体标准和尺度。[③] 协商式评价往往能有效地激发学生学习的热情，促进学习过程的多元性，有利于相关教育利益方积极参与到评价活动中来，有利于最大化地发挥综合实践活动课程的价值。

协商式评价要注意突出学生的自我主体意识，将协商的理念全程贯彻于评价内容的形成、评价流程的展开和评价策略的实施中，让学生在协商中认识自我价值，发掘自身潜力，促进主动发展。小学综合实践活动协商式评价的具体操作，需要师生根据协商式评价的基本理论框架，在实践中进行积极探索。

协商式评价要注意评价主体的多元性构成，更为重要的是，要充分尊重学生，尊重学生的意见。小学综合实践活动展开协商式评价，是充分体现学生作为评价对象、评价主体双重身份的有利方式。协商式评价的评价主体，可包括教师、学生、同伴、家长、专家、社区人士等，但最关键的是要让学生积极参与进来，充分表达意见和想法，并得到尊重和理解。协商式评价，是通过多方对话，充分协商，基于学生自我认识、自我评价、自我反思和自我超越，从学生内心深处唤醒和激发发展的强烈需求。评价成为促进学生发展的重要组成，评价的方式、过程、结果为学生所接受，激励和指引学生不断自主发展。

由于小学综合实践活动协商式评价的具体评价内容，可能是面向综合实践活动过程的评价，也可能是针对综合实践活动结果的评价，因此，评价内容以及相应的评价方式、评价工具等，均应根据具体情况进行充分协商后确定。杭州银湖实验小学进行"FISH 学童"综合素质协商式评价，其"347"协商路径的构建富有借鉴意义。[④]

"3"是指以学生、教师、家长为基本协商主体的多方参与，也包括专家、社会人士等；"4"是指四个阶段，即准备阶段、初期阶段、期中阶段以及期末阶段；"7"是指确定评估内容与指标、采集初期数据、协商制订学童发展计划、采集期中数据、调整策略、采集期末数据形成综合素质报告单以及修订评估内容与指标这七项内容。以班级

---

① 参见柳夕浪：《综合素质评价改革的"三个转向"》，载《中国教育学刊》，2021(4)。

② 参见汪杰锋、王胜：《小学综合实践活动"协商式"主体评价：内涵、原则与方法》，载《赤峰学院学报（自然科学版）》，2014(14)。

③ 参见程姗姗、项国雄：《后现代主义指导下的学习评价——协商式学习评价》，载《电化教育研究》，2005(12)。

④ 参见邱向理、陶森：《指向学生自主发展的协商式评价的实践探索》，载《教学月刊小学版（综合）》，2019(2)。

发展目标的协商评价为例，共分为四个流程：第一步是向学生解读目标，指导学生填好学童分析和现状分析。教师团队全员参与，由班主任逐条讲解，其他成员对有疑问的学生进行个别指导。第二步是向家长解读目标，由家长与孩子协商学期目标以及跟进措施后交给班主任。第三步是班主任与学生协商修改措施，团队教师分工合作完成"目标分析"。第四步是将制定的学童目标措施与家校联系手册进行整合，以便在实施中发现问题可以修改或及时调整。

有学者认为协商的过程可包括以下八个部分：其一，教师观察学生的学习状况并收集反映学生学习状况的数据。其二，教师和学生对评价学习效果的各元素达成一致的评价标准。其三，学生利用该评价标准进行自我评价。其四，教师利用该评价标准对学生进行评价。其五，将学生和教师的评价结果比较之后，得到学生最终的评价成绩。其六，学生对自己这一阶段的学习活动进行反思，并制定下一步学习的目标。其七，将该次的评价成绩以报告单的形式向家长汇报。其八，家长将反馈意见以填写报告单的形式返还学校。[①]

显然，无论是四流程还是八环节，学生的积极参与，师生之间的充分协商、互相鼓励和支持，学校、家长的理解和支持，无疑直接影响着协商式评价的顺利展开。

综合实践活动评价的不断深入，需要不断建构和完善科学的评价指标体系，研发有效评价工具，有效运用信息技术搭建评价平台，而绝不能局限在学科课程评价范畴，单纯地借鉴学科课程评价思路，否则难以体现其综合性、实践性、开放性、生成性、自主性、连续性等特点，需要进一步加强理论与实践上的探讨。同时，综合实践活动评价，在今后还需逐步加强对团体评估的探索。关注团体评估而不是个人评估应是综合实践活动课程评价的重要趋势。[②] 个别学校在这方面做了积极探索，如郑州十二中在活动评价中设立最佳组合小组、最具创意小组、最佳开题小组、资料整理规范组、中期汇报先进组、结题展示优秀组、优秀研究组、沟通活力组等各种奖项，充分调动学生积极参与、团结合作，实现个人与小组的不断超越。

本章小结

本章主要探讨了小学综合实践活动评价的概念内涵、活动评价的重要价值及体现、所需遵循的主要原则，并就活动评价的内容进行了梳理，最后就活动评价主体及具体方法做了分析和介绍。新时代教育评价改革的核心是"改进结果评价，强化过程评价，探索增值评价，健全综合评价"，指引着小学综

---

① 参见程姗姗、项国雄：《后现代主义指导下的学习评价——协商式学习评价》，载《电化教育研究》，2005(12)。

② 参见安桂清：《实施综合实践活动课程的评价构想》，载《教师教育论坛》，2018(4)。

合实践活动评价的完善和改进。更好地展开小学综合实践活动评价活动，需要始终坚定评价是为学生综合素质发展服务的立场，加强理论与实践的对话，注意过程与结果的统一，根据实际合理确定活动评价的主要内容，并通过评价主体的多元和方法的多样等，不断增强评价的科学性和教育性。

关键术语

综合实践活动；评价；过程评价；结果评价。

体验练习

1. 自选综合实践主题活动，设计活动过程评价量规。
2. 选择一个你熟悉的评价方案，分析其优缺点，提出完善意见。
3. 自选综合实践主题活动，设计活动结果评价表。

拓展读物

1. 李德顺. 价值论. 北京：中国人民大学出版社，1987.
2. ［美］比尔·约翰逊. 学生表现评定手册. 李雁冰，等，译，上海：华东师范大学出版社，2002.
3. 朱小蔓. 教育的问题与挑战——思想的回应. 南京：南京师范大学出版社，2000.

小学综合实践活动课程领导

随着教育改革的全面深化，治理体系和治理能力现代化成了新形势下教育领域重大而迫切的任务。基于小学综合实践活动课程的特点及发展现状，其管理模式由传统的"课程管理"逐渐走向新兴的"课程领导"。① 本章主要介绍小学综合实践活动课程的领导。第一节介绍综合实践活动课程在实施中要加强督导管理。第二节重点阐述分布式领导在综合实践活动实施中的重要作用。第三节着重总结小学综合实践活动课程资源统筹开发与协调利用的途径。

结构图

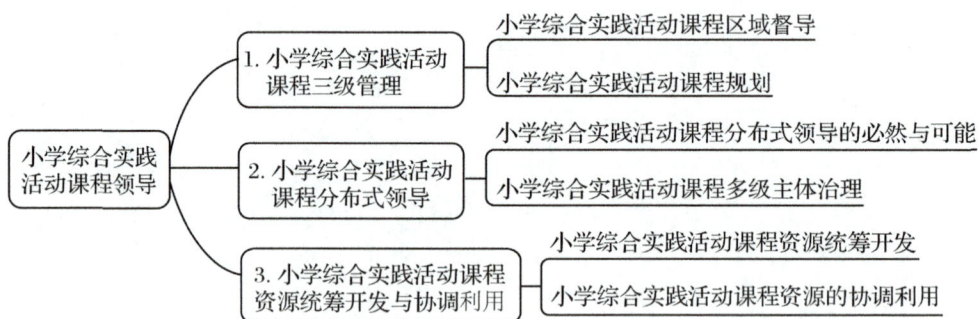

学习目标

1. 了解综合实践活动课程的实施中督导的功能。
2. 理解分布式领导是综合实践活动实施的重要领导方式。
3. 了解小学综合实践活动课程资源统筹开发与协调利用的途径。

读前反思

综合实践活动课程管理模式迫切需要转变，强化课程领导是总体趋势。教育部颁布《中小学综合实践活动课程指导纲要》，引领课程创造性实施与推进，地方教育主管部门需要加强综合实践活动课程督导与管理，学校要重视综合实践活动课程整体规划，

---

① 参见崔成前：《论新课程背景下课程领导的定义与本质——基于对传统课程管理理论的分析》，载《教育探索》，2012(10)。

完善制度，规范化实施。读者可以联系自己开展综合实践活动，思考如下的问题。

1. 综合实践活动课程的实施中，督导的层面有哪些？
2. 综合实践活动课程的实施中，督导遵循哪些原则？
3. 综合实践活动课程的实施中，督导包含哪些内容？
4. 综合实践活动课程的实施中，督导的方式有哪些？
5. 综合实践活动课程规划的要求与层次是什么？

第一节
小学综合实践活动课程三级管理

🎯 学习目标

1. 了解小学综合实践活动课程督导的层面与职能。
2. 了解小学综合实践活动课程督导的内容与方式。
3. 了解综合实践活动课程规划的要求。
4. 了解学校综合实践活动课程规划的层次。

综合实践活动课程三级课程领导体系的建立，是为了保障和促进综合实践活动课程对不同地区、学校和学生的适应性。各级领导部门要充分认识到自身的课程权力和责任，有效沟通并通过督导与引领，指导相关政策有效落实、促进教师队伍专业建设，促进综合实践活动课程高质量实施。

一、小学综合实践活动课程区域督导

开展小学综合实践活动区域督导，可以搭建课程宏观到微观的督导桥梁，并且引领学校根据国家教育目的的规定和教育方针的指向，进行校本课程体系建设，实现地方在综合实践活动课程领导中的职能升级。并且从最初仅仅是监督与指导教学，发展到课程设计、课程实施、课程评价以及与多方沟通交流等管理职责，其课程领导角色定位更加准确。

(一)区域督导层面

督导是政府部门的工作任务，通常冠名省市政府教育督导，下设在省教育厅和市区教育局。由此小学综合实践活动课程督导也常常分为两个层面，一是省市区人民政府部门督导室的督导，二是省市区教育厅/局教研部门的督导，如教科院、教研室等。这两个层面的督导有不同点，也有相同点，见表9-1。

表 9-1　政府部门督导与教研部门督导的异同

类别	政府部门督导	教研部门督导
不同点	政府行政职能	内部业务职能
	全面性和针对性	战略性、可持性
	刚性任务	常态下和时效性
	侧重硬件	侧重软件
	执法行为	指导行为
相同点	目标同向 过程同样 结果同质	

1. 政府部门督导

俗称教育督导，一般由省市区政府督导室牵头。主要监督检查基层学校是否贯彻执行国家课程实施方案，开足开齐综合实践活动课程；进行综合实践活动实施质量监测，利用相应的现代化的教育统计与测量手段，对教育过程与对象进行价值判断；指导综合实践活动课程队伍建设，向基层单位隶属的职能部门反映督导情况和提出建议。综合实践活动课程督导通常结合质量监测进行。如江苏省扬州市从2011年开始，每年都进行义务教育阶段学业质量监测，其中包含综合实践活动课程质量监测。见案例9-1。

案例 9-1

扬州市综合实践活动课程实施情况调查问卷(节选)

(学生版)

亲爱的同学：

你好！本问卷是为了了解同学们开展综合实践活动的情况，以此作为进行教学改革研究的基础性档案资料。希望你能够以认真的态度，选择与你真实情况相符合的一个答案，写在括号里。

1. 你们班每周有几节综合实践活动课？(　　　)

A. 三节　　　　B. 二节　　　　C. 一节　　　　D. 没有开设

2. 本学期每周的综合实践活动，老师的做法是（　　　）

A. 指导我们做手工　　　　　　　　B. 把手工材料发下来让我们自己做

C. 指导我们开展一些活动　　　　　D. 老师没有上

3. 本学期你们使用的综合实践活动的教材是（　　　）

A.《劳动与技术》　　　　　　　　　B.《小学综合实践活动成长手册》

C. 使用学校编写的教材　　　　　　D. 从没看见教材

4. 在综合实践活动中，你们通常是怎样查资料的？（　　　）

A. 上网查　　　　　　　　　　　　B. 去学校图书室

C. 问家长　　　　　　　　　　　　D. 到市图书馆里查

5. 在你们班开展的研究性学习活动中，你通常（　　　）

A. 自己独立完成　　　　　　　　　B. 小组分工合作完成

C. 由父母帮助完成　　　　　　　　D. 从不开展研究性学习活动

6. 扬州菜肴名扬天下，属于中国八大菜系中的（　　　）

A. 维扬菜　　　　B. 淮扬菜　　　　C. 江浙菜　　　　D. 扬州菜

7. 平时开展综合实践活动的主题，通常由（　　　）

A. 老师指定　　　　　　　　　　　B. 自己随便选择

C. 老师根据多数建议决定　　　　　D. 不活动

通过以上的问卷，可以了解本区域所有学校综合实践活动课程开设的情况、师资情况以及学生开展活动的情况等。并通过举行质量监测分析会，通报监测情况，提出该课程实施建议，促进区域内的学校更好地规范实施综合实践活动课程。

2. 教研督导

教研督导俗称教学视导。一般由省市区教研院、教学研究室牵头。督导通过听取学校领导关于怎样抓综合实践活动课程教学等相关工作汇报，深入课堂听课，通过听、看、查、评，同任课教师、学生座谈，检查教师备课、学生实践成果等情况，全面了解学校综合实践活动课程教学情况。在充分了解的基础上，督导及时就综合实践活动课程实施过程中存在的问题及师生反映的情况等，同学校领导做交流和沟通。

教研督导侧重于教育质量。其督导方式是全面督导和单项督导有机结合，既有听课，检查备、教、改的流程，进行科学评估，矫正学校教师教学行为，也有单项的侧重于某个年级的课堂教学情况督察，如督导主要看五年级课堂教学情况。当然单项督导还可以专注于某个方面，如侧重督导六年级学生研究性学习能力或者区域内综合实践活动校内实践基地建设情况，等等。

3. 学校督导

学校督导是针对综合实践活动课程的特点，保障课程有效实施的一种督导方式。其功能主要包括对学校教师实施综合实践活动课程过程监督和指引，改进综合实践活动实施过程中不恰当的做法，指引和帮助教师选择适合学生的活动引导方法，同时改善管理方式，对教师进行实岗式的培训。实践证明，学校督导能切实推进综合实践活动课程的有效开展。

(二)区域督导的原则

开展小学综合实践活动课程区域督导，首先要明确该课程的性质。《中小学综合实践活动课程指导纲要》中明确规定，综合实践活动是从学生的真实生活和发展需要出发，从生活情境中发现问题，转化为活动主题，通过探究、服务、制作、体验等方式，培养学生综合素质的跨学科实践性课程。作为国家义务教育和普通高中课程方案规定的必修课程，综合实践活动课程由地方统筹管理和指导，具体内容以学校开发为主，具有很强的自主性、实践性、开放性。课程性质特征给综合实践活动课程的区域督导带来了一定的自由度，同时也带来了难度。应当坚守以下几条原则。

1. 服务性原则

综合实践活动是国家规定的必修课程，由地方教育行政部门管理，学校负责开发和实施。这就要求地方教育行政部门必须有强烈的服务意识，为学校规范实施综合实践活动课程提供服务、给予支持。如对学校是否依据相关法规开设课程，是否制订课程规划，以及师资配备等情况进行评估，并将评估情况向学校反馈。同时采用"回头看"，督促学校及时改进，以促进综合实践活动课程实施有效整改。

2. 规划性原则

综合实践活动课程实施主体多元，既涉及教育行政部门、学校、学生，也与社会行业人士相关。作为教育行政部门要对综合实践活动课程实施进行区域性规划，并对区域课程实施进行引导。同时帮助学校根据学校差异、当地特色、资源条件等，充分考虑活动开展的生成性与创造性，以及针对学生的发展状况和阶段性发展要求，对小学综合实践活动课程进行学校层面的整体规划，形成系统的具有地域和校本特色的综合实践活动课程实施方案。

3. 指导性原则

教研部门督导则在综合实践活动课程管理中侧重于对学校课程实施和开发过程的引导，把主要精力放在课程资源开发与统整上，鼓励学校创造性地实施国家课程并寻求学校课程发展途径，极力改变现有对学校实施课程效果的评价制度和方法。督导作为实施主体，和学校共同探讨该课程实施的重点与难点，提供有利于完善综合实践活动课程规划和提高课程实施质量的合理化建议，包括校本课程、活动设计、活动组织、活动平台等，帮助学校改进和提高综合实践活动课程实施，明确未来的发展方向和目标。督导要做到参谋不决策、帮忙不添乱、配合不代替，努力成为被督导单位的良师益友。

(三)区域督导的内容

1. 诊断学校课程规划

综合实践活动课程规划，指本校综合实践活动课程从设计、实施、评价等诸多环节入手全面规划。可以说，学校层面综合实践活动课程规划是《中小学综合实践活动课程指导纲要》校本化的产物。学校虽是综合实践活动课程规划的主体，但它的研制需要整合包括学校在内多方面的力量和资源，尤其地方主管部门充分发挥督导对综合实践活动有效实施的指导作用，结合学校的办学理念、办学特色、培养目标、教育内容，以及学校学生发展状况、可利用的社区资源，对综合实践活动课程进行统筹考虑，对学校综合实践课程规划进行调适，从而完善学校的规划。

(1)督查课程规划的研制

综合实践活动作为一门综合性、实践性、开放性的课程，其规划研制更要基于学校的文化现场。通过督导，指导学校的课程规划制订是否从学校的实际出发，是否体现学校办学思路和理念，同时关注课程规划是否基于学校的学生生活现场，是否关注学生需求，是否为了成就学生、促进学生生命的整体发展，对综合实践活动课程进行深度的学习活动设计，包括为保障规划实施而进行的评价活动等全方面的规划。同时关注课程规划是否基于学校资源现场，是否有效整合了校内校外资源并进行优化配置等。这样制订出既有传承性又不失开放性的课程规划，紧扣新时期教育背景，贴近当代学生的实际生活与水平，从而最大限度地满足学生各方面发展的需求。总之，指导学校在研制规划的过程中，既要深谙学校的文化意蕴，做好课程文化与学校文化的渗透与融合，又要熟悉学生的特性品质，做好学生综合素养及其发展状况的摸底和调查，还要清楚校本资源的具体状况，有效传承和开发课程资源。

(2)督查课程规划的执行

通过区域督导，督促与检查课程规划的逐项执行与落实，引领并督导学校认真落实课程规划，从教师层面认真落实班级活动计划，以保证课程规划执行的严肃性。可以通过听汇报，查看学校课程实施方案以及教师的活动计划、活动设计个案，观摩活动现场；也可以通过与小学综合实践活动任课教师面对面交流，共同探讨该课程实施的重点与难点，提供有利于完善综合实践活动课程规划和提高课程实施质量的合理化建议。包括活动设计、活动组织、活动平台等方面，帮助改进和提高综合实践活动课程的实施情况。

（3）督查课程规划的调整

关注课程规划调整是建立在研究与评价基础上的优化学校课程及其实施的行为，是对学校课程规划中不适应学校实践内容的一种修订与矫正。课程规划实施中的调整范围相当广泛，从班级、年级到整个学校等不同的层次，既包括已经计划好且正在实施的课程规划，也包括实施中不断生成的新问题，尤其是督导过程中发现的情况。总之，调整应建立在督导的基础上，并基于督导的建议和意见。这种调整也只能优化和弥补部分过失与不适，一般很少在整体课程规划上做出根本性的改变。

2. 监督教师研训

综合实践活动课程实施，关键在教师。督导必须督查地方教育行政部门和学校对综合实践活动指导教师的培训和实践活动研究的指导，包括是否依据教师的专业发展的需求，搭建多样化的交流平台去强化培训、深入教研，从而推动教师专业水平的持续发展。

（1）培训制度建设

督导督查地方教育行政部门和学校是否定期开展综合实践活动课程专兼职教师的全员培训，培训目标是否明确，是否提升了教师的跨学科知识整合能力，观察、研究学生的能力，指导学生规划、设计与实施活动的能力，课程资源的开发和利用能力等，以及是否根据教师的实际需求，开发相应的培训课程，并组织教师按照课程要求进行系统学习。

（2）教研制度建立

督导督查学校是否通过专业引领、同伴互助、合作研究等多种方式，积极开展校本化教研活动，及时分析、解决课程实施中遇到的问题，提高课程实施的有效性。此外，督导督查各级教研机构是否配备综合实践活动专职教研员，加强对校本教研的指导，并组织开展专题教研、区域教研、网络教研活动，通过协同创新、校际联动、区域推进等途径，从而全面提升中小学综合实践活动整体实施水平。

3. 助推支持体系

课程资源对课程实施质量有重要影响，能保证课程目标的达成，改变教师的教学和学生的学习方式，并能极大地拓展现有的教育教学内容，促进学生的全面发展。[1] 尤其是网络资源、硬件配备、经费等课程资源支持是综合实践活动课程高质量实施的必要保障。

（1）网络资源开发

通过区域督导，助推地方教育行政部门、教研机构和学校开发优质网络资源，遴选相关影视作品等充实资源内容，为课程实施提供资源保障。充分发挥师生在课程资源开发中的主体性与创造性，及时总结、梳理来自教学一线的典型案例和鲜活经验，

---

[1]　参见张金明：《课程资源的特点与功能》，载《新一代·上半月》，2010(10)。

动态生成分年级、分专题的综合实践活动课程资源包。指导各地探索和建立优质资源的共享与利用机制，打造省、市、县、校多级联动的共建共享平台，为课程实施提供高质量、常态化的资源支撑。

（2）硬件配用

通过区域督导，助推学校为综合实践活动的实施提供配套硬件资源与耗材，并积极争取校外活动场所支持，建立课程资源的协调与共享机制，充分发挥实验室、专用教室及各类教学设施在综合实践活动课程实施过程中的作用，提高使用效益，避免资源闲置与浪费。有条件的学校还可以建设专用活动室或实践基地，如创客空间、种植大棚等。督导助推地方教育行政部门加强实践基地建设，强化资源统筹管理，建立健全校内外综合实践活动课程资源的利用与转换机制，强化公共资源间的相互联系和硬件资源的共享，为学校利用校外图书馆、博物馆、展览馆、科技馆、实践基地等各种社会资源及丰富的自然资源提供政策支持。

（3）经费保障

通过区域督导，助推地方和学校努力保障开展综合实践活动所需经费，支持综合实践活动课程资源和实践基地建设、专题研究等。特别是保障教师外出学习、考察等培训费用。以扬州市解放桥小学综合实践活动经费保障制度为例，可供经费来源、预算、审批与使用督察时参考，见案例 9-2。

案例 9-2

扬州市解放桥小学综合实践活动经费保障制度

一、经费预算

综合实践活动教研组要在年初根据年内要开展的活动所需要的经费编制具体的预算，将开支的具体项目和所需资金逐一列出，上报学校教科室，由他们上报校长室研究确定。

二、经费来源

综合实践活动经费主要由学校行政解决，确保综合实践活动课程的正常开展。

三、经费管理

必须选择具有较高的政治、业务素质，坚持党性原则，工作认真负责的同志专门管理。要建立账目，账目做到资金来源清楚，支出项目有时间、有用途、有金额。

四、经费审批

综合实践活动教研组动用经费，必须履行严格的预报和审批手续，由教科室及其分管的校级领导研究，确定后签字，然后上报一把手校长，签字审批，经费方可支出。

五、经费使用范围

(1)培训教师，包括外出学习、考察，参加综合实践活动课程建设研讨会等；(2)订阅综合实践活动课程的专业报刊；(3)购买综合实践活动的学习、辅导材料，如购买《中小学综合实践活动课程指导纲要》《江苏省小学综合实践活动成长手册》等；(4)购买综合实践活动所需要的材料、工具，如劳动技术活动所需的烹饪、缝纫、剪纸等工具和材料等；(5)表彰年度综合实践活动优秀教师；(6)编写与印刷综合实践活动校本读本等；(7)建立综合实践活动校内活动基地，如开辟种植园、配齐烹饪教室的烹饪工具等费用。

(4)安全保障

通过区域督导，助推地方教育行政部门与有关部门统筹协调，建立综合实践活动课程安全管控机制，分级落实安全责任。督导要求学校设立安全风险预警机制，建立规范化安全管理制度及管理办法。督导要求教师增强安全意识，加强学生实践活动的安全教育，提升学生安全防范能力，制定安全守则，落实安全措施。如某中学制定的《研学旅行的安全制度》，提出开展研学旅行要实行"申报制""勘探制""就近制""通报制""指导制"。就"勘探制"而言，实地考察是研学活动的重要组成部分，也是最容易出安全事故的环节。教师作为活动的组织者和指导者，必须充分掌握活动路线和活动场所的不安全因素和应对措施。因此在组织研学活动之前，指导教师先对活动地点进行周密勘察，做到"点"上，教师不能走马观花。教师勘察活动环境必须是现状，不能凭印象。勘察后要做出周密的部署，不能敷衍了事。如果教师不能亲临现场，也要通过网络去了解，或者咨询开展此类研究项目的学校。教师只有对活动环境了如指掌，才能预防学生校外活动中的安全问题发生，才能保证实践活动的顺利进行。

4.考核与评价

(1)考核与激励

通过区域督导，督促各地和学校出台综合实践活动教师考核要求和办法，科学合理地计算教师工作量，将指导学生综合实践活动工作业绩作为教师职称晋升和岗位聘任的重要依据，对取得显著成效的指导教师给予表彰奖励。

(2)落实与实施

通过区域督导，调研综合实践活动课程实施情况，包括课程开设情况及实施效果，将其纳入中小学课程实施监测，建立关于中小学综合实践活动课程反馈改进机制。

（3）交流与评比

通过区域督导，提议地方教育行政部门和教育督导部门，依托有关专业组织、教科研机构、基础教育课程中心等，开展小学生综合实践活动课程展示交流活动，激发广大小学生实践创新潜能和动力。督导将小学综合实践活动课程探索成果纳入基础教育教学成果评选范围，对优秀成果予以奖励，发挥优秀成果的示范引领作用，激励广大小学教师和专职研究人员持续从事小学综合实践活动课程研究和实践探索。

（四）区域督导的方式

1. 专项式督导

该方法最常见，也最常用，即通过听取本区域、学校综合实践活动课程实施情况汇报，随机观摩师生活动，召开教师、学生、家长座谈会（也可对教师、学生和家长进行问卷调查），查阅学校综合实践活动课程实施方案、教师活动计划以及学生作品等。督导比较全面地了解师生、家长对课程开设、对学校领导支持力度等方面真实的想法和看法，以便有针对性地把脉督促。督导同时查看学校环境建设，校内活动专用教室建设与使用、校内活动基地建设与运用情况，对综合实践活动课程实施工作给予充分肯定和评价，同时也提出课程发展方向，指导学校进一步实施好综合实践活动课程。

2. "订单式"督导

"订单式"即督导内容、时间由被督导对象确定。由于综合实践活动课程实施经历活动准备、活动实施、活动总结三个阶段。每个阶段因为有不同的活动内容、活动方式，对活动的时间需要作灵活处理，如果采取随机督导，可能看不全、听不全，不能全面掌握课程实施情况。而"订单式"督导，让督导对象根据各年级、各班级活动开展的实际情况，为督导者提供督导时间、内容"订单"。这种督导方式更适应综合实践活动的特点，既能做到有的放矢，又能尊重学校、尊重教师，从而凝聚师生的实践力量，有利于推动课程发展。

3. 展示式督导

顾名思义，就是在督导对象展示的过程中进行督导的一种方式。由于督导更多的是对学校课程实施和开发过程的引导。因此通过举办区域内综合实践活动成果展示式督导，能加强综合实践活动过程性的指导，加强研究成果的交流与分享，从而进一步促进区域的综合实践活动常态化实施。督导可以进行综合展示，也可每次重点展示一项或者几项内容。如江苏省扬州市每年都举办小学综合实践活动课程成果展示暨"核心素养"展评方式，动静结合，对区域内所有学校进行展示式督导。从下述扬州市小学综合实践活动项目展示评价细则暨督导清单，可以体会其基本做法（见表9-2、表9-3）。

表 9-2　静态展示课程实施的清单(50 分)

展示内容	评价要点	时间	分值	备注
课程规划	学校有课程实施规划，有具体实施方案，并有落实	秋学期	15 分	查看规划、实施方案、课表和实施痕迹，随机走访师生
教学实施	教师制订教学计划、主题设计方案，备课资料	秋学期	15 分	查看备课笔记和实地资源等
课程样态	围绕课程纲要，利用好《成长手册》，结合"五个一百"工程内容进行校本建构，坚持"有资源、有内容、有结构、有层次"的标准进行实施	秋学期	20 分	查看教材情况、校本教材、教学现场痕迹等

表 9-3　动态展示课程实施的清单(50 分)

展示项目	实施细则	评分细则	分值	备注
学生研究能力展示	1. 随机抽取研究主题名称 2. 学生现场进行研究问题设计，并组织现场调研 3. 提交调研的结论或研究设想	1. 问题设计与主题相关度 2. 调研方式选择和操作流程 3. 30 分钟完成	15	随机抽六年级某班学生
课本剧展演	剧本创作	1. 思想积极向上，能启人心智 2. 剧本由推荐经典篇(剧)目改编 3. 故事表演相对完整，能体现原作精髓	35	
	语言表达	语言规范，口齿清晰，表达流畅，有真情实感，富有感染力		
	理解表演	神态大方自然，表情手势等与角色吻合，能展现出人物性格特征		
	舞台布置	舞台、服装、道具自行设计，符合剧情需求		
	音响效果	要有与剧情匹配的音乐元素		
	时间要求	总时长为 15～20 分钟(少于 12 分钟不予参评)		
	整体效果	有感染力，观众反应好		

　　在实际操作中，展示式督导以清单式列出展示内容和形式，对综合实践活动课程实施起到了很好的促进作用。首先，引起校长重视这门课程，开足开齐课程，根据清单选择展示方式和内容，并调动人财物，精心准备，解决了"巧妇难为无米之炊"的困境。其次，让基层学校按照督导清单，为任课教师订阅了综合实践活动课程专业报刊，购买了活动参考资料等，让任课教师开阔眼界，由模仿走向创新。再次，让一线教师有了方向也便于操作，如与语文、美术、音乐等学科整合开展课本剧活动，让教师减少了实施课程的畏难情绪。总之，该督导方式能将课程实施落到实处，无论学校领导

还是任课教师，扎扎实实地上好每节课，开展好每一个活动，并将活动实施痕迹与成果展示出来。

(五)区域督导的配置

地方政府应根据职责和任务配备相应的专兼职督导人员，根据需要也可以邀请有关行政部门及相关单位人员或有关专业技术人员参与。督导人员一般可以从区域内综合实践活动课程教学骨干教师中选取，如综合实践活动省特级教师、市学科带头人以及省市区基本功竞赛一等奖的教师；也可以从区域内综合实践活动教研人员以及学校分管该课程的行政人员中产生，专兼结合，从而保证教育督导工作顺利开展，并对督导人员定期进行有关法律、法规、规章和政策以及教育管理、教育督导与评估等方面的专业培训，强化督导队伍建设，提高督导水平。

如扬州市广陵区教育体育局结合"中小学责任督学挂牌督导"创建工作，从每所学校具有多年分管教学的副校长中挑选优秀者，成为区域其他学校的责任督学，签订责任督学责任状，按照"依法监督、正确指导、及时反馈、深入调研、合理建议"的工作方针，对学校进行专项督导和随访督导。尤其是综合实践活动等非考试课程，是重点关注对象，每月至少随访督导一次，并及时反馈督促整改。同时将本次督导相关过程性资料上传到督导责任区管理网。年末教育督导机构对责任督学进行全面考核，优秀者给予奖励，以激励督学的工作积极性。

在实际操作中，需要严格守住挑选督导人员入口，择优录取那些思想品德好、政治觉悟高、拥有一定的教学经验、热爱自己的岗位并能够进行自我总结、擅长管理工作、被大多数教育家认同的职业工作者。并要求督导者能够主动学习有关专业理论知识，为以后监督和指导工作打下坚实的基础。只有这样，才能够整体提高能力，改变现状，发挥学校的积极作用。

二、小学综合实践活动课程规划

综合实践活动课程由国家设置、地方指导，学校开发与实施。国家没有制定相应的课程标准，更没有提供教材和教学参考书，而是把课程开发与实施的决策权交给了学校。为使综合实践活动课程能有效实施，学校必须对本校综合实践活动课程进行整体规划和系统设计。

(一)综合实践活动课程规划的含义

要理解综合实践活动课程规划，先要了解学校课程规划的内涵。1999 年 6 月我国正式提出了建立新的基础教育课程体系，试行国家课程、地方课程和学校课程三级课程管理制度，学校被赋予了课程管理和开发的权利与义务。由此，学校从课程执行者转变为课程研究者、规划者和实施者，学校制订课程规划成为可能。

1. 课程规划的概念

学校课程规划是"学校课程共同体为了达成本校整体发展规划的要求，基于对本校传统与优势的清晰认识，持续不断地对学校的课程（国家课程、地方课程和校本课程）进行整体设计与安排的过程"[①]。学校在制订课程规划时，既要基于国家政策，也要基于学校自身，还要基于学生。学校课程规划是对学校课程的整体设计与安排，主要包括"课程方案、课程实施和评价、校本课程开发、课程管理机构的运行、教师的专业发展等方面的内容"[②]。

综合实践活动课程规划，是对综合实践活动课程目标、内容、实施、评价等进行整体规划和设计。它是综合实践活动课程常态化和有效实施的重要前提与基础。综合实践活动课程是一门自主、开放和生成性的课程，它没有教材和范本可以参照执行，需要学校"根据社区环境的具体情况，结合本校的传统和优势、学生的兴趣和需要，对课程内容的选择、课程实施的组织与管理、课程资源的开发以及课程评价等方面进行整体规划和设计，并制订出科学、合理的课程实施方案"[③]。学校在实施综合实践活动课程的过程中，如果没有整体、系统、科学的规划，仅仅由教师自发地研究、开发和实施，势必导致综合实践活动开展的盲目性和随意性，不能实现综合实践活动课程开设的课程目的。因此，在课程改革重视学校课程规划的大背景下，综合实践活动课程作为学校整体课程规划的重要内容，更需要加强研究和规划，如此才能确保该课程有序高效地实施。

2. 课程规划的内容

综合实践活动课程规划内容主要包括以下几方面。

（1）课程设计指导思想

在开设综合实践活动课程之前，学校需要了解相关课程理论及国家文件要求，结合学校办学思想确定综合实践活动课程设计的指导思想，并以此为基础进行课程开发。

（2）学校环境和资源分析

学校环境和资源是综合实践活动课程规划的客观依据，某种程度上既决定了综合实践活动课程的部分内容，也决定了综合实践活动课程能否有效实施。因此，在规划过程中学校需要仔细梳理、挖掘、分析和评估校内外课程资源，使综合实践活动课程能充分彰显学校和地区特色。

---

① 和学新、乌焕焕：《学校课程规划的内涵与价值追求》，载《教育学术月刊》，2010(5)。
② 崔允漷：《学校课程规划的内涵与实践》，载《上海教育科研》，2005(8)。
③ 同上。

（3）课程目标设计

学校设计综合实践活动课程目标既要充分体现综合实践活动课程总体目标和要求，同时也要结合地方文化、学校办学理念和特色，以及学生特点。它有课程实施的总体目标，也要确定各年级或学段实施的具体目标，或者是综合实践活动不同领域内容实施时的具体目标。在具体目标的设计上要考虑学生身心特点和年级间衔接。

（4）课程内容安排

课程内容是综合实践活动课程规划的重点。首先地方与学校文化是综合实践活动课程的重要内容之一，其次可以根据本校学生生活经验、认知水平和能力特点，选择《指导纲要》提供的活动内容；再次，自主开发活动内容。如扬州市解放桥小学，将综合实践活动与学校传统活动牵手，与学科整合，充分利用家长资源开展职业体验活动，在综合实践活动中培养学生智慧生活能力。开展的系列活动得到家长的积极响应，得到了学校附近餐厅与蛋糕房的支持。几年实践探索，形成了该校综合实践活动课程内容，充分体现了2017教育部颁布的《指导纲要》精神，也体现出扬州的地方文化与学校烹饪活动的特色。

表 9-4　扬州市解放桥小学综合实践活动内容一览表

方法	探究性学习	服务性学习	操作性学习 （劳动技术）	体验式学习
目标 主题	从自然、社会和学生自身生活中选择和确定研究主题，开展研究性学习。培养学生勇于探究的精神	在教师的指导下，走出教室，参与社会活动，提升实践能力，成为履职尽责、敢于担当的人	让学生学会运用各种工具、工艺（包括信息技术）进行设计，并动手操作，将自己的创意、方案付诸现实，转化为物品或作品，体验工匠精神	让学生在实际工作岗位上或模拟情境中见习、实习，体认职业角色的过程，形成正确的劳动观念和人生志向，提升生涯规划能力
一年级	家乡蔬菜 生活中的声音 神奇的影子	我的书包我整理 我是班级值日生 学叠衣物	红红的草莓 折笔帽 水果拼盘	我上学了 快乐的新年 入队准备
二年级	家乡特产 寻找生活中的标志	我的房间我打扫 学洗红领巾 给校园花草浇水	树叶形果盘 剪纸 水果沙拉	入队仪式 欢庆儿童节 饮食安全
三年级	家乡名人 生活中的交通工具 千奇百怪的根	家务劳动我能行 跟着家人去买菜 学做小小按摩师	美丽的蜻蜓 拼贴画 学做七彩小圆子	欢庆国庆节 走亲访友 我是校园美容师
四年级	家乡民宅 生活中的安全标识 零食与健康	我是聪明的消费者 我是健康小达人 我是技能传承人	可爱的企鹅 自制书签 学做玫瑰花卷	我们的少代会 我是小小服务生 我是小小消防员

续表

方法	探究性学习	服务性学习	操作性学习 （劳动技术）	体验式学习
五年级	家乡传统艺术 春节习俗 邮件的旅程	美化社区我参与 走进盲人的世界 关爱留守儿童	我的小电话 塑料瓶里的种植园 学包彩虹饺子	参观扬州双博馆 我是小小导游员 我是小小图书管理员
六年级	家乡风俗 小便的学问 坐便器按钮研究	第一次挣钱经历 我的义工经历 小小营养师	DIY生日蛋糕 缝制个性沙包 学做雨花石汤圆	走进农业基地 我是小小运动员 我是小小营业员

（5）课程实施计划

课程实施计划是综合实践活动课程规划的核心部分，是课程方案中对课程的具体实施，具有指导性的内容。"实施计划主要包括课时分配、活动主题的选择方式、活动组织形式、活动的流程、课程资源的管理，以及指导教师的安排、活动常规要求等诸项内容。"①

（6）课程评价设计

课程评价设计是课程活动的有机组成部分。课程评价对于优化课程设计、选择课程方案、优化课程实施起着导向、调控和促进的作用。综合实践活动课程评价，应坚持发展性评价的理念，评价的目的是促进和优化课程设计与实施。

(二)综合实践活动课程规划的要求

1. 规划与创生结合

综合实践活动是国家设置、地方管理、学校根据实际开发的课程。因此，学校应该在把握课程纲要精神之基础上，对综合实践活动课程进行整体规划。综合实践活动课程的开放性、生成性决定了它不像其他学科课程那样具有比较完备详细的课程内容与计划，因而更应该强调对综合实践活动方案进行规划与设计。由于综合实践活动是过程取向的，因而它强调学生在活动过程中与教育情境交互作用。随着活动的不断展开，新的目标和主题不断生成，学生在这个过程中，不断丰富和深化认识与体验。因此，对综合实践活动的设计不能限制其创生，而应使其创生性发挥得更充分，要允许和鼓励师生从生活中选择有价值的活动主题，选择适当的活动方式创造性地开展活动。偏离了创生，综合实践活动的实施就偏离了初衷，必须正确把握并处理好规划与创生的关系，在规划的前提下创生，在创生中修改、完善规划。

---

① 崔允漷：《学校课程规划的内涵与实践》，载《上海教育科研》，2005(8)。

如扬州市跃进桥小学在课程规划中，结合母亲节开展体验成长、心怀感恩的"护蛋行动"。学生在护蛋的过程中"八仙过海，各显神通"，好多蛋宝宝安然无恙。但少数学生的蛋宝宝，还是不同程度地破了头，有的甚至粉身碎骨，几个好奇的男生居然想尝尝生鸡蛋的味道，于是把生鸡蛋的蛋液喝到肚子里了。指导老师知道了这事，组织学生讨论生鸡蛋是否能吃，在讨论的过程中，学生还产生了"洋鸡蛋和草鸡蛋，哪种营养价值高？""鸡蛋的药用价值""鸡蛋的保质期"等问题。教师便把这些系列问题变成了研究课题，由"护蛋"体验活动，生成了以"小鸡蛋大学问"为主题的研究活动。在研究过程中，学生生成了"薄壳结构"研究小课题。

2. 与学科课程融合

《中小学综合实践活动课程指导纲要》指出："在设计与实施综合实践活动课程中，要引导学生主动运用各门学科知识分析解决实际问题，使学科知识在综合实践活动中得到延伸、综合、重组与提升。学生在综合实践活动中所发现的问题要在相关学科教学中分析解决，所获得的知识要在相关学科教学中拓展加深。"由此可见，综合实践活动课程与学科课程是一种"你中有我，我中有你"的相互依存与促进的关系，学科课程学习是综合实践活动开展与深入的基础，而综合实践活动课程开展也有助于学科课程的学习。但这绝不等同于"你中有我，我中有你"。综合实践活动强调的是多种主题、多种任务、多种方法、多门学科的综合，是学生个体对实践活动主题进行深入认识和挖掘的过程。而学科课程则是由某一学科特定的知识体系构成，其内容有较强的学科逻辑性和严密性，其学习方式也必须依循学科特点。尽管学科课程学习中也会有一些学科活动，比如，小学语文的口语交际、美术的写生等活动，但都不属于综合实践活动。因此在规划和实施综合实践活动过程中，要防止用学科实践活动取代综合实践活动。

如某位数学老师开展综合实践活动"认识我们的学校"，活动内容为利用课余时间开展调查，并用所学的数学知识，如数一数教室的个数、树木的棵数，画一画地砖和操场的几何图形等，来描述"我们的学校"。这是典型的学科实践活动，是单一的学科知识实践运用，是有预设的让学生去运用某一学科知识和原理来解决实际问题。而综合实践活动课程所开展的主题活动是跨学科的，需要运用多学科的知识解决问题，且在活动设计时从不预设学生要运用哪个学科哪些知识来解决问题，而是让学生根据实际情况自主选择并综合运用。所以，学科实践活动并不能取代综合实践活动。

3. 与专题教育的整合

专题教育是培养公民综合素养的一种教育活动，是以社会现象和现实社会问题为出发点，以社会长远发展为终极目标，引导青少年了解关于某个或某些社会现象与问题的知识，树立正确、可持续发展的价值观与态度，提高解决社会现实问题的实践能力。专题教育和综合实践活动课程的概念，两者有较大不同。专题教育强调社会性、公民性和道德性，着重培养学生的道德素养和文明习惯等；而综合实践活动课程强调开放性、自主性和探究性，着重培养学生的价值体认、责任担当、问题解决、创意物化等方面的意识和能力。但在具体规划与实施过程中，二者之间则存在紧密联系。《中小学综合实践活动课程指导纲要》指出："学校可将有关专题教育，如优秀传统文化教育、革命传统教育、国家安全教育、心理健康教育、环境教育、法治教育、知识产权教育等，转化为学生感兴趣的综合实践活动主题，让学生通过亲历感悟、实践体验、行动反思等方式实现专题教育的目标，但一定要防止将专题教育简单等同于综合实践活动课程。"由此，综合实践活动可以与专题教育进行整合实施。

如某小学将禁毒专题教育与综合实践活动进行整合，开展了"和毒品说'NO！'"系列实践活动。学生通过"毒品的种类""毒品的危害""毒品的预防"等小课题研究，了解了毒品的危害。通过绘制手抄报、写倡议书，力所能及地宣传禁毒。为了深度了解毒品的危害，组织学生参观当地的戒毒所，通过禁毒警察的讲解以及涉毒人员的讲述，让学生知道了青少年染上毒品的原因以及危害，从中吸取经验教训，更好地拒毒防毒。结合国际禁毒日，组织全校学生举行"6.26拒绝毒品珍爱生命"宣誓签名活动，让学生和毒品说"NO！"，增强自我保护意识，营造和谐校园。

(三)学校综合实践活动课程规划的层次

综合实践活动课程规划可以分为学校总体实施方案与学校学年(学期)活动计划、教师学年(学期)周课时活动计划三个层次。学校总体实施方案与学年活动计划和教师的周课时计划，三者之间相辅相成，都是为了共同完成国家赋予综合实践活动课程的使命。总体实施方案是学年活动计划制订的前提和依据，而学年活动计划是总体实施方案的具体化。周课时是学年活动计划的落地生根。没有总体实施方案，或者不依据总体实施制订的学年活动计划以及周课时计划，往往缺乏一定的系统性和严密性，比较盲目、随意。与此同时，也应该强调，再好的实施方案没有可操作的学年(学期)活动计划作为落脚点，也只能是水中月、镜中花。因此，要使总体实施方案和学年(学期)活动计划相互配套、衔接，形成促进学生持续发展的课程实施方案。

1. 学校综合实践活动总体实施方案

学校总体实施方案即前文所述的学习综合实践活动课程规划，是学校给予综合实践活动课程的蓝图，包括指导思想、实施目标、课程内容、课程实施计划、课程评价等内容，具有系统性和概括性。学校在制订综合实践活动实施方案时，要注意以下三个方面。

(1)把握方向

综合实践活动课程方案的制订，要基于2017年教育部颁布的《中小学综合实践活动课程指导纲要》和地方关于该课程的相关意见，在透彻领会的基础上，充分考虑学校综合实践活动课程实施的基础与资源条件，并与本校的发展方向相一致。这样制定出的课程目标与内容，才能体现国家与地方意见的精神，充分展现学校自身的特色。

(2)适应需要

综合实践活动课程方案的制订，要基于学校发展基础与现实。地理环境、师资水平、生源质量、资源条件等方面的差异使每个学校具有不同的办学条件与教育基础。学校在制订综合实践活动课程方案时要正视这一点，从现实条件出发，脚踏实地地确立适宜的课程目标与发展愿景，规划学校课程实施。同时还要着眼于学校特色的传承与发展。每个学校都有自己的课程文化与课程特色，在制订综合实践活动课程方案时，应对此进行系统的思考与梳理，处理好课程的传承与发展的关系，处理好统整实施，使学校的优势在综合实践活动课程实施中得到进一步的凸显。

(3)集思广益

制订综合实践活动课程方案，要基于学校教师集体智慧。课程实施方案研发与制订需要教师共同倾注热情，奉献智慧；同样，课程方案的实施与发展也需要教师全力以赴、同舟共济。只有研发与实施实现"无缝对接"，才能真正发挥出课程方案的规划、指导作用，提升课程的实施品质。只有从群众中来，到群众中去，扎扎实实地研究，制订的方案才能适应儿童发展需要和课程改革的要求(见案例 9-3)。

案例 9-3

扬州市解放桥小学综合实践活动课程实施方案(2018 年春学期)

一、指导思想

充分发挥中小学综合实践活动课程在立德树人中的重要作用，以《中小学综合实践活动课程指导纲要》为指南，以本地区的自然、历史、人文为研究背景，以学生的直接经验或体验为基础，以教师指导下的学生综合实践活动为载体，加强学科有效整合和教师文化沟通。帮助学生学习、掌握和运用现代教育技术，注重培养学生的创新意识、实践能力、服务精神和社会责任感，提升学生的综合素养。

二、课程目标

(一)总目标

学生能从个体生活、社会生活及与大自然的接触中获得丰富的实践经验，形成并逐步提升对自然、社会和自我之内在联系的整体认识，具有价值体认、责任担当、问题解决、创意物化等方面的意识和能力。

（二）具体目标

1. 价值体认

通过亲历、参与少先队活动、场馆活动和主题教育活动，参观爱国主义教育基地等，获得有积极意义的价值体验。理解并遵守公共空间的基本行为规范，初步形成集体思想、组织观念，培养对中国共产党的朴素感情，为自己是中国人感到自豪，增强中华文化的自信力。

2. 责任担当

围绕日常生活开展服务活动，能处理生活中的基本事务，初步养成自理能力、自立精神、热爱生活的态度，具有积极参与学校和社区生活的意愿。

3. 问题解决

能在教师的引导下，结合学校、家庭生活中的现象，发现并提出自己感兴趣的问题。能将问题转化为研究小课题，体验课题研究的过程与方法，提出自己的想法，形成对问题的初步解释。

4. 创意物化

通过动手操作实践，初步掌握烹饪等手工设计与制作的基本技能；运用常见、简单的信息技术解决实际问题，服务于学习和生活。

三、课程内容（略，详见课程活动内容部分）

四、实施计划（内容参考下文活动计划的制订的相关阐述）

五、工作举措

1. 课程落实

按照 2017 年教育部颁布《中小学综合实践活动课程指导纲要》的要求，小学 1～2 年级每周安排 1 课时综合实践活动；3～6 年级每周安排 2 课时。各年级在切实保证综合实践活动时间，开足规定课时总数的前提下，根据具体活动需要把课时的集中使用与分散使用有机结合起来。根据学生活动主题的特点和需要，灵活安排、有效使用综合实践活动时间。

2. 制度制定

制度政策是综合实践活动课程走向规范化、常态化的根本，也是必备条件。必须建立必要的管理机制。一是建立考核与激励机制。合理地计算教师工作量，将指导学生综合实践活动的工作业绩作为教师职称晋升和岗位聘任的重要依据，对取得显著成效的指导教师给予表彰奖励。二是加强对课程实施情况的督查。将综合实践活动课程实施情况，包括课程开设情况及实施效果，纳入学校质量监测范围。三是开展优秀成果交流评选。结合扬州市核心素养展评活动，每学期开展综合实践活动课程展示交流活动，对优秀成果予以奖励。四是建立教研制度。充分发挥学校省特级教师的资源，通过专业引领、同伴互助、合作研究，积极开展以校为本的教研活动，及时分析、解决课程实施中遇到的问题，提高课程实施的有效性。

3. 师资建设

对综合实践活动课程专兼职教师开展培训，努力提升教师的跨学科知识整合能力、研究学生的能力，指导学生规划、设计与实施活动的能力，以及课程资源的开发和利用能力等。根据教师的实际需求，开发相应的培训课程，如烹饪、插花、糕点制作等技能培训，不断激发教师内在的学习动力。同时积极争取家长、校外活动场所指导教师、社区行业人才等成为综合实践活动课程的兼职指导教师，协同学校指导学生综合实践活动的开展。

4. 课程开发

大力开发网络资源。结合扬州市核心素养展评活动之"五个一"工程倡导的观影要求，学校开发优质网络资源，遴选相关影视作品等充实资源内容，也为综合实践活动课程实施提供资源保障。充分发挥师生在课程资源开发中的主体性与创造性，及时总结、梳理来自教学一线的典型案例和鲜活经验，动态生成分年级、分专题的综合实践活动课程资源包。学校要为综合实践活动课程实施提供配套硬件资源与耗材，如按照烹饪活动的要求，添置灶具、工具、防护具等，并积极争取校外活动场所支持。建立课程资源的协调与共享机制，充分发挥实验室、专用教室及各类教学设施在综合实践活动课程实施过程中的作用，提高使用效益。

六、课程评价

坚持评价的方向性、指导性、客观性、公正性等原则。评价方式有质量监测、汇报表演、成果展示、答辩、竞赛等。积极倡导学生对自己进行综合评价，让学生在学期末完成评价表（见表9-5）。

表9-5　综合实践活动期末完成评价表（一）

评价内容	自评			他评		
	出色	达标	加油	出色	达标	加油
1. 参与活动的积极性很高						
2. 在小组活动中善于合作，认真完成自己的任务						

续表

评价内容	自评			他评		
	出色	达标	加油	出色	达标	加油
3.在活动中能互帮互助，礼貌待人						
4.能主动想办法，解决活动中遇到的困难						
5.在活动中做到安全行事，保护自己和同伴						
6.在活动中规范行事，遵守秩序与制度						
7.在活动中文明行事，爱护环境和公物						
8.有好奇心，对身边的事物感兴趣，并善于提问						
9.活动成果的展示具有吸引力，让同伴喜欢						

备注：在相应的空格内画"√"。

除了完成评价表，还让学生将自己本学期最满意的创意、最成功的作品，用图片的形式展示出来。或者将自己在实践活动时的体验和感悟写一写，留下难忘的瞬间(见表9-6)。

表9-6　综合实践活动期末完成评价表(二)

七、课程组织

1. 学校综合实践活动课程实施领导小组(略)

2. 学校综合实践活动课程实施研究小组(略)

3. 学校综合实践活动课程实施指导小组(略)

以上实施方案有两点较突出，一是把握了实施方案的重点，课程内容丰富，有特色。将办学理念、办学特色、培养目标、教育内容、地方文化等融入其中。尤其根据《中小学综合实践活动课程指导纲要》中提出的"考察探究、社会服务、设计制作、职业体验"等主要活动方式，形成本校特色的活动方式——探究性学习、服务性学习、操作性学习、体验式学习，确定适宜的课程内容。其中操作性学习中的烹饪活动，涉及中国传统美食、地方特色美食以及创意美食的制作，颇具校本特色。二是评价方法易操作。通过让学生采用简写、勾画、剪贴等形式，完成评价。将评价简单化、图文化，符合小学生的年龄特点。

不足之处是实施方案的制订缺少对学校发展基础与现实的分析，尤其缺少对学校环境和资源的分析。学校环境和资源是综合实践活动课程规划的客观依据，某种程度上既决定了综合实践活动课程的部分活动内容，也决定了综合实践活动课程能否得到有效实施。因此，学校课程规划需要仔细梳理、挖掘、分析和评估校内外课程资源，使综合实践活动课程的开设能充分彰显学校和地区特色。

2. 学校学年（学期）活动计划

学年（学期）活动计划是依据学校综合实践活动的总体实施方案，制订学年（学期）具体活动计划，包括学年（学期）活动目标、活动主题、活动月安排、活动领导等，具有操作性和具体化特点。学校在制订综合实践活动学年度计划时，要注意以下四点。

第一，深入分析学生的年龄特点和需求，结合学校办学理念和特色，充分挖掘学校和当地资源，对综合实践活动课程进行系统规划，深入挖掘每一个活动的育人价值，精心制订具体的活动计划。

第二，在制订过程中，要思考如何充分发挥每一个活动的独特育人功能，避免随意性、盲目性。学校要根据自身特点，探索校本化课程管理机制，解决好时间、师资、资金、资源问题，处理好学段、学年之间内容的衔接与联系，处理好学科之间的整合以及在学科间的拓展、延伸，协同促进学生的全面发展。

第三，注意统整实施，不能将考察探究、社会服务、设计制作、职业体验这四种主要活动方式割裂。要注意不同的活动要彼此渗透，融会贯通，这样不仅节省时间，还能将活动效果最大化。

第四，学校在制订计划时，还要充分考虑学生的兴趣、爱好，以及在实施过程中可能生成的内容和活动主题。因此，在学校层面制订的计划中内容不宜安排过多，要给师生留有自主选择活动内容的空间。以下是扬州市育才小学东区校春学期综合实践活动课程计划（见案例9-4）。

案例 9-4

综合实践活动课程学校实施计划（2019 年春）

为深入学习贯彻习近平新时代中国特色社会主义思想，全面贯彻落实 2019 年全国教育大会精神，全面贯彻党的教育方针，坚持教育与生产劳动、社会实践相结合，我校根据《中小学综合实践活动课程指导纲要》制订本计划。

一、活动目标

（一）总目标

学生能从个体生活、社会生活及与大自然的接触中获得丰富的实践经验，形成并逐步提升对自然、社会和自我之内在联系的整体认识，具有价值体认、责任担当、问题解决、创意物化等方面的意识和能力。

（二）具体目标

1. 价值体认

通过亲历、参与少先队活动、场馆活动和主题教育活动，参观爱国主义教育基地等，获得有积极意义的价值体验。理解并遵守公共空间的基本行为规范，初步形成集体思想、组织观念，培养对中国共产党的朴素感情，为自己是中国人感到自豪，增强中华文化的自信力。

2. 责任担当

围绕日常生活开展服务活动，能处理生活中的基本事务，初步养成自理能力、自立精神、热爱生活的态度，具有积极参与学校和社区生活的意愿。

3. 问题解决

能在教师的引导下，结合学校、家庭生活中的现象，发现并提出自己感兴趣的问题。能将问题转化为研究小课题，体验课题研究的过程与方法，提出自己的想法，形成对问题的初步解释。

4. 创意物化

通过动手操作实践，初步掌握手工设计与制作的基本技能；学会运用信息技术，设计并制作有一定创意的数字作品。运用常见、简单的信息技术解决实际问题，服务于学习和生活。

二、活动主题

首先，从《中小学综合实践活动课程指导纲要》提供的活动主题中选择适合的主题。

其次，地域特色活动主题

根据江苏省中小学教学研究室编写的《小学综合实践活动成长手册》《劳动与技术》提供的案例，自主选择。

再次，学校特色活动主题。学校以"现代公民"为育人目标，将现代"仁义礼智信"的五常之道渗透于活动课程文化建设之中，以序列化、主题式，打造现代公民教育，具体主题活动内容如下。

1. 以"仁"为主题的活动

开展"花香四溢""筝舞蓝天"主题活动，在种植和制作活动中培养学生利他为先的文明礼仪习惯。

2. 以"义"为主题的活动

开展"幸福小镇小义工"活动，如农场管理员、邮局邮递员、剧场服务员、驿站整理员、银行监督员等。通过义工行动，培养孩子们的劳动意识与责任担当。

3. 以"礼"为主题的活动

开展"十岁成长礼""毕业礼"活动，培养学生的仪式感，注重仪表、明晰礼节。

4. 以"智"为主题的活动

以社团为载体，开展缤纷社团秀，培养学生的审美情趣、勇于探究、理性思维等核心素养。

5. 以"信"为主题的活动

开展一年一度的"小镇赶集会"暨庆祝"六一"三会活动——"运动会""义卖会"和"化装会"。在活动中形成的主体意识、参与意识、规则意识以及诚信意识必将成为他们作为现代公民的必备品格。

三、活动安排（节选）

表9-7　育才东区校春学校综合实践活动课程内容一览表

时间	年级					
	一年级	二年级	三年级	四年级	五年级	六年级
三月"仁"的内容	花香四溢　筝舞蓝天					
	舌尖上的蔬菜	给爸妈过生日	我也能发明	家乡的变化	魔方世界	
四月"义"的内容	农场管理员可爱的不倒翁自主选题	邮局邮递员我是电脑小画家自主选题	剧场服务员健康小达人自主选题	驿站整理员家乡的特色自主选题	银行监督员学习身边小雷锋自主选题	
五月"礼""智"的内容	入队礼小小朗诵员彩泥变身	小小书法家制作降落伞自主选题	小小演奏家十岁成长礼巧手作坊	小小舞蹈家学会购物自主选题	小小演员学做电子小报自主选题	小小球星学做家常菜毕业礼
六月"信"的内容	纸杯大变身	学校统计员	走进博物馆	有趣的概率	陶泥世界	走进司法机关
	小镇赶集会——"运动会""义卖会"和"化装会"					

四、活动领导

（一）学校课程实施分管领导：××校长

（二）学校课程实施学科领导：××主任

（三）学校课程实施组长：××

（四）学校课程实施年级领导：××　××　××　××

以上案例，凸显了学校的办学理念和办学特色，充分挖掘学校的资源，对综合实践活动课程进行系统规划，深入挖掘每一个活动的育人价值。在课程实施的时间安排上，充分整合节日前夕或月末周五，或在春游、秋游中开展。在课程活动的对象安排上，有全员共同参与的；有的是 3～6 年级学生选择自己感兴趣的活动项目（社团）参与；有的是部分年级的学生参与。在课程实施的内容安排上，给广大师生留白，充分发挥教师自身特长和学生的兴趣爱好，自主选择活动内容。是一个共性与个性相结合的典型学校实施计划。

3. 教师学年（学期）周课时活动计划

虽然综合实践活动是过程取向，它在实施过程中可根据学生的需要不断生成新的目标和主题，但这并不取消课程计划的预设。让任课教师制订周课时计划，将活动内容按照周划分，以自然周为单位整体思考一周的活动实施，扎扎实实地落实每一周规定的最低活动课时，使得活动有序推进和落实。周课时计划是学年（学期）活动计划的重要补充，是扎实实施综合实践活动课程的有效做法。周课时计划的制订，相对比较简单，只要设计一张表格，主要内容包括周次、日期、活动主题（活动内容）、活动要点、活动课时等几个部分。在制订周课时计划时要从以下几方面着手。

（1）组织学习

要在开学初组织任课教师学习《中小学综合实践活动课程纲要》、本省教研室编写的资源包（教材）内容，以及学校综合实践活动课程实施方案、实施计划。

（2）预设内容

在学习的基础上，教师预设本班级每周活动主题（内容）一览表，活动主题从以下几个方面生成：学校提供的具有校本特色活动主题中选择部分主题；通览本年级所有学科，将学科知识进行整合，形成一部分活动主题；从所在社区资源中挖掘、设计一部分活动主题；根据本学期一些重大节日生成一部分活动主题，选择部分活动主题。这样形成班级活动预设主题一览表。

（3）自主选择

在开学第一周的综合实践活动课上，将教师预设的活动主题一览表展示给学生，大家展开讨论、修改、补充。最终由师生共同研究本学期本班级的活动主题。在此基础上，教师制订出综合实践活动课程周课时计划，即每周几课时的具体活动内容。

（4）动态生成

综合实践活动具有生成性特点，在活动过程中学生会产生新的问题，形成新的活动主题，综合实践活动正是因生成而精彩。因此周课时计划是动态的，活动主题也随着活动不断产生（见表 9-8）。

表 9-8　育才东区校五年级综合实践活动周课时计划（节选）

周次	日期	活动内容（主题）	活动要点	课时	备注
1	2.20	花香四溢	学习种植花卉	2	学校特色活动预设的主题
2	2.27		开展"花的药用价值的研究"	2	
3	3.6	纸艺——学做康乃馨	活动前让学生了解康乃馨的花语，观察此花的特点	2	结合妇女节
4	3.13	筝舞蓝天	走进风筝世界，了解风筝的历史与发展	2	学校特色活动
5	3.20		扎风筝	2	
6	3.27		放飞风筝	2	结合春游活动
7	4.3	驿站管理员	了解驿站的历史	2	利用学校角色体验基地
8	4.10		体验驿站管理员工作	2	
9	4.17	邮件的旅程	了解现代信息技术在生活中的运用	2	驿站活动的延伸

　　周课时计划在学年（学期）活动计划和每周活动之间架起了一座桥梁，让综合实践活动课程得到了落实，也让教师的心中有了谱，畏难情绪也自然减少，课程的常态实施也有了可能。以上周课时计划，切实保证了综合实践活动时间，在开足规定课时总数的前提下，根据具体活动需要，把课时的集中使用与分散、课内与课外有机结合起来。有效使用综合实践活动时间。活动内容丰富多彩，既能体现学校特色，又能满足师生的兴趣和特长，从而使综合实践活动的实施落地生根，开花结果。

第二节
小学综合实践活动课程分布式领导

学习目标

1. 了解分布式领导综合实践活动实施的重要领导方式。
2. 了解分布式领导的内涵及优势。
3. 了解分布式领导的类型和要素。
4. 了解综合实践活动多级主体治理的概念与职能。

　　分布式领导是一种新的领导实践理论，强调领导的实现是通过赋权、协作、分享、互惠、形成共同体，是领导者与其他因素交互作用的结果。当我们在综合实践活动课程实施过程中发挥领导作用的时候，会给学校、团队、教师、学生带来新的变革。作为综合实践活动课程实施的最为重要的组织者，教师需要重新看待这种课程领导方式对课程实施带来的积极影响。赋权增能，共建共享，应该成为综合实践活动实施的重要领导方式。

一、小学综合实践活动课程分布式领导的必然与可能

随着学校组织领导实践和管理理论的发展，传统课程管理体制的弊端日益显现。学校教育实践的现实需要促使管理者去探寻更适应学校管理实际的领导方式。因此，诞生了对学校组织领导理论的多元化研究。其中，分布式领导作为一种新的管理理念出现在学校管理者的视野中。它强调赋权与合作，扩大了教师参与决策领导的权利，这对我国中小学课程管理体制的变革具有一定的借鉴意义。近年来，在各种综合实践活动教研活动的现场反复琢磨课程基本问题，课程经典理论与课堂实践关怀反复互动，这种聚焦综合实践活动课程基本问题的教研活动，使综合实践活动分布式领导成为可能、成为必须。

(一)分布式领导的内涵及优势

1. 综合实践活动分布式领导的内涵

分布式领导的概念出现在 20 世纪 90 年代后期，但当时并没有引起学者的广泛关注。随着教育管理理论和学校领导研究的深入，分布式领导的思想逐步受到重视。斯皮兰认为，分布式领导内含领导者相加和领导实践两个层面，是在特定情境和实践领域中，多个组织层面的领导者交互影响，以增加组织领导的厚度，同时吸收广大员工智慧的过程。哈里斯认为，分布式领导就是让教职工有一定的决策权，并承担相应的责任。[①]

综合实践活动分布式领导中的"分布"不是把领导的权力和责任分给更多的教师，而是把领导的职能分布到持有不同特长的教师之中，以达到专长互补、协同增效的效果。其分布的人群首当其冲是骨干教师，有能力、有特长的教师，他们的加盟是推行综合实践活动分布式领导的重要特征，也是加强综合实践活动课程领导的关键所在。分布式领导通过学校各个层面的骨干教师，依靠多层领导资源，发挥各自职能，完成不同任务，最终达到共同实施综合实践活动课程的目标。

综合实践活动课程实施需要学校层面成立课程领导小组，教务层面要承担起学校

---

① 参见于学友：《分布式领导与我国学校组织领导变革》，载《中小学管理》，2007(12)。

课程实施规划、组织、协调与管理的责任，教师层面则负责课程资源开发与运用。这三个层面组织相互作用，发挥各自职能，每个层面还同时吸收和发挥全体教职工的智慧。共同实施好课程。表 9-9 是扬州市解放桥小学综合实践活动课程的分布式领导架构。

表 9-9　扬州市解放桥小学综合实践活动课程的分布式领导架构

层次	名称	职能	职能科室	领导者(成员)	骨干领衔人
第一层面	领导组	全面统筹	校长室 书记室	校长、书记	石芳(校长，市学科带头人) 杨金珍(支部书记，省特)
第二层面	研发组	组织与规划、协调与管理，提供人、财、物保障	教科室 教导处	科室主任	戴秀梅(市骨干教师) 范丹(区骨干教师)
第三层面	实施组	课程实施以及课程资源开发与运用等	各年级组	年级组长及全体课程实施者	一年级：陈秋玲(市骨干教师) 二年级：高娟(校骨干教师) 三年级：崔云(校骨干教师) 四年级：杭晔(区骨干教师) 五年级：柳琳(区骨干教师) 六年级：夏晶晶(区骨干教师)

以上案例充分依靠和发挥每个层面组织的领导者的作用，共同完成综合实践活动课程的实施任务。

2. 综合实践活动课程分布式领导的优势

综合实践活动分布式领导的基本理念是赋权、协作、分享。在这种领导理念的指导下，每个个体在组织中都能发挥各自的智慧，形成一个共同体，以实现组织的目标。具体来说，综合实践活动分布式领导具有以下几个优势。

(1)发挥教师个体的领导才智

综合实践活动分布式领导尊重每位教师的智慧，所有教师都是领导者，领导遍布整个教师群体中。在这种领导方式下，教师个体具有参与决策的权利，在一定的范围内教师个体可以根据自己的知识与经验进行决策，并对决策的结果负责。综合实践活动课程是一门新课程，没有教材、教参，需要更多的老师去探索、研究，积极推进课程实施。实施分布式领导，将课程开发权下发给教师，让教师自主开发资源，开展活动，也让学校不少"身怀绝技"的教师有了展示平台。如某教师擅长烹饪，时常组织学生动手做美食，培养学生智慧生活的能力。教师编写了"魔幻小厨"综合实践活动资源包，分"传统美食""家乡美食""创意美食"三个系列，尤其"创意美食"的系列活动特别受学生的青睐，如让学生通过学做"雨花石汤圆"，从色彩方面进行创新，使传统的汤圆有了"色"，同时培养学生的想象力与创新力。通过学包"彩虹饺子"、学扎"五彩粽子"等，让传统食品炫起来。学生也在玩中学、学中做、做中传、传中创，把中华饮食文化发扬光大，同时培养学生的爱国情怀。再如某老师喜欢剪纸，组织学生开展剪纸的综合实践活动，一张彩纸、一把剪刀，在学校师生的手上，就能变成一件件精美绝伦的纸艺作品。老师将学生的作品放在校园的各个角落，走进校园就像进入了剪纸的艺术世界。

（2）发挥教师团队的合作行动

作为一种领导方式，综合实践活动分布式领导的根本特征在于这种领导是群体行为，而不是单个人的行为。最大的不同就在于它是一种团队合作。团队成员具有较强的合作意识和团队意识，通过相互激励，激发彼此的潜能完成各自的工作，共同实现组织目标。成员彼此结合成为一个有机的整体，互相协调、互相学习。在此过程中，人人都是领导者，人人既是为自己工作，也是为他人工作。

在综合实践活动中注重团队精神，发挥每个教师的特长，互相取长补短，群策群力，增强教师之间的合作关系，使原来势单力薄的教师个体走出封闭的圈子，每个教师的个人优势被整合为集体的智慧，会时时迸发出令人惊喜的创新思维和活动设计。如在制订学校年度活动计划时，教研组要通盘考虑每个年级的活动内容或者活动主题，如果由教研组长一人制订，不但花费的时间长，而且不全面，也没有特色。学校教研组长如果发挥集体智慧，让每个年级组长组织教师预设本学期的活动内容，然后在年级内进行汇总、筛选、整合，上报给学校教研组，这样学校教研组集中集体智慧制订出的学校计划，活动内容一定丰富，一定颇有特色。然后教师根据学校计划再进行个性修改，根据个人特长及本班学情，对本班计划进行再创造，使之成为一份适合个人特色和本班活动的个性化的计划。

实施综合实践活动分布式领导，让教师成为综合实践活动课程的研究者、实践者、反思者，不断更新教育理论，提高实施水平，使教师真正成为综合实践活动课程研究的主人。

（3）开启教师教研的新模式

传统模式下，教师教研大多以教研组长为领导核心，但在分布式领导模式下，组长、组员人人可以成为"专业领导者"。闻道有先后，术业有专攻，他们凭着个人的专业特长，在不同层面、不同领域中引领他人，把教研组变成相互引领、相互启迪、充满智力生活气息与生命生长状态的专业研究平台。如教师在一定的框架下，有人选择主题的设计研究，有人专心于评价任务的设计，有人致力于教学反馈的研究，有人潜心于学习信息的采集，有人专注于课堂提问的实施……但所有的研究，都在综合实践活动课程原理的框架下进行，都聚焦于综合实践活动课程的问题。这样，既形成了各具个性的分布式领导力，又发展了学校综合实践课程，教研活动"分布"而不"分散"。可以说，综合实践活动分布式领导下的教研活动是从"点"到"线"到"面"，逐渐蔚成大观，大大提高了综合实践活动教研活动的实际能效。

如有的教师一笔画出世界地图，有的教师是烹饪高手，有的教师是剪纸能手，有的教师是缝纫巧手,有的教师是种花养鱼的行家。在教研活动中,这些有绝活的教师都是领导。如设计制作活动——布艺的培训活动,该教研活动的培训主讲就是特别擅长改制衣服的某位老师。教研活动是"分布式"的,这种分布式的教研活动无论对于相关主题的研究,还是对于研究过程中人的专业发展,都是十分有益与有效的。

3. 分布式领导的类型

(1)合作式分布

实施综合实践活动的几个"领导者"(即任课的教师,主要指骨干教师)一起工作,执行学校课程资源开发的领导任务,其中一位领导的实践活动结果将成为另一位领导实践活动的基础。领导者间存在一种互惠性依赖关系,这时合作具有一种共时性特点。

合作式分布领导在综合实践活动启动阶段通常发挥很大的效能,在课程启动之初,尤其要发挥骨干教师的带动作用。一般在每个年级确定一个实验班,六个年级六位"领导者"即骨干教师作为探路的先行部队,探索各个年级综合实践活动的思路。经过实践,对这个课程有了一定的理解,积累了活动开展的经验,开发出一点活动资源,同年级组的其他"领导"(任课教师),在"探路领导"实践的基础上,采纳好的经验,同时将他们需要改进的地方作为自己活动的关注点,不断完善活动设计的要点,将活动开展得更加有特色。如扬州市解放桥小学的某位教师开发的烹饪项目活动"七彩小圆子",该教师从色彩方面进行了创新,使普通的汤圆有了"色"。同年级的另一位教师,在此基础上进行创新,让一只汤圆拥有多种色彩,做成了"雨花石汤圆",让美食变成了艺术。合作式分布的领导,让综合实践活动在实践中求突破,在突破中趋于完美。

(2)集体式分布

综合实践活动课程中的集体式分布是指两个或多个独立且相互依赖的领导者,在完成同一个主题活动时的一种领导实践。就像教同一班级的各科教师,独立地担负着本学科的教学任务,但最后学生的学业表现取决于所有教师共同的劳动,这一劳动成果是不可分割的。

集体式分布领导在整合学科资源,提高课程资源的利用率这一方面尤为有效。如某班级开展"我们的节日——春节",让班级各科任课教师共同开展"春节"的活动。道德与法治的任课教师可以指导学生通过调查、访谈等方式,了解春节的风俗和习惯;美术学科的教师可以带领学生欣赏各种节日饰品,并自己动手制作;音乐学科的教师通过教唱以春节为主题的歌曲,引导学生体验春节的欢乐情境;信息技术学科的教师可以带领学生制作电子贺卡,给亲朋好友送去春节的问候;班主任老师可以带领学生制作春节的食品,体验春节的食文化。在这一系列的活动中,不同学科教师(领导者),围绕"春节"主题,开展活动。

(3)协同式分布

综合实践活动协同式分布通常运用于资源包或者资源库的建设,在不同的年级领导实践中，不同的领导任务必须有一个特定的顺序。如在资源包的开发过程中，每个年级"领导"按照"考察探究""社会服务""设计制作""职业体验"这四种主要活动方式，按照年级段学生的年龄特点和能力，开发活动资源。各自承担学校中各个年级的资源开发任务。

分布式领导的三种形式各有侧重。合作式分布更强调领导者之间所具有的依赖性特点，领导者之间的活动互为基础；集体式分布交互活动中产生的共同实践成果；协同式领导则聚焦于交互活动的顺序性。

(二)分布式领导实践模式

由于综合实践活动具有实践性、开放性、生成性，实施起来周期长，其多数主题活动会跨空间转换，对这门课程进行管理涉及的学校职能部门多，且需要多部门的沟通协作。在实践探索中，有不少学校充分认识到加强综合实践活动课程领导的必要性，因地制宜、因校制宜，有效落实了综合实践活动的课程领导职责。

1. 分布式领导的模式

(1)全员参与式

每所学校都是人才济济，教师们有的善于思考，有的善于动手，有的善于歌舞，有的善于书法。让每一位教师各尽其才，全员参与课程实施、资源的开发、决策与创新，不仅能为教师提供展示潜能与才艺的舞台，充分调动这些专长教师的积极性，还能促进学校综合实践活动课程资源的开发与利用，有效推进学校课程的改革与创新。如扬州市跃进桥小学，倡导"全员参与式管理"，学校充分认识到综合实践活动课程是一门真正涉及社会、学校、教师、家长、学生的动态活动性课程，该课程的管理也不同于传统的学科课程，需要把教师、学生、家长和社会有效地组织起来，全员参与，协同管理(见图 9-1)。

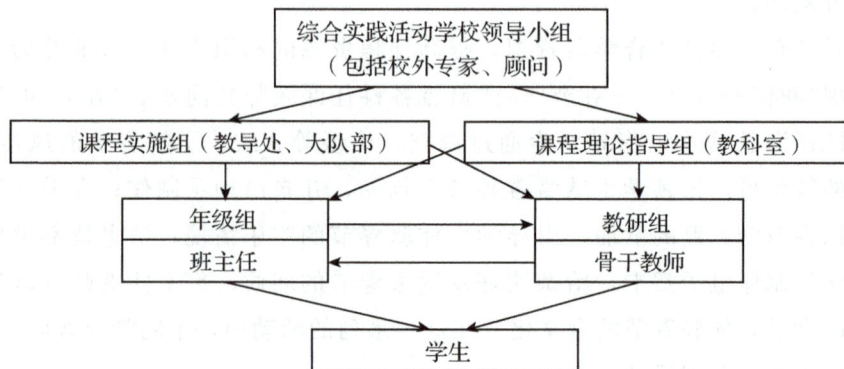

图 9-1　扬州市跃进桥小学"全员参与式"组织机构图

（2）一部两处式

综合实践活动是检验学校校长能力的试金石。[①] 综合实践活动能否展开，首先考验着校长，校长是学校之魂，办学方向、教育思想都需要校长去引领。校长可以协调人、财、物、时间、空间等资源，也可以通过行政手段保证综合实践活动的正常实施。由此可见，综合实践活动开展的出路在校长。校长如果重视这门课程，切实从学生终身发展的需要出发，理解综合实践课程的价值和意义，就会给教师起到良好的价值导向作用。当校长把综合实践活动纳入学校日常的课程管理中，学校实施新课程一盘棋就可能走活。如扬州市汶河小学，成立"一部两处"，由课程部统一对课程进行顶层设计和方案规划，学生发展处和服务保障处具体落实课程的实施评价、提供保障（见图9-2）。

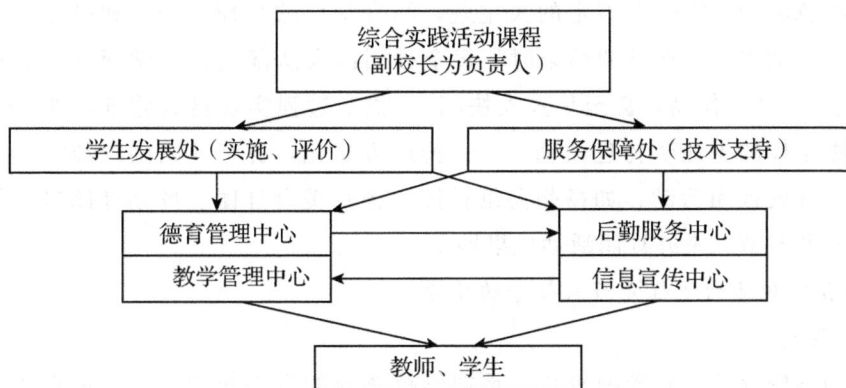

图 9-2 扬州市汶河小学"一部两处"组织机构图

（3）三级联动式

综合实践活动课程的管理离不开学校的创造性管理，同样也离不开教师的参与，既发挥教师的主观能动性，又使综合实践活动课程管理"管而不死，放而不乱"，如扬州市新星小学构建的"三级联动"式管理，即由学校统领管理，主要对课程内容实施管理，关注课程框架设计、活动主题的预设。对资源进行开发，打造学校环境，挖掘资源，协调管理。由年级调控支撑。主要实行年级组长负责制，实行整体考评。由教师实施落实。教师对学校课程内容、预设的活动主题进行二度开发，并根据实施内容的不同，分别编写《学生活动指导手册》，见图9-3。

（4）社团自理式

不少学校将综合实践活动课程与社团结合，以社团为主体实行综合实践活动课程管理，在学校内部具体落实综合实践活动课程。学校对于学生社团综合实践活动的管理，由学校德育处负责，并根据学生社团的申请和要求配备相应的教室、功能室、实

---

① 杨邦清：《综合实践活动遭遇障碍时对校长角色的新定位》，载《黑龙江教育学院学报》，2011(11)。

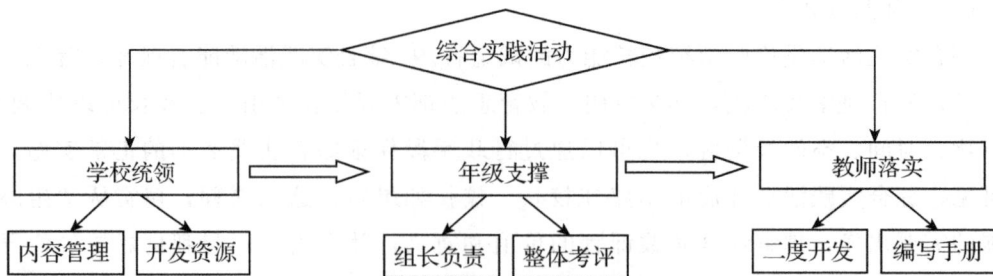

图 9-3　扬州市新星小学"三级联动式"组织机构图

验室、运动场地等。少先队大队辅导员是实施负责人，班主任是具体实施者，根据学校预设的特色活动内容或者拟定的大主题，结合学生的兴趣，开发和设计相应的社团活动内容、活动主题。在学期结束时，每个社团向大队部上交一学期社团活动的汇报材料（海报、照片、作品，甚至是真人快闪）。整个过程实现自我管理。如扬州市花园小学，根据学校的少先队特色活动——弘扬地方文化，各个社团围绕地方文化，选择活动内容，开展社团活动，如扬州剪纸社团、扬州美食社团、扬剧社团等。每年结合庆祝"六一"儿童节，举办社团活动成果展示。

2. 综合实践活动课程分布式领导的要素

(1)带头人

一般为学校校长或分管副校长，重视学校领导的带头作用。不仅重视领导权力在正式职位中的分布，而且更强调非正式领导人员的分布。根据综合实践活动课程的特点，采用各种措施将能为课程实施发光发热的教师能量，引发出来、汇集起来、发挥出来，从而使整个综合实践活动课程实施具有一股可持续发展的生命力。作为领导者的校长，既是学校综合实践活动课程实施中的一员，又为学校综合实践活动课程发展负最终责任。

(2)追随者

一般有两类人群，一是学校担任中层职务的老师，这群老师也均为学校教学骨干和能力强者；二是校内外综合实践活动课程骨干教师，包括课程专家、特级教师、市区以及学校学科带头人等，他们的加盟是综合实践活动分布式领导的重要条件，也是提升综合实践活动分布式领导的关键。他们是综合实践活动课程主体的实施者，具有课程政策的发言权和决策权，对课程进行规划、开发、实施、评价，是课程实施的中坚力量。

(3)共同体

作为领导者的校长，要重视并创设环境，成立综合实践活动课程实施共同体。校长组建课程实施、研发的团队，如成立综合实践活动教研组、中心组、工作室以及课程智囊团等，吸引教师参与，并给政策、赋权，从而发挥每一位参与教师的综合实践活动课程领导力，让他们在其所处的团队中发挥所长，承担一定的任务，如课程内容挖掘、资源开发等，并在相互扶持、协作的氛围中，朝着综合实践活动课程愿景目标而共同努力，使课程实施不断进步和发展。

二、小学综合实践活动课程多级主体治理

"国家规定—地方指导—校本开发与实施"，这是综合实践活动课程"三级课程管理制度"的特征表现，也是新时代课程管理和发展制度的集中体现。建立综合实践活动课程多级主体治理体系，不仅能够及时跟进管理，有效推进实施，也是深化课程改革的必然。

(一)多级主体治理的概念

综合实践活动课程作为一种三级管理的课程，更需要多级主体共同参与到课程基地建设、课程研发以及实施中，共同推动综合实践活动课程的顺利实施。多级主体主要体现在：集体层面上主要有国家、社会组织、学校和家庭；团体层面主要有学会、专业委员会、学术委员会、工作室、教研组、年级组等；个体层面上主要有校长、教师、学生、家长、社会热心教育人士等。多级主体之间相互协作，共同实施综合实践活动课程。

"治理"这一概念是 20 世纪 90 年代在全球范围逐步兴起的。治理理论的主要创始人之一詹姆斯·罗西瑙认为，治理是通行于规制空隙之间的那些制度安排，它有四个特征。[①] 治理不是一套规则条例，也不是一种活动，而是一个过程；治理的建立不以支配为基础，而以调和为基础；治理同时涉及公、私部门；治理并不意味着一种正式制度。[②] 多级主体治理，指的是一种由共同目标支持的活动，这些管理活动主体未必是政府，也不一定非得依靠国家的强制力量来实现。而且治理是一个上下互动的过程，政府、非政府组织以及各种私人机构主要通过合作、协商、伙伴关系，通过共同目标处理公共事务，所以其权力向度是多元的，并非纯粹自上而下。社会力量在治理中的作用日益增强，也可以通过正常途径，自下而上地对政府施加影响。

综合实践活动是国家规定，地方管理，学校自主设计、实施与管理的课程。要落实教育行政部门的主管职责和学校的实施主体责任，教育部以及省、市、区教育行政部门要加强对区域、辖区内的综合实践活动课程开设情况的检查和督导，同时也将综合实践活动课程开设情况纳入上一级教育行政部门对下一级相关的考核之中，从而切

---

① 参见孙辉：《当前基层治理中存在的问题及其因应之道》，载《党政论坛》，2020(4)。
② 参见丁庆、李化树：《论中国大学治理现代化》，载《成都中医药大学学报(教育科学版)》，2016(2)。

实推进综合实践活动的开展。

由于综合实践活动是一个开放的领域，它冲破了学科固有知识体系的限制，冲破了专家预设课程的约束，面向每一个学生的经验世界，在活动对象、活动内容、活动时间、活动空间方面具有开放性，即综合实践活动涉及学校、接受实践的单位、家庭等各个方面，如走进博物馆、军营、餐厅、蔬菜种植基地等。要遵循实践场馆的制度，接受他们的管理，因此需要社会力量（相关专业人员、热心教育的人士以及家长）等协同管理。此外在活动开展阶段，还需要专家的理论引领和思路指导，在课程实施方面，除了政府推进，更多的则是来自社会力量的促进。

中国教育学会、中国高等教育学会及其分会、学术委员会层面。为积极推进综合实践活动课程建设，由全国高校教师、综合实践活动项目组专家、省市教研人员组成全国综合实践活动学术委员会，以服务教育行政、教育科研和一线教师为宗旨，着力跟进一线教师教学实践，共同探讨综合实践活动课程教学中的实际问题，切实促进教师研究能力的培育和学校的发展。如首都师范大学陈树杰教授成立了"中国高等教育学会教师教育分会综合实践活动委员会"，陈树杰担任理事长，每年围绕一个主题举办一次该学科的学术年会，每次会议安排专家报告、综合实践活动优质课现场展示观摩评比、地区典型或者特色经营分享与研讨、专题式学术沙龙活动、综合实践活动优秀论文及案例评比、综合实践活动课题研究先进单位及先进个人评比表彰等形式多样的活动。华中师范大学教授郭元祥成立了"中国教育学会教育学分会综合实践活动学术委员会"，由郭元祥担任理事长。该学会从 2006 年起每年都举办全国综合实践活动课程研讨会，积极推进综合实践活动课程向深度发展。

在省级层面，为了促进中小学综合实践活动课程的实施与发展，发现和培养优秀人才，以专题研究方式推进本省的综合实践活动课程的发展。如江苏省中小学教学研究室成立了"江苏省中小学综合实践活动课程中心组"，为全省各地综合实践活动的开展搭建了平台。充分利用这种平台资源，会有效推进中心组成员所在城市、学校综合实践活动的开展。再如浙江省，成立了"浙江省教育学会中小学综合实践活动分会"，开展课程培训，助力教师成长，加强学术研究，做好专业引领，加强课程资源开发，推进课程实施。

在市区层面，成立市、区"综合实践活动名师工作室"，一个由一定区域内名师引领的教师专业发展共同体，是优秀教师共同学习、互勉共助、集体成长的平台。培养、塑造了综合实践活动学科骨干、名师，既代表着教师专业发展的水平和境界，也表征着综合实践课程实施水平。综合实践活动课程发展，需要有更多的骨干、名师涌现出来。科组是培养骨干、塑造名师的摇篮，骨干、名师的成长需要在这一摇篮中吸取养分，淬炼经验，科组教研是综合实践活动骨干、名师成长的催化剂。

在学校层面，为更好地促进少年儿童健康成长，成立家委会，并让家委会成为学校、家庭、社会有机结合的纽带和桥梁，在实践中显示出强大的生命力。如促进学校综合实践活动课程实施方面，家长委员会是学校的最佳参谋和坚强后盾，可以为学生参加社会实践活动积极创造辅助条件。尤其在学生社区服务体系的建立上，可以有效帮助突破全面实施课程改革的重点、难点。如果能与广大家长协同合作，充分发挥家长社会联系面广，社会行业涉及点多，社会关系深远的资源优势，可以帮助多方位、多层次地建立学生社区服务（实践）网点。同时，家长作为各行各业的行家里手，可以充当活动辅导员的角色，为综合实践活动提供专业的指导。有些家长开办的工厂、公司也可以作为学生实践基地，为学校和学生开展社会实践活动提供更加多元化的平台。

此外，为满足青少年学生社会化发展需要，以中小学生为主要服务对象的学生校外综合实践基地，即为学生提供综合实践教育服务的综合性校外教育机构，也雨后春笋般的建设和发展起来。根据国家《基础教育课程改革纲要》的要求，立足综合实践活动课程的实际需要，承担起培养能力、运用知识、拓宽视野、参与实践的课程任务；它既与校内教育密不可分，又在学习内容、教育方式、组织形式等方面与课堂教学有区别；能够有效地弥补学校和家庭教育的缺陷和不足，广泛拓展学校教育空间，是学校教育的延伸和有益补充。

以上这些社会组织在数量扩展、结构优化、社会创新和内部管理等诸多方面呈现出积极繁荣的景象，各类社会组织之间的网络体系和结构框架已初步成型。社会组织的不断涌现、能力不断提升，参与治理的需求和动力都在日渐增强。因此以政府为绝对主体的治理模式已不能满足课程发展需求，由政府、学校、家庭与社会组成的多级主体治理的模式呼之欲出。

（二）多级主体治理的职能

现代社会的发展趋势使决策变得愈加困难，需要更多的专业经验、特别信息、专门技术知识和不同意见的合作参与，需要社会权力更多地进行秩序整合，这显然不是任何一个组织或简单的组织合作就能承担的，它需要社会各方面对公共事务共担责任，需要既代表"公"利、又代表"私"利的组织和个人协同参与。

小学综合实践活动课程多级主体治理中，代表"公"利的组织，包括四个层面，即教育部、地方政府、学校、教研组。从宏观调控到微观实施，各级各层互相配合支持，协同合作，自上而下全面落实课程。在治理的形态中，各个层面的职能分别体现在下表9-10中。

表 9-10　综合实践活动课程治理主体的职能

主体名称	主要职能
教育部	1. 针对综合实践活动课程，提出宏观目标和原则要求，不断细化指导纲要，完善制度保障体系。指导纲要应分阶段、分年级、有层次，增强其可操作性，更具针对性和实效性，必须根据小学、初中和高中指导纲要设计的总目标，细化成可操作的年级实施目标。 2. 制定有效的评价指标，一是建立有效的教师指导工作量和质量评价等级制度。对教师投入的精力、指导效果制定量化评价标准，特别是指导团体和个人的评价措施，形成活动大家指导、大家负责。二是建立发展性的学生评价指标。评价应当重视学生解决问题基本能力的培养，重视活动过程的体验。三是清晰学校综合实践活动课程实施评价原则。注重评价指标的可行性、有效性，使之成为地方教育行政评价要点，促进课程向深度、广度发展。四是设立管理规范与课程执行情况的监督机制。教研员和专职教师在工作量计算、职称评定等方面应有相应的政策支持。学生活动的主题管理、档案管理、程序管理等要逐步形成基本的规范，做到管理制度完善，实施标准规范。
地方政府	建立地方教育行政和教研机构，根据各地情况对落实国家要求提出具体的指导性意见。在课程管理中，要侧重学校课程实施和开发过程引导，把主要精力放在课程资源开发与统整上，鼓励学校创造性地实施国家课程并寻求学校课程发展途径，并极力改变现有对学校实施课程效果的评价制度和方法。在综合实践活动课程管理中做到： 1. 对综合实践活动的督导。地方教育行政部门要引导并督导学校认真落实课程计划，保证课程计划的严肃性。 2. 做好综合实践活动课程开发指导与服务工作。地方教育行政部门要引导并加强对综合实践活动实施的研究，各级教研室要组织力量深入学校，共同研究、总结、分析并解决问题；引导学校开发和利用多样化的课程资源；通过运用一定的评价手段和组织区域性、校际经验交流活动等方式，帮助学校领导和教师转变教育观念，指导学校切实地、创造性地落实课程计划中关于综合实践活动课程的要求。 3. 政策支持。制定保障该课程实施的各项政策，包括：（1）科学合理地制定出地方综合实践活动课程的实施方案。（2）制定地方实施综合实践活动课程的教师政策，明确综合实践活动教师评价要求及相应的职称评定系列、教师工作量计算等方面的具体细则，切实建立一支综合实践活动的指导教师、教研和管理的师资队伍。（3）建立对综合实践活动课程执行情况有效的监督评价机制，将该课程的实施纳入学校工作考核评价中，与校长绩效挂钩。（4）制定和落实综合实践活动学生发展评价制度，制定将综合实践活动纳入中考综合素质评价的具体细则。教育行政部门还应在该课程的培训、研究以及资源建设和管理等方面制定相应保障政策。
学校	1. 负责针对学生和学校实际开发具体的活动内容，并根据具体内容来预设具体的活动目标、方式方法的采用、基本活动流程、实施针对性评价等。在校本化开发与实施过程中，要注意体现学校特色、满足学生个性差异的发展。 2. 基于学校实际情况组建课程发展委员会。鉴于综合实践活动课程实施的取向特征，将原有的教研、后勤、教导等部门重组，组建课程发展委员会。课程发展委员会下设课程审议组、课程规划组、课程研发组、课程实施与保障组。课程审议组的职责是对课程方案和综合实践活动方案进行审议；课程规划组的职责是拟订和修订学校课程方案；课程研发组分为个性化课程方案研发小组、领域课程开发小组、跨学科课程开发小组，分别负责科技创新、课程方案的研制、综合实践活动课程资源的研发；课程实施与保障组的职责是根据学校课程规划实施本教研组的各类课程，以及提供、整合课程资源。

　　小学综合实践活动课程多级主体治理中，代表团体力量组织包括六个层面，即全国专委会及学术委员会、省市专委会及中心组工作室、实践活动基地、市区工作室及专委会、家委会以及企业等社会力量。尤其是企业力量是综合实践活动课程实施的重要支撑。一些热心教育的企业，将他们的种植园、蔬菜种植基地、养鸡场、批发市场等，不仅变成学生校外实践免费的重要场所，还提供给学生力所能及的勤工俭学岗位。如学生在养鸡场捡鸡蛋、挑鸡蛋、装箱，学生到蔬菜种植基地采摘蔬菜。按照标准付给学生酬劳，让学生体验劳动的艰辛，体味劳有所得，劳有所乐。还有一些企业与学校本着相互合作、共赢的原则，这些企业成为学生的校外实践基地。

　　不管何种组织的职能，主要以服务教育行政、教育科研和一线教师为宗旨，着力跟进一线教师教学实践，共同探讨基础教育课程改革，特别是综合实践活动课程教学中的实际问题，切实促进教师研究能力的培育和学校课程发展。

第三节
小学综合实践活动课程资源统筹开发与协调利用

🎯 学习目标

1. 小学综合实践活动课程资源的价值与类型。
2. 小学综合实践活动课程资源开发原则与途径。
3. 小学综合实践活动课程资源的开发步骤。
4. 小学综合实践活动课程资源利用策略。

　　课程资源开发是综合实践活动设计与实施的前提与基础。[1] 地方教育行政部门强化资源统筹，建立健全校内外综合实践活动课程资源利用与相互转换机制，强化公共资源间的相互联系和硬件资源的共享，打造省、市、县、校多方联动的共建共享平台，为课程实施提供高质量、常态化的资源支撑，为学校利用各种社会资源及丰富的自然资源提供政策支持。学校是实施课程的主体，更要积极主动统筹使用各种资源，包括整合校内外的各种教育资源，协调校内外相关部门的关系，联合各方面的教育力量，特别是加强与校外活动场所的沟通协调，保证活动课程有效实施。

---

① 参见范蔚：《实施综合实践活动对课程资源的开发利用》，载《教育科学研究》，2002(3)。

一、小学综合实践活动课程资源统筹开发

2001 年 6 月我国基础教育课程体系中首次设置综合实践活动课程。经过 20 年的理论与实践探索，取得了很大进展，初步形成了综合实践活动课程制度。但从总体上看，课程资源开发利用还不足，直接影响着综合实践活动课程的推进。综合实践活动没有现成的教材，活动内容需要教师和学生共同来设计，这就涉及课程资源开发问题，没有课程资源开发，就没有综合实践活动课程的具体实施。

(一)小学综合实践活动课程资源的价值与类型

综合实践活动课程资源是指那些富有教育价值，能够转化为综合实践活动课程内容或服务于综合实践活动开展的各种条件的总称。综合实践活动课程作为一种经验性和实践性课程，强调的是学生的实践经验和体验，需要学生走出课堂，进入社会生活。同时，作为一种综合性课程，综合实践活动课程不同于学科内容，其内容领域更为宽泛。学生学习的内容基于身边生活、社会中存在的问题或者某种现象，学习领域从书本拓展到了自然、社会、自身。因此，综合实践活动课程实施需要更为广阔的空间以及自然、社会、生活等各种课程资源的有效支撑。正确认识课程资源开发的重要性和意义，培养学校和教师课程资源的开发意识，提升他们开发合理利用课程资源的能力，对于综合实践活动课程实施具有重要意义。

1. 小学综合实践活动课程资源统筹开发的价值

没有课程资源的广泛支持，再美好的课程改革设想也很难变成中小学的实际教育成果，课程资源的开发有着非常重要的意义和价值。

(1)课程资源的开发是实施综合实践活动课程的有力保障

图书、场地、设施设备等条件性资源从物质方面为课程实施提供了支持，知识、经验、技能等素材性资源则从人力方面为课程实施提供了保障。对综合实践活动课程而言，课程资源的重要性更是不言而喻。综合实践活动课程不像学科课程那样有现成的系统的教科书，其教学内容主要由教师和学生根据学校内外可利用的课程资源来选择与设计，是由师生在活动过程中自主开发和设计的。因而可以说，没有课程资源的开发，就没有综合实践活动课程的具体实施。

(2)课程资源的开发有助于学生全面和谐地发展

课程资源概念的提出突破了视教材为课程的狭隘观念，教材是重要的课程资源，但并不是唯一的课程资源，凡是与学生生活世界密切相关的所有内容、材料都可能成为有待开发和利用的课程资源。多种多样、丰富多彩的课程资源要求学生不能仅仅学习固定、封闭的教材内容，也不能仅仅坐在教室里进行学习、训练，还应走出教室，

走出学校，以自然为师，在社会、人生的大课堂中学习、实践、体验和成长，这就要求学生采用多种学习方式，在多种学习活动中发展自身。课程资源的开发和利用为学生的全面发展与个性发展提供了重要手段。总之，课程资源的开发可以拓展学生的学习空间，扩大学习领域，转变学习方式，促进学生全面发展。

（3）课程资源的开发有助于教师的专业发展，而且教师自身就是课程实施的首要的条件资源

教师作为课程资源开发的重要主体，不仅开发外在的资源，还开发自身的资源。在课程资源开发和利用的过程中，教师的知识经验、个性特征和价值观念等直接影响着其开发资源的效用。教师通过理论学习，树立科学合理的课程资源观，在平时的教育教学中努力实践这些课程资源开发理念，不断结合自身的状况积累课程资源开发和利用的经验。因而，开发和利用课程资源也是促进教师成长和成熟的有效途径。

2. 小学综合实践活动课程资源的基本类型

课程资源根据不同分布、性质、功能等，可以划分为不同的类型。

（1）根据课程资源空间分布可以分为校内和校外课程资源

凡是学校范围之内的资源都属于校内资源，超出学校范围的资源则都属于校外资源。校内课程资源包括：校内的各种场所和设施，如教室、图书馆、探究室、电脑室等；校内课程的文化布置，如校园环境、文化墙、教室布置等；校园各种活动，如校园各种活动节、各种比赛等。校外资源包括社会资源、周边社区资源、家庭资源。

以扬州市广陵小学开展的"我为家乡做导游"的综合实践活动为例。学生怎样写导游词，需要教师的指导；如何写好导游词，需要学生到学校图书馆查阅有关家乡的各种资料，了解家乡的风景名胜、历史文化等。同时学生利用双休日、节假日走上街头考察家乡的风土人情，收集民间神话传说和民间工艺品，拍摄家乡的人文景观，才能为撰写导游词和实地导游积累丰富的资料。最后，他们将搜集的有关家乡历史资料、民间传说、民间工艺品，以及老街、民宅等资料汇编成了"导游词"。学生利用双休日在家长的陪同下，到家乡的风景点为游客做导游，介绍家乡的美，让小导游在家乡的大舞台展示才华。活动从校内到校外，充分利用校内外资源开展活动，小小导游员在景区为游客介绍景点的场景成为扬州又一道亮丽的风景。

（2）根据课程资源性质可以分为自然和社会课程资源

自然课程资源主要指各种自然生态、各种物种、天文、气象等自然现象和自然环境。社会课程资源包括图书馆、博物馆、展览馆等各种设施，也包括政府机构、科研院所、部队、企业、商业机构和组织等，还包括各种政治活动、经济活动、外交活动、科技活动等。以"我为家乡做导游"活动为例，学校课堂是实践活动的主阵地，但更大的课堂应该在社会。显然，家乡扬州特有的教育资源，如风景名胜、名人故居等资源都可以成为实践活动的重要阵地。

（3）按照课程资源的功能特点可以分为素材性资源和条件性资源

素材性资源指课程教学的素材或直接来源，是学生学习获取或内化的对象，如知识、技能、原理、经验、感受、创意、问题、困惑、活动方式与方法、情感态度和价值观等。条件性资源指不是形成课程本身的直接来源，但却决定课程实施的范围和水平，有时对课程的实施是特定的、不可替代的，如人力、财力、时间、场馆、媒介、设备设施和环境等。以扬州市跃进桥小学开展的"我是小小服务生"职业体验活动为例，学校通过协调沟通，将学校附近的餐厅，作为学生职业体验的基地，定期组织学生到餐厅实践。学生身穿正式的员工服，通过餐厅值班经理岗前的收银、送餐、收红盘、迎宾、拖地等专项培训，学生就开始上岗实践，体验一小时的服务生工作。这种"真枪实弹"的体验活动，是任何模拟情境都无法做到的，也是无可替代的。

（二）综合实践活动课程资源统筹开发的原则与路径

课程资源开发是指在课程设计、编制、实施等过程中，充分挖掘和运用一切可资利用的人力、物力及自然资源等课程资源，是课程实施的基本前提和保证。

1. 课程资源统筹开发的原则

（1）目标性原则

综合实践活动面向每一个学生的个性发展，尊重每一个学生发展的特殊需要，其课程目标具有开放性。综合实践活动关注学生在活动过程中所产生的丰富多彩的学习体验和个性化创造性表现，其评价标准具有多元性，因而其活动过程与结果均具有开放性。在课程资源开发和利用的过程中，要有正确的课程资源观，即不能认为什么资源都可以为我所用，使课程资源的界限无限制地扩大，反而不利于某一确定的综合实践活动的实施。

（2）优先性原则

综合实践活动主题选择范围应包括学生本人、社会生活和自然世界。对任何主题的探究都必须体现个人、社会、自然的内在整合，体现科学、艺术、道德的内在整合。综合实践活动必须立足于人的个性的整体性，立足于每一个学生的健全发展。所以在可能的课程资源范围内和充分考虑课程成本的前提下突出重点，精选那些对学生终身发展具有决定意义的课程资源，优先运用。人的一生所要学习和掌握的东西很多，学校并不能给予学生一生中所需要的全部知识技能，因而学校能做的是，教给学生最基本的知识，促进学生养成最基本的素养。比如学校教育应使学生通过学习具备初步的创新精神和实践能力，那么就必须选择一些有利于培养学生的创新能力和实践能力的课程资源，筛选出重点内容并优先运用到课程中。

（3）适应性原则

综合实践活动充分尊重学生的兴趣、爱好，为学生的自主性充分发挥开辟了广阔的空间。学生自己选择学习的目标、内容、方式及指导教师，自己决定活动结果呈现的形式，指导教师只对其进行必要的指导，不包揽学生的工作。因此，在课程资源开发和利用中要充分考虑适应学生身心发展的特点，充分考虑学生现有的知识、技能和素质背景，同时也要考虑教师群体情况和所处地区的经济文化背景。课程资源的开发利用既要考虑学生的共同特点，也要考虑学生的个性差异。

（4）经济性原则

综合实践活动的本质特性是生成性，这意味着每一个活动都是一个有机整体，而非根据预定目标进行机械操作。随着活动的不断展开，新的目标不断生成，新的主题不断生成，学生在这个过程中兴趣盎然，认识和体验不断加深，创造的火花不断迸发，这是综合实践活动生成性的集中表现。而对综合实践活动的整体规划和周密设计不是限制其生成性，而是为了使其生成性发挥得更具有方向感、更富有成效。在课程资源开发和利用的过程中，资源开发主体应结合自身实际考虑课程资源开发的成本，以及该资源今后是否可能会得到充分利用的实际情况。开发主体应本着节约、实用、高效的原则进行资源开发与利用，不能好高骛远、盲目开发，尤其是大型教学建筑和昂贵教学设施的置办应该经过周密的计划和商讨。

2. 课程资源的统筹开发途径

（1）与学校活动整合

《中小学综合实践活动课程指导纲要》（以下简称《指导纲要》）要求学校在课程规划时"可将有关专题教育，如优秀传统文化、革命传统教育、环境教育、法制教育等，转化为学生感兴趣的综合实践活动主题"。几乎每一所学校每学期都要正常组织开展各项传统的活动，如重要的节日、四礼八仪、班队活动等，丰富学生生活，促进学生健康成长，这是综合实践活动课程的重要来源。

改良学校传统活动。一般来说小学都会定期举行主题班会，但不少活动主题往往由学校统一确定，如规定的"我们的节日——端午节"。我们可以将这些活动上升到课程的高度，明确活动的课程目标，对活动内容进行系统的规划设计，强调活动中学生的实际操作，如让学生学习制作传统的饰品（编织鸭蛋网），以及制作传统节日的食品（学扎粽子），让学生在"做中学"，既能继承传统，又能培育创新精神和实践能力。通过这样的改良与整合，赋予学校传统活动以更加丰富生动的内涵，可以非常便捷地解决综合实践活动课课程资源的开发问题。

改良学校特色活动。《指导纲要》指出"要依据学生发展状况、学校特色、可利用的社区资源，对综合实践活动课程进行统筹考虑，形成实施方案"。学校特色是学校内在教育力量的综合体现。教师、学校在学校特色活动实施中起着重要的主导作用，学生是参加对象，常常处于被安排、被设置、表演的地位，难以实现学生对活动的自主策划、设计。可以根据学校自身的资源状况以及学生的意愿、年龄特点和本校学生的综合水平，进行统筹协调，合理规划，分阶段定要求，并编写校本教材，真正把特色活动课程化、常态化。如扬州市解放桥小学一直秉持着"培育有民族文化根基的现代人"的办学特色，该校以影视教育为德育的主抓手，用动人剧情和道德榜样帮助学生塑造完善人格和向上思想。采取"影视121齐步走"的方式，"1"指"一本手册"，"2"指"两个特色——课本剧和微电影"，"1"指"一部短片"。在活动中，首先由学校甄选制定出适合学生年龄特征和生活体验的《成长观影手册》供学生选择；其次，学生按年级段划分，每人一本《成长观影手册》，教师按年级段围绕主题自行确定影片，组织观影。中高年级学生可以根据影片创作儿童剧本，设计简洁实用的道具，用富有儿童特点的方式进行表演；也可以利用手持摄影机围绕主题进行微电影创作，在主题观影和影视实践的基础上，每学期学校还举办一次"校园电影节"，电影节上展播优秀的课本剧和微电影；组织学生写影评，续编电影；进行影视歌曲擂台赛等。学生在新颖活泼的活动中锻炼了自我，提升了道德水平和实践能力。

通过这样的整合与改造，赋予学校传统活动以更加丰富的内涵，可以非常便捷地解决综合实践活动课课程资源的开发与利用问题，而且综合实践活动课程与学校各类活动综合实践活动课程，应该是对学校活动的继承、发展与规范。

（2）与学科知识整合

《指导纲要》要求学校课程规划"要引导学生主动运用各门学科知识分析解决问题实际问题，使学科知识在综合实践活动中延伸、综合、重组、提升；综合实践活动中发现的问题要在相关学科教学中分析解决，所获得的知识，要在相关学科教学中拓展加深"。因此在开发和利用课程资源的过程中，应注意在学科延伸中寻找研究问题，打破学科之间的界限，强化学科资源的整合与利用，提高课程资源利用率。

将学科单一知识与综合实践活动整合。教师在日常学科教学中，善于将学生的某一知识问题，转化为实践活动的主题或者研究的小课题。如苏教版六年级小学美术《画汗衫》，在教学过程中学生可能产生问题："汗衫是不是T恤？"教师要善于抓住学生的这一问题，组织学生开展"汗衫趣谈"为主题的综合实践活动。通过活动学生不但了解了汗衫的相关知识，还为汗衫的创意设计作积淀。

将学科纵向相关知识与综合实践活动整合。研究现行小学教材编排体系与选材内容，就会发现很多知识呈现螺旋式上升的编排特点，而且知识之间有交叉、重合的现象。教师不妨以学科本身的体系进行知识的整合。如苏教版三年级上册美术，安排了《对称美秩序美》《剪纸（一）》和《剪纸（二）》的单元内容。教师将前后知识进行整合，开展了主题为"扬州剪纸的研究"活动。通过活动，学生了解了扬州剪纸的特点以及剪纸的历史和发展。

将学科横向相关知识与综合实践活动综合。《指导纲要》鼓励"学生跨学科学习"，因此要打破学科界限，超越单一学科知识系统的局限，要求学生在综合实践活动情境中，学会综合运用所学知识分析问题、解决问题，提高思维能力，学会做事，发展创新精神和综合实践能力。如根据苏教版小学几个学科教材中都有关于"脸谱"的内容，如二年级语文上册《梅兰芳学戏》、三年级语文上册《练习 7（脸谱）》、四年级音乐上册《唱脸谱》、五年级美术上册《彩墨脸谱》，经整合，各年级学科教师共同开展"趣谈脸谱"主题活动。语文教师可以指导学生通过调查、访谈等方式，了解脸谱的历史与发展；美术教师可以带领学生欣赏各种脸谱，并自己动手制作脸谱，了解脸谱造型和色彩的寓意；音乐教师通过教唱以脸谱为主题的歌曲，进一步引导学生体会脸谱的内涵。在这一系列教学实践活动中，不同学科教师抓住了教材中的共同点，进行有益的整合，提高了资源开发利用的效益，课堂充满了生机与活力。

（3）与社会生活整合

从地域生活、社会生活中寻找资源，挖掘地域课程资源。综合实践活动内容设计、实施策略都带有明显的地域特征，地方特有的资源也应该成为综合实践活动课程的重要资源。扬州历史上留下了许多映证城市沧桑的印痕，留下了许多老店、老招牌、老街、老巷等。从"老"字号这一特色文化瑰宝，能折射出优秀传统文化无可比拟的教育功能，设计"老"字号系列主题，如走访老饭店、老茶楼、老街巷、老渡口等，供学生自主选择。如设计"走近东关古渡"综合实践活动，同学们利用业余时间，实地走访了许多老街坊，通过他们的讲述，同学们知道了"古渡"的历史。此后，学生又去博物馆、文管会、规划局等处咨询，进一步了解"东关古渡"的现状和未来。在活动中，同学们充分发挥智慧，展现才能，写出了《东关古渡的兴起》《古渡的现状与未来》《重演昔日繁华，再现古渡辉煌》等调查报告，记下了大量体验日记等。学生在活动中学会了交往与合作，拓展了知识，开阔了眼界。通过接触社会，了解了社区发展史，激发了热爱家乡之情。

盘活社会课程资源。社会是个大舞台，是取之不尽、用之不竭的活教材。把综合实践活动课堂搬进社会，让学生置身其中，在社会大课堂里实实在在地了解社会。如把学生带到环卫所，采访环卫工人，知道生活垃圾是怎样由环卫工人送往垃圾处理场的；把学生带到派出所，体验警察同志工作的辛劳……学生在实践活动中得到了充分的感性认识，培养了学生对社会的责任感以及团结、合作、交往、创新的能力和精神。教师还要善于结合社会热点现象和话题，开发综合实践活动课程内容。

提取生活课程资源。生活中有着丰富的综合实践活动课程资源，春夏秋冬，四季更替；环球要闻，国家大事；地方热点，家庭琐事等，都可以成为学习的内容。教师要创造机会，让学生去体验、去感悟。例如，引导学生以"暑假生活"为话题，自行确立小课题。学生通过文字、绘画等形式展现出了一系列包含社会生活的题目，如"商家促销""广告文化""旅游环境"等。这些形形色色的材料其实就是学生接触社会、了解社会后的感悟，这些思考也增进了学生对社会生活的积累，使学生收获了一份真实的生活体验。基于学生的生活，更容易调动学生的主动性、创造性。

捕捉自然课程资源。自然界本身就是神秘而生动的活教材，综合实践活动课要体现"人与自然"和谐发展的意识，让学生走出课堂到野外去，到广阔的大自然去开展活动。例如，让学生自己培育黄豆，通过观察其生长过程了解植物生长的条件；带学生在校园里种树，通过观察使学生明白由于光照条件不同，树的长势也不一样。学生通过亲自实践、观察、比较，懂得了植物离不开其生存的环境等知识，也经历了对自然世界主动探索和研究的过程，理解"植物与环境"之间的关系。

（4）开发"人"力资源

"人"是综合实践活动课程中最重要、最有活力、最有潜力的课程资源，人力资源开发对综合实践活动的实施具有决定性作用。

校内人力资源开发。教师和学生是重要的课程资源。首先要充分利用教师和学生资源。比如，学生在课堂学习中会产生许许多多的疑问，生发出许许多多的问题。这些问题就是综合实践活动课程尤其是研究性学习课程资源的素材。从班级出现的某些现象中，也可以"淘"出许多有价值、深受学生欢迎的课题。在课程资源的开发中，教师具有极大的智慧潜能，是一个亟待开发的巨大资源宝库。教师的喜好、特长、学术专攻都可以成为宝贵的课程资源。

校外人力资源开发。校外人力资源主要有学生家长和社会各界的热心人士，他们中有的拥有不同的知识、技能和经验，有的拥有特殊才能，有的拥有稀缺资源，在满足综合实践活动课程多样性上，他们是校内人力资源不可企及的，能较好地满足学生个性发展需求。比如，有些学校邀请当地著名的民间艺人进课堂，指导学生展开综合实践活动课程研究。学校充分调动家长的积极性，吸引和引导有技能、热心的家长参与到活动过程中。再比如，扬州市广陵小学充分利用学校紧邻消防支队的资源优势，充分利用人脉资源，邀请消防人员进校园，开展"小小消防员"的职业体验活动。通过学生与消防官兵零距离地互动交流，以及在消防员的指导下，分穿衣、盘水带、连接水带、灭火等组进行岗位演练，让学生在实践中体验消防员职业的危险和崇高，学习消防英雄们英勇顽强、不怕牺牲的精神，有助于学生形成正确的劳动观念和人生志向。

（5）与网络资源的整合

随着科技的进步，网络已成为人们生活中不可缺少的一项事物。开发"网游资源"，让有益的网络资源也成为综合实践活动课程的新资源。

可以克隆网络游戏，开展劳动教育活动。虽然城市学校没有多余的土地，但是可以克隆网络游戏，在学校建立现实版的"开心微农场"。学生找些塑料水果箱，并想方设法找泥土，装满水果箱。"微农场"建成后分给各班，学生可以种植自己喜欢的蔬菜。课间、放学后，学生去浇水、拔草。

学生可以利用网络 QQ、微信动态聊天平台，分享综合实践活动的成果。建立班级微信、QQ群，学生可以随时把他们研究过程中收集到的资料进行加工和处理，从而把最有价值的、最精彩的内容发到群里，或者制作成幻灯片、录像片等再通过QQ呈现给其他同学，让大家共同分享研究成果；还可以寻求生生之间、师生之间的帮助，实现协作式学习。

(三)小学综合实践活动课程资源的统筹开发步骤

1. 准备工作

在资源库开发之前，必须要做好细致而充分的准备工作，立足学生需要，深挖资源优势，凸显学校特色，增强开发实效，保证资源开发的质量。首先成立资源开发小组，成员由学校综合实践活动负责人及"专家"代表、骨干教师组成，主要职能包括：挖掘本校课程资源，确立资源库主题及课程框架，实行先期开发、培训教师、组织资源的征集筛选，进行资源的评估和修改等。其次开发小组的成员结合学校及周边区域的特点，全面梳理可供开发的各种课程资源，对各种类型的课程资源进行全面的盘点、分类和整理，梳理各种资源的基本框架(表9-11)。

表 9-11　梳理资源的基本框架

学校资源	设施	专业教室、图书资料、活动场馆
	课程	学科课程、校本课程、传统活动
	教师	学历水平、教育经验、教育技能、特长爱好
	学生	学习兴趣、动手能力、学习方法、探索意识、信息素养、个体差异
社会资源	自然	地理环境、物产特色、四季更替
	社会	政治经济、历史风俗、科技环保
	人文	民间艺术、各界名人、名胜古迹
家庭资源	支撑条件	家长学历水平、家庭藏书、家庭经济条件、家庭上网条件
	家长辅导	家长职业、家长兴趣特长
其他资源	网络资源	网络游戏、微信、QQ、聊天平台等
	影视作品	优秀、影视剧等

需要指出的是，课程资源开发必须注重实用性，切实为课程实施服务；注重校本性，结合学校的具体情况和区域优势；注重引领性，不仅给师生提供课程内容，更要给师生以知识和方法的指导；注重生成性，给师生更多的动态生成和创造的空间；注重可行性，操作性要强。在完成课程资源整理的基础上，学校开发小组制订方案，根据目标确立基本原则，选择课程材料与组织形式，编写流程及要求、实施与评价方法等。

2. 开发过程

(1)培训先行

教师是实施课程的关键。综合实践活动资源库的水平取决于开发教师的水平，而开发教师的水平又需要靠学校的有效引领与规范提升。在资源包开发前，学校开发小组应邀请专家以及教研人员，通过集中培训、专题讲座、研讨等形式，就资源库开发的理论知识，学校资源库主题、框架、选题等给予有效指导，使教师明确开发要求。教师不仅决定着课程资源的选择与利用，而且教师自身就是重要的课程资源。学校和教育行政部门都应高度重视对教师的培训，秉承先培训—再实践—再培训的循环提升模式，指导教师边学边干边提高，提供技术支持，提高教师搜集和处理信息的能力。学校鼓励教师在资源开发中的创新意识和尝试，不怕失败勇于创新，提倡教师超越学科界限，从"单兵作战"到"团队协作"，通过合作相互之间优势互补，实现"团体"开发课程资源，实现综合实践活动与其他学科的有机整合。

(2)拟定框架

学校通过发放问卷、开座谈会等形式，了解学生最感兴趣的、可行性强、新颖、符合学校特色的活动主题，完成学生需求评估。结合学生的评估结果，师生协商确定主题，撰写"综合实践活动课程框架"，提交学校课程开发领导小组初审。"课程框架"应包括：课程目标陈述、课程内容或活动安排、课程评价等。由开发领导小组通过评比甄选、确定学校资源库开发初步人选，指导教师修改完善"课程框架"。指导教师选题时，还应特别注意"趣味性""生活性""新颖性"原则，强调活动主题切口小、能力所及。

(3)骨干启动

组织骨干教师启动资源先期开发，形成资源包初稿，为其他教师提供示范。一般情况下，资源库中一个完整的活动应包括"活动背景""活动目标""活动准备""活动过程""活动展评""活动反思"等部分。其中"活动背景"部分一般由背景材料和引导语组成；"活动准备"包括工具准备、知识方法准备、组织准备等；"活动过程"包括情境导入、活动步骤、方法指导、资料链接等；"活动展评"包括交流与展示；"活动反思"包括反思与改进方面的内容，或者对活动进行深层拓展等。

(4)形成初稿

经过骨干教师实践，将较有成效的活动主题、经典案例进行整理。根据学校综合实践活动资源库建设的架构，开发小组对资源进行分类、汇总、评比，选出入选课题。然后邀请专家，对入选课题进行把关，经过教师补充与完善，最终形成资源库的基本内容。资源库可以让综合实践活动更具可操作性，好比一个"断奶"婴儿的辅助粮，也是促进教师掌握开展综合实践活动的基本要领的助推器，可以启发师生生成更多的研究课题。

(四)课程资源统筹开发的误区

20 年以来，综合实践活动课程实施已经取得了不少成绩，探索出了不少有益的经验，但是在课程实施特别是课程资源开发中，不少学校和教师陷入以下误区。

1. 依赖性

缺乏对于课程资源的识别、开发与运用的意识与能力，使课程资源特别是丰富多彩的素材性课程资源没有得到充分发掘，而对于条件性课程资源依赖性过强。一些学校甚至把资源包、教科书作为唯一的课程资源。这样就导致每次组织活动中重复资源多，让学生觉得单调无趣。

2. 狭窄性

教师自身认识存在误区，以为只有风景名胜、博物馆、历史文化遗迹等才是课程资源，把综合实践活动课程理解为外出参观，将课程资源开发范围狭窄化。

3. 局限性

课程资源开发单一。《指导纲要》中指出综合实践活动有四种主要活动方式，不少教师将这些方式完全割裂开来，有时还出现明显的学科化倾向，按照学科的知识体系来对待，如用语文综合性学习、数学实践活动等来取代这门课程。

二、小学综合实践活动课程资源的协调利用

课程资源开发并非资源统筹任务的完成，相反如何协调利用直接关系到综合实践活动课程实施的质量和效益，为此，有必要分析资源协调利用的路径、步骤与策略。

(一)小学综合实践活动课程资源的协调利用路径

1. 融合学校工作特色

资源使用与常规工作部署融合，与特色建设取向融合，与学校管理要求融合。从学校工作部署中挖掘课程资源，从学生的生活世界中挖掘课程资源。学校每学期制订学校工作计划时，都极为关注综合实践活动课程的设计和实施，力求保证常态化。

2. 整合学科教学

资源使用要结合学生感兴趣的学科课程内容开展综合实践活动，对学科课程、特别是校本、美术、语文等进行延展、深化和整合，开发综合实践活动课程。从综合实践活动和其他学科教学中发现的，学生与自我、与自然、与社会之间存在的问题中挖掘课程资源。

3. 结合学校德育工作

学校德育工作与综合实践活动结合实施相得益彰，把德育活动作为开展综合实践

活动的优势平台，结合学校和班级开展的德育活动开发综合实践活动课程资源。

4. 统合课题研究工作

发挥学校科研优势，大力开展综合实践活动课题研究。根据课题开发相应的校本课程，这些课程进一步构建了科学的课程体系、构架了多元的课程文化、提供了丰厚的课程资源，对于学生全面发展和课程全面实施起到巨大的引领、推进、提升作用。

(二)资源利用流程

1. 学生自由选择课题

每学年初，学校要组织中高年级的学生根据资源库里提供的活动主题自主选择，并填写选题申报表。各班进行初步统计后上交给学校，学校再根据学生报名意愿，统计课题报名人数，由学校统一编班、指定活动场地或教室。为保证课程秩序，学校提供的资源库菜单，以年级为单位或以班级为单位选择课题，体现活动内容、活动形式的层次性和螺旋上升的特点。

2. 学校制订活动方案

学校根据学生选题确定授课教师，聘请指导教师，制订学校年度"实施方案"及"考评办法"，"实施方案"应具体制订教研及常规要求、教学进度、考勤要求、课程管理、反馈考核形式等。"考评办法"应包括对教师教学常规、教学研究、教学态度、教学能力及教学质量等的评价，可采用检查、评比、考查、问卷等多种形式，以保证课题有序实施。

3. 教师制订指导计划

教师应根据学生的选题，制订教学指导计划。具体内容应包括教学目标、课题分析、学情分析、教学进度、具体的学生考勤评价办法等实施策略。

4. 学生展开活动

围绕学生自己选择的课题，到指定地点展开活动，教师给予相应的指导，促使课题研究深入进行。同时，学校要通过有效的管理手段保证课时，保证课程效果。

5. 资源充实完善

学期结束学校对资源运用进行考核，了解资源运用的情况。同时发现并积累新素材，为学校课程资源库的充实、修改、完善提供借鉴。整个流程见图9-4。

(三)资源协调利用的策略

为使小学综合实践活动课程资源的协调利用更合理、有效，需要采用相应的策略。

1. 校本资源的利用

学校课程资源除了利用学校图书馆、资料室、实验室、多媒体教室外，还要利用好适合本校特点及具有浓郁地方特色、灵活多样的综合实践活动校本课程资源，满足

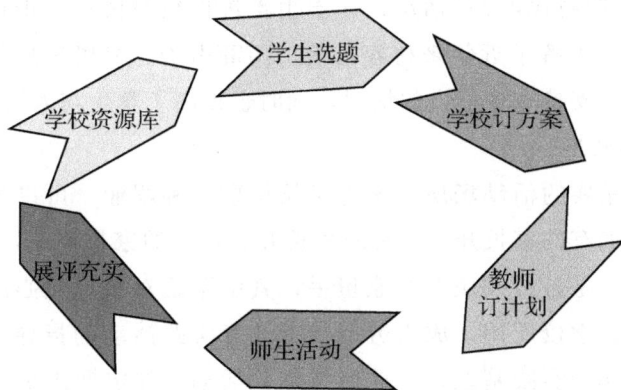

图 9-4 学校资源利用流程图

学生多方面发展的需要；使学生了解社会、接触社会、关注社会问题、增强社会责任感，有效克服课程脱离社会生活的弊端；培养学生把综合实践与社会生活紧密联系起来，让学生在实践中自主学习，形成较强的思维和创新能力，使他们亲近自然、欣赏自然，积极保护资源和环境。

农村学校可以立足本土开发校本资源，努力上好具有乡土味道的综合实践活动课。例如，为利用好乡土资源，使学生热爱家乡，学校可以在"我可爱的家乡"主题活动过程中，引导学生围绕活动主题调查了解家乡的自然资源、旅游产业资源、教育资源，自主地组成调查小组进行活动，同时制订活动方案。教师带领学生走进自然，融入社会，收集和整理乡土资源。学生通过调查走访收集资料，既培养了学生的团队意识，同时也培养了学生的合作精神，还增强了社交能力、语言表达能力，收获了快乐和成功，也厚植了家乡情怀。

2. 社会资源的利用

每一个人都离不开社会，教育培养的是社会化的人，是懂得社会规则、关心社会现状、富有社会责任感的新一代。这样的学生有自己的见解和主张，也有责任心和使命感，他们对生活和工作有目标。因此，小学综合实践活动课程也要适时以社会焦点时事为主题，引导学生关注当下，真正成为社会的一员，具备社会主人翁意识。社会层面可利用的课程资源范围极为广泛，包括图书馆、科技馆、博物馆、展览厅等，以及网络资源、乡土资源、社区资源和环境资源等。

社会实践和学生学习是相互连接的，小学生活动开展离不开广泛的社会课程资源作为依托。利用好社会资源是学生实施综合实践活动课程中重要而又必要的前提，最佳策略是让学生在社会活动中选择性利用各项社会资源。扬州市的杭集乡，家家户户或生产或加工牙刷，牙刷产量居全国第一名，如今的杭集乡已经是著名的牙刷之乡、世界最大的牙刷生产基地。小小牙刷让杭集乡发生了翻天覆地的变化，扬州杭集小学开展"看杭集巨变，听村民心声"活动，让学生走进杭集村民家，走进村里的企业，通过问卷调查、走访，了解了近年来村容村貌、招商引资、村民素质等方面的变化，激发了学生热爱家乡、支持家乡建设的情感，同时也提高了学生与人沟通交往的能力。

3. 家庭资源的利用

家庭是学生最重要的活动场所，学生家长从事各种职业，可以为学生提供各种职业体验的指导。比如有的家长开厂，有的家长开店，有的家长养花，有的家长养殖等，这些家长可以称得上是各自领域的行家里手，其中不乏对教育热心的人士。学校可以充分让这些"专家"为学校所用，成为劳动技术教育实践活动的指导者和参与者。不妨将家长们的厂、店作为实践基地，开展劳技体验活动。如定期组织去某学生家的蔬菜大棚等基地，请家长讲解温室大棚蔬菜培育的技术等方面的知识；在家长的指导下学会浇水、施肥、除草等。学生亲身体会了大棚蔬菜的生产过程，充分意识到科技兴农的重要性，开阔了眼界。

4. 学科资源的利用

在基础教育课程体系中，综合实践活动与各学科领域形成一个有机的整体。在综合实践活动资源开发与利用时，要引导学生综合、延伸、重组学科知识，将综合实践活动与某些学科结合起来进行，从而拓宽综合实践活动的内容领域。

(1)科学小实验让综合实践活动充满科学气息

科学老师有很多易操作而有趣的小实验，如围绕鸡蛋，可以让学生做这样一些有趣的实验：如何辨别鸡蛋是生的还是熟的；如何让鸡蛋浮在水里；如何让鸡蛋站立起来；把鸡蛋分别泡在水里和醋里，观察它们有什么变化；如何让鸡蛋从高空落下却完好无损……这些小实验除有趣之外，还会让学生感受到科学的神奇，为他们打开一扇通往科学的大门，拉近他们与科学的距离。把这些有趣的科学小游戏作为综合实践活动的资源，不仅培养了学生勇于探究、勇于创新的素质，使学生得到更多锻炼，获得更丰富的知识，而且让综合实践活动充满了科学气息。

(2)数学小游戏让综合实践活动散发数学气息

数学老师会介绍一些有趣的数学游戏，也可以吸收到综合实践活动中，成为综合实践活动课程资源的一部分。如算24点游戏(从1到10中任意抽取四个数学，然后经过运算，最终得到24这个结果)、七巧板拼图、神奇的"495"，这些小游戏不但让学生体验到成功的喜悦，让他们感受到数字的奇妙和乐趣，更主要的是他们在寻找答案的过程中体验到了合作的重要性，体验到了探究的快乐，而且感受到了综合实践活动所散发的数学气息。

(3)语文小美文让综合实践活动洋溢文学气息

语文教材中有不少介绍世界各地人文地理的美文，这些内容是很好的综合实践活动的资源。如学习了《西湖》一课后，可以让孩子收集西湖十景的相关资料，然后让孩子们开展一系列实践活动：西湖十景的赏析，设计一个五一小长假出游西湖的简单方案，进行小导游评比活动，等等。通过活动使学生的身心愉悦，让学生在活动中学会通过网络、书籍等方式收集整理资料，让学生通过旅游方案的设计感受丰富多彩的西湖美景，激发学生对大自然的热爱、对祖国大好河山的热爱。在活动中充分锻炼学生各方面的能力，特别是在美景赏析和小导游活动中那文质兼美的介绍词让综合实践活动洋溢着浓浓的文学气息。

(4)体育游戏让综合实践活动流淌人文气息

游戏是童年最珍贵的回忆，是少年儿童身心发展和社会化过程中不可或缺的一部分，在儿童的成长过程中发挥着重要作用。体育游戏对促进小学生身心发展起着不可忽视的作用。把游戏作为综合实践活动的资源，让学生通过采访、调查、收集游戏活动等形式，了解并展示游戏文化，知道"玩乐"与"知识"是相通的，感受童年游戏给自己父辈和自己的生活带来的快乐。学生热爱生活，团结同伴，增强合作竞争意识，提高组织和交往能力及体验创造的喜悦和成功的快乐，同时让综合实践活动的人文气息发挥得淋漓尽致。

(5)艺术资源利用让综合实践活动达至欣赏水平

美术课堂给我们提供了许许多多欣赏与品鉴的机会，也提供了很多动手操作的机会。可以借鉴一些主题把艺术资源吸纳到综合实践课堂中来。比如学校开运动会，可以指导学生为校运动会或文艺活动设计招贴画；读书节上，让学生为喜爱的书籍、影像、纪念册设计封面；结合日常生活，鼓励学生了解日常生活用品的设计知识，练习绘制简单的效果图，为商品做包装、装潢；开家长会之前，邀请学生参与设计制作请柬，并对教室进行装饰；学校绿化更新，指导学生设计校园环境绿化方案等。总之，挖掘丰富题材，力求让它们有效融合，互相协调，让学生在实践中提高学习能力，发展想象创造力，提升丰富的知识能力，培养他们发现美和表现美的能力。

综合实践活动与音乐教学融合，可以激发学生感受和欣赏音乐的积极性。借助综合实践活动的多样方式，引导学生参与音乐体验，鼓励学生大胆发表对音乐的独特见解，帮助学生建立音乐与生活、音乐与人生的密切联系，帮助他们有效提高审美能力。以往的音乐课程以技能训练为主，多"填"少"引"，现在可以通过指导学生调查、访谈、操作、交流、评述、展示等进行探究、合作、自主的学习。在进行音乐教学时，给学生提供研究的问题，并教给学生一定的方法，让学生分组调查，运用各种手段了解、获得与这一主题有关的故事、摄影作品、雕塑作品、宣传画等，然后整理材料形成调查报告，设计成形并加以运用。这种方式使学生从一个主题出发深入社会生活中，既获得知识又提高能力，升华情感，拓宽了音乐学科的教育功能，课堂教学最终达到质的提升。整合综合实践活动的音乐教学，激发了学生积极主动的学习态度，学生体验了自主、合作、探究的学习方式，在广泛的文化情境中认识了音乐，增强了对音乐的关注，领悟了音乐的独特价值，提高了实践能力、人际交往能力。

(6)融合道德与法治课堂的生活小事例

这些事例被选取进教材中，为课堂再现生活搭建了平台。再现生活就是通过视频、表演还原事实真相，让学生如身临其境，从而全方位、多角度的获取信息，了解事物看清事实，获得切身体验增强认知，获取正确的价值取向。综合实践活动内容源于生活，教师要善于把课堂生活拓展到学校、家庭和社会，最大限度地、立体地整合各种教育资源。要让学生积极地参与社会实践体验社会生活，并通过活动不断丰富和发展自己的生活经验，进行自我教育。如新学期新书刚发下去没有几天，有的学生书皮已经掉了，有的书皮完好，但书页已经被撕破了，更多的是书页卷角、书页脏了。书是伴随一生的朋友，可以通过爱书小调查，看一看短剧《来自书的诉说》，开展护书行动，为学校图书室的书进行修补等活动引发学生对爱护书籍的思考，并学会保护书籍的方法，逐步养成良好的习惯。"教育即生活"，学生的品德形成源于生活并高于生活。综合实践以学生现实生活活动为载体，以学生的整个生活世界为教学空间，让生活走进课堂，让学生走进生活，让道德与法治融入生活，有助于提升孩子的道德与法治素养。

关键术语

综合实践活动课程领导；区域督导；分布式领导；课程资源开发。

体验练习

1. 小学综合实践活动课程是新兴的课程，对当前课程管理模式的转变也提出了迫切的要求。学习综合实践活动的一份规划或者一个活动案例，尝试从以下角度，进行分析和评议。

(1)该课程规划或者活动案例，是否有效利用了校内外的资源？

(2)在内容、形式的安排上，是否给广大师生留白，发挥了教师特长和学生的兴趣爱好？

(3)该课程规划或者活动案例如何把握并处理好规划与创生的关系？

2. 任选一种综合实践活动分布式领导的模式，分析该模式组织机构的特点。

3. 综合实践活动课程的资源开发与资源利用有哪些本质的区别？

拓展读物

1. 李臣之. 综合实践活动课程开发. 北京：人民教育出版社，2003.

2. 潘洪建. 小学综合实践活动指导. 镇江：江苏大学出版社，2018.

3. 万伟. 综合实践活动建构创意与实施策略. 南京：江苏教育出版社，2012.

4. 郭元祥. 综合实践活动课程：设计与实施. 北京：首都师范大学出版社，2002.

5. 张华. 综合实践活动课程研究. 上海：上海科技教育出版社，2009.

6. 陈树杰. 综合实践活动课程引论. 北京：首都师范大学出版社，2010.

7. 顾建军. 小学综合实践活动设计. 北京：高等教育出版社，2011.